华中师范大学出版基金丛书

学术著作系列

U0828086

化学学习负迁移诊断及矫正研究

王世存 著

CBJJ

华中师范大学出版社

新出图证（鄂）字10号

图书在版编目（CIP）数据

化学学习负迁移诊断及矫正研究/王世存著. —武汉：华中师范大学出版社，2021.5

ISBN 978-7-5622-6373-9

Ⅰ.①化…　Ⅱ.①王…　Ⅲ.①中学化学课—教学研究　Ⅳ.①G633.82

中国版本图书馆CIP数据核字（2021）第098285号

化学学习负迁移诊断及矫正研究

© 王世存　著

责任编辑：缪　玲　　**责任校对：**王　炜　　**封面设计：**罗明波

编辑室：综合编辑室　　**电话：**027-67867370

出版发行：华中师范大学出版社　　**社址：**湖北省武汉市珞喻路152号

电话：027-67861549（发行部）

网址：http://press.ccnu.edu.cn　　**电子邮箱：**press@mail.ccnu.edu.cn

印刷：武汉市洪林印务有限公司　　**督印：**刘　敏

开本：710 mm×1000 mm　1/16　　**印张：**23.75

版次：2021年5月第1版　　**印次：**2021年5月第1次印刷

字数：390千字　　**定价：**89.00元

欢迎上网查询、购书

目　录

绪　论

一、选题的缘由

伴随着知识经济和信息化时代的到来，世界各国为适应时代发展的需要，在上世纪末和本世纪初纷纷开展了旨在培养21世纪所需要的具有全球竞争力人才的教育改革。人们十分清楚地认识到，无论是政治、经济、科技、文化还是教育领域的改革与发展，其最终落脚点都是人才的培养与竞争。在人才的培养过程中，学习能力的培养是一个重要的方面。据对一线教师的调查显示，在应试教育具有悠久历史的中国基础教育中，学生的学习能力堪忧。为了在高考中获得解题优势，大量题海战术的运用催生了学生学习过程中负迁移的频繁发生。本课题关于对化学学习负迁移诊断和矫正的研究就是基于对我国基础教育中出现的负迁移境况的分析而后进行的理论思辨和实证研究。

二、研究的意义

本研究紧跟时代要求，正确把握了《国家中长期教育改革和发展规划纲要（2010—2020年）》（后简称《纲要》）提出的建设方针，针对中国基础教育应试的弊病提供了一些解决方案，具体来说具有下列研究意义：

（一）有助于达成《纲要》中陈述的学习能力目标

《纲要》中明确指出：“坚持能力为重。优化知识结构，丰富社会实践，强化能力培养。着力提高学生的学习能力、实践能力、创新能力……注重学思结合。倡导启发式、探究式、讨论式、参与式教学，帮助学生学会学习。激发学生的好奇心，培养学生的兴趣爱好，营造独立思考、自由探索、勇于创新的良好环境。”①

所谓学习能力是指“个体所具有的能够引起行为或思维方面比较持久变化的内在素质，并且，还必须通过一定的学习实践才能形成和发展”。所谓学习方法是指“通过学习实践，总结出的快速掌握知识的方法”。对于学习方法，并没有统一的规定，因个人条件不同，选取的方法也不同。学习能力和学习方法是《纲要》中明确提出的需要重点关注与培养的内容之一。本书中“化学学习负迁移诊断及矫正研究”正是针对学生化学学习能力和学习方法的研究，其研究成果有助于《纲要》中学习能力培养目标的实现，对其他学科相关内容的研究也有一定的借鉴作用。

（二）有助于深层剖析应试教育应试倾向加深的原因

当前，我国基础教育的应试倾向仍然十分明显。应试教育的弊端主要表现在以下几个方面：一是学生学业过于繁重；二是学生学习的时间过长；三是教师的教学只着眼于教材上的学科知识的传授；四是学生缺少对社会生活的体验；五是学生的思维僵化，学习兴趣不足；六是学生的创造性思维被削弱，天天疲于做题解题。为改变这种现状，我们必须找出切实可行的方法减少应试倾向。

要想改变应试教育的现状，就必须首先了解什么是应试教育。有学者把应试教育定义为：教师在教学实践过程中把学生学习成绩的提高确定为工作的重心，学校对教师的考核也基本上只看重教师所带班级学生的学习成绩的一种教育形式②。在众多的学校教育的实践中，应试教育以牺牲学生实践、全面发展的需求等来达到重点提高学生书面考试成绩的目的。考试是一种检验学生掌握知识程度的有效方法，本身不是目的，只是一个工具，但在应试倾向加深的教育中，教育沦落为考试的工具，而通过考试成了教育的目的，这是一种扭曲的教育观和教育现象。“长期以来，教学的目的仅仅是为了向更高一级的学府输送学生，而考上大学则是最后也同时是最为期待的目标。在流水线似的学校教育机制上，教师按照要求把学生

① 国家中长期教育改革和发展规划纲要（2010—2020年）[EB/OL].（2010-07-29）[2019-08-18]. http://www.gov.cn/jrzg/2010-07/29/content_1667143.htm.

② 冉亚辉. 基础教育应试倾向的深层原因论析 [J]. 教学与管理，2010（10）：7-9.

填饱以后，学生就会升入更高级别的学校。”① 应试倾向加深的教育仕仕忽视了学生的道德、思想、体育、实践动手能力等的发展，无法满足学生全面发展的要求，从根本上与我国培养全面发展的社会主义接班人的人才培养目标相违背。基础教育应试倾向加深深层次的原因主要有六个方面：①教育过程中奉行工具至上主义；②基础教育中校际差距巨大；③基础教育教师队伍整体素质有待提高；④统一书面考试公平性背后存在内在缺陷；⑤存在教育功利化的社会文化心理；⑥有着与科举紧密联系的教育传统。基础教育的应试倾向产生的题海战术、反复训练等做法直接导致了诸多负迁移的发生，因此，在基础教育应试倾向化的当今，对学生学习负迁移进行系统诊断和矫正，显得尤其重要和关键。

（三）有助于提升学生化学学习能力

2011 年，我们通过对湖北省、安徽省、河南省等部分中学生化学试卷错误的分析发现，由于负迁移现象造成的错误所占的比例很高，有时甚至接近一半，表 0-1 为对河南省某中学一次高中化学期中试卷错误分析的统计②。

表 0-1　某中学期中化学试卷错答中负迁移统计表

错误原因	记忆定势	理解定势	类比定势	操作定势	图示定势	直觉定势	合计
所占比例/%	12	8	6	2	3	14	45

由此可以看出，学生化学学习中，负迁移的产生是影响学生化学学习的一个重要因素。研究化学学习中的负迁移现象，并以此来指导中学化学的教与学，仍是一个十分有价值并具现实意义的重要课题，也正是当前社会发展对学生素质培养的需求。

三、研究现状

本研究涉及负迁移、诊断等概念，为了使研究比较明晰，对概念把握

① 卢乃桂．课程改革、水平与教师：中国大陆及香港地区的经验［M］//丁钢．中国教育：研究与评论．北京：教育科学出版社，2003．

② 王世存，王后雄．中学化学学习中负迁移成因及教学对策［J］．课程·教材·教法，2012（1）：101-105．

准确，研究前，我们先对相关概念进行明确的界定。

（一）有关概念的界定

1. 负迁移的概念

学习中迁移的概念可以定义为迁移是一种学习对另一种学习的影响，这种影响可以表现在知识的学习方面，也可以表现在技能的学习方面，还可以表现在学习方法和学习态度方面。这种影响有积极的，也有消极的。其中，先行学习或解决问题的经验对后续的学习或解决问题的行为方法的影响称为顺向迁移；后续的学习或解决问题的经验对先行的学习或解决问题的行为方法的影响称为逆向迁移。一个人通过学习获得的知识、技能、态度、思维方式、行为习惯等都可以向其他情境迁移。在教学中研究迁移问题，可以使教师在课堂讲授中提高教学的效率，也可以使教师提前防范学生可能出现的学习障碍。

正迁移指的是学习者大脑中已有的知识结构对后续的学科学习和问题的解决产生的正能量，同时，正迁移也包含学习者在后续的学习过程中习得的知识、技能等对学习者本人问题解决产生的正能量。譬如，教师解释化学反应速率的影响因素——浓度、温度、压强、催化剂等对化学反应速率快慢的影响之后，学生很容易理解浓度、温度、压强等外界条件变化对化学平衡移动的影响。

在学习 σ 键和 π 键的概念时，学生较难对此理解深刻。鲁科版《物质结构与性质》教科书在 σ 键和 π 键的内容之后，编排了运用这一知识解释氮气分子的稳定性和合成氨的条件；又在资料性栏目“身边的化学——防晒霜与 π 键”中介绍了人类如何利用 π 键的知识保护皮肤。这种编排，加深了学生对 σ 键和 π 键的理解，这种影响就是逆向正迁移。

负迁移指的是学习者原有认知结构中已有的知识和技能对后来学科学习产生的负能量①。究其原因是学习者不能真正理解前后所学习内容之间的内在关联性，从而在调用时产生了错误。在本书中，我们把化学学习负迁移界定为：学习者先前习得的化学学科知识和技能对以后化学新知识和技能学习产生的干扰或抑制作用，或后续的化学学科知识的学习和技能的掌握对先前习得的知识和技能产生的干扰或抑制作用。

---

① 李伯黍，燕国材. 教育心理学［M］. 2版. 上海：华东师范大学出版社，2001：8.

2. 诊断的概念

诊断（diagnosis）一词来源于医学界，其本意是指：诊视而判断病情及其发展情况，例如，关于病情的诊断。其在医学中具有两种含义：一是指“医生诊病后所作的结论”；二是指“医生根据对病情的了解和各种医学检查的结果进行综合分析，判断病人所患为何病及所患疾病的原因、部位、性质、功能和损害程度等的步骤和方法”。综合起来讲，诊断既包括对疾病所作的判断，同时也包括获得这种判断的步骤和方法。

“诊断”一词在教育研究中被广泛引用开始于上世纪的法国。1905 年，法国学者比纳在《心理学年报》上发表的论文《诊断异常儿童智力的新方法》首次把“诊断”一词应用于教育问题中。20 世纪，我国学者也开展了有关教育诊断的研究，发表了一些有价值的研究成果。1998 年，河南教育学院毕天璋教授及其同仁出版了《教育诊断学》一书。2006 年，陕西师范大学出版社出版了《教育诊断学概论》，该书由李如齐教授主编，该书的出版使我国教育诊断学的学科体系得到初步建立，引起了教育界强烈的反响。

当前，关于教育诊断的概念还没有明确的界定，许多教育工具书（包括颇具权威性的《中国大百科全书·教育卷》）也还没有“教育诊断”的条目。因此，研究教育诊断，建立教育诊断的研究对象，就必须从界定教育诊断的范畴入手。既然教育诊断是从医学诊断中所引入，我们就必须遵循约定俗成的两条引进原则：第一，必须不违背诊断的原意；第二，必须具有教育行业的特色。根据这两条原则，教育诊断的范畴应当具有以下特质：首先，教育诊断应当包括对教育现象判断的结论、步骤和方法。其次，教育诊断并非是对一切教育现象的判断，而应当像医学诊断那样是对某种特殊教育现象的判断。再次，教育诊断结论中还应包括所应采取的教育对策。这三点不但符合上述引进的原则，也符合比纳、巴班斯基、布卢姆等人对诊断的理解。许多学者也正是从这种认识出发，把诊断的对象定作教育的“病理现象”。譬如，由日本筑波大学教学研究会主编的《现代教育学基础》中提道：“教育诊断是用来诊断学习不良这一症状产生的原因的，所以它的出发点应该是治疗和矫正。”[①] 我国有的学者认为，教育

① 筑波大学教育学研究会．现代教育学基础［M］．钟启泉，译．上海：上海教育出版社，1986：56．

诊断是“查明他们（指学生）在学习过程中学业成绩呈现的偏态的情况，分析其偏态产生的诱因，并提出消除偏态的方法”①。河南教育学院毕天璋教授是这样定义“教育诊断”的：教育诊断是对教育中的“偏常现象”进行判断并制订教育对策的理论、程序和方法②。那么，教育诊断学的研究对象就是教育中的偏常现象，教育诊断学就是对这种“偏常现象”进行正确判断和寻求相应的教育对策的理论、程序和方法的一门学科。这样界定既符合教育工作实践中长善救失的需要，又可以和普通教育学的理论和方法有所区别，体现出教育诊断学的学科特色。

国内教育诊断在化学学科中的运用，最早开始于华中师范大学化学学院王后雄教授。王教授在一般诊断学理论、方法与化学学科密切结合的基础上，系统地介绍了化学教学诊断学的基本理论、方法和技术。该研究中把诊断界定为：对化学教学过程中出现的偏常现象进行分析、判断并寻求正确教育措施的过程。

（二）文献综述

本研究的对象主要选取在高中阶段的学生，研究主要运用的基础理论有负迁移理论和教学诊断理论，下面针对这两个理论的国内外研究的文献进行分析和述评。

1. 负迁移理论研究的现状分析

负迁移分属于迁移的一种，当前在国内外关于此方面的研究有代表性的主要有以下几种理论。

（1）相同要素说

桑代克（E. L. Thorndike）和伍德沃斯（R. S. Woodworth）等人针对迁移提出了相同要素说，他们认为迁移的产生是因为前后学习中含有相同要素或共同成分。桑代克把这些相同要素归结为前后学习中所含的原理、事实、过程、方法以及学习者的行为、态度、能力等，前面学习中所学习的原理也存在于后续学习中，前面的学习行为会在后续学习中出现。这是桑代克于上世纪初提出的一种学习迁移说，桑代克从联结主义的观点出发，认为只有在原先的学习情境与新的学习情境有相同要素时，原先的学

① 汪刘生. 试论教学心理诊断［J］. 中国教育学刊，1992（3）：7-11.

② 毕天璋. 论教育诊断学的研究对象和学科体系［J］. 河南教育学院学报（哲学社会科学版），2002（1）：5-8.

习才有可能迁移到新的学习中去。而且，迁移的程度取决于这两种情境相同要素的多寡。也就是说，相同要素越多，迁移的程度越高；相同要素越少，迁移的程度越低。但他把迁移现象都归结于联结的形成，把迁移局限于有相同的刺激—反应的联结，而未能充分考虑学习者的内在训练过程，未免失之偏颇。

（2）概括化理论

贾德在1908年提出了解释学习迁移的概括化理论。贾德认为，只要一个人对他的经验进行了概括，那么从一个情境到另一个情境的迁移就是可以完成的。他倾向于把两个情境的共同要素的重要性降到最低，而强调经验概括化的重要性。他依据的一个主要实验是：对一组儿童教授光的折射原理，对另一组不教授，然后让两组儿童用梭镖投射置于水中的靶子，最初投射置于高于水面上30.5厘米的靶子时，成绩大体相等，但当靶子被移于水面下10.16厘米时，掌握折光原理的儿童，不论在速度上还是在准确度上，均大大超过控制组。他认为，经过训练的儿童对不同深度的目标可以做出更多适当的调整，是因为对折射原理已经概括化并能运用到特殊情境中去的缘故。贾德还认为，学习者概括化能力随年龄的增长而增长。贾德的概括化理论强调原则的类推和应用，并不重视两种学习之间是否具有完全相同的要素。这种理论不仅被许多心理学家所接受，而且在实践中得到证实和发展。

但是，概括化理论对学习迁移的解释也是有其局限性的。第一，对原则的概括化并不是自动产生的，它要求在不同的情境之间有概括的可能，同时，还要求学生具有高度概括的能力，因此，年龄小的学生很难做到；第二，学生错误的概括可能会导致解题时错误的方向，从而产生学习负迁移；第三，有时候学习者会出现过度概括的情况，这样很可能导致他们对不同情境之间差异的忽略，最终因机械地使用原则而产生负迁移。

（3）学习定势

学习定势是由哈洛（Harry F. Harlow，美国比较心理学家）提出并用以解释顿悟现象的一个概念。哈洛认为："学习情境的多样化决定我们的基本人格特征，并在使某些人变成会思考的人中起重要作用。这些情境是以同样的形式多次重复出现的。不应以单一的学习结果，而应以多变但类似的学习课题的影响所产生的变化来理解学习。"学习定势既反映在解决一类问题或学习一类课题时的一般方法的改进（学会如何学习）上，也反映在从事某种活动的暂时准备状态（准备动作效应或预热效应）中。学习定势的这两个方面都影响作业的变化。练习一类课题有助于类似的课题的学习，这一现象首先是在实验室用无意义音节进行研究时被发现的。沃德早在 1937 年就指出：被试在记忆数列无意义音节时，前面的练习影响后面的记忆，记忆速度越快影响越大。

（4）布鲁纳的迁移理论

布鲁纳认为，学习是类别及其编码系统的形成。人是通过将新的信息归入某一类别，然后根据这一类别以及相关的类别作出推理，以此超越所给的信息。这些相关类别的有层次结构的安排就构成了编码系统，在编码系统中，较高级的类别比较抽象些，较低级的类别比较具体些。编码系统的这种非具体性对迁移具有重要的作用。正迁移就是把适当的编码系统应用于新的事例；负迁移则是把习得的编码系统错误地应用于新事例。布鲁纳指出，迁移可分为两类。一种是特殊迁移，这是习惯和联想的延伸，主要是动作技能、机械学习的迁移；一种是非特殊迁移，即原理和态度的迁移。布鲁纳承认一般的技巧、策略等有广泛迁移的可能性。在这两类迁移中，布鲁纳强调后者，认为后一类迁移是教育过程的核心。他提出，掌握学科的基本结构和领会基本原理和概念，是通向“适当训练迁移”的大道。从此，认知心理学家就特别强调认知结构与学习和迁移的关系。

（5）认知结构说

1963 年，美国教育心理学家奥苏伯尔提出了一种新的学习迁移理论，称为认知结构说。他认为：在有意义的学习中，学生的认知结构是有效影响学习迁移的重要因素。因为，一切有意义的学习都是在学生原有认知结构的基础上产生的，学习者积极地利用旧知识理解新知识，把新知识纳入原有的认知结构中，这个过程实际上就是有效的迁移过程。因此，奥苏伯尔认为，好的认知结构能促进新的学习，教学目标就是使学生形成良好的认知结构。奥苏伯尔提出了三个影响迁移的认知结构变量，它们是：可利用性、可辨别性、稳定性。

（6）认知迁移理论

认知迁移理论是由美国学者罗耶提出的。他根据学习和记忆的信息加工理论，提出认知迁移理论具有两个基本假设：第一，人类是以一种系统方式储存和提取信息的；第二，知识结构的丰富性并非始终一致。所谓丰富性，是指知识结构内各单元（如节点、命题等）之间交互联结的数量。

此外，认知迁移理论还具有一个前提，即领会是学习迁移的必要条件，但不是充分条件。在没有领会的条件下我们虽然也可以习得信息，如机械记忆，然而，我们回忆或使用未被领会的信息的条件是极为有限的。因此，如果要形成学习迁移，领会是必不可少的。根据这两个假设和一个前提，认知迁移理论认为，迁移的可能性取决于在记忆搜寻过程中遇到相关信息或技能的可能性。这样，教育的问题就成了如何增加学生在面临现时生活问题时提取在课堂中习得的相关材料的可能性的问题。由于提取的可能性与交互联结的数量有关，因此，任何增加交互联结网络的丰富性的教育方法，都将有助于增加迁移的可能性。因此，在帮助学生建立抽象的知识结构和认知图式时，应给学生呈现最大范围的实例和这些知识的应用情景，以使学生了解课堂中习得的知识是如何应用的。而且，这些例子最好与真实的生活背景相联系，因为最终来说，几乎在校学到的每一知识的价值都要以在校外世界中的应用价值这一标准来衡量。

2. 教学诊断研究的现状分析

教学诊断是一门新兴的学科，是教育病理学的一个重要分支。根据对国内外教学诊断的研究进行纵向梳理，可以把教学诊断的产生和发展大体分为以下三个阶段：

（1）教学诊断的萌芽时期——社会病理学

化学学习负迁移诊断理论是由社会病理学发展和分化而来。病理本为医学上的一个术语，指疾病发生和发展的机理。1895 年，著名社会学家涂尔干在他的《社会学研究方法论》中，正式将病理这一概念引入了社会学中。他在书中指出："无论对于社会还是个人而言，健康是好的、合乎愿望的，相反，疾病是坏的、应该避免的。一个种类从整体上看是规则的、健康的，但很难说它不包括有病态的现象，健康只是此疾病普遍并且受欢迎而已。"随着现代社会的不断发展，社会中诸如伦理道德、价值观念等问题越来越严重，因此社会病理学适时地从社会学中分离了出来，形成了一个研究社会不良行为的专门学科——社会病理学。

社会病理学是 19 世纪后期从社会学中分化出来、用社会学的方法研究"问题性社会现象"或"社会问题"的一个研究领域。社会病理学的出现和发展是与资本主义社会进入垄断阶段、其社会体制面临重重危机相并行的，自 19 世纪末至 20 世纪前期，欧美国家出现了大量研究社会病理学的著作和论文，第二次世界大战以后，日本的社会病理学研究异军突起。

等到社会病理学传到美国以后，其自身发生了深刻的变化，首先表现在在生物社会学的影响下，原来的社会异常论逐步演化成为社会脱轨论；其次表现在在对社会问题的具体研究中，出现了各种理论学说，譬如解体论、失范论等。

（2）教学诊断的发展时期——教育病理学

20 世纪 50 年代对教育存在一种朴素的、乐观的态度，认为教育的一切都是好的，教育只会给个人带来幸福并给社会带来进步。然而，在西方，随着教育的繁荣，也随之出现了教育危机。这种危机主要表现在，一方面教育过分追随社会发展与变化；另一方面又发生教育过分脱离社会的现象。社会对学校越来越不满，学校本身也表现出许多的病理症状，如丧失了以往的威信，学生对学校失去了兴趣，出现了恃强凌弱、逃学、中途退学等不良行为。这是教育病理学产生的根源之一。20 世纪 60 年代，西方发达的工业国家开始步入后工业社会。由于受到社会变动的影响，现代家庭在结构上趋向核心家庭化，这不利于孩子们的交往和人格的形成。另外单亲家庭的增多也使得家庭教育环境进一步恶化。社会环境的教育正功能也逐步被削减，大众传媒的负面影响日益突显，这些因素均不利于学生身心的健康发展。如何解决这些问题已成为学校、家庭、社会共同关注的焦点，这是教育病理学产生的根源之二。

1996 年开始到 2002 年，在日本教育病理学和医学病理学的影响下，随着教育批评思潮的兴起，中国教育病理学研究进入以移植和构建为主题的发展阶段，集中表现在对教育病理学和医学病理学理论的移植与整合、教育病理学的建构与学科应用、教育病理学研究中国化的开始三个方面。2003 年后，我国教育病理学的研究进入以深化和应用为主题的发展阶段。教育病理学自身的研究也不断深入，提出了创生临床教育心理学专业的要求；教育病理学更多地介入对不同类型学校、不同学科和性质的教学、不同教育对象要素及具体现实问题的研究；教育病理学应用研究重视案例分析，视野更加宏观开阔，程度更加深入，涉及制度及文化层面的机理探讨。

教育病理学在中国的应用，为教育的良性发展提供了另一个角度的分析。它使研究者从出于感性经验的判断逐步转化为科学理性的分析，使我们可以更为客观地、理性地分析当前教育存在的学习病症及其产生的原因。

（3）教学诊断的具化时期——教学诊断学

为了了解当前国内学术界对相关内容的研究进展，笔者通过中国期刊网博士论文库、硕士论文库、期刊库进行关键词检索，检索结果如表 0-2 所示。

表 0-2　迁移、诊断相关关键词检索情况统计表

库别	检查关键词后的论文篇数/篇					
	迁移	负迁移	诊断	负迁移诊断	学习诊断	化学学习负迁移
中国期刊全文数据库	28 980	3 609	116 556	3	1 859	25
中国优秀硕士学位论文全文数据库	2 850	339	7 068	1	272	2
中国博士学位论文全文数据库	555	2	1 046	0	46	0

通过对相关文献的搜索和梳理，笔者发现先前对负迁移的研究主要从表观、分类、数量等方面进行分析研究。金洪源（2004）在《学科学习困难的诊断与辅导》一书中探索了具体学科中有关学习困难诊断与辅导的原理和技术，具体分析了造成学生学科学习困难的深层原因，并对具体的辅导进行了技术上的探讨，但是他对学生的研究还停留在学生这个大群体方面。陈学锋、谢天壬（2002）在《从容面对儿童的学习困难》一书中运用现代认知发展和学习心理学理论、心理咨询来调整孩子的心理状态，形成了自信法，创造性地解决儿童学习困难、情绪及行为问题；但该书对儿童产生学习困难的原因没作深层的研究和剖析。葛碧建（2008）在《成功跨越学习困难》一书中深入剖析了儿童学习困难以及这一问题的社会背景和家庭背景，大胆探索了儿童教育的新途径、新方法，并取得了显著的效果。该书的一个突出特点是，能够立足于中国的教育实践和中国家庭的现状，详细描述了一系列可以帮助中国家庭营造愉悦、成功而富有创造性的家庭氛围的态度和技能，并以全新的视角提出了解决儿童学习困难的方法；书中还附有具体的案例，读者可以从中获得一些有用的见解和建议，用以帮助自己的孩子和家庭。但是该书在学习困难成因方面只是从背景方面进行了深层剖析，而对儿童自身因素分析尚感缺失。瓦恩布雷纳（2005）在其所著的《学习困难学生的教学策略》一书中给大家提供了很多具有很好操作性的有关学科教学的策略和方法。但该书作者的研究对象主要是普通中学、普通班级中在学习方面有困难的学生，对重点中学学生群体的研究还有待进一步挖掘。教育诊断学在化学学科中的运用，在国内最早开始于王后雄（2002）编著的《化学教学诊断学》一书。该书在一般诊断学理

论、方法与化学学科密切结合的基础上，系统地介绍了化学教育诊断学的基本理论、方法和技术，以课堂教学和学生学习诊断为重点，探索了符合素质教育要求的学习观、教学观和诊断观，并重点就怎样科学地诊断化学课堂教学与学生学习成效不佳、教与学效率低下等问题进行了方法论的探讨，对诊断性测验提出了新的研究视角和思路。该书中对学生学习负迁移的程度没有进行分级研究，对学生群体负迁移只是拘于数量多寡的分析。

王玮（2011）在其硕士学位论文中从预防化学学习困难产生的角度入手，以实用与可操作为指导，运用理论研究与实践验证相结合的研究方法，对高中生化学学习困难的成因、诊断、预防等方面的特点与规律，进行了较为系统的研究，并归纳总结了具有较强操作性的学习困难预防认知诊断的具体方法。其研究重点主要集中在两个方面：①依据经验与调研，在梳理文献基础上，借鉴认知心理学、教育学相关理论，分析了化学学习困难预防的理论与实践现状，提出了预防性认知诊断应当坚持的“三原则”，强调关注化学前概念中的相异构想、化学高级规则的表征、化学思维中的负迁移效应以及化学元认知的自我调节能力等认知属性。②总结了预防性认知诊断的必备条件、主要的诊断项目和实用的具体方法，以及诊断数据分析的基本要求，并对诊断性测试和日常阶段性测试等常用方法进行了较为系统的研究。但是，该研究只是在小范围教学中进行了实践，初步验证了研究结论的正确性和实用性，我国的基础教育情况复杂，该结论的普适性还有待商榷。另外在具体诊断过程中，其研究维度尚需拓展。祝新宇（2007）在其博士学位论文中重点探讨了中学课堂教学的诊断模式，希望通过对教学诊断的研究，掌握课堂教学的问题发现、分析和解决的途径与办法，从而保障学校的教学品质。由于课堂教学不仅仅是一个简单的机械的教育生产过程，而是一个动态的过程，所受的影响因素很多。所以，该文章试图以诊断模式的多样化为切入点对中学的教学活动的诊断进行深入剖析。该课题的研究的亮点在于能够从教学效果入手，根据新课程改革所提出的知识与技能、过程与方法及情感态度与价值观三维目标的要求，从知识技能、自主学习能力、情感养成三个侧面对课堂教学进行了层次划分。同时，该研究还总结出了 6 种教学模式，归纳出了 6 大类课堂教学诊断模式，设计出 9 种课堂教学诊断的量表，较为全面地对当前的课堂教学活动进行诊断。尽管该课题构建了一个较为全面的中学课堂教学诊断体系，但由于技术手段的落后，课堂教学诊断的研究受到了很大的制约。

因此，在以后的诊断研究中引入现代信息技术，实现诊断的网络化、数字化和信息化是未来课堂教学诊断研究的一个重要方向。

通过以上对相关文献的评述，可以看出整体上缺乏对学习中负迁移产生的其他因素，诸如教学方式、认知方式、学校层次、性别差异、训练形式、训练频次、训练时长等对学生学习负迁移影响的程度大小的实证研究和对策分析，在化学学习方面，对负迁移的系统诊断和全方位的分析还没人涉足，这也是本研究主要想解决的问题。

四、研究思路

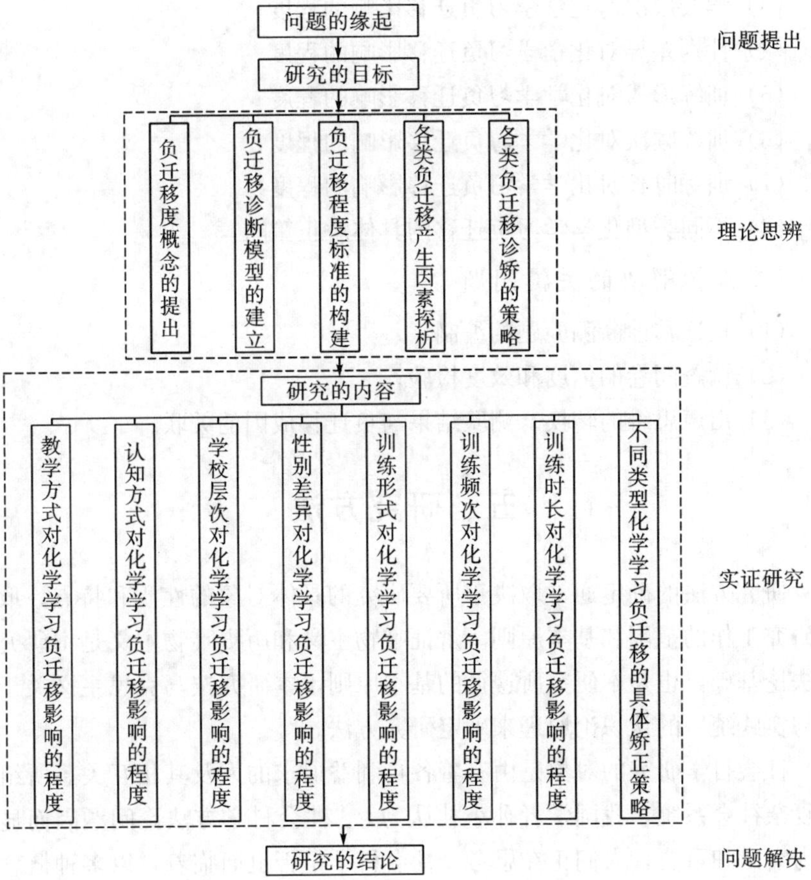

（一）研究的目标

（1）系统测查出教学方式、认知方式、学校层次、性别差异、训练形式、训练频次、训练时长对化学学习负迁移影响的程度；

（2）构建负迁移程度等级标准；

（3）揭示负迁移形成的深层原因；

（4）根据实验结果，提出不同类别负迁移的矫正策略。

（二）研究的内容

（1）教学方式对化学学习负迁移影响的程度；

（2）认知方式对化学学习负迁移影响的程度；

（3）学校层次对化学学习负迁移影响的程度；

（4）性别差异对化学学习负迁移影响的程度；

（5）训练形式对化学学习负迁移影响的程度；

（6）训练频次对化学学习负迁移影响的程度；

（7）训练时长对化学学习负迁移影响的程度；

（8）不同类型化学学习负迁移的具体矫正策略。

（三）拟解决的关键问题

（1）负迁移诊断测验题的编制；

（2）调查问卷的信度和效度检验；

（3）出声思维的转换、测验结果与负迁移成因的关联。

五、研究方法

研究方法的确定通常取决于所要研究的具体对象的性质和特点，取决于研究工作的范围和基本原则。辩证唯物主义和历史唯物主义是本研究的方法论基础，也是本研究所遵循的基本原则，本研究按马克思主义关于理论与实践统一的认识论原理来确定研究方法。

社会科学研究的对象是由有着各自利益追求的人及其相互关系所组成的复杂社会系统，我国学者孙小礼认为：“社会科学方法论问题因而显得更为突出和重要，人们正在思考，社会科学是否也面临着‘以多种概念和方法相互冲击与汇合为特征的时代'?"① 由于化学学习负迁移系统诊断与矫正所涉及的研究对象与研究内容较为复杂，因此，本研究根据不同的研究内容分别采用了教育学、心理学以及社会学等学科的概念和研究方法。

（一）文献分析与比较

本书通过对文献进行查阅、分析、整理，寻找化学学习负迁移诊断的理论和实证依据，通过梳理国内外关于教学诊断的优秀成果、经验和教训，对不同国家、不同时间、不同学科的负迁移情况进行比较和分析，探究负迁移的形成、发展以及教学诊断的相关原理、方法。

（二）调查研究

为了了解化学学习中负迁移的情况，调查研究是很有效的方法。本研究中调查主要采用问卷调查和实地调查采访两种方式。问卷调查采用专为本研究设计的《关于迁移规律在高中化学学习中应用情况的调查问卷》，问卷调查和实地调查采访的对象分为两类：学生和教师。

（三）诊断测验法

诊断性测验是一种特殊的教学测验，以诊断学生普遍存在的知识、技能或心理缺陷为目的，并判断其程度，以揭示其原因为目的。实践证明，这种方式是诊断化学学科教学问题和学生负迁移产生原因的有效形式。

诊断性测验具有如下特点：

（1）诊断性测验注重对学习过程、学习难点、教学过程和教学难点的测试，注重测试结果对学生和教师的反馈，并强调应经常进行检查。其目的主要是利用各种反馈改进学生的学习和教师的教学，使教学在不断地测评、反馈、修正或改进过程中趋于完善，从而达到教学目标。

（2）诊断性测验的主要目的是帮助教师改进完成具体教学目标必备的各种客观条件。

（3）诊断性测验的测试频率是灵活机动的，教学需要时它能及时为师生提供必要的反馈。

（4）诊断性测验的概括性水平不如总结性测验、形成性测验那样高，每次测验的内容范围较小，主要是测验预备知识掌握情况、学习质量、教

---

① 孙小礼，李慎. 方法的比较：研究自然与研究社会［M］. 北京：北京大学出版社，1991：10.

法适应性和学习障碍等。

（5）从诊断性测验的设计与实施来看，反馈的信息一定得伴随有相应各项工作改正的程序，便于学生对以后的学习做好预习等前期准备。

简言之，总结性测验侧重于对已完成的教学的效果进行评估，是回顾式的；形成性测验侧重于教学的改进和不断完善，是前瞻式的；诊断性测验侧重于发现教与学中的不足和难点，为改进教学方法和学习方法提供科学依据，是反馈—改进式的，并兼有前瞻式的特点（见表0-3）。

表0-3 化学学习总结性、形成性、诊断性测验比较

种类	总结性测验	形成性测验	诊断性测验
作用	评定学业成绩	确定学习效果	发现教与学中的不足与难点
主要目的	评定学生已达到的水平，预测在后续教学中成功的可能性	改进学习过程，调整教学方案	合理安置学生，考虑因材施教，采取补救措施
评价重点	结果	过程	素质、过程
手段	考试	经常性测验、作业、日常观察	特殊编制的测验、学籍档案和观察记录分析
测试内容	课程和教程目标的广泛样本	课题和单元目标样本	必要的预备性知识、技能的特定样本，与学生行为有关的生理、心理、环境的样本
试题难度	中等	依教学任务而定	一般较低
分数解释	常模参照	目标参照	常模参照、目标参照
实施时间	课程或一段教程结束后，一般每学期1～2次	课题或单元教学结束后，经常进行	课程或学期、学年开始时，教学过程中需要时
主要特点	回顾式	前瞻式	反馈—改进式

（四）出声思维法

出声思维法（talk-aloud protocol，简称TAP）是一种在科学研究中收集数据的方法，该方法常用于产品的设计与开发、心理学和一系列的社会科学中的可用性测试（usability testing）。出声思维法是由英国的克莱顿·刘易斯研发的，它要求被试在完成指定任务时把自己有的思想、行动和感觉用语言表述出来，具体要求测试中的观察者要客观记录使用者所说的每一句话，不要试图解释其行动和言辞以免干扰被试的思路。被试的声音测试常常用音频或视频的形式录制，以便回放研究。

本研究在不同类型知识负迁移题目的测试中，使用了出声思维法，目的是了解错误的原因中哪些是由负迁移造成的，并且掌握这部分学生思维过程的规律，以便为后面的具体矫正策略的制定提供第一手的素材。本研究中主要使用录音笔、学生纸面书写等形式进行记录。

（五）作品分析法

作品分析法又称作产品分析法，指的是对调查对象的各种作品（如日常作业、课下自主练习、实验等）进行分析研究，了解具体情况，发现其中存在的问题，进而把握特点和掌握其中规律的一种研究方法①。

本研究中的作品分析法是指通过分析学生的作业、日常训练和考试中的解题过程及得失分结构，得出学生化学负迁移程度及其形成的原因。

（六）实验法

实验法在自然科学中被广泛地采用，也是化学学习负迁移诊断中常用的一种重要研究方法。实验法一般分为如下三种。

（1）单组实验法。单组实验法是在一个班进行的实验，将实验前的情况与施加实验因素（因子）后的情况做比较，以检验实验因素发生的效应。如在一个班中先用讲授教学法讲课，测得一个成绩；而后再用自学辅导法（实验因素）在同样的班上展开教学，测得另一个成绩。将两个成绩相比，以判定自学辅导法的效果。

（2）等组实验法。等组实验法是选取两个情况相等或相似的班展开实验，一组施加某种实验因素，叫实验组，另一组不施加某种实验因素，叫控制组，将两组所得结果进行比较，以判定实验因素所产生的效应。

（3）循环实验法。循环实验法可以分为两种情况：一种情况是，将一种实验因素先在甲组实验一段时间，后在乙组实验一段时间；将在甲组实验后的成绩与在乙组实验后的成绩相加得一组成绩，再将甲组未施加实验

① 百度百科．作品分析法［EB/OL］．http://baike.baidu.com/view/4465761.htm.

因素时的成绩与乙组未施加实验因素时的成绩相加得另一组成绩；再将这两个成绩之和相比，以判定实验因素所产生的效应。另一种情况是，将两种实验因素轮换在两组中进行实验，最后将各实验因素在各组实验的成绩相加起来，进行比较，以判定哪种实验因素效果好。这种实验法不强调各组学生的情况完全相同，可以检验某种实验因素在各种情况下的效果。但在检验实验效果时，要用统计学上的多因素方差分析的方法，才能作出科学的判定。

（七）统计法

通过调查、实验可以得到大量的数据资料，对于这些数据资料所蕴含的特征和规律，只有运用统计的方法，才能将其揭示出来。统计法包括对数据资料的搜集、整理、计算和分析等一系列的方法，举凡统计图表的制作，各种集中量数、差异量数和相关系数的计算，总体参数的估计和差异性的显著性检验等所运用的方法，都是统计的方法。

六、研究框架与理论创新

本书的每个章节的内容安排如下：

绪论部分首先阐述了本研究的缘起及其意义，然后在分析了大量已有研究文献的基础上，明确了本书研究的方向，继而对核心概念（如迁移、负迁移、化学学习负迁移、诊断、教学诊断等）进行了明确的界定，指出了本研究的具体内容和使用的研究方法，最后提出了本研究的框架和理论创新点。

第一章为化学学习负迁移诊断的理论基础。这一部分是开展化学学习负迁移系统诊断的理论基础和条件支撑。首先，这一部分对迁移的含义进行了系统的阐释，指出了迁移的方向、迁移的方式、迁移的效果等特征。其次，这部分对诊断的理论基础进行了说明，详细介绍了迁移的表征观、认知观和学习观等支撑理论。最后，是该部分的重点，笔者就化学学习负迁移的国内研究现状进行了述评，归纳出了化学学习负迁移的广泛性、肤浅性、顽固性、自发性、特异性、表象性和隐蔽性等特征，并对化学学习负迁移理论进行了尝试性的拓展，提出了“负迁移度”的概念，构建了“负迁移诊断模型”，并把它作为工具，对实证部分不同班级学生的化学学习负迁移情况进行了量上的分析和比对。

第二章为化学学习负迁移的研究过程。这一部分对化学学习负迁移诊断与矫正的具体研究过程进行了梳理，主要叙述了两个方面的问题：一是介绍了本研究的对象和载体。笔者比较详细地介绍了将化学学习负迁移和化学教学诊断作为研究对象的原因，分析了针对研究对象实施研究的支撑理论和研究工具。二是介绍了作为本书研究载体的河南某中学的具体情况、对比试验选择的过程以及试验班级学生的整体情况。该部分还就本研究使用的主要方法（如问卷调查、访谈、实验法、出声思维法等）进行了详细的介绍。

第三章为化学理论性知识学习负迁移研究。该章是本研究实证研究的第一部分，主要内容分为四个方面：一是介绍了化学理论性知识学习的特点（高度的概括性、有效的思维促成性和良好的科学教育性）。二是介绍了化学理论性知识学习负迁移的实证研究部分，该部分主要从四个方面（教学方式、训练因素、学业成绩和性别因素）对实验组和控制组学生的化学学习负迁移情况进行了测试、分析和比对。三是针对实证部分研究的结果，就化学理论性知识学习负迁移的因素进行了分析。四是介绍了化学理论性知识学习负迁移矫正的教学策略，主要从教师教导和学生学习两个方面提出了具体的矫正策略，并提供了具体的矫正案例。

第四章为化学事实性知识学习负迁移研究。该部分是本研究实证研究的第二部分，主要内容分为四个方面：一是介绍了化学事实性知识学习的特点（基础性、生活化和繁杂性）。二是介绍了化学事实性知识学习负迁移的实证研究部分，该部分主要从四个方面（教学方式、训练因素、学业成绩和性别因素）对实验组和控制组学生的化学学习负迁移情况进行了测试、分析和比对。三是针对实证部分研究的结果，就化学事实性知识学习负迁移的因素进行了分析。四是介绍了化学事实性知识学习负迁移矫正的教学策略，主要从教师教导和学生学习两个方面提出了具体的矫正策略，并提供了具体的矫正案例。

第五章为化学技能性知识学习负迁移研究。该部分是本研究实证研究的第三部分，主要内容分为四个方面：一是介绍了化学技能性知识学习的特点（抽象性、探究性和方法性）。二是介绍了化学技能性知识学习负迁移的实证研究部分，该部分主要从四个方面（教学方式、训练因素、学业成绩和性别因素）对实验组和控制组学生的化学学习负迁移情况进行了测试、分析和比对。三是针对实证部分研究的结果，就化学技能性知识学习负迁移的因素进行了分析。四是介绍了化学技能性知识学习负迁移矫正的教学策略，主要从教师教导和学生学习两个方面提出了具体的矫正策略，并提供了具体的矫正案例。

第六章为化学问题解决学习负迁移研究。该部分是本研究实证研究的第四部分，主要内容分为四个方面：一是介绍了化学问题解决的特点（理解的多元化、类型的多样性和机制的复杂性）。二是介绍了化学问题解决负迁移的实证研究部分，该部分主要从四个方面（教学方式、训练因素、学业成绩和性别因素）对实验组和控制组学生的化学学习负迁移情况进行了测试、分析和比对。三是针对实证部分研究的结果，就化学问题解决负迁移的因素进行了分析。四是介绍了化学问题解决负迁移矫正的教学策略，主要从教师教导和学生学习两个方面提出了具体的矫正策略，并提供了具体的矫正案例。

第七章为研究总结。本部分内容主要是对整个研究过程进行了归纳总结，提出了本研究的结论：隐蔽与顽固：化学学习负迁移普遍存在；试验与分析：化学学习负迁移诱因繁杂；策略与方法：化学学习负迁移可诊可矫；评价与标准：化学学习负迁移诊矫依据。在研究反思部分，本书指出了化学学习负迁移诊断与矫正研究今后可努力的四个方向：化学学习负迁移理论有待进一步完善；化学学习负迁移产生的心理层面的成因尚待进一步研究；化学学习负迁移试验尚待进一步深入；化学学习负迁移诊断尚待进一步开展。

本研究的理论创新点主要体现在五个方面：一是定义了化学学习负迁移；二是提出了负迁移度的概念；三是制定了化学学习负迁移评价量表及标准；四是对负迁移程度进行了等级划分；五是构建了化学学习负迁移诊断模型。

第一章　化学学习负迁移诊断的理论基础

200 多年来，有关迁移的理论一直是教育学和心理学领域研究的热点，每当有新的学习方面的理论被提出，就会导致迁移理论的更新和发展。在素质教育成为主流教育的时代，进行具体学科学习迁移能力的培养探索显得非常重要。如果学生对其所学习到的东西能够领会其主旨，并灵活地应用、推广，做到举一反三、融会贯通，我们就说学习迁移发生了，并且是正向的迁移。相反，在学习过程中由于对所学习的知识掌握不牢固，造成学习不系统、调用不灵活，最终会产生负面的影响，我们称之为负迁移。本章将具体对化学学习负迁移的特征和化学学习负迁移的诊断进行阐释和说明。

一、化学学习负迁移的特征

迁移表现在化学学科方面，就是指学习到的化学知识之间的相互影响，如果先前学习的化学知识对后面知识的学习产生了负面的影响，我们就说发生了化学学习负迁移，由于化学学科具有自己的特征，也决定了化学学习负迁移具备了不同于其他学科负迁移的特征。

（一）广泛性

从笔者近期对湖北省、江西省、安徽省、河南省等部分高中学生化学试卷答题错误的分析中可以看出，由负迁移现象造成的答题错误广泛存在，且所占的比例较高。图 1-1 是对河南省某中学某一次高中化学期末试卷答题错误分析的统计。

由图 1-1 中统计结果可以看出，学生在化学学习过程中，负迁移的产生是影响学生化学学习的一个重要因素，广泛存在于日常的化学教学过程中。研究化学学习中的负迁移现象，并以此来指导中学化学的教与学，仍是一个十分有价值并具现实意义的重要课题，也符合当前社会发展对学生素质培养的要求。根据笔者的归类分析，化学学习负迁移的广泛性主要体

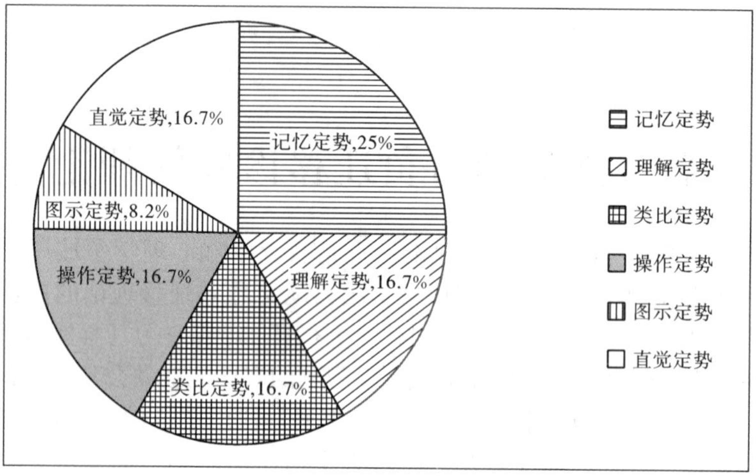

图 1-1　河南省某中学一次期末化学试卷错误试题中负迁移情况占比分析统计表

现在以下三个方面：

1. 内容的广泛性

内容的广泛性是指化学学习负迁移情况广泛存在于化学学习的各个板块知识中。譬如，学生在理论性知识、事实性知识和技能性知识等方面都广泛存在着学习负迁移现象。为了定量地表示学生在解题致错中负迁移程度的大小，本课题的研究过程中，笔者在导师的指导下，引入了负迁移度（用符号$\mathcal{L}$表示）的概念：负迁移度描述的是学习者在具体学科知识专题（知识点）学习过程中负迁移致错占总错误数的百分率。其计算公式为：

$$负迁移度(\mathcal{L})=\frac{负迁移致错数}{解题致错总数}\times 100\%$$

负迁移度（$\mathcal{L}$）的取值在0～1之间，$\mathcal{L}$的值越大，表明学习者在所测知识专题学习中新旧知识间的冲突越显著，认知结构的功能偏差越大，负迁移程度越大。相反，$\mathcal{L}$的数值越小，表明学习者在所测知识专题中知识学习情况越好。也就是说新旧知识一致性程度越高，认知结构的功能出现偏差越小，负迁移程度越小。

为了说明在化学学习过程中，负迁移存在的广泛性，我们在学校教师和学生的配合下搜集了河南省某中学高一年级、高二年级一年来历次考试中的化学试卷（其中高一年级1 072份、高二年级744份），对试卷中高中化学知识分专题、考点进行了负迁移度的统计和分析，结果见表1-1。

表 1-1　河南省某中学高中化学部分考点负迁移度统计表

专题	考点	平均负迁移度（$\mathcal{L}$）
专题一化学基本概念	考点 1 物质的组成、性质和分类	0.360 7
	考点 2 物质的量	0.265 5
	考点 3 物质的量浓度和溶解度	0.319 0
	考点 4 氧化还原反应	0.301 3
	考点 5 离子反应	0.332 0
专题二元素及其化合物	考点 6 钠及其化合物	0.336 5
	考点 7 镁及其化合物	0.284 1
	考点 8 铝及其化合物	0.340 2
	考点 9 铁及其化合物	0.313 8
	考点 10 铜及其化合物	0.154 6
	考点 11 碳及其化合物	0.296 1
	考点 12 硅及其化合物	0.259 8
	考点 13 氯及其化合物	0.298 5
	考点 14 硫及其化合物	0.330 6
	考点 15 氮及其化合物	0.342 2
专题三化学基本理论	考点 16 原子结构	0.169 3
	考点 17 元素周期律与元素周期表	0.139 6
	考点 18 化学键与分子间作用力	0.235 5
	考点 19 化学反应与能量	0.251 4
	考点 20 化学反应速率	0.262 0
专题四有机化学(必修)	考点 21 甲烷和烷烃	0.106 1
	考点 22 乙烯的结构及性质	0.169 3
	考点 23 苯的结构及性质	0.287 5
	考点 24 化石燃料	0.096 3
	考点 25 乙醇的结构及性质	0.165 2
	考点 26 乙酸的结构及性质	0.237 2
	考点 27 基本营养物质	0.002 5

续表

专题	考点	平均负迁移度（£）
专题五 化学实验	考点 28 化学实验常用仪器及基本操作	0.203 2
	考点 29 物质的分离和提纯	0.264 5
	考点 30 常见物质的检验	0.209 6
	考点 31 常见气体的实验室制法	0.268 0
	考点 32 重要的定量实验　物质制备实验方案的设计	0.259 4
	考点 33 物质性质实验方案的设计　实验探究与实验评价	0.164 3
专题六 化学与生活	考点 34 糖类的结构及性质	0.169 1
	考点 35 油脂的结构及性质	0.067 3
	考点 36 蛋白质的结构及性质	0.064 5
	考点 37 合金	0.163 4
	考点 38 金属的腐蚀与防护	0.097 6
	考点 39 玻璃、陶瓷和水泥	0.031 1
	考点 40 塑料、纤维和橡胶	0.010 5
专题七 化学与技术	考点 41 化工生产中的基本问题	0.001 2
	考点 42 人工固氮技术——合成氨	0.196 3
	考点 43 纯碱的生产	0.206 2
	考点 44 海水的综合利用	0.000 3
	考点 45 石油、煤和天然气的综合利用	0.014 2
	考点 46 无机非金属材料	0.026 1
	考点 47 金属材料	0.024 2
	考点 48 高分子化合物与材料	0.003 0
	考点 49 化肥与农药	0.000 0
专题八 物质结构与性质	考点 50 原子结构	0.201 6
	考点 51 原子结构与元素的性质	0.106 5
	考点 52 共价键	0.103 2
	考点 53 分子的立体结构	0.240 3

续表

专题	考点	平均负迁移度（$\mathcal{L}$）
专题八物质结构与性质	考点 54 分子的性质	0.196 2
	考点 55 晶体	0.301 3
	考点 56 分子晶体与原子晶体	0.260 5
	考点 57 金属晶体	0.210 3
	考点 58 离子晶体	0.280 2
专题九化学反应原理	考点 59 化学反应与能量的变化	0.209 3
	考点 60 燃烧热　能源	0.036 2
	考点 61 化学反应热的计算	0.249 5
	考点 62 化学反应速率	0.202 6
	考点 63 化学平衡	0.209 2
	考点 64 化学反应进行的方向	0.205 3
	考点 65 弱电解质的电离	0.238 2
	考点 66 水的电离和溶液的酸碱性	0.221 3
	考点 67 盐类的水解	0.362 5
	考点 68 难溶电解质的溶解平衡	0.268 6
	考点 69 原电池	0.220 5
	考点 70 化学电源	0.163 2
	考点 71 电解池	0.209 3
	考点 72 金属的电化学腐蚀与防护	0.104 3
专题十有机化学基础	考点 73 有机化合物的分类	0.064 2
	考点 74 有机化合物的结构特点	0.063 6
	考点 75 有机化合物的命名	0.163 6
	考点 76 研究有机化合物的一般步骤和方法	0.205 3
	考点 77 脂肪烃的结构及性质	0.162 2
	考点 78 芳香烃的结构及性质	0.101 3
	考点 79 卤代烃的结构及性质	0.240 0
	考点 80 醇的结构及性质	0.201 3
	考点 81 酚的结构及性质	0.130 3

续表

专题	考点	平均负迁移度（£）
专题十有机化学基础	考点 82 醛的结构及性质	0.206 6
	考点 83 羧酸的结构及性质	0.209 6
	考点 84 酯的结构及性质	0.210 5
	考点 85 有机合成	0.200 6
	考点 86 油脂的结构及性质	0.228 3
	考点 87 糖类的结构及性质	0.124 2
	考点 88 蛋白质的结构及性质	0.032 3
	考点 89 核酸的结构及性质	0.035 3
	考点 90 合成高分子化合物的基本方法	0.013 6
	考点 91 应用广泛的高分子材料	0.140 6
	考点 92 功能高分子材料	0.021 6
专题十一实验化学	考点 93 实验化学绿色化	0.153 3
	考点 94 物质的分离和提纯	0.208 3
	考点 95 物质的制备	0.200 3
	考点 96 物质的检验	0.202 6
	考点 97 物质含量的测定	0.162 5
	考点 98 物质性质的研究	0.220 3
	考点 99 身边化学问题的探究	0.000 0
	考点 100 综合实验设计	0.205 6

2. 形式的多样性

化学学习负迁移形式的多样性是指负迁移在不同年龄阶段的学生中会有不同的表现形式和特点。

(1) 不同年龄阶段的化学学习负迁移

[初中阶段]

在国内，学生对化学的学习一般开始于 9 年级（上海部分地区开始于 8 年级），学生的年龄阶段处在 15 岁左右，这个年龄阶段的学生往往处于半幼稚、半成熟的过渡时期，独立性与依赖性、幼稚性与自觉性错综复杂[①]。初中阶段的学生刚接触化学，化学学习负迁移主要由日常生活中形成的生活常识影响对知识的理解而产生。例如，提到盐，我们普遍认为都是咸的。此外，这一个阶段的学生还容易受事物的表面现象的干扰。例如，见到发光，就认为是化学变化。

[高中一年级]

高中一年级阶段的学生是一个特殊的群体，他们整体上表现为一种过渡性的特点。在学生身心发展的过程中，高一阶段属于一个重要的发展变化阶段，是他们人生观、价值观形成的关键时期。在化学学科的学习过程中，这个阶段的学生面临着由初中化学知识的简单结构向高中化学知识的复杂结构的衔接和过渡，面临着化学学习方法、学习思维的转换。在学习大环境方面，刚刚进入陌生的高中学校，面临着新老师、新同学、新环境，高一阶段学生都会面临一些化学学科学习方面的困难，如若处理不当，就会造成负迁移的发生。负迁移较多的学生类型大体上可归纳出以下三种。

①目标定位失衡——学习焦虑型

高一阶段的学生从初中到高中经过了中考的初步遴选，分到一起的一般都是比较有实力的学生，尤其是重点中学的学生，这种感觉更为明显。这个阶段的学生，一般在一定时间内都保持着自己在初中阶段时的心理定位——班级的领先者、学校的佼佼者、同学心目中的偶像、老师们重点关注的对象。然而，进入高中阶段，换了新的环境，高手相遇，他们头顶的光环部分消失，优势不再会那么明显，那么突出。自己的化学学科成绩在同学中可能也不再会显得那么优秀、突出，有些学生会明显地感觉到自己在化学学习方法、化学学习效率方面落后于其他学生，难免会产生一种心理失衡，觉得自己的化学学习不行了、落后了，进而产生出一种对化学学习的焦虑，导致对化学知识学习的混乱，条理不清，产生大量的负迁移。

应对这种形式的负迁移可以尝试帮助学生学会科学地实现自我定位，建立化学学习的信心：引导学生意识到，在强手如林的环境中盲目自卑是不行的，要重新树立信心；帮助学生在化学学科学习方面树立起科学的学习观念，给自己做一个正确合理的定位。

---

① 吴鑫德. 化学教育心理学［M］. 北京：化学工业出版社，2011：66.

②自暴自弃——学习绝望型

在调查中笔者发现，高一阶段有一部分学生因化学学科学习成绩差而失去对化学学习的兴趣，导致对自己失去信心，自我封闭，甚至引起抑郁孤僻的情况发生；抑或者实行自我放纵，整日沉溺于玩乐，导致学业荒废。如果教师对这部分学生不能及时发现并开展有针对性的引导，那么自我放纵的这一部分学生可能会形成一个小团体，对整个班级的化学学习氛围造成不良的影响。久而久之，他们对化学学习失去信心，对学习失去兴趣，对生活失去信心，会造成大面积、大范围的化学学习负迁移的发生，不利于高一阶段化学学科的学习。

针对这种负迁移的类型，教师在日常的学科教学中要及时与学生进行沟通，积极帮助学生排遣心中的困惑，提高学生的学习劲头，帮助学生获得心流体验。

③自以为是——学业自负型

高一阶段，学生经过自己的努力和奋斗，部分学生顺利升入国家级重点高中或省级重点高中，与前面介绍的会产生自卑感的学生不一样，有些学生在化学学科学习上会出现自负的倾向。这部分学生在化学学科学习上非常自负，自恃自己在初中阶段化学基础知识掌握牢固，成绩优秀，到高中时，往往眼高手低，自我感觉良好，但在做题时由负迁移产生的错误频频出现，学生因自负而受挫，不知如何调整。

针对这种类型的负迁移，教师首先要对学生进行挫折教育，帮助他们再次树立信心；其次，教师应对学生的学习方法进行指导，逐步克服学生在化学学习过程中因为个人自负的原因所产生的负迁移。

[**高中二年级**]

高中二年级阶段的学生在化学学习方面存在着以下特点：

①化学学科学习上出现分化

经过高一阶段的化学学习，学生在化学学科知识的掌握程度上已经拉开差距，开始分出层次，即所谓的绩优生、绩中生和绩差生。对于绩优生来说，由于在初中阶段和高一阶段化学学科学得好，使他们积极、自信的心理不断得到强化，对化学学科的学习兴趣逐步上升为乐趣，化学学习已经成为一种自觉的行为，并不断从中得到学习成功的心流体验，因此，对绩优生来讲，化学学习成为一件乐事，正迁移明显，负迁移大大减少。相反，另一部分学生在前面两年的化学学科的学习中（尤其是在化学考试中）屡屡受挫，对化学学科学习的灰心、自卑、惧怕等心理也在渐渐固化，慢慢出现了兴趣转移，形成了不喜欢学习化学学科等不良倾向。实验证明，这部分学生的负迁移度整体偏大。对绩中生来说，学习目的基本明确，化学学科学习动力不够强劲，始终处于一种淡漠的被动状态，化学学习负迁移时有发生。

②学生感觉孤独和焦虑

高二阶段是高中阶段的“断层”时期。因为高一新生刚进入高中，对学校、老师、同学以及化学学科的学习都有新鲜的感觉，同时，刚入学时的兴奋心情也使其具有积极的化学学科学习和生活的态度。在这个时期，无论是学校、老师还是家长都对他们给予高度的关注。而高三阶段的学生因为即将参加高考，学校、老师和家长对他们也会给予高度的关注。相比之下，学校、老师和家长对高二阶段的学生关注度就相对偏少，使学生在这个阶段的孤独感和失落感增强，这种感觉将直接影响学生在化学学科方面的学习，最终导致化学学习负迁移的增加，使这个阶段的学生在化学学习过程中错误频发，成绩下降。

结合高二学生的上述特点，为了减少化学学习负迁移的发生，老师在日常教学中不仅要传授化学学科知识，同时要对他们进行正确的人生观、价值观的教育，使他们能够把握化学学习的方向，做一个对化学学习充满信心的人。在教学过程中，老师要帮助学生积极制定不同学习阶段的化学学习目标，并引导学生将学习目标进行量化，然后督促他们分阶段逐步推进。最后，老师可通过提问后的鼓励、考试后的谈心等形式，让他们树立对化学学科学习的信心。

［高中三年级］

高三阶段是个非常关键的阶段，是对学生十几年寒窗苦读结果的考验、考查阶段，也是一个学生在化学学习过程中负迁移形式多样化的阶段。高三阶段，面对每天沉重的学习任务与升学的压力，绩优生、绩中生、绩差生均会产生压抑、悲观、烦躁不安等不良心理状态，这些状态极易导致化学学习负迁移的发生。

高三阶段学生的心理可划分为三个时期：一是心理压力产生期，二是心理压力缓解期，三是激励冲刺期，为了减少负迁移的发生，在三个不同的时期应该有不同的调节对策。

①第一个时期——心理压力产生期

对于高三阶段的学生而言，高三意味着流汗、流泪以及内心的煎熬。作为老师，在这个时候，最应该做的就是：了解学生的心理，对症下药，帮助他们过好中学阶段的最后一段关键时期。老师为了激起学生最后一搏的激情，往往会通过召开主题班会、张贴标语或条幅等形式制造氛围，这一阶段学生的心理压力会逐步增加。

②第二个时期——心理压力缓解期

据对高三阶段班主任调查可知，从 12 月份到第二次模拟考期间是学生心理最容易出现问题的时期，这是在考试中负迁移高发的时期。这个时期，学生已经把所有的注意力都放在了备战高考上，对高考的恐惧、家长和老师的殷切期望带来的无形压力，加上学生自身化学学习成绩的些许变化都会造成学生焦躁不安。越是到最后阶段，学生的紧张心理越发严重。这时期学生的心理承受能力已经达到极限，因此，帮助学生调整好心态，以轻松的心态迎接高考，是这个时期的核心任务。这个时期，老师如果处理不好，就会挫伤学生的学习积极性，导致化学学习负迁移的发生。

③第三个时期——激励冲刺期

时间进入 4 月份，距高考越来越近，复习备考工作已经进入冲刺阶段，学生经过长时间的备考复习，已感觉到身心疲惫。老师怎样在这个时期激发出学生的内在动力，使他们以最佳的姿态进入高考冲刺阶段，尽量减少化学学习负迁移的发生，有赖于老师激励作用的有效发挥。老师可以通过让学生重新布置教室环境，适宜地张贴有激励作用的名人名言，让班级学生感受到一种积极上进的氛围，逐步培养学生对高考的信心。

（2）不同层次的化学学习负迁移

不同层次的化学学习负迁移，首先表现在同一年龄阶段的化学学习成绩不同的三类学生方面：绩优生（80～100 分）、绩中生（60～80 分）和学困生（60 分以下）。研究过程中，我们选取了有代表性的高二阶段中一个班级的学生进行了试卷测试和问卷调查，统计结果见表 1-2 和图 1-2。

表 1-2　高二阶段绩优生、绩中生和学困生化学学习平均负迁移度情况统计表

	绩优生	绩中生	学困生
平均负迁移度	0.140 1	0.265 0	0.373 2

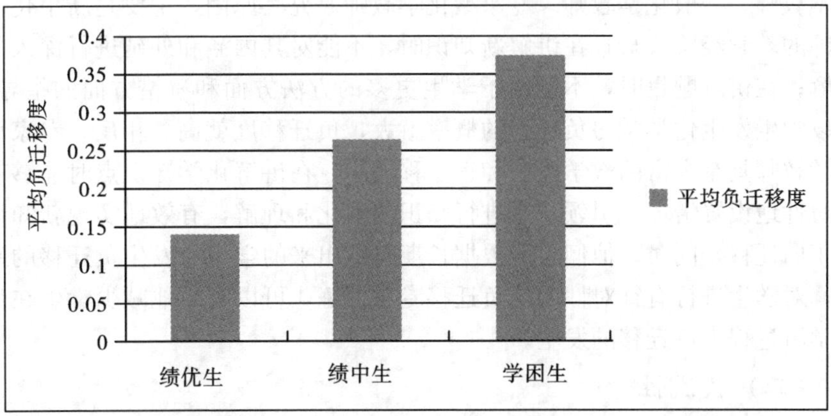

图 1-2　高二阶段绩优生、绩中生和学困生化学学习平均负迁移度情况

由表 1-2 和图 1-2 可以看出处于相同阶段（高二阶段）的学生在化学学习负迁移方面存在明显的差异：学困生＞绩中生＞绩优生。

其次，不同层次的化学学习负迁移表现在不同类型化学教师的教学效果方面，我们将教师分为新手教师、一般教师和专家型教师三个类型，具体调查统计见表 1-3 和图 1-3。

表 1-3　不同类型化学教师的班级中学生化学学习平均负迁移度情况统计表

	新手化学教师	一般化学教师	专家型化学教师
平均负迁移度	0.303 1	0.241 0	0.104 2

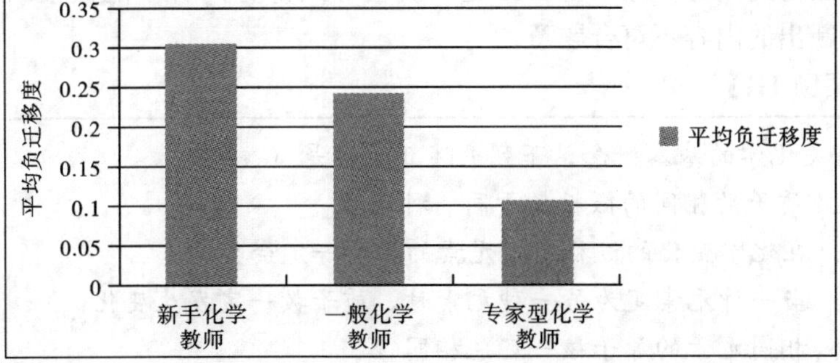

图 1-3　不同类型化学教师的班级中学生化学学习平均负迁移度情况

由表 1-3 和图 1-3 可以看出处于相同阶段的不同类型化学授课教师的班级中学生平均负迁移度差异很大，所教学生的化学学习负迁移度：新手化学教师>一般化学教师>专家型化学教师。究其原因，主要是新手化学教师的教学经验欠缺，在讲解新知识时，不能对其内涵和外延进行深入的讲解；在讲解题目时，不能给予学生更多的方法方面和避错方面的指导，所以学生发生化学学习负迁移的概率就大，负迁移度就高。相反，专家型化学教师具有丰富的教学经验和正迁移经验，在讲解化学知识点时能够有针对性地设置情境，引领学生进行知识的消化和理解，有效地实现新知识的正向迁移，同时，他们也能根据长期总结出来的学生易发生负迁移的地方，对学生进行有针对性的反负迁移专题训练，可以有效地减少学生在化学学习过程中负迁移的发生。

（二）肤浅性

调查发现，中学化学学习中由于负迁移造成的错误，有38%是由于学生在解题时思维浮于问题的表面，对题干内容不做深度研读、细致分析，最终导致了负迁移的发生，得到错误的结果。在化学教学的过程中，一经教师提示或启发，学生往往会立刻领悟出相关的道理。化学学习负迁移的肤浅性具体表现在以下三个方面：

1. 理解题干意思时的肤浅性

题干是一道试题的内容载体，它包含着有关解题的大量信息。如果在解题过程中，不能正确地识别题干内容，理解过于肤浅，就会导致漏读、错读题干信息，为化学学习负迁移的发生提供了可能：如果是选择题会得到错误的答案或者漏选某些答案；如果是综合分析题，就会导致回答不全面，无法得到满分；如果是推断题，就会导致部分内容不能被推断出来，或者推断出的内容不符合题意。

【案例 1-1】

有关化学的基本概念，下列表述正确的是（　　）。

A. 质子数相同的微粒属于同一种元素

B. 在化学变化的过程中，元素的种类一定会变化

C. 当一种元素变为另一种元素时，质子数一定发生变化

D. 相同元素的原子核一定也相同

[分析]

本道选择题是考查学生对化学基本概念：化学变化、原子、元素、原子结构等内容的理解。该题属于基础性的试题，没有过高的难度。但

是该道试题的负迁移度$\mathcal{L}$＝0.475。

究其原因就是对化学概念的理解过于肤浅，做题时不能正确识别，导致了负迁移的发生。

A选项考查的是元素这一概念，同种元素的质子数是相同的，但质子数一样的微粒却不一定是相同的元素，在这里选A的学生对“微粒”的认识过于肤浅，把微粒和元素混为一谈，认为选项A正确。

B选项考查的是化学变化的概念，化学变化的实质是有新物质生成，有一部分学生对化学变化的实质不做深入的研究，肤浅地认为，就是有新元素生成，所以认为选项B是对的，这是由于对概念理解肤浅造成的负迁移。

C选项考查的是元素的概念，元素是指具有相同核电荷数（质子数）的同一类原子的总称，其显著特征就是核电荷数相同，不同种元素的核电荷数一定是不同的，因此，C选项是正确的选项。

D选项考查的也是对元素概念的理解，同一种元素的原子，其质子数一定相同但中子数可以不相同，因此，原子核不一定相同，所以该选项错误。

2. 理解题意内涵时的肤浅性

化学学习负迁移肤浅性的另一方面表现在学生对题意内涵理解的肤浅性。这部分学生在做题的时候，不能做到对题目的深入研究，往往凭印象、凭直觉答题，没有对已有化学学科知识进行正确的调用，最终导致化学学习负迁移的发生。

【案例1-2】

在学习中常常会出现“1＋1≠2”的现象，但也有例外。下列符合“1＋1＝2”的事实是（　　）

A. 常温时，1 L水与1 L酒精溶液混合后的总体积等于2 L

B. 常温时，1 g硫粉在1 g氧气中完全燃烧后生成2 g的二氧化硫气体

C. 常温时，1 g镁与1 g硫酸充分反应后所得的溶液总质量为2 g

D. 常温时，1 g硝酸钾饱和溶液中加入1 g硝酸钾固体能得到2 g的硝酸钾溶液

［分析］

该道选择题表面上看来是考查学生对化学反应中量的理解和运用，如果从对选项的内涵做具体分析的话，该题从深层次考查了分子之间的距离、金属和酸的反应、非金属的反应、溶解度和质量守恒定律等知识。该题也是属于对化学基础性知识考查的试题，没有很大的难度。但是，测试结果表明，该道试题的负迁移度$\mathcal{L}=0.275$。究其原因还是对考查的内容只是停留在表面的肤浅的认识上，没能做具体的深层内涵解读。

A选项考查的是分子之间的距离，学生只要能够认识到分子之间距离的存在，就能得出水和酒精混合后体积会减少的结论，此时“$1+1<2$”。

B选项考查的是硫和氧气的反应，该反应学生都比较熟悉，$S+O_2=SO_2$，二者反应时按照物质的量为1∶1的比例进行。很多学生认为该选项是错误的，通过出声思维的方法了解到，他们认为硫和氧气完全反应时应该是物质的量之比为1∶1，而不是质量比，没对本题所属内容进行深层分析，没有挖掘出硫和氧气的摩尔质量均为32 $g \cdot mol^{-1}$这一客观事实，因此造成了认识肤浅方面的负迁移，认为该选项错误。

C选项考查的是金属镁和稀硫酸的反应，该反应因为有氢气放出，所以最后剩余的总质量要小于原来的质量之和。这个选项的错误率比较低。

D选项考查的是溶解度的知识，学生选择D选项的原因主要是对溶液的质量的理解没有进行深层分析，在饱和硝酸钾溶液中，再加入的硝酸钾不会再溶解，没溶解的硝酸钾固体的质量不属于溶液的质量，因此，本选项也是错误的。

3. 问题解决能力方面的肤浅性

化学学习负迁移肤浅性的另外一个方面表现在学生问题解决能力方面的肤浅性。这部分学生的问题解决能力比较差，最终导致化学学习负迁移的发生。

【案例1-3】

在一定的温度下，向一个容积不变的密闭容器中，加入3 mol SO_2和2 mol O_2及反应所需的固体催化剂，使之发生如下反应：

$$2SO_2(g)+O_2(g) \rightleftharpoons 2SO_3(g) \quad \Delta H=-196.6\ kJ \cdot mol^{-1}$$

达到平衡时容器内气体压强为起始时的90%。此时：

I. 加入3 mol SO_2 和2 mol O_2 发生反应，达到平衡时，放出的热量为__________。

Ⅱ. 保持同一反应温度，在相同的容器中，将起始物质的量改为 a mol SO_2、b mol O_2、c mol SO_3(g)，欲使平衡时 SO_3 的体积分数为2/9。

①达到平衡时，Ⅰ与Ⅱ放出的热量__________。

A. 一定相等

B. 前者一定小

C. 前者大于或等于后者

② a、b、c 必须满足的关系是（其中一个用 a、c 表示，另一个用 b、c 表示）

__________________，__________________。

③欲使起始时反应表现为向正反应方向进行，a 的取值范围是：_______________。

[分析]

从调查的结果可以看出，本题的错因主要有三个方面：一是对化学平衡概念的理解过于肤浅；二是没有形成对化学平衡相关问题的解决能力，感觉无从下手；三是对相关的知识点没有形成清晰的知识网络，急于求成，容易产生混淆。

解题过程：

(1) 平衡三步曲

$$2SO_2(g) + O_2(g) \rightleftharpoons 2SO_3(g)$$

	$2SO_2(g)$	$O_2(g)$	$2SO_3(g)$
起始量	3 mol	2 mol	0
变化量	$2x$	x	$2x$
平衡时	$3-2x$ mol	$2-x=1.5$ mol	$2x=1$ mol

T、V 一定时，气体的压强比等于物质的量之比：

(3 mol+2 mol) / ($3-2x+2-x+2x$) =10/9，

可以得到 $x=0.5$ mol，SO_3 的体积分数为2/9。

(2) 热量的计算与反应物的消耗量或生成物的生成量有关。SO_2 的消耗量为1 mol，则反应放出的热量为196.6 kJ×1/2 =98.3kJ。

(3) ①改变起始量，SO_3 的体积分数为 2/9，则与 3 mol SO_2 和 2 mol O_2 起始为等效平衡，平衡时 $n(SO_3)$ 相等，但Ⅱ中 SO_3 的生成量小于或等于 1 mol，故其放出的热量小于或等于 98.3 kJ。

②当 T、V 一定时，对于有气体体积变化的反应，反应等效的方式即“等同”，意即“一边倒”之后，$n(SO_2)=3$ mol、$n(O_2)=2$ mol，故 $a+c=3$，$2b+c=4$。

③平衡时，$n(SO_2)=2$ mol，$n(O_2)=1.5$ mol，$n(SO_3)=1$ mol 欲使起始时反应表现为向正反应方向进行，因此 $a>2$；又因为 $n(SO_2)$ 的最大值为 3 mol，则 $a\leqslant 3$。

从以上分析可以看出，在解决化学平衡的计算问题时，一定不能怕麻烦，查看等效平衡的条件时不能含糊。

（三）顽固性

化学学习负迁移的顽固性是指负迁移已经产生，就会在学习者头脑中形成稳定的、错误的知识结构，能够在一定时间内稳定地存在。化学学习负迁移是学生根据日常生活经验和观察对化学现象产生的错误直觉认识，是受到先期学习的知识的影响，它们在学生头脑中会潜移默化地形成，在日常的生活中会慢慢累积，是学生头脑中具有的一种稳定的认知结构，不会轻易消解。化学学习负迁移一旦形成，就会在学生的思维中形成定势，因此在中学化学学习中经常会出现对同一个问题“屡犯屡错，屡错屡犯”的现象，这就是化学学习负迁移顽固性的具体表现，需要引起教育者的足够重视。

譬如，学生对阿伏伽德罗常数的理解，教师在讲解这个常数时，常常强调阿伏伽德罗常数的近似值约等于 6.02×10^{23}，学生牢牢记住了“近似值”这个含义，在做题的时候，一提到阿伏伽德罗常数，马上就和“近似值”进行关联，从而产生负迁移，认为阿伏伽德罗常数本身就是近似值。调查发现，虽然教师在讲解的时候，一再强调阿伏伽德罗常数本身有精确的值，6.02×10^{23} 只是其近似值，可是对于此问题，学生还是一错再错。

（四）自发性

化学学习负迁移的自发性是指负迁移往往使学习者自然而然、不知不觉地这样或那样地解释或理解学习的对象。调查显示，学生在中学化学学习中的负迁移完全是自发的。解答题目时，他们站在自己个人的立场上，凭着自身的感性经验在大脑中进行知识的建构和学习系统的重组。

譬如，在学习同素异形体概念时，学生就会自然而然地联想到同位素的概念；在学习同分异构体概念时，他们也会自然而然地联想到几个有"同"的概念：同位素、同分异构体、同素异形体、同系物、同系列等概念。

（五）特异性

化学学习负迁移的特异性是指化学学习负迁移的产生因人而异，因内容而异。由于每个学生的生活环境、思维方式等不同，对同一类化学现象的认识、感受也不完全相同，因而表现出"相异构想"的多样性。我们经常会看到不同的学生对同一化学现象的解释是不同的，这是因为不同的学生会以不同的方式内化外部经验来建构他们的思维体系，从而就导致了负迁移的特异性。

譬如，在化学基本概念的考查中我们发现，男学生的负迁移度平均值高出女学生负迁移度平均值的 0.032。究其原因，是因为这个年龄阶段的学生在学习化学概念时，女学生由于在记忆、概念的理解方面比较擅长、细腻，所以对化学基本概念的整体理解、掌握和运用要比男学生要好。

（六）表象性

化学学习负迁移的表象性是指在理解化学知识的过程中，学生的思维往往停留在问题的表面，在由感性知识到理性知识的转化过程中容易出现错误，造成负迁移。表象是从感性知识逐步上升到理性知识的中介，是学习者先前的感知在大脑中留下的具体映象，它仍然属于感性知识的范畴。在中学化学的学习过程中，学生首先针对各个具体的化学学习情形建立一些个别表象，如果以个别表象为感性材料直接进行抽象的思维加工，则容易导致形成错误概念，产生负迁移。

譬如，在进行"有机物"这一基本概念的学习时，学生如果只是停留在之前对有机物概念的基本描述——"含碳的化合物"上，那么，在实际做题训练中就极易造成负迁移，认为所有含碳的化合物都是有机物，就会把 CO_2、CO 等含碳的氧化物，$CaCO_3$、$NaHCO_3$ 等含碳的碳酸盐、碳酸氢盐和 NaCN、NaSCN 等氰化物和硫氰化物认为是有机物，从而造成判断错误。事实上，在学习"有机物"这一概念时，学习者不能只是停留在对概念的感性认识上，而要进行理性的思维加工：碳的氧化物、碳酸盐、碳酸氢盐和氰化物、硫氰化物它们的化学性质和无机物类似，虽然含有碳元素，但是还是属于无机物的范畴。

（七）隐蔽性

化学学习负迁移的隐蔽性是指负迁移存在的内隐化和朦胧性。化学学习中的负迁移是学生内隐的思维结果，是在化学学科的教学过程中潜移默化形成的。因此，它是以潜在的形式存在的，平时并不表现出来。当学生对某一类化学现象形成具体的观念时，由于学生年龄和思维能力的限制，这种观念通常处于一种比较模糊的状态，它是存在于学生内心的一种朦胧意识，在平时的学习中学生往往难以用自己的语言来将其表达清楚。

譬如，化学实验学习中的操作定势就是学生在做化学学科实验过程中潜移默化形成的。对洗气瓶的导管长短潜移默化中形成了“长进短出”的思维定势，对气体的排空气集气法形成了“短进长出”的思维定势（依据H_2的实验室排空气集气法）。调查中我们发现，在发生化学学习负迁移的学生中，有将近38％的学生对他们的化学学习状况感觉还可以，但不知道为什么做起题来会出现很多的错误，这实际上就是由化学学习负迁移的隐蔽性造成的。

（八）重叠性

化学学习负迁移的重叠性指的是化学学习负迁移的产生往往是由很多因素共同引发的，各种影响因素交叉重叠共同产生作用，这些因素在学生问题解决过程中与学生原有的认知结构发生冲撞，产生冲突，最终造成解题错误。

譬如，对一道实验设计题，负迁移的产生因素可能有操作定势、思维定势、图示定势等同时存在。由于操作定势的存在，导致了实验设计过程中“试管随便抓、砝码随便拿”等现象的发生；由于思维定势的存在使实验设计流于俗套，容易落入题目设置的陷阱；由于图示定势的存在会使学生在解读题目时出现误读。

（九）复杂性

化学学习负迁移的复杂性是从诱因来源方面来说的，指的是化学学习负迁移产生的具体原因比较复杂，不能简单归咎于学习者、化学教师或者化学学习资料（化学教材、化学教辅资料等）。化学学习负迁移的产生有其内部原因和外部原因。

首先，内部原因主要来自学习者本身，学习者的认知水平、理解能力、分析能力等都可能对化学学习负迁移产生影响。

其次，从外部原因来讲，化学授课教师、学习资料、学习环境、训练时长、训练频次等都有可能给学生化学学习带来负迁移，往往很难判别负迁移到底来源于哪里，也就是很难找到“病因”。化学学习负迁移的复杂性特征给化学负迁移的诊断设置了障碍。

二、化学学习负迁移诊断的理论基础和原则

（一）化学学习负迁移诊断的理论基础

1. 知识表征与心理结构表征

表征（Representation）一词在英语中的本来意思是说某（些）事物和属性能代表、表现另一（些）事物和属性。表征一词具有代表、表现、表达等很广泛的含义①。在认知心理学界，一般把信息在人脑中呈现和记载的方式统称为知识表征。也就是说知识表征是记载或表达知识的方式。“同一事物，如‘烧杯’，在人的长时记忆系统中可能以不同形式，如烧杯的表象，或关于烧杯的用途的命题等形式表征。这些不同表征形式所具有的共同的信息称为表征的内容，而不同表征形式称为编码。”②

现实中，种种必须面对的问题，如学业成绩、学科学习方法、老师的态度与行为、同学关系等等，都存在如何在大脑中进行合理表征的问题。这些有关世界观、人生观、学业成败、学科难易、今天的学习与明天的人生命运关系等等知识，以什么样的兴奋水平表征在学习者的大脑中，以及什么性质的情绪体验和水平表征在学习者大脑中，都会立刻表现出一个人区分于另一个人的人格特征、心理健康水平和智力特征与水平。

根据现有的认识对心理经验结构表征进行分类，有助于我们研究、掌握和运用心理经验结构表征的技术。从表征的作用方式角度来进行分类，

① 金洪源. 学习行为障碍的诊断与辅导［M］. 上海：上海教育出版社，2009：14.

② 皮连生. 智育心理学［M］. 北京：人民教育出版社，1996：43.

可以把它分为代表性表征、知识优势兴奋性表征和结构性表征三种①。

（1）代表性表征

代表性表征与传统的知识表征很相似，即指人们大脑中的知识结构、心理结构内容、形式等，用什么载体来代表、表现或表达。例如有的人能够用概括性语言来表征自己内心世界的问题、内容、结构、状态等，有的人只能用形象的描述来表达，还有的人更善于用模型、图表等来表达或表现。

代表性表征的核心问题是表征得是否正确、真实、易于表达和交流。例如由于考试失败而厌学的孩子的内心世界是怎样的？师生关系不和睦而厌学的学生的内心世界是怎样的？怕学化学的学生的内心世界是怎样的？如何改变他们的心理结构，以获得新的学习心态？诸如此类，都要求教师在诊断时做出代表性表征。如果表征得好，可以通俗明白地向当事人及其家人说清楚障碍产生的心理机制，有利于得到当事人很好的配合，促使整体作用下的心理辅导收到事半功倍的效果。

（2）知识优势兴奋性表征

知识优势兴奋性表征，是指知识经验在大脑中处于容易被优先激活和运用的状态。比如，有些知识在被输入大脑以后很少再被想起和用上，而有些知识则被频繁提取和运用。一个人的行为倾向受其大脑中有什么样知识的制约，也受其大脑中哪一种知识处于优势兴奋状态的制约。为了对化学学习行为的诊断进行准确表述，我们提出知识、情绪及其结构在大脑中的优势兴奋性表征问题。

在促成心理经验内容优势兴奋性的问题上，主要依据大脑学习的两个基本规律：一是高级神经活动过程兴奋与抑制相互诱导原理；二是学习活动过程中情绪的性质与兴奋水平影响学习效果的规律。依据这两大规律，可以组合出五种基本的途径，以促进学习行为障碍者在获得一定心理内容以后，能够迅速地将这一内容转化为优势兴奋的行为，即一接触到相关情境便立刻自动地实现行为。

①先入为主。这是一个宏观上的大脑皮层兴奋与抑制相互诱导的实例。早期教育阶段，婴幼儿大脑中先入为主的知识经验相对较少，对新学

① 金洪源. 学习行为障碍的诊断与辅导［M］. 上海：上海教育出版社，2009：14.

习的知识产生排斥、干扰和抑制的作用也较弱，加之在习得为数不多的新知识以后，会在实践中反复运用，所以早期获得的知识总是具有优势兴奋性的。譬如，初中学生在学习燃烧的概念时懂得了燃烧的定义“可燃物与氧气进行的发热发光的剧烈的现象”，在学生大脑中就有了燃烧的特征：一是要有可燃物，二是要有氧气。这种先入为主的学习，如果得不到教师及时的纠正，就很容易产生负迁移。因为在高中学生会学习 H_2 在 Cl_2 中燃烧、Mg 在 CO_2 中燃烧等没有氧气参与的燃烧反应。

②暗示学习。即在暗示学习条件下获得的知识经验具有超强的优势兴奋性特征。当一个人的大脑高级皮层普遍处于抑制状态时，少量的或唯一的兴奋灶上形成的知识观念具有极强的优势兴奋性特点。所以，人们在暗示教学条件下学习，都能够表现出极强的学习能力，并且其所学习的内容一般在大脑中总是容易优先转化为行为。

③高度愉悦。诊断实验研究中有大量事实证明，学习者在学习过程中的情绪兴奋状态，不但能促进学习者对所学知识内容本身的记忆，提高对该知识在思维过程中的被运用频率，而且能提升学习者获得的这一知识在大脑中的优势兴奋程度。

如果一名中学生在化学课堂学习过程中，情绪高昂、兴奋，其所学知识在课后被应用的频率就会很高；而在课堂上情绪抑郁、低沉的学生，其所学知识也易“染”上消极情绪的色彩，那么，这一新知识在课后被用上的频率就会很低。最典型的例子是：凡是课后学生能够继续思考课堂上学习内容或问题的，一定是他们喜爱的老师教的知识或自己喜爱的学科的内容；凡是学生所厌烦的学科的知识内容或厌烦的老师教的知识内容，一旦下课，学生就再也不愿意去想它。在解题需要运用这一知识时，学生也不容易想起来。这是因为消极情绪使学生潜意识地回避其对所学知识内容的提取。事实证明，这一现象无论是在功课学习领域还是在行为领域，都具有相同的趋势。

积极情绪情感的兴奋度水平与学生爱不爱学习的关系原理，也是解决中学生潜意识学习行为障碍的重要基础理论之一。

④模仿学习。班杜拉谈到的社会学习（也称观察学习）理论指出，儿童早期对榜样人物行为的观察，是其个性形成的重要来源之一。事实上，儿童在观察中获得的行为也大都是具有优势兴奋性的，极容易转化为行为。这其中的奥妙在于儿童观察成年人的行为而获得知识时，并不单单是

获得了行为方式的知识，还获得了具有很强美感冲动的兴奋情绪情感体验。在一定年龄阶段的儿童那里，对社会关系中榜样人物行为模式的模仿冲动情绪是相当兴奋的。所以，他们通过社会观察模仿获得的心理内容也是具有优势兴奋性的，容易转变为现实的行为。在对不爱学习学生行为形成的追踪研究过程中，这种观察学习获得知识的因素比其他任何一项因素都更为重要。如青少年的追星行为中，不但在模仿和想象中产生心理内容的优势兴奋性，而且还有内模仿美感效应在其中。这些因素对青少年的影响非常大，难以用简单的说理与之相对抗。

⑤长期练习。上述关于促成心理内容优势兴奋性水平的第一、二两条途径的论述，是建立在高级神经兴奋与抑制过程相互诱导原理基础上的；第三、四两条途径是建立在学习过程中积极情绪作用原理之上的。这里要谈及的第五条途径是通过自觉练习、修养、磨炼，促使大脑中的心理内容达到适宜优势兴奋水平的途径。这一效应是建立在上述两个原理基础之上的。这是因为任何一位练习、修养或磨炼者，都是从对周围刺激的抑制和情绪的调适两个方面进行的。

长期练习是一种自觉、理智和带一定心理学技术的心理调适。就像赛车手会自己修理、调试汽车一样，有些目标远大、抱负非凡者，也必须学会亲自调适自己的心理（特别是智慧）的结构与状态。它需要人们从知识结构入手，也涉及情绪心理的觉察、体验和调适。所以，个人心理修养或磨炼，是一种最高级的、综合的心理调适方式与技术。

（3）结构性表征

由于大脑中知识经验和其他心理内容在顺序、位置和兴奋强度等方面的组合、排列、搭配、条件性联系等方式的不同，会产生不同的行为效应。所以，从知识经验与其他心理内容如何联结的意义上提出的一种表征方式，被称为结构性表征。研究这一表征的主要任务是探索如何通过改变大脑中知识观念和其他心理内容的联结方式，而改变其整体精神面貌和行为，以便探索在相同知识经验、情绪体验、潜意识性自动化程序知识运行的条件下，通过调整其心理结构，达到迅速改变人们的态度和行为、方式的临床目的。

2. 认知行为的心理结构

行为主义心理学的 S-R（S：stimulus，R：response）表征形式是对人与动物如何通过后天学习而产生行为的最基本心理机制的表征。它启示了人们更多地看到了个体的个性倾向、心理特征等是如何在后天学习过程中获得的；帮助人们摆脱了血统论和遗传决定说。

在认知心理学飞速发展的今天，我们把 S-R 联结产生的行为看成是一种以认知为主要因素的行为反应，也把 S-R 联结看成是受情绪体验为主要影响因素的行为。所有的高级神经系统在接受刺激之后，其所做出的反应必是两种情况之一：第一种情况是 S-R-E（S：stimulus，R：response，E：expression）倾向的行为反应，即在接受刺激之后，个体所做出的是以认知和行为反应为主导成分的反应。这里的 R 代表认知和行为反应，E 代表在 R 行为实现过程中必然产生的情绪体验或情绪评价反应。人们在任何认知和行为反应之后，一般都会有情绪上的评价性反应，只是有时强些，有时弱些。当人们的这种反应以认知和行为反应为主导，而情绪并不起很突出作用时，便将其归类为 S-R-E 行为，这里之所以要把 R 放在前面，即表示以 R 反应为主，以 E 反应为辅。在这种情况下，或许有很多人忽略了当时情绪反应的存在。第二种情况是 S-E-R 倾向的行为反应。当某一刺激产生时，当事人的情绪反应成为主导反应，我们便称这种反应为 S-E-R 式的反应。在这里之所以要把 E 放在前面，是因为当事人被刺激以后引发的情绪反应更突出，是占主导的反应。在 E 反应的同时，人们也会同时做出认知上的评价或技能行为上的相应反应，但它是处于从属地位的反应。

在 20 世纪四五十年代，霍尔和斯金纳以动物为载体，进行了很多相关的实验研究，探讨了条件性情绪反应。他们把条件性情绪反应称作 CER，C 代表引起情绪的条件，E 代表情绪，R 为反应行为①。CER 指的是人们一到某条件下便自动产生一种情绪体验，本质上是一种条件反射，它是行为主义心理学派研究情绪的一种技术。

（1）认知行为的要素——程序性知识

①陈述性知识与程序性知识

对中学生的化学学习行为障碍进行深入的诊断和辅导，不能简单地运用 S-R 或 S-E-R 等进行心理结构分析，必须更为深入、详细地表征学生在学习活动过程中的整个心理结构，有效地表征出其内容应该都包括哪些，彼此是什么关系。有效地解释和理解这种结构，必须理解认知心理学的两

① 斯托曼 K T. 情绪心理学［M］. 张云燕，译. 沈阳：辽宁人民出版社，1986：218-253.

个关键概念——陈述性知识和程序性知识。

陈述性知识就是通常我们从传统意义上所理解的知识，比如说“分子是由原子构成的”“原子是化学反应中的最小微粒”等等，凡是描述某事物是什么或怎么样的事实性知识，都是陈述性知识。

程序性知识是关于“怎么办”的操作程序知识，它一般能够在面临实际问题时自动实现并且表现为能力。例如，一位化学奥林匹克竞赛高手，看一眼化学题就知道这道题难在哪里，应该从哪儿下手解决，我们说他有很强的解题能力。他的能力是从哪里来的？是因为他的大脑中具有足够数量和质量的程序性知识。大脑中有哪方面的程序性知识，就表现为哪方面的能力。

②程序性知识与行为主义的 S-R 联结

程序性知识往往以潜意识的状态储存于我们的大脑中，我们意识不到它的存在和作用，而事实上我们的能力的确是由于这种知识的存在，才实现或表现出来的。比如一名会解化学题的学生，他拿过一道题来就读，读完了就想，并在纸上画一个草图，然后他就解出了第一步、第二步……接下来验算，任务完成了。在这个过程中，一直有一系列的知识在运行着。把这些知识排列起来，包括：

a. 如果面前是一道应用题（S），那么先认真读题（R）；

b. 如果读懂了题意（S），那么往下算（R）；如果没读懂（S），那么再读一遍，并且注意是什么原因导致没读懂（R）；

c. 如果找到了没读懂的原因，是因为题中似乎缺少一个应该给的条件（S），那么想一想为什么会出现这种情况（R）；

d. 如果想到了这是难题的一种，故意将其一个必需条件隐藏在题中（S），那么分析题中的每一句话，从中找到那个隐藏的条件（R）；

e. 如果找到了那个条件（S），那么（R）……

在上述这个审题的思维过程中，这名学生没有被难倒，而是找到了解这道难题的秘密——在题的陈述性知识中隐藏的条件。这样我们说，这个学生有了一定的解题能力。事实上，这个解题能力是由两个关键的程序性知识起作用的结果。这两个关键的程序性知识，一个是当他第一遍读题没读懂时，他大脑中自动涌现一个程序性知识——如果没读懂题（S），那么就再读一遍（R）。这个知识是一个高级运算过程。如果他大脑中没有这个知识，则可能表现为：停在那里，不知所措；等待老师过来求助老师；

看别人是怎么做等等。当他读完第二遍题后，发现题中缺少一个解题条件，大脑中涌现了第二个程序性知识——回忆以往解题出现缺少条件的情况下一般会是怎么回事。他又成功了，想起来一种解题经验，即这是难题的一种类型——故意在题目的陈述中隐藏解题条件。于是，程序性知识引导他再次读题时，到题中去寻找、发现那个被隐藏的条件。

从上述的介绍与分析中不难看出，人类的许多智慧行为，其实就是程序性知识对当时的问题情境所做出的系统的、连续的回应。

对于程序性知识和 S-R 联结关系的理解，是掌握行为知识观的难点、重点和关键点。在早期行为主义心理学家的实验中，在动物大脑中建立的 S-R 联结系统，就可以看成是一种简单的程序性知识运行的初级模式。因为 S-R 联结回答了简单的“怎么办”问题。

行为主义心理学家实验的着眼点是动物大脑中建立的条件反射机制，即识别问题情境、行为的内驱力和行为之间的关系。认知心理学研究则从中看到的是动物在运行一种程序性知识，对当前情境做出了怎么办的操作反应。这种怎么办的反应在认知心理学的知识分类理论中用 C-A 来表示，其中 C 的意义即相当于行为主义心理学中的刺激情境 S，在认知心理学中也具有问题情境的含义，但是它强调的是解决问题的条件，即“Condition”；A 的意义与行为主义心理学中 R 很类似，也是对当前问题情境做出的反应，但是，在认知心理学中更强调人的认知反应，是更复杂的运行知识进行思维的高级反应，即“Action”。

③程序性知识与策略性知识

程序性知识又分广义的程序性知识与狭义的程序性知识。在未谈及程序性知识分类之前，所谈到的程序性知识都是广义的。广义的程序性知识又可分为两类——对外办事的程序性知识与策略性知识。所谓策略性知识其实和其他程序性知识没有什么两样，只是它要解决的“怎么办”的任务不同，它是专门用来调控、指导、解决个体大脑内部的记忆、思维等学习活动“怎么办”的知识；而普通的程序性知识是用来解决当前外部问题“怎么办”的知识。例如遇到一道化学题：“氢原子的摩尔质量为 $1\ g \cdot mol^{-1}$，那么一个质子的质量为多少克?”这时，学生会在心里想：一个质子就是裸露的氢离子，一个氢离子的质量约等于一个氢原子的质量，用氢原子的摩尔质量除以阿伏伽德罗常数就是一个氢原子的质量，也即为一个质子的质量。这是在解决个体自己以外的事情，所以，用的是普通的程序性知识。如果遇到这样一道题："有单质参加或者有单质生成的反应是否一定是氧化还原反应?"这时，学生首先要处理的不是外部的问题，而是要首先监控内部，监控自己的思维方向："注意，这不是普通化学题，必须设法跳到普通化学规律以外去考虑问题"等等，这些在大脑中运行的就是策略性知识，即指导个体怎样思维才会避免犯错误，而不仅仅是解答当前的化学题。

（2）潜意识认知行为的心理结构

①行为的意识状态与知识迁移

行为疗法的局限性在于解释了人与动物共有水平上的低等行为形成的S-R模式。行为主义心理学在动物的无意识心理水平上治疗人的行为障碍时，没有考虑到意识问题，所以，长期以来一直有人批评行为主义心理学不研究意识心理。

行为究竟是什么？是怎样产生的？说到底行为是一种知识的应用与迁移效应。斯金纳箱中的白鼠一见到小杠杆就用爪子去按压，这是一种习得的S-R暂时神经联系导致的行为。这种行为说到底是一种习得的知识，多次的练习使它获得了这样一种知识，即按压这个小杠杆，就能得到食物。于是，这一知识迁移到当下情境中来了——在它饥饿时就会再次按压这个小杠杆。人类的行为也是这样，当一名学生学会了物质的化学式的时候，他的大脑中就建立了一种S-R，即一见到或听到化学式就想到了它所代表的意义。这也是一种知识在大脑中获得—记忆—提取应用的过程。

行为主义学习理论用S-R这个公式着重解释人或动物为什么在某种条件下一定会有某种行为，这对于澄清行为、禀性、人格、才能的天赋论认识，其意义是不言而喻的。但是，在今天，我们面对的是以学习现代科学知识为主要活动内容的中学生，对于他们当中出现的学习行为障碍，应该把着眼点放在S-R运行过程中，探讨个体行为中会产生哪些知识，这些知识是怎样表征和运行的。事实上，要做到这一点，我们必须带着潜意识原理、暗示学习技术及其原理、行为主义学习原理及其行为疗法、当代认知学习理论与技术走进认知诊断的大门，显然在这里认知诊断已不再是传统意义上的那种单纯的认知诊断，我们不再去单纯地、孤立地使用认知诊断，而应在对学生学习行为心理结构的重新表征基础之上，形成更适合于解释和解决其学习过程中出现的种种实际问题的教学诊断与干预技术。

图 1-4 是为有效诊断化学学习行为障碍而表征的一个心理结构模式图。

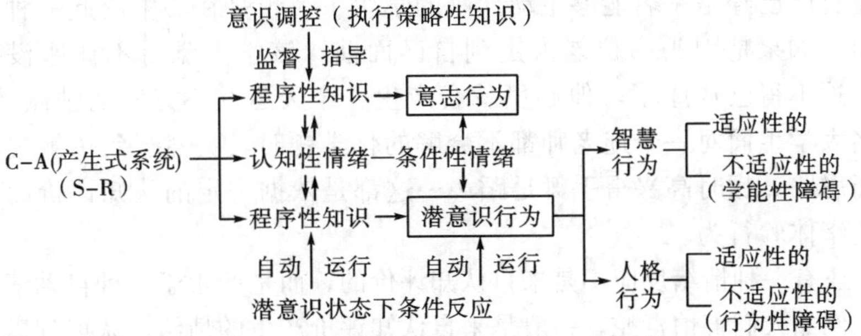

图 1-4　化学学习认知行为的心理结构模式图

②认知行为的过程与心理结构

图 1-4 中认知行为的心理结构说明了什么？

ⅰ. “C-A（产生式系统）”与“S-R”并列，试图说明：从最基本意义上说，行为主义用于表达个体行为产生过程的 S-R 公式即等于现代认知心理学解释行为时提出的 C-A 产生式。两者都是在强调任何一个行为，都是由一种条件（condition）或一个刺激（stimulus）引起的反应。虽然前者是人类的高级认知行为，但两者都是在大脑皮层上的一种经过练习而后获得的暂时神经联系，这种神经联系一般是自动化的，只要有 C 条件或 S 刺激出现，主体就会立刻自动产生复杂行为（A）或反应（R）。

ⅱ. “C-A”与“S-R”同时并列在此图中，还试图表明：个体的行为原因实质上是由一组知识构成的，是一个分类的知识系统正在运行，即陈述性知识、程序性知识、策略性知识在加工、提取、运行。行为也好，技能也好，都源于对知识的运用。一个人能不能行为，是这样行为还是那样行为，取决于他有没有某种知识和知识结构。

人类的行为又分为以动作技能为主要实现条件的行为和以智慧技能为主要实现条件的行为。前者如运动员的体操表演技巧等，后者如解化学题的思维过程等。

ⅲ. 图中的“C-A→认知性情绪—条件性情绪”试图说明以下原理：

根据阿诺德的认知评价情绪理论，一个人的情绪产生于认知评价的结果。例如运动员做完一个优美、成功的动作后，大脑中会自然产生一个认知评价，这种评价会促使他产生积极、快乐的情绪体验；如果他没做好这个动作，大脑中也会产生另一个认知评价，这种评价会促使他体验到不愉悦情绪等。某学生在公共汽车上主动把座位让给一位老人，他觉得自己已经是一名能够主动让座的学生了，于是在心中泛起一种自豪体验；如果是因为一位老人走到自己面前，该学生觉得不让座没有面子，迫不得已让座了，他心里就会产生“今天运气不好”的情绪体验；一名大学生面对一个连老师都不会解的化学题时，突然想到了解决问题的新思路，顿时高兴得手舞足蹈……这都是依据一定的认知评价而产生的情绪体验行为。

还有一种情绪反应不是来自认知评价的，而是产生于一种自动情绪反射。例如人们害怕毒蛇，一般是来自认知评价产生的情绪，认识到毒蛇本身对人有危险；而有的人则怕看到杯子中的水，这便不是由认知评价产生的情绪，而是条件反射学习过程中获得的情绪反应，就和华生的实验中那个小男孩害怕皮毛和小白鼠一样，我们称它为条件性情绪反应。还比如某生化学学习得特别不好，而他明明知道化学老师这个人很好，却仍然一见到化学教师便感到沉沉的、不愉快；相反，外语老师对某生很关怀、体贴，这甚至使某生一看见外语单词便有一种亲切感，等等，这都是在后天的实践活动中通过学习而获得的条件性情绪，即它不是对某项活动本身的认知评价产生的情绪反应，而是在后天活动中“感染”上的一种情绪反应。

ⅳ. 图中上端的“程序性知识→意志行为”与下端的“程序性知识→潜意识行为”平行并列于图示中，表明：在个体做出反应（A 或 R）的时候，即当一组知识正在运行着的时候，它可能是一种在自觉的意识调控状态下运行的知识加工过程，也可能是在潜意识状态下运行的知识加工过程，即表现为潜意识的思维或行为。

个体的自觉意志行为是受意识支配的，像某些熟练的习惯性动作。譬如，学生看到化学计算题中的数据就想到要利用这些数据计算，而不考虑这些数据是否多余，是否有必要用来计算。例如案例 1-4。

【案例 1-4】

25 mL pH＝10 的 NaOH 溶液跟 50 mL pH＝10 的 NaOH 溶液混合，混合液的 pH 是（　　）。

A. 9.7　　B. 10　　C. 10.3　　D. 10.7

[分析]

看到这个题目，不少学生受 25 mL、pH＝10、50 mL 等数据的诱导，先分别求出两溶液中 OH^- 的物质的量，然后再根据公式求出 pH。

实际上，在解答本题的时候，学生稍加思考就看破迷网，混合前两 NaOH 溶液的氢氧根离子浓度相等，混合后仍然保持不变，所以 pH 不变，答案为 B，本题无须计算。

ⅴ. 图中的“智慧行为”和“人格行为”两个并行项，表明潜意识状态下自动化运行的知识与行为可以表现为一个人的智慧行为，同时，也可以表现为一个人的人格行为。这种区分只是为了研究问题方便，事实上个体的任何一个行为都是这样的：从一个角度看，它表现为一种智慧；从另一个角度看，它又表现为一种人格。我们不能说诸葛亮草船借箭的行为只说明其智慧，不说明其人格；我们也不能说一名地方官依权仗势横行乡里的行为仅仅是人格问题，而不说明其智能方面的愚钝；我们不能说一名中学生一见到化学题便跃跃欲试，兴奋得眼睛发亮的行为仅仅是智慧行为或仅仅是学习态度方面的人格表现。知识运行、运用、加工的过程，可以从各个方面进行外在的特征总结或概括。同时，在“潜意识行为”的上方，我们也附加了箭头，以表示情绪继续在参与和影响着它的运行。

ⅵ. 图中还包括“智慧行为”下的“适应性的”行为（例如思维、记忆、想象等）和“不适应的”行为（例如解题思维障碍、外语知识记忆障碍等）；人格行为下的适应性的行为（例如热爱学习、热爱学校和他人、能够做自我批评等）和不适应性的行为（如化学学习恐惧反应、考试时强迫性分心反应等等）。教师的职责就是帮助学生消除不适应性行为，而建立更加适应学习与发展需要的适应性行为。

从以上分析中我们不难看到，运用现代认知学习论解释和治疗心理障碍性行为，要远比 S-R 原理深入得多，有效得多。当代认知心理学的学习理论能够更深刻地揭示某些学习障碍的原理，解释更复杂的学习障碍性行为。例如，诊断一名高中生记忆化学式的学习障碍要远比老鼠按压杠杆获得食物、小孩怕白鼠之类复杂得多。从认知学习论角度确切地说，这是一个人的智慧障碍，其诊断和治疗不能没有认知心理学的理论与技术。

③潜意识认知行为与传统认知疗法

传统的认知疗法（cognitive therapy）自 20 世纪 70 年代以来逐渐趋

于成熟。其主要着眼点放在解决病人的错误和歪曲的认知上。因为错误和歪曲的认知导致病人产生消极的情绪进而影响到信念，会造成病人动机和行为上的异常。通过帮助一个人改变其对人、对己、对事、对物的看法与态度，来纠正其不良情绪或行为，便完成了心理治疗和控制两个目的。而在我们的治疗中，认知疗法基本是综合使用各种疗法过程中的第一招式。比如用行为疗法治疗一个患者，在进行行为训练之前，总是先要解决其认知问题。认知问题得不到解决，行为矫正一般是难以完成的。这个解决认知问题的过程，实质上是认知干预过程。虽然所用理论及其内容未必都是典型的认知治疗过程，但是，本质上确确实实是在通过认知内容、方法、角度等等的改变，完成整个临床治疗的最基本任务——使患者在认知方面对自己面对的问题和自身的障碍性行为有了理智的认识。

以图 1-5 中的观点来看，行为疗法仅仅位于图 1-5 的开端部位，仅仅解释了开端部分的 S-R 这一个环节的行为。后来斯金纳的研究又向前伸延了一步，从 S-R 解释到情绪（E），即图示 1-5 中“C—A→认知性情绪—条件性情绪”，它回答了个体行为的根源来自对 S 刺激的自动化反应问题，即个体某一行为的来源在于刺激（S）和大脑中形成的对刺激（S）的自动化条件反射。消除了这种反射便消除了这种行为；建立了新的反射便产生了新的行为。而认知疗法在图中的地位则处于行为的潜意识知识运行阶段，即图示 1-5 中的“（自动运行）程序性知识—潜意识行为”部分。图示 1-5 还用箭头进一步表示了这些知识的运行是在潜意识状态下条件化地自动运行的：当它运行时会产生某种相应的情绪，以前获得的某种情绪也会通过条件学习而附着其上，于是，它表现为人格行为或智慧行为，进而表现为人格行为中的适应行为与不适应行为，或智慧行为中的适应行为和不适应行为。这些不适应部分便是认知疗法所针对治疗的行为性障碍或学能性障碍部分。于是，整个图 1-5 的下半部分，表示的就是认知疗法原理所涉及的心理结构。

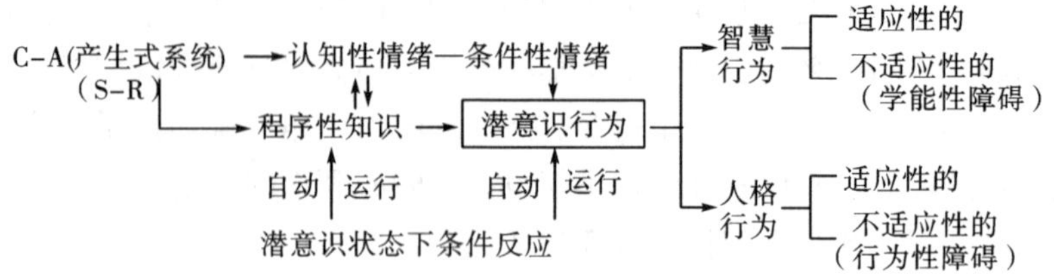

图 1-5　化学学习认知疗法所干预的部分心理结构

临床工作者一般认为情绪是各种心理障碍产生的核心因素之一，所以它要居于中央位置。但是，在认知疗法中，情绪便成了首要的治疗指标了。因为来访者一般不要求解决自身的认知问题，有的甚至顽固地坚持自己的认知方法和观点。但是，他们都要求帮助他们解决消极情绪体验问题。所以，消除消极情绪体验，是首要的治疗目标，而消极情绪的根源却来自潜在的错误认知过程，而错误认知过程则来自错误的知识储备，如错误的程序性知识和错误的认知策略。因此，临床工作者通常把“（自动运行）程序性知识→潜意识行为”作为一项与情绪互相影响的指标和变量，置于情绪反应之下。

3. 顿悟思维

用知识表征原理揭示或重新解释顿悟思维的心理机制，对人类智慧潜能开发和教育改革有重要意义。它能解决两个关键问题：一是顿悟实现的知识表征过程及其机制是什么；二是在顿悟实现过程中为什么会出现停顿与思维的飞跃。把这两个问题弄清楚了，化学教学诊断就不再是难事了。

美国教育心理学家加涅（Gagne R M，1985）认为：“一项伟大的科学发现或一件伟大的艺术作品当然是解决问题活动的结果。有人告诉我们，一个问题的答案经常来自思想家们‘灵感的闪耀’，尽管问题已经在他们心中萦绕有些时候了。作为问题解决的行为，这些创造性的活动是以大量的先前掌握的知识为基础的，无论是科学已知的‘公开的’一类，还是艺术家已知的‘私人的’一类。许多有创造性的思想家证实他们原先就已经深深地把自己沉浸到与问题有关的事情中去了，经常经历很长的时间。实际上，如果他们不这样做才是奇怪的。没有任何证词会支持说，在问题解决过程中会有什么非常不同的东西导致了重大社会意义的发现。发现的行动——即便因其发生的日常学习中而相对可预见——涉及一个把问题情境转换成答案情境的‘顿悟’。正如我们日常已经看到的，日常发现也要求学习者具有与答案有关的规则的先期知识。”①加涅坚定不移地认为顿悟的产生必然以先期知识为前提。也就是说，不管顿悟表面上显得多么神秘莫测，但归根到底还是一种知识学习和知识加工的结果。那么，在顿

① 加涅 R M. 学习的条件和教学论［M］. 皮连生，王映学，郑葳，等译. 上海：华东师范大学出版社，1999：191.

悟思维发生时，其内部的这种知识激活、组合等加工过程究竟是什么样呢？

20 世纪 90 年代，美国认知心理学家 B. J. 斯腾伯格提出了顿悟的三个心理过程：一是选择性编码（selective encoding）；二是选择性组合（selective combination）；三是选择性比较（selective comparison）。

其中，顿悟时的选择性比较需要个体将新获得的信息与过去获得的信息联系起来，并利用旧的信息更好地理解新信息。选择性比较顿悟的一个有名的例子是凯库勒（F Kekule）发现苯的结构。凯库勒梦见一条蛇扭曲身体，头咬着尾。当他醒来时，他意识到蛇咬尾的形象是苯环结构的一个隐喻①。

在仔细研究了斯腾伯格提出的顿悟的三个心理过程以后，我们认为这三个心理过程都是客观存在的，但它们只是揭示了顿悟运行的部分过程、环节或因素，不能解释顿悟的整个过程。关于斯腾伯格的顿悟的三个心理过程的理论问题，在后面再做专门的深入、具体的讨论。现在我们还是要继续探索顿悟运行时的内部思维运行的机制。

在心理学研究领域最早系统研究顿悟学习的是德国格式塔（Gestalt）心理学派。1913 年，该学派代表人物之一的苛勒（Wolfgang Konler），对猩猩解决问题的实验研究证明了解决问题的过程就是顿悟产生的过程。他在《猿猴的智力》（1924 年）一书中系统地阐述了他的一系列实验研究。当时苛勒的研究主要是针对美国桑代克等人的试误学习理论进行的，从否定试误说的角度提出了学习的顿悟说。下面是苛勒的实验。

把一个装有水果的竹篮，用绳子穿过一个铜圈而结在附近的一根树枝之上。这样篮子离地面约 2 米，绳结与竹篮相距约 3 米。绳结若离开树枝，篮子便会落地（见图 1-6）。

被试猩猩在这样的问题情境中是怎样反应的呢？如果换成任何一个一般智力的人可能会想到攀上树解开树枝上的绳结而使水果篮子落地。但猩猩没能像人那样看一眼便立刻悟出解决问题的方法，而是在树旁、竹篮下，多次地反复观察问题的全部情境，在过了很长时间之后，它突然顿悟

① 斯腾伯格 B J. 超越 IQ：人类智力的三元理论［M］. 俞晓琳，吴国宏，译. 上海：华东师范大学出版社，2000：77-81.

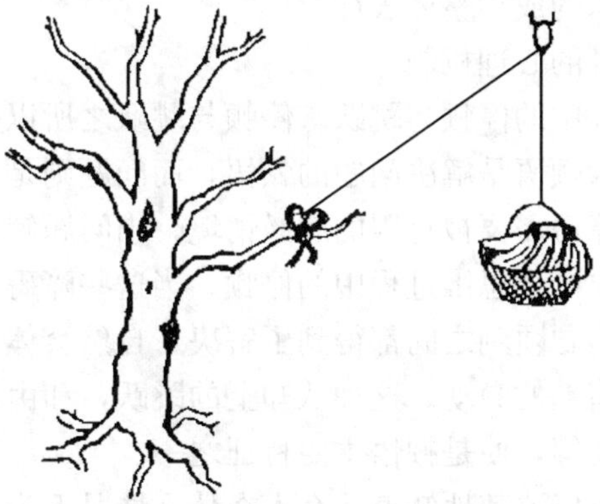

图 1-6　苛勒的黑猩猩学习实验情境图

了，想到了攀树解开树枝上的绳结，以便立刻取得水果。

苛勒对猩猩的顿悟产生原因作了两点解释：

第一，强调问题情境刺激的整体性和结构性的作用，让动物“全部了解”刺激“情境”（即全部问题条件）：（1）水果篮子；（2）绳索；（3）绳索经过的铜圈；（4）绳索另一端的活结；（5）系绳结的树；……

第二，在顿悟产生的理论解释上，假定人或某些动物本身有一种组织功能，能填补缺口或缺陷，这就是所谓的完形说。

这些解释是以前的假说。在心理科学理论与技术都有了突破性进展的今天，我们能否用我们对知识表征的理解再对顿悟产生的心理机制做更进一步的揭示呢？

我们从当代认知心理学出发看格式塔心理学派提出的顿悟，认为它应该是指在解决问题的不断寻思、求索过程中产生的突然的领悟。从顿悟“Insight”的字面看，就是从内心深处明白了或全都看到了，即领悟了。那么，在猩猩的内部看到了什么的全部？是知识的全部，是解决一个问题的有关知识的全部，即问题整体情境刺激的全部和整体结构。他们让动物“全部了解”刺激“情境”。当这一切都在猩猩的内部整体地、同时同步变得清晰起来时，它就顿悟了。那么，这个解决问题所必需的全部知识内容在大脑中全部变得清晰起来的过程，又是什么过程呢？准确地说，就是知识表征的过程。知识表征过程可以被看成是整体解决问题思维的一个环节，是一种通过回忆或提取记忆中的知识实现的，通过在短时记忆中把一切必要的知识都在内部表征明白的顿悟状态。所以，我们说顿悟的关键心理机制是有关知识的成功整体表征。

（1）顿悟思维的心理机制

顿悟思维过程中的停顿与跳跃。停顿与跳跃之所以是顿悟思维的主要特征之一，是因为顿悟是解决问题的顿悟，而问题则是给定信息和要达到目标之间有某些障碍需要被克服的刺激情境，当问题解决者在克服这些障碍的时候，必然要产生思维进程中的停顿，当这些障碍被克服后到达目标的一瞬间，全部问题顷刻之间都得到了解决，自然会体验到某种程度的认知上的跳跃和情绪上的激动。这种认知上的跳跃，和由此带来的情绪上的高涨、愉悦、激动等，便是顿悟主要特征之一。

现在，我们可以清楚地知道什么人在什么情况下为什么会出现思维的停顿，能够更有把握地控制从不明白到突然明白的豁然开朗过程。在这个过程中，思维者需要进行知识检索，即寻找大脑中已经存在的知识经验，这个过程有时是漫长的，所以会导致暂时的思维停顿；有时知识的整合加工，如联合、比较、排列等，需要大脑腾出一定的空间，思维者通过理顺知识的排列、组合方式，省略、舍弃某些暂时不用的知识等，这个工作过程如果是自发的，也将表现为较长时间的思维停顿；如果是自觉的，则需要一定的时间、地点、精神状态等条件具备时才能实现跳跃状态。

顿悟之所以有如此之多的神秘之处，其原因之一在于它是在相对长久地停顿之后实现的恍然大悟。如果人们的思维不发生停顿会怎样呢？那么，人类便没有了顿悟现象，也没有了灵感体验。其实，人类大脑中的知识不能像电脑中那样在极短时间内就能被搜索到，人类在解决复杂问题的过程中，也不能够确定自己大脑中有没有这个必需的知识。所以，人们在解决问题时，长期苦苦思索，有时偶然、有时必然地搜索到了这个可用的知识，组成了新的知识，便能完成解决问题的任务。人类大脑中知识的组合力也是需要多次“组拼”“比较”“搭配”“简化”“舍弃”“变式”等等加工过程的，这些过程是产生顿悟所需的新知识或知识结构的加工过程，在这些过程中，大脑也表现为暂时的停顿。

最后，人们将内心世界中的迷雾驱散使问题忽然变得明朗起来，最终找到解决问题的办法，这整个过程我们习惯地称其为思考过程、思维过程、想象过程、创造想象过程或寻思过程。毫无疑问，它是为表征知识需要的过程，或者就是表征知识的一个部分或子过程。人们通过合理地表征知识而做到深入地领会知识、接通知识、贯通思路，最后实现突然明白的目标。例如正困惑在化学问题中的学生顿悟了，就意味着思路豁然开朗起来，找到了解题的好方法。

思维跳跃的发生还有两个比较特殊的条件：

其一，要检索到制约全局的知识点。在进行知识表征时，会因为缺少某一个制约全局的知识而不能顿悟。也就是说这个知识必须是事关全局成败的、意义非凡的，在没检索到它之前，一切都是没有意义的知识。例如在鲁班大脑中没有检索到草叶边缘齿状结构的知识之前，他有许多关于制造一种新的伐木工具的想法，但都是没有什么意义的。可是，当他检索到了这个至关重要的草叶边缘齿状结构的知识的一瞬间，使得全局的所有问题和条件的意义都发生变化了。这种知识结构上的质变会带来情绪上的亢奋状态，即灵感状态体验。

其二，大脑中已储备了足够的相关知识。鲁班在找到草叶边缘齿状结构的知识以后，为什么大脑一下子就跳跃到可以发明锯子的结论上去了？难道找到了关于草叶边缘齿状结构的知识就什么问题都解决了吗？不是，从草叶边缘齿状结构到生产出锯子之间还存在许多问题没有解决。鲁班的思维之所以没有再一步一步地去论证制造锯子用什么材料，做成多大规格的锯子等等，是因为他凭直觉经验便知道锯子是可以被发明出来的。他想这个问题已经很久了，在想这个问题过程中，他早已经准备了大量可用的现成相关知识。所以，他可以一下子就跳跃到结论上。

从中学生解决化学问题、日常人们娱乐性地解决智力问题，到科学家的研究与创造、发明家们的发现与发明，其顿悟过程都要经历因知识结构缺陷、知识缺乏而导致知识表征困难和检索可用知识困难的过程，于是产生了思维的停顿和后来的豁然开朗。不管我们是否知道我们的顿悟思维过程是怎样的，我们或是自觉的，或是不自觉的，都在千方百计地排除干扰，避免和攻克停顿，以实现顿悟。

（2）促进顿悟的策略

①优化知识表征策略。事实上，在学生解题的过程中，会有各种各样的表征方式出现。而这些表征方式中的绝大多数都不是经过训练的，而是自发的、偶然的。

知识表征顿悟理论主张在促进学习能力发展时，关键是要把知识表征好，即在大脑中把新学习的知识组合好、搭配好、组织好，然后再存放到长时记忆当中去。这样，这些知识就容易被记忆、理解和应用于下次学习中，能够去同化别的知识，在思考时就容易被提取、应用于加工其他新知识等。

人们在进行解决问题时也必须对所需的各项知识进行表征，不进行表征就不知道问题的意义，就不能产生顿悟。无论是解题的中学生，或是科研人员、发明家、教授，都不能仅凭足够数量的知识而保证有良好的悟性，还须使这些知识在大脑中有合理的表征，才能保证顿悟思维顺利进行。因此，我们不妨把解决问题时促进顿悟的知识表征看成是知识在短时记忆中的同时、整体、合理呈现的方式。呈现得当就容易产生顿悟，否则不容易产生顿悟。解决某一问题所需的全部知识是一组以图式的形式表征的知识，我们称其为问题中心图式。一个人的悟性归根到底是由这组知识决定的，即这组以该问题为中心的图式知识在大脑中以这种方式进行整体呈现、排列时，就容易产生顿悟；如果用另一种方式呈现、排列，可能就不容易产生顿悟。

②选择性组合策略。斯腾伯格认为："顿悟的选择性组合需要个体将最初分离出的信息组合成一体……"，其本义与我们所说的对解决该问题所需知识在大脑中整体表征清晰，完全是同一现象。

在斯腾伯格阐述选择性组合的时候，用了大部分文字阐述被组合信息的相似性问题。在斯腾伯格看来它似乎很重要，很关键。他写道："组合后的信息可能和其部分相似，也可能完全不同。选择性编码需要个体知道哪些信息是相关的；选择性组合则需要个体知道如何将相关信息组合在一起。"

斯腾伯格举的达尔文的例子等，主要是指对大量现象进行理论概括，即概括一类事物、一类现象、一类规律的顿悟过程。从散乱的现象中看到相似事物的共同本质属性并得出概念；从大量的杂乱无章的现象中看出秩序并且进行科学分类；从大量的表面上看几乎不同类的事物中总结出共同规律，形成理论；……这无疑是科学家、学者们经常产生的顿悟现象。但是，我们认为利用事物之间的相似性，或知识之间的相似性进行创新思维，并非仅仅是选择性组合方式独有的，所有的顿悟思维方式都有被组合信息之间的相似性问题。

可以这样说，依据知识的相似性特征，通过在大脑中组合某些知识信息，是人类进行创造性思维的普遍思维方式，也是整体表征问题情境产生顿悟的必不可少的思维过程或信息加工方式。正如《学习的革命》一书的作者珍妮特·沃斯所说的那样："一个新想法是旧的成分的新组合。……没有新的成分，只有新的组合"；"因为一个想法是旧的成分的新组合，所以最杰出的创意总是专心于新的组合"①。

4. 行为疗法

20世纪初，美国行为主义学习理论的创立，为后来的行为疗法打下了坚实的理论基础。行为疗法的产生和临床应用，从理论到实践初步地回答了要向被催眠者大脑中给予什么内容的问题，从根本上动摇了弗洛伊德的精神动力学说。后来的许多行为主义心理治疗学家们竟以刻薄、挖苦的态度对精神分析学派的理论观点与方法进行毫不留情的批判。但随着时代的发展和进步，往日的那种彼此水火不相容、势不两立的关系渐渐缓和了下来，彼此之间在治疗方法上互相借鉴的情况越来越多。例如南非心理学家沃尔普提出的交互抑制理论与技术，从理论上看，似乎发展了行为主义技术，从实质上看，他所做的就是把精神分析学派的催眠与行为主义的S-R反射学习原理进行了结合。

行为疗法是以现代行为主义心理学的学习理论为依据的临床心理治疗方法。它的形成和发展经历了一条与精神分析疗法完全不同的道路。精神分析心理学是先有临床治疗和效果，然后再建立理论假说；而行为疗法则是先在实验基础上建立起行为主义心理学的联结主义学习论的一般原理，这条原理是人人看得见、遇得到的较为直观的事实。然后再用这种联结学习的心理结构观为指南，去寻找必然存在的解决某些人心理问题的治疗方法。行为主义心理学的理论与技术是一个比较扎实的开放体系，后来的行为学派的心理学家们，在此基础之上继续向前研究，使之得到不断完善与深化。行为主义学习论和治疗方法还可以从原理上兼容和解释许多新的治疗方法，比如森田疗法、生物反馈疗法、认知疗法等等，它们在治疗的理论上同根兼容，而不是相互否定。

应用近年提出的前沿性认知学习理论，比如知识分类学习原理等，能够解释潜意识行为、思维和更复杂的心理反应。前沿性认知学习理论在处理常规病例的临床技术方面总结出许多简捷方法的同时，也向人们的顿悟与灵感思维、暗示性学习、信念行为与思维的控制等方面进行了较为深入

① 沃斯J，德莱顿G. 学习的革命：通向21世纪的个人护照［M］. 顾瑞荣，陈标，许静，译. 上海：上海三联书店，1998：161.

的探索。关于我们所应用的认知学习理论与技术，在 20 世纪 90 年代中后期，上海华东师范大学皮连生教授在他的代表性著作《智育心理学》中，有一些结合中国实际的阐述和介绍，这里就不具体展开①。运用知识分类学习原理解释人的行为，可以解释更复杂的思维过程乃至顿悟、灵感过程；可以解释一名在考场上被杂念困扰的学生怎样控制思维的方法；甚至可以更深入地解释潜意识行为形成和消除的心理机制。

（二）化学学习负迁移诊断的原则

化学学习负迁移诊断是一项科学性很强的实践工作，它有赖于方法论的正确指导，必须有一定的规范去衡量此项工作的优劣，因而，在开展化学教学诊断之前，必须要清楚理解化学学习负迁移诊断的原则②。

1. 全面性原则

运用系统方法研究事物时首先要考虑事物的总规律、总效应，然后再考虑各子系统的相互关系。即将所研究的事物、现象和过程视为一整体，将其置于系统的形式中考察，根据整体目标要求，逐级“解体”系统，进而由各级子系统（或称要素）的结构功能，综合获得对整体对象的认识。化学教学诊断学所运用的正是上述系统方法的思想。全面性首先要求对影响系统总体目标 X 的各级要素 x_1，x_2，…，x_n 作全面、细致的考察，最终构成较为完备的要素集 $X=\{x_1, x_2, \cdots, x_n\}$。对化学教学系统而言，情况更为复杂，不仅有教师、学生、课标、教学目标、教材、教学内容、教法、学法等多级子系统，而且这些子系统中不少与人直接相关，使得教学诊断变得十分复杂。此时，只有在全面考察的基础上，对所列因素进行反复比较，找出最能体现教学诊断真实特性的一系列不容忽视的重要因素，方能保证诊断的科学性和可操作性。其次，在建立诊断指标体系、设计诊断方案和诊断实施过程中，必须广泛征求各方人士的意见，吸取各类信息，使教学诊断结果符合客观实际。

2. 客观性原则

保证诊断结果最大限度地接近被诊断教学系统的实际运行情况和综合效果，指出值得肯定或有待改进的具体内容，是实施化学教学诊断的主要目的，因而在整个诊断过程中都应自始至终地贯彻客观性原则。尊重客观

① 皮连生. 智育心理学［M］. 北京：人民教育出版社，1996：81.

② 王后雄. 化学教学诊断学［M］. 武汉：华中师范大学出版社，2002：8.

事实，切忌以个人的主观倾向或少数人的意见作为定性的结论。诊断的标准和权重一旦确立，便不得随意更改，无论采用什么方法处理被诊断系统的信息，都应制订比较容易把握的诊断标准和切实可行的操作步骤。运用模糊数学教学诊断模型时，一般采用多级估量的问题形式定性评判，其中很好、好、较好、一般、较差、差、很差各级的评定并非完全模糊行事，也是有一定标准的，否则诊断难以达到相对的准确性，综合评判公式 $B=A\ R$（B：评判结果；A：参与评价指标的权重向量；R：各评价指标与评价标准之间的模糊关系矩阵）中的算子必须结合诊断对象的实际谨慎选用。

3. 可操作性原则

可操作性是化学教学诊断过程得以顺利实现的必要条件，其含义是多方面的，总的要求是诊断的内容设计与组织程序必须切实可行。其具体表现在：诊断内容必须符合化学教学实践，过分抽象的指标难以测量，应予以分解。不同层次的诊断在内容和方法上应有所区别，如课时教学系统侧重考查教师课时内容的具体落实和学生认知目标的基本形成情况，对教师教学技能的定性诊断和课堂教学效率（教学时间、教学任务、形成性测验等）的定量诊断是必不可少的，且有即时性。学期教学系统的诊断历时较长，许多指标难以准确量化，常采用统计检验、综合分析、模糊评测等多种方法。诊断的组织程序力求简单有序，一般由各子系统的专项诊断逐级过渡到系统的综合诊断。通过对系统综合诊断结果的比较分析，不难从总目标开始回溯到各子系统，根据专项诊断提供的数据及其他信息，判断出影响系统质量的某些局部因素，并由此制定针对性的优化决策。

教学诊断是一项系统工程，除上面详细阐述的三条原则外，还有许多具体的要求，如实践指导原则、标准一致原则、定性与定量结合原则、静态评测与动态评测结合原则等等，限于篇幅，不再进一步展开阐述。

第二章　化学学习负迁移的研究过程

本部分主要介绍化学学习负迁移的具体研究过程，主要包含三个部分：研究的对象与载体、研究的思路与方法和研究结果与分析。

一、研究的对象与载体

化学学习负迁移诊断与研究主要是基于当前中学化学学习过程中存在的负迁移问题而提出的。其研究对象是化学学习负迁移和化学教学诊断，研究的载体是具体情境班级的学生的化学学科学习负迁移情况。其中关于化学教学诊断的含义界定和原则已经在第一章中进行了阐述，在此不再重复，本部分将对具体研究对象化学学习负迁移和具体载体（试验班级等）的选取做具体的说明和阐述。

（一）化学学习负迁移

迁移表现在化学学科方面，就是指学习的化学知识之间的相互影响，如果先前学习的化学知识对后面知识的学习产生了负面的影响，我们就说发生了化学学习负迁移。

1. 化学学习负迁移的分类

根据学习迁移的性质、方向以及学习材料的特点，可以对学习迁移进行不同的分类。分析不同类别学习迁移的特点、表现和作用，有助于我们在教育教学工作中，促使或避免它们的发生，以提高学习的效率。

（1）正迁移、负迁移和零迁移

根据迁移的性质可以把迁移分为正迁移和负迁移。一种学习对另一种学习产生积极的影响叫正迁移，就是两种学习之间相互促进。例如，学习化学有利于学生生物学科的学习，学生生物学科的学习又促进化学知识、技能、态度和方法的形成、巩固和发展，这是不同学习科目间的迁移。相反，一种学习对另一种学习产生消极的影响被称作负迁移，也就是两种学习之间相互干扰。例如，已学的同位素的概念后影响学生对同分异构体概念的学习；已学过的置换反应的概念，影响学生取代反应的学习，这是新旧观念间相互混淆和干扰的现象。一般来说，负迁移是暂时性的，经过有目的的练习可以将其消除。教学的重要任务之一就是促使学生在学习不同知识点时产生正迁移，避免或消除负迁移。零迁移是指一种学习对另一种学习既不产生积极影响，也不产生消极影响的迁移。

（2）顺向迁移和逆向迁移

根据迁移发生的前后方向，又可把迁移分为顺向迁移和逆向迁移。先前学习对后继学习的影响是顺向迁移，后续学习对先前学习的影响是逆向迁移。不论是顺向还是逆向迁移，都有正负之分。例如，在学习了电离平衡后，可能促进学生对水解平衡的学习；学习过同分异构体后会影响学生对同系物知识的学习。

（3）垂直迁移和水平迁移

根据前后学习的难度差异，可以把迁移分为垂直迁移和水平迁移两类。难易不同的两种学习之间的相互影响，叫垂直迁移。垂直迁移又分为由下而上的迁移和由上而下的迁移。由下而上的迁移即较简单学习对较复杂学习的影响，如先学习例证，再经归纳而帮助形成概念或原理。这类迁移类似奥苏伯尔所称的上位学习。由上而下的迁移也叫原则迁移，指较复杂的学习对较简单学习的影响，也就是经由原则的演绎、推广和应用，而确认某特殊事例隶属于该原则之内。

（4）一般迁移和特殊迁移

根据迁移的具体内容，布鲁纳（J. S. Bruner）把迁移区分为一般迁移和特殊迁移。一般迁移指的是将一种学习中学习到的知识和技能逐步迁移到另一种学习情景中去。譬如，学生在学习了置换反应的概念以后，再学习取代反应的概念时就要用到一般迁移。布鲁纳强调学习要掌握科学的基本结构和领会其中的基本原理，并认为这是通向“训练迁移”的大道①。特殊迁移就是特定事实与技能的迁移。

（5）低路迁移和高路迁移

根据迁移发生的自动化程度，可以把迁移具体分为低路迁移和高路迁移。低路迁移指的是充分练习的技能在几乎不需要意识的参与之下便能自动形成的迁移。高路迁移指的是有意识地将在某一情境下习得的抽象知识

① 邵瑞珍，皮连生. 教育心理学［M］. 上海：上海教育出版社，1988：255.

运用于新的知识情境中去。

2. 化学学习负迁移的影响因素

研究表明，迁移的发生是受到主客体诸多因素影响的。影响学生学习的各种因素都会直接或间接地对迁移的发生产生影响。

(1) 主体因素

①学习者的认知结构

知识与能力不是完全成正比的关系。一个具有良好的认识结构的学生总是能敏锐地把握住各种学习之间的接合点，并能由此及彼地进行分类与综合，从而将新知识再一次健康地消化，更加牢固地构建自己的知识大厦。相反，那些虽有满腹经纶却又杂而无序的人，每每面对新知识时便显得手足无措，无奈只好囫囵吞枣，其结果便是不知其味，也更谈不上迁移了。美国当代著名的认知及教育心理学家奥苏伯尔非常强调学生的认知结构对新的学习的影响作用。他曾说："当我们慎重地考虑如何影响认知结构以便促进学习时，我们才真正进入教育过程的核心。"

②智力与年龄

研究表明，智力水平比较高的学生比智力水平相对比较低的学生更容易发现不同类型知识学习间的相互联系，能更好地应用原来习得的知识和经验作用于后来的学习中去，从而更容易找到迁移的机理。虽然说智力会影响迁移的能力，但是，实践也证明，勤能补拙，因此，只要学生勤于练习，多思多学，尽管智力平平，也能收获颇丰，将一种类型的学习正迁移至另一类型的学习中去。

而年龄对迁移的影响则是显而易见的，学习材料如果超越儿童的认知能力，纵使他们能依样画葫芦，由于他们缺乏学习的概括能力，正迁移作用也难以产生，年龄大一些的学生往往知识面广，领悟力与思维力更强，产生迁移的可能性自然会更大。研究发现，对于同一个人来说，随着年龄的增长，智力的发育与完善，他便更容易把已有知识自然而熟练地运用到新的情境中去。在某种程度上我们甚至可以这么说，年轻时是大量增长知识的时候，年长时便是知识获得广泛迁移的时候。所以，年龄也是影响学习迁移的重要因素。

③态度

试验表明，一个人对某项学习活动的态度如何，对于迁移的诱发极为重要。一方面，学生学习知识时的态度和心向影响他们把知识应用到社会工作和生活中的学习，如果学习知识时能认识到所学知识对以后生活和学习的重要意义并能联想到当前知识可能的应用情境，会有助于他们在以后的具体情境中运用已有知识来学习新知识或解决问题。另一方面，学生对学校教师及其他学生的态度影响其学习和学习的迁移，如果学生认为学校是一个令人愉快的、能获得有益知识的地方，而且与教师和同伴建立了融洽的关系，他便会产生有利于迁移的心境，这样，他便有可能将已有的知识和技能积极主动地运用到新的学习中去，找出其中的联系，看看有无可借鉴的地方，迁移便有可能在不知不觉中产生。反之，如果学生养成一种害怕或厌恶学校和教师的态度，则对其学习及其迁移都是有害的。

(2) 客体因素

①学习情境及内容的相似度

研究表明，学习迁移通常产生在两个比较相似的学习情境之间。如果学生学习的情境与应用的情境非常类似，则在应用时，学生通常以情境作为回忆的线索，并有意识地根据原有的知识经验来作出曾经有过的相似的思考反应，从而可以更快地解决学习问题。

②学习材料的性质

ⅰ. 学习材料的相似性

两种学习材料如果非常相似，那么，学生就很容易对相似的刺激给予同样的反应，有助于学习迁移的发生。譬如，学生学习了置换反应就比较容易接受有机反应类型中的取代反应的学习，学习了化合反应就利于接受加成反应的学习。这些学习材料的相似性可以促进知识的迁移，但是如果不加以区分，就会造成学习负迁移的发生。

ⅱ. 学习材料的组织架构

实践表明，学生利用的学习材料的组织和结构，对学习迁移的影响很大。如果学习材料能够揭示出局部的材料在整体中的合理架构，学生就会在通过理解和掌握这种架构后，更容易完成后面材料的学习。譬如，学习了电离平衡的相关材料后就有利于学生对盐的水解相关概念和理论的学习。

ⅲ. 学习材料的应用价值

学习材料的应用价值也会影响学习迁移，越是具有应用价值的材料，越能产生迁移作用。一种学习如缺乏应用价值，难有应用或推广的机会，便难以产生迁移作用。经常应用的化学式或化学反应方程式，越有机会去练习，就越能为学生所熟记和运用。冷僻的化学知识点，学生对此缺乏练习，即使在新学习材料中有应用的机会，有时也不易为学生所察觉，因而减少了迁移的可能。

③学习活动的多样性

学习者在学习过程中采用的策略和感受到的刺激越是多样化，就越能有助于该种学习的迁移。反之，学习者受到刺激越单一，就越难以产生迁移作用。因为原来学习活动中刺激的多样性，能增加它与新的学习内容之间相似或相关的可能。譬如，做化学实验时，要看现象、听声音、闻气味，多感官协调运用，会有利于巩固和更新化学知识，形成化学实验技能。

④学习任务的难易程度

学习者学习任务的难易很明显地会影响到学习的迁移，如果提供一个超越学习者现有知识水平的难题，则迁移就比较难以产生，反之迁移就比较容易发生。在以前，绝大多数研究者认为，由比较复杂的化学问题过渡到比较简单的化学问题更易产生迁移，这是因为复杂的问题包含有简单问题中的因素，譬如，化学变化就包含了物理变化。但是在当代，霍尔丁（Holding，1962）等人经过深入研究发现，由简单的问题到类似的复杂的问题也较容易产生迁移。由此可以肯定的是，学习任务的难易程度必定会影响负迁移的产生。

（二）化学学习负迁移研究载体的选取

化学学习负迁移存在于学生日常的化学教学过程中，其具体的承受载体应该是具体的化学教学的行为过程。为了充分了解化学学习负迁移产生的原因，我们用发放《关于迁移规律在高中化学学习中应用情况的调查问卷》（具体见附录一）和平行班级对比试验两种主要形式对具体的承受载体进行了研究和分析。

1. 调查问卷的编制

问卷调查法主要是以书面的形式，围绕课题研究的目的，设计一系列与课题相关的问题，然后通过被调查者填写或者由被调查者讲述、调查人代为填写等形式得到想调查问题的答案，最后通过问卷的回收，借助SPSS等软件进行统计分析，最终获得相关信息的一种方法。

问卷调查法是开展学习研究最常用、也最直接有效的方法之一。在本课题的研究中，为了获知学生化学学习负迁移的整体情况，问卷调查法作为首选方法，理所应当。

（1）问卷调查的目的

学生对化学学科知识的接触开始于小学《科学》课本里面讲述的化学现象，真正开始学习化学学科一般在九年级（上海等部分城市在八年级）。由此看来，学生对化学学习的负迁移不是天生就有的，而是在开始接触化学知识的学习后，受到环境、教材等各种外界影响因素的影响而逐步形成的。

学生在刚开始学习化学的过程中，出于对化学奇妙变化的好奇，出于对自然界的求知欲望，再加上初中学习的化学知识比较浅显，所以刚开始学习起来还比较得心应手。进入高中阶段后，随着知识的增多和内容的加深，学生在化学学习过程中，不可避免地会遇到诸多困难，感受到一些阻力。这些问题一旦不能及时得到解决，日积月累就形成了化学学习上的问题，从而会影响学生的学习能力。在高中化学的学习过程中，很多同学会缺乏融会贯通的学习变迁能力，这些问题的产生，主要原因之一是学习过程中负迁移的影响。在教学过程中，教师如果能够及时发现导致学生化学学习负迁移的产生原因，就能在教学过程中有针对性地调整教学策略，克服这些问题的产生，从而促进化学学习过程中正迁移的顺利达成。这必将对培养学生分析问题和解决问题的能力以及发散思维的养成具有重要的理论意义和现实意义。基于此，在高中生中开展化学学习负迁移的情况调查的目的是：分析和发现化学学习负迁移产生的深层原因；为预防和克服化学学习负迁移的教学策略提供依据；提高化学教学质量，最终达成“为迁移而教”的目的。

（2）问卷编制的原则

①客观性原则。调查的目的就是要客观地反映学生在化学学习中负迁移的情况，因此问卷在编制的过程中必须要遵循客观性原则。要符合学习者当前的年龄特征，要符合当前化学学习的客观需求，即设计的问题要客观真实地反映学生负迁移的现状。

②必要性原则。学生在学习过程中，产生学习困难的原因是多方面的、多层次的。负迁移是主要原因之一。在问卷的编制过程中需要抓住重点，设计出为解决问题所必须要调查的问题，这样才能使调查的结果更有针对性，调查的结论更有说服力。

③可行性原则。本课题的调查对象集中在高中阶段的学生，因此，要求设计的问卷调查题目必须符合可行性原则。问卷题目的设计要符合这个年龄阶

段学生的特征，要能体现出化学学科的特征，问题的设计要吻合他们的理解力、解答力，让他们有话可说，说出实话，切实保障调查结果的真实有效。

④自愿性原则。被调查者自愿回答出真实的想法是调查取得成功的关键。问卷设计必须要遵循自愿性原则。为此，在问卷的设计和调查中，我们采用匿名的方式，以保证被调查者能够表达出他们的真实想法，为调查结论的真实性打好了基础。

（3）问卷编制的方法

在《关于迁移规律在高中化学学习中应用情况的调查问卷》的编制过程中，笔者在问卷维度选择、问题设计、调查条目等研究环节，选用了多学科、多种类的方法：传统方法和现代方法的融合；社会科学方法和自然科学方法的融合；测量方法和评定方法的融合；精确统计分析法和模糊标度评判法的融合。

①直接经验法

直接经验法就是根据笔者在重点高中一线化学教学 8 年的经验，针对可能引起学生负迁移的原因，直接设计出问题，譬如“我觉得师生关系好坏影响学习成绩”“先前题型的解法影响我对相似问题的解法”等问题。实践证明，采用直接经验法得出的调查结果，不仅与大多数教师的教学经验相符，而且能够真实反映出所考查问题真实状况。因为“采用与大多数人的经验更相符合的经验公式，就相当于许多行业专家共同参与了该设计者的设计过程”①。

按照迁移规律产生的渠道和常规步骤，在问卷编制中，分“教师维度”“学生维度”和“学习材料”三个方面，设计了 36 个问题。为了便于问卷的答题，在制作问卷的过程中，对问卷的维度进行了隐含，没有具体分类。

②咨询学科专家法

咨询学科专家法即通过一定的方式和途径征求在学习迁移规律研究方面有经验的专家意见，并以学科专家关于负迁移权重取值的意见进行折中处理②。在征求学科专家意见的时候，我们要充分尊重和采纳学科专家意

① 何晓淳. 考试管理评价研究［M］. 沈阳：辽宁人民出版社，1997：94.

② 王世存，王后雄. 国家教育考试公平标准及评价体系的构建［J］. 教育测量与评价，2012（5）：45.

见中合理的、科学的有用成分，同时，我们也要谨慎分析学科专家的个人见解和甚至有些偏激的学术方面的看法。在问卷的编制过程中，一线教学专家方面笔者主要重点访谈了10位国家级示范性高中化学特级教师和高级教师、10位省级示范性高中化学特级教师和高级教师、10位普通高中化学高级教师。同时，通过网络和期刊网查询了北京师范大学王磊教授、华东师范大学王祖浩教授、东北师范大学毕华林教授、南京师范大学李广洲教授、陕西师范大学周青教授和华南师范大学钱扬义教授等关于学习问题研究方面的观点和看法。最后问卷共编制出36个问题。选项中采用5级制："很不同意""不同意""不确定""同意"和"很同意"。问卷内容详见附录1。

（4）调查对象的选取

本次调查的对象为信阳市某中学从高中一年级到三年级每年级选取八个教学班，其中一年级八个班级没有分科，二年级八个班级中四个理科班、四个文科班，三年级八个班级选取的全部为理科班。为使问卷能有较好的信度、效度，先抽取了100名学生进行了先前预测。再根据预测的结果，对问卷进行了整体修改和适当的补充。

（5）问卷效度检验

问卷的有效性是调查结论真实性的前提和保障。在问卷效度检验方面，本课题主要借鉴先前学者的经验，采用了主成分因素分析法对问卷进行了效度检验。

问卷检验中，对36个项目进行了调查采样量数适当性KMO的值和Bartlett球形检验，以确定选择的36个因素是否适合分析。KMO的值越大，表示36个因素变量间的共同点越多，一致性良好，越适合进行负迁移产生原因的分析。根据美国教育学家Kaiser（1974）的主张，KMO的值小于0.5时不宜进行相关因素的具体分析。Bartlett球形检验的F值如果达到显著的水平，就说明设计的调查项目的相关矩阵间存在着共同的因素，适合进行相关的因素分析。如果达不到显著的水平，设计的问题就不是很适切①。

① 唐伟伟. 我国中小学教师创新教学行为问卷编制研究［D］. 上海：华东师范大学，2011.

经分析，本课题设计的问卷中 KMO 值为 0.875，$\pounds^2$ 值为 13 212.098，df 值为 2 013，sig. = 0.000<0.001，结果达到了较为显著的水平（见表 2-1），证明问卷设计效度较高，适合进行相关的因素分析。

表 2-1　化学学习负迁移问卷 KMO 值和 Bartlett 球形检验结果

项目	结果
KMO 值	0.875
Bartlett 球形检验	13 212.098
df	2 013
sig.	0.000

（6）问卷信度分析

在问卷的信度方面，本课题研究采用的是美国德维利斯（Devellis）（1991）等学者在信度一致性方面的观点。德维利斯认为问卷各维度和选项的信度系数如果大于等于 0.7，就可以确认制定的问卷各维度和选项有较好的可信度。经过对本课题问卷设计的 36 个问题的分析可知，它们的一致性系数均在 0.7 以上（见表 2-2），总体问卷的信度系数达到了 0.784 2，说明该问卷具有较高的信度。

表 2-2　化学学习负迁移整体问卷信度值

项目	信度系数（α 系数）
总问卷信度 F	0.784 2
F_1	0.723 6
F_2	0.746 5
F_3	0.824 5
F_4	0.962 1
F_5	0.784 6
F_6	0.786 5
F_7	0.842 5
F_8	0.769 3
F_9	0.746 8
F_{10}	0.862 5
F_{11}	0.910 0
F_{12}	0.860 3

续表

项目	信度系数（α 系数）
F_{13}	0.730 0
F_{14}	0.781 0
F_{15}	0.776 0
F_{16}	0.811 0
F_{17}	0.766 3
F_{18}	0.920 0
F_{19}	0.765 5
F_{20}	0.816 0
F_{21}	0.732 6
F_{22}	0.840 6
F_{23}	0.766 3
F_{24}	0.716 9
F_{25}	0.865 1
F_{26}	0.901 2
F_{27}	0.735 8
F_{28}	0.736 9
F_{29}	0.831 0
F_{30}	0.763 5
F_{31}	0.744 1
F_{32}	0.802 3
F_{33}	0.813 0
F_{34}	0.760 1
F_{35}	0.863 2
F_{36}	0.900 1

（7）问卷调查的实施

问卷调查实施的过程中分三步进行。一是对选取的参与调研的 24 名教师进行相关的培训。对问卷的整体结构和调研要求进行了深入细致的分析。二是问卷的正式调查。安排教师在学生晚自习时间同时发放调查问卷，调查采取不记名的方式，不限制学生的答题时间。教师在整个过程中，巡视指导学生认真填写调查问卷，对不明白的问题给予指导和分析。三是问卷的收集与整理。其间共发放问卷 1 568 份，收回问卷 1 565 份，有效问卷 1 489 份。有效问卷率为 95.1%。

2. 平行试验班级的选取

（1）试验设计

为了真实了解学生化学学习中负迁移的情况。在课题研究的过程中，笔者使用的是实验组和控制组比照前后测试验设计模式。为配合该模式的实施，我们编制了《高中化学迁移能力培养教学方案》和高中生化学学习负迁移诊断系列试题。

（2）试验对象的选取

为了试验的顺利进行，我们选择的实验组和控制组为同一个学校的高一阶段的八个班级。实验组为河南省某一重点中学本部高一年级 4 个自然教学班，共 249 人；控制组为该校新校区 4 个自然教学班，共 284 人（见表 2-3）。试验时间为两个学期。

表 2-3　化学学习负迁移试验分组整体情况

试验分组	班级	班级人数	小组总人数	男女生分布	
				男生	女生
实验组	高一（3）班（本部）	62	249	40	22
	高一（5）班（本部）	60		38	22
	高一（7）班（本部）	64		39	25
	高一（8）班（本部）	63		41	22
控制组	高一（2）班（新校区）	71	284	42	29
	高一（4）班（新校区）	70		41	29
	高一（11）班（新校区）	73		43	30
	高一（13）班（新校区）	70		44	26

试验班级选取的过程：选取的试验学校高一阶段共 30 个班级，其中本部 10 个班级，新校区 20 个班级，两个校区相距 3 公里。为减少实验组和控制组学生的接触和交流。我们决定实验组和控制组分别在两个校区中选择。在选取班级的时候，我们采用的方法是对整个年级所有班级进行前测（学习能力测试、化学学科知识测试和迁移能力运用测试），最终选取

了八个各项得分靠近的班级进行试验，以确保实验组和控制组同质，便于对试验结果的科学比对（前测结果得分见表 2-4、表 2-5）。

表 2-4 化学学习负迁移诊断试验学校高一年级班级前测分数统计

班级	学习能力测试平均分（百分制）	化学学科知识测试平均分（百分制）	迁移能力运用测试平均分（百分制）	三项平均分（取整数值）
高一（1）班（本部）	81	91	76	83
高一（2）班（本部）	68	79	68	72
高一（3）班（本部）	72	83	69	75
高一（4）班（本部）	70	72	76	73
高一（5）班（本部）	71	86	70	76
高一（6）班（本部）	70	88	63	74
高一（7）班（本部）	72	84	68	75
高一（8）班（本部）	70	85	71	75
高一（9）班（本部）	68	72	69	70
高一（10）班（本部）	74	86	70	77
高一（1）班（新校区）	82	92	74	83
高一（2）班（新校区）	73	84	67	75
高一（3）班（新校区）	69	75	70	71
高一（4）班（新校区）	71	82	69	74
高一（5）班（新校区）	73	80	70	74
高一（6）班（新校区）	64	79	68	70
高一（7）班（新校区）	60	71	65	65
高一（8）班（新校区）	73	89	72	78
高一（9）班（新校区）	63	86	78	76
高一（10）班（新校区）	70	88	69	76
高一（11）班（新校区）	74	83	72	76
高一（12）班（新校区）	69	77	68	71
高一（13）班（新校区）	71	85	69	75
高一（14）班（新校区）	65	73	62	67

续表

班级	学习能力测试平均分（百分制）	化学学科知识测试平均分（百分制）	迁移能力运用测试平均分（百分制）	三项平均分（取整数值）
高一（15）班（新校区）	73	85	70	76
高一（16）班（新校区）	77	87	75	80
高一（17）班（新校区）	66	76	68	70
高一（18）班（新校区）	65	77	63	68
高一（19）班（新校区）	70	86	70	75
高一（20）班（新校区）	76	82	67	75

对表 2-4 进行矩阵图分析可以看其平均分的整体分布情况（见图 2-1）。

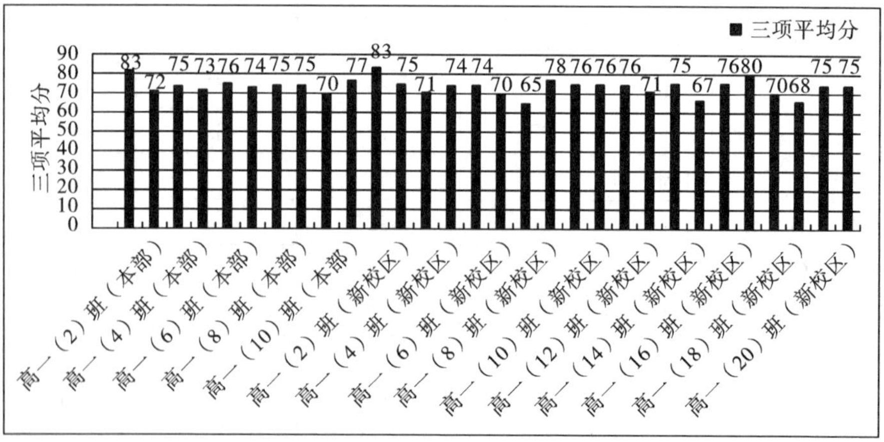

图 2-1　化学学习负迁移诊断试验学校高一年级班级前测三项成绩及平均分分布图

表 2-5　试验学校高一年级班级化学学科知识测试平均错误率和负迁移度统计

班级	平均错误率	平均负迁移度
高一（1）班（本部）	0.250 8	0.324 1
高一（2）班（本部）	0.305 6	0.287 5
高一（3）班（本部）	0.273 4	0.301 2
高一（4）班（本部）	0.262 0	0.302 4
高一（5）班（本部）	0.254 4	0.303 2

续表

班级	平均错误率	平均负迁移度
高一（6）班（本部）	0.266 5	0.281 2
高一（7）班（本部）	0.242 8	0.240 9
高一（8）班（本部）	0.256 0	0.250 8
高一（9）班（本部）	0.270 2	0.281 9
高一（10）班（本部）	0.216 4	0.220 9
高一（1）班（新校区）	0.180 9	0.201 0
高一（2）班（新校区）	0.214 3	0.230 9
高一（3）班（新校区）	0.253 2	0.248 9
高一（4）班（新校区）	0.245 3	0.246 2
高一（5）班（新校区）	0.235 4	0.223 6
高一（6）班（新校区）	0.301 3	0.301 2
高一（7）班（新校区）	0.354 3	0.312 4
高一（8）班（新校区）	0.244 7	0.230 8
高一（9）班（新校区）	0.327 5	0.323 1
高一（10）班（新校区）	0.314 1	0.310 7
高一（11）班（新校区）	0.327 5	0.319 7
高一（12）班（新校区）	0.324 6	0.321 0
高一（13）班（新校区）	0.287 5	0.201 3
高一（14）班（新校区）	0.304 6	0.302 1
高一（15）班（新校区）	0.253 4	0.240 0
高一（16）班（新校区）	0.224 4	0.201 2
高一（17）班（新校区）	0.329 8	0.310 4
高一（18）班（新校区）	0.380 2	0.402 1
高一（19）班（新校区）	0.240 1	0.229 1
高一（20）班（新校区）	0.261 3	0.240 6

（3）试验变量的分析

①自变量的选取

自变量选取的为试验分组：实验组水平设定为 1，在日常教学中，根据预设的“高中化学学习迁移能力培养策略”对实验组教学班级有意识地进行迁移能力培养教学。控制组水平设定为 2，和其他班级一样进行常规的教学。其中，化学教学的进展速度、教材版本的选择、练习册的选择均和实验组相同。

②因变量的选择

本课题研究中，把高中生化学学习的迁移能力设定为因变量，以化学迁移能力的运用测试平均分的变化作为比对目标。

③控制变量的设定（见表 2-6）

表 2-6 化学学习负迁移诊断对比试验班级控制变量的设定表格

控制变量	具体设定要求
1. 学生的性别	试验过程中，要求实验组与控制组的男女生比例相对一致。
2. 学生化学学习迁移能力	实验组与控制组的三项平均成绩在前测中要基本相同。
3. 教师整体条件	实验组与控制组的化学教师年龄要相近、职称基本相同、日常的教学水平处于同一水平。
4. 进度与作业	实验组与控制组在整个试验过程中的化学教学进度要同步进行，教学的理论深度、知识拓展面也要相同。两个组别的作业布置量均要相同。

④试验控制方式

ⅰ. 单盲控制：在教学过程中，为了减少人为因素的影响，我们使实验组的学生不知道是试验对象，也不知道自己班级的教学和其他班级不同。

ⅱ. 双盲控制：为了达到预期效果，我们对控制组的化学教师和所教班级学生进行了信息封闭，他们不知道正在和其他班级进行比对性试验。两边的教师尽量不交流，两边的学生尽量少接触。选取两个校区进行试验就是缘于这个初衷。

（4）试验材料的内容及要求

试验材料的内容及要求见表 2-7。

表 2-7 化学学习负迁移诊断试验材料的内容及要求

序号	试验材料	内容要求
1	瑞文智力测量量表	量表作为学生智力水平测试的工具，以确保试验对象中的实验组学生与控制组学生在智力上水平相当。
2	高中生化学负迁移矫正教学策略	教学策略的制定过程中，根据迁移理论的机制、影响学生化学负迁移能力的因素及化学学科的特点提出了适切的教学策略。
3	高中生化学迁移能力培养学法指导	编制学法指导的目的在于对学生进行有关化学迁移能力的学法指导，同时对学生进行相关思维能力的训练。
4	高中生化学负迁移矫正教案	此教案编写的依据是《高中生化学负迁移矫正的教学策略》，结合实验组班级的实际情况而编写。
5	高中生化学负迁移矫正学案	学案是教学内容、方法和程序的相关载体，是教师从事迁移能力教学的辅助性材料。学案的编写依据教学的进度，与教学过程同步，保证实验组班级的学生每人一份。
6	负迁移诊断前测试题和负迁移诊断后测试题	前后测试题由华中师范大学化学教育研究所编写，王后雄教授任总指导。编写过程参考了实验组任课化学教师的意见。为了确保测试的准确性，前、后测试题没有作为独立试题的成分出现，而是有机融合在学校的大型考试中，测试题的总分设定为 100 分，其中常规题占 50 分，迁移能力题占 50 分，其中迁移能力题的平均难度设定在 0.60 左右。

（5）试验过程

整个试验过程设计为七个步骤，具体操作步骤和操作内容见表 2-8。

表 2-8 化学学习负迁移诊断对比试验过程

序号	步骤	内容
1	理论准备	通过查阅迁移理论方面的论著及研究论文，把握该研究领域的研究状况及最新动态，搜集有关研究材料和相关资料，从中提炼迁移能力培养的教学策略。
2	情况摸底	通过访谈和问卷调查等形式对化学教师迁移理论的掌握情况进行摸底；通过访谈与问卷调查等形式对化学教师在教学中迁移理论规律的运用情况进行摸底；通过谈心等形式对研究班级学生的化学学习方法进行摸底。

续表

序号	步骤	内容
3	材料编写	根据上述的摸底情况，进行《高中生化学负迁移矫正教学策略》和《高中生化学负迁移矫正能力培养学案》的编写。
4	前测	2012年上学期开学初，在调研学校的积极配合下，我们对控制组和实验组在内的每一个学生进行了智力测验和化学学科成绩测验及化学迁移能力测验，对控制组和实验组的学生进行了智商测验。最后采用SPSS 13.0软件进行统计分析，以确保控制组和实验组的被试水平相当。
5	试验实施	试验时间段的选取为2012年上学期21个周，具体时间为：2012.2 —2012.7，具体要求为：所有授课均按自然班级进行，不打乱原来学校正常的教学秩序。两个组不同的控制变量在于：①实验组的化学教师根据相关的迁移机制、迁移规律、化学学科自身的特点，结合具体的教学内容，进行负迁移矫正培养教学设计；②实验组具体的授课内容、教学三维目标的设计均与控制组相同，即两个组所要完成相同的教学任务，区别在于，授课过程所采取的教学方法、技巧、策略与理念有所差异；③实验组学生每人配发与教学同步的自编“同步学案”，学案设计的目的只是作为实验组教师的教学策略、教学技术等的载体，以确保不加重实验组学生额外的学习负担；④实验组学生在正常的上课时间段举办了两次迁移能力培养的专题内容讲座。另外，整个试验过程，要确保实验组和控制组的学生学习内容相同、授课进度相同，日常练习难易度相近，学习目标的要求也一样。
6	后测	在试验结束阶段，也就是2012年6月的期末测试中，我们进行了成果的检验（后测）。测试形式仍然采用的融合式测试（迁移能力测试题有机融合在期末测试题中），控制组与实验组的学生采用同一份期末试卷考试，评卷时，两个组别的学生混淆在一起，用相同的教师遵照统一标准和统一要求评卷。

续表

序号	步骤	内容
7	结果统计与分析	试验结果利用 SPSS 13.0 统计分析软件对前、后测实验组与控制组的数据进行统计比较和分析。

3. 不同类型负迁移诊断测试题的编制

为了测试在不同类型化学知识的学习中学生负迁移的情况，我们分化学理论性知识、化学事实性知识、化学技能性知识和化学问题解决四类，分别编制了负迁移测试题。

（1）被试的选取

为了研究方便，且增加研究的连续性和信度，我们选取的仍然是河南某高中原来进行试验的 8 个班级，研究时间为 2012 年 9 月至 2013 年 1 月。这个时间段，原来的 8 个班级由原来的高一升入高二年级，班级人数仅有个别转入文科加上新转入的学生，其他少有变动。我们把研究班级的学生按照上学期期末考试和本学期开学摸底考试化学学科的平均成绩分为三类：绩优生（≥80 分）、绩中生（60～80 分）和学困生（≤60 分）。运用 SPSS 13.0 软件对三类学生化学测试成绩进行多重比较，分析结果见表 2-9。

表 2-9 三类学生两次化学测验成绩多重比较检验

组别（I）	组别（J）	均数差值（I－J）	P
绩优生	绩中生	7.230 5	0.000
绩中生	学困生	13.560 3	0.000
绩优生	学困生	20.320 1	0.000

由表 2-9 可以看出，绩优生与绩中生、绩中生与学困生试验前两次测试成绩的平均分之间的差异均比较显著，说明三类学生在化学学科知识水平和化学学习能力上存在明显的差异，由此可以看出，按照这样的标准对三类学生的划分是合理的。

（2）负迁移测试题的编制

在测试题目的编制过程中，我们首先根据《普通高中化学课程标准（试行）》对高中化学学科知识进行了合理归类。然后，通过向试验学校特级或高级化学教师征集试题、查询相关化学资料和导师选题指导等形式，每类知识共征集到 30 道题目。初稿出来后在小范围内进行了测试分析。然后经过学校化学特级教师和导师鉴定，对各类试题的难度、面的选择进行了修正，最终确定测试题目：化学理论性知识负迁移测试题 20 道、化学事实性知识负迁移测试题 15 道、化学技能性知识负迁移测试题 15 道、化学问题解决负迁移测试题 15 道。

（3）研究过程

试验过程中，我们分四次对各类负迁移测试题进行测试，其间共发放试题 503 份，对 8 个试验班级进行了测试。测试前给学生声明仅为研究所用，与本人的学习评价无关，每次测试时间均为 120 分钟（留出书写思维过程的时间）。最后回收试卷 498 份，回收率为 99.0%。为了知道学生的错误原因是否是因为负迁移而发生的，测试过程中我们利用出声思维法了解学生的思路。因为人数较多，我们小范围使用了录音笔录音，其他采用书面记录的方式来完成出声思维记录。

（4）结果与分析

具体研究结果与分析见第三、四、五、六章相应部分的统计和分析。

二、研究的思路与方法

化学学习负迁移的产生是一个系统的复杂的过程，对化学学习负迁移产生的原因进行探究需要我们首先通过问卷调查和对比试验得出初步的结果，然后借助具体统计工具等进行结果分析，再结合日常化学教学工作的开展进行具体的把脉诊断，针对不同的化学学习负迁移给出具体的不同的矫正策略。

（一）整体研究思路

研究目标的选取 ⇨ 研究内容的确定 ⇨ 研究方法的选择

1．研究的目标

（1）系统测查出教学方式、认知方式、学校层次、性别差异、训练形式、训练频次、训练时长对化学学习负迁移影响的程度；

（2）构建负迁移程度等级标准；

（3）揭示负迁移形成的深层原因；

（4）根据实验结果，提出针对不同类别负迁移的矫正策略。

2. 研究的具体内容

(1) 教学方式对化学学习负迁移影响的程度;

(2) 认知方式对化学学习负迁移影响的程度;

(3) 学校层次对化学学习负迁移影响的程度;

(4) 性别差异对化学学习负迁移影响的程度;

(5) 训练形式对化学学习负迁移影响的程度;

(6) 训练频次对化学学习负迁移影响的程度;

(7) 训练时长对化学学习负迁移影响的程度;

(8) 具体矫正措施。

3. 拟解决的关键问题

(1) 负迁移诊断测验题的编制;

(2) 调查问卷的信度和效度;

(3) 出声思维的转换、测验结果与负迁移成因的关联。

(二) 具体研究方法

本课题在研究过程中,笔者使用了调查法、实验法、访谈法、出声思维法、作品分析法、统计分析等方法,这些方法的内容已经在序言部分阐述,在此仅对具体研究方法中涉及的模型做具体的分析和说明。

1. 化学学习负迁移诊断模型的构建

《国家中长期教育改革和发展规划纲要(2010—2020年)》在战略主题中明确指出:"优化知识结构,丰富社会实践,强化能力培养。着力提高学生的学习能力……"① 而当前,在升学压力下,应试教育对学生的影响颇深,但学生的学习能力却令人担忧。题海战术催生了学生学习过程中过高的负迁移的发生。据调查,在中学中由于负迁移现象造成的答题错误所占的比例很高,接近一半②。由此可以看出,研究学习中的负迁移现象,构建学习负迁移诊断模型,是一个十分有价值并具现实意义的重要课题,对解决学生学习上存在的负迁移这一通病显得尤其重要。

① 国家中长期教育改革和发展规划纲要(2010—2020年)[EB/OL]. http://www.gov.cn/jrzg/2010-07/29/content_1667143.htm.

② 王后雄,王世存. 中学化学学习中负迁移成因及教学对策 [J]. 课程·教材·教法,2012 (1):101-105.

（1）化学学习负迁移诊断模型构建的理论基础

认知心理学与心理测量学方法是构建学习负迁移诊断模型的两大基础。

①认知诊断的实施要以认知心理学模型为基础和核心。

认知诊断的认知心理学研究是运用认知心理学的各种研究方法，对测量任务所涉及的知识、技能、策略、加工过程与成分等各认知变量做认知分析，以获得测量任务实质性的心理模型的过程。教育领域中的认知诊断理论模型有如下几种。

ⅰ. Fischer 的线性逻辑斯蒂克特质模型

线性逻辑斯蒂克特质模型（Linear Logistic Trait Model，LLTM①）是开发得较早的一种认知诊断模型，是在拉希（Rasch）模型的基础上经过扩充、改造而成的，LLTM 的数学模型是：

$$P(X_{ij}=1 \mid \theta_j)=\exp(\theta_j-b_j^{*})/[1+\exp(\theta_j-b_j^{*})]$$

LLTM 模型是用认知属性复杂度的线性组合模型来刻画项目的难度的，项目的难度取决于各认知属性的复杂度。通过这样的建模将认知的复杂度融入潜在特质模型中，把原来简单的概率模型转变成具有项目认知内容的潜在特质模型，从而实现了认知与测量的结合。

ⅱ. Tatsuoka 的规则空间模型

规则空间模型是在新一代测验理论基础上发展起来的一种用于认知诊断的分类统计模型，该模型将认知心理学、项目反应理论和多元统计相结合，能对被试是否掌握了完成项目所需的认知技能或属性进行判定，能判定出被试在作答项目时所犯错误类型。Tatsuoka 的规则空间模型其分析步骤由两部分构成：第一步是利用 Q 矩阵理论（Q-matrix theory）转化项目反应模式，该理论主要是要确定测验项目所测的不可观察的认知属性，并把它转化为可观察的项目反应模式。第二步是构建规则空间，在空间中将被试的作答反应模式与理想反应模式按贝叶斯法或距离判别法进行判别，对被试的认知结构进行诊断。规则空间模型的基本假设思想是：个体的某种知识结构可用一组通常无法直接观察的属性（该属性可以是产生式规则，也可以是正确完成某项目所具备的知识、技能、认知成分等，甚

① Fischer G H. The linear logistic test model as an instrument in educational research [J]. Acta psychologica，1973，37 (6)：359-374.

至可以是试题类型）来表征，测验项目可以用特定的属性来刻画，规则空间模型首先要明确测验项目所需的属性及属性间的层级关系，然后根据被试的作答，运用统计方法把被试在测验项目上的反应模式划归为一组属性掌握模式，以此用恰当的可观察的项目反应模式来表征不可观察的认知属性。

ⅲ. AHM属性层次方法

属性层次方法（The Attribute Hierarchy Method）是 Jacqueline P Leighton，Mark J Gierl 和 Stephen M Hunka① 在 2004 年提出的一种新的认知诊断模型。它是以测验项目能被一套具有层次次序的属性描述的假设为基础的，这种方法实际上是 Tatsuoka 的规则空间模型的变异。属性层次方法与上面的规则空间模型的不同点在于对被试反应模式的分类方法不相同。它采用的是最大相似概率法。

②认知诊断的实现要以心理测量学方法为主要工具。

要最终实现对被试差异的分析和解释，必须要强调测验设计，即根据测量对象的实质性心理模型来选择、编制项目和测验，达到详细描述被试间差异的目的②。常见的心理测量学方法有如下几种：

ⅰ. CTT 经典测验理论

经典测验理论又称为真分数理论，它是出现最早、发展时间最长、对实际工作影响广泛、人们也最为了解和熟悉的一种心理计量学理论。真分数理论属于随机抽样理论的范畴，它是参照具体被试样本来定义真分数以及难度、区分度、信度等测验质量指标的，离开了具体的测试项目组，就无所谓真分数。同样，项目的难度、区分度、信度等也是相对于具体的被试组来说的。经典测量理论以弱假设为基础，对实施条件要求不高，且建立在较简单的数学模型之上，易被人理解和接受，具有概念直观、计算简便、适用性广的优点。所以，目前在确定试题参数时多采用该测验理论。

---

① Jacqueline P. Leighton，Mark J. Gierl，Stephen M. Hunka. The attribute hierarchy method for cognitive assessment：A variation on Tatsuoke's rule-space approach [J]. Journal of educational measurement，2004，41 (3)：205-237.

② Embretson S E. Introduction to the problem of test design [M] //Embretson S E. Eds. Test design：developments in psychologyand psychometrics. Harcout Brace Jovanovich，Publishers，1985：3-17.

ⅱ．GT 概化理论

概化理论是由克龙巴赫等人提出的，但由于其数学模型复杂，计算工作也非常繁杂，一直到 20 世纪 80 年代后期才得到迅速推广。概化理论的应用分两个步骤进行：概化研究（generalizability-study）和决策研究（decision-study）①。

概化研究：概化理论提出测验研究者应该进行测验设计，在全面规划和精心组织测验的基础上采集实测数据，然后应用方差分量分析法，估计各个测验侧面的方差贡献量以及其间各级交互作用的方差贡献量。决策研究：概化研究完成之后，首先估计原测验设计下的测验信度，然后在原有数据基础上，改变测验情境关系的结构，求取各种新关系结构下的测验信度，以便分析、比较和选择最佳测验方案，为设计、编制和组织新测验提供指导信息。概化理论是经典测验理论在宏观方面的拓宽和发展，重在研究测验的外部环境、研究测验情境关系对测验质量的影响。

（2）化学学习负迁移诊断模型的确定

学习负迁移诊断模型是一种应用统计测量方法将被试在测验项目上的作答反应模式判归为某种与认知技能相联系的属性掌握模式。该模型的确立主要由四步构成：第一步，设定所要诊断项目的属性；第二步，确定属性间的层级关系；第三步，形成表征项目和属性间关系的 Q 矩阵。Q 矩阵是一个 $k \times n$ 的矩阵，k 代表属性的数量；n 代表项目的数量。第四步是应用统计方法对被试在测验上的项目反应模式进行判别，将其判归为某种属性掌握模式。

ⅰ. 确定属性

模型建立的第一步是要确定属性，化学学习诊断模型中的属性可以是化学理论性知识、化学事实性知识、化学技能性知识和化学问题解决知识。被试的属性是由被试的属性向量 A 来描述：$A_i = 1$ 表示被试掌握了第 i 个属性；$A_i = 0$ 表示被试还没有掌握第 i 个属性。化学学习诊断模型首先就要确定完成各种测验项目所需的属性。确定测验所需属性最常用的方法是：调查访问所研究领域的学科专家、一线教师，然后利用任务分析

① 漆书青，戴海琦，丁树良．现代教育与心理测量学原理［M］．北京：高等教育出版社，2002：42-56.

法，对被试的作答过程进行记录。例如：如果有四个属性，就用 A1、A2、A3、A4 表示。

ⅱ．确定属性间的层级关系

诊断模型中，属性间的关系用 $k \times n$ 的矩阵，k 代表属性的数量，n 代表项目的数量。例如：四个属性间的层级关系可用图 2-2 表示：

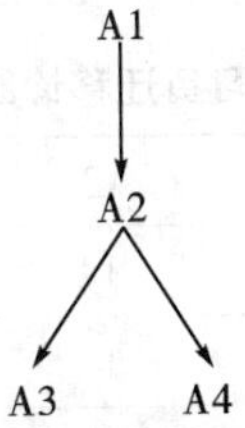

图 2-2　化学学习负迁移诊断模型四个属性间的层级关系图

图 2-2 共考查 4 个属性，属性 A1 是属性 A2 的先决条件，要掌握属性 A2 必须掌握属性 A1，同理，要掌握属性 A3、A4 必须先掌握 A2。

ⅲ．构造邻接矩阵 A

邻接矩阵只反映属性间存在的直接逻辑关系，即一个属性与另一个属性存在直接的逻辑关系或不存在直接的逻辑关系。定义如下：若 i 与 j 存在直接联系，则 $\alpha_{ij}=1$；若 i 与 j 不存在直接联系，则 $\alpha_{ij}=0$。由图 2-1 可以看出，属性 A1 是属性 A2 的先决条件，要掌握属性 A2 必须掌握属性 A1，要掌握属性 A3，必须掌握属性 A2，属性 A1 和属性 A2 存在直接的层级关系，属性 A2 和属性 A3 存在直接的层级关系，这个关系不是双向的，而是单向的。我们只能从 A1 到达 A2，而不能从 A2 到达 A1，因此 $\alpha_{12}=1$，$\alpha_{21}=0$；$\alpha_{23}=1$，$\alpha_{32}=0$。

当然，我们认为一个属性与它本身不是邻接的，即若 $i=j$，则 $\alpha_{ij}=0$（邻接矩阵对角线上元素的值一定为 0）。

图 2-2 中 4 个属性间关系形成邻接矩阵 A：

表 2-10　化学学习负迁移诊断模型邻接矩阵 A

属性	A1	A2	A3	A4
A1	0	1	1	1
A2	0	0	1	1
A3	0	0	0	0
A4	0	0	0	0

ⅳ. 构造可达矩阵 R

上面构造的矩阵只反映了属性之间的直接关系，但缺点是不能反映属性间的间接关系，而可达矩阵 R 则能反映出属性间的直接或间接关系。若属性 α_i 可以直接或间接到达属性 α_j，则 $r_{ij}=1$，否则 $r_{ij}=0$。另外，一个属性和它本身是可达的，若 $i=j$，则 $r_{ij}=1$，即可达矩阵 R 对角线上元素都为 1。

表 2-11　化学学习负迁移诊断模型可达矩阵 R

属性	A1	A2	A3	A4
A1	1	1	1	1
A2	0	1	1	1
A3	0	0	1	0
A4	0	0	0	1

ⅴ. 建立事件矩阵 Q 和缩减事件矩阵 Qr

Tatsuoka 用 $k\times n$ 的事件矩阵 Q 来描述各属性与可能项目类型集合间的关系。可能项目类型集中用 k 表示属性数目，n 指可能的项目类型数。当属性间彼此独立，可能项目集的项目数为 2^k-1（k 表示属性数目）。4 个彼此独立的属性，所形成的可能项目集的项目数为 15，描述它们关系的事件矩阵 Q：

表 2-12　化学学习负迁移诊断模型事件矩阵 Q

	可能项目集														
属性	1	2	3	4	5	6	7	8	9	10	11	12	13	14	15
A1	1	0	0	0	1	1	1	0	0	0	1	1	1	0	1
A2	0	1	0	0	1	0	0	1	1	0	1	1	0	1	1
A3	0	0	1	0	0	1	0	1	0	1	1	0	1	1	1
A4	0	0	0	1	0	0	1	0	1	1	0	1	1	1	1

当属性间存在层级关系时，可能项目集的项目数将减少。以表 2-12 中项目 9 为例，由图 2-2 可以看出，要掌握 A2，必须先掌握 A1，项目 9（第 9 列中，A1=0，未掌握 A1，肯定不能掌握 A2，因此，A2 不可能为 1，就应该删除该列。这种在事件矩阵 Q 中进一步考虑可达矩阵 R 所描述的属性间层级关系后缩减了一部分项目的矩阵叫缩减事件矩阵 Qr。由事

件矩阵 Q（表 2-12）及图 2-2 所描述的属性层级关系可得缩减事件矩阵 Qr（见表 2-13）。

表 2-13　化学学习负迁移诊断模型缩减事件矩阵 Qr

项目					
属性	1	2	3	4	5
A1	1	1	1	1	1
A2	0	1	1	1	1
A3	0	0	1	0	1
A4	0	0	0	1	1

ⅵ. 确定属性掌握模式

缩减事件矩阵 Qr 描述了可能的项目类型与各属性间的关系，如表 2-13 所示行代表属性，列代表项目类型。现将 Qr 矩阵转置，得到一个转置矩阵 Qr^T（Qr 矩阵中，行代表项目类型，列代表属性）。在 Qr^T 矩阵中，行向量是在属性层级关系确定的情况下，理论上被试所有的属性掌握模式。Qr^T 矩阵描述了理论上被试所有的属性掌握模式和各属性间的关系，规则空间模型将 Qr^T 矩阵称为理想属性矩阵，见表 2-14。

表 2-14　化学学习负迁移诊断模型理想属性矩阵 Qr^T

被试	属性			
	A1	A2	A3	A4
1	1	0	0	0
2	1	1	0	0
3	1	1	1	0
4	1	1	0	1
5	1	1	1	1

由表 2-14 可以看出，Qr^T 矩阵行数为 5，表示理想状态下（项目属性及其层级关系明确时）被试的所有 5 类属性掌握模式；列数为 4，代表的是 4 种属性，反映了在该 4 种属性上的所有 5 类属性掌握模式。

根据缩减事件矩阵 Qr 和被试理想属性矩阵 Qr^T 可以得到被试理想反应向量，详见表 2-15：

表 2-15　化学负迁移诊断被试理想属性掌握模式、被试理想反应向量及作答总分

被试	被试理想属性掌握模式				被试理想反应向量					作答总分
	A1	A2	A3	A4	i1	i2	i3	i4	i5	
1	1	0	0	0	1	0	0	0	0	1
2	1	1	0	0	1	1	0	0	0	2
3	1	1	1	0	1	1	1	0	0	3
4	1	1	0	1	1	1	0	1	0	3
5	1	1	1	1	1	1	1	1	1	5

由表 2-15 可以看出，总分相同的被试，属性掌握模式不一定相同（例如表 2-14 中的被试 3 和被试 4）。由此说明，用 CTT 常用项目得分之和——总分来反映被试的能力存在局限性。上面强调的是“理想状态下的”情况，我们发现被试除了理想项目反应模式之外还存在其他的反应模式，Tatsuoka 认为可能存在以下几种原因：属性或属性间层级关系不全或不准确；项目的编制不能准确反映被试样本的属性或被试样本选择不当；被试凭猜测作答；随机误差的存在等等。

ⅶ. 对被试作答进行模式判别

学习负迁移诊断模型把被试的理想反应模式和实际反应模式都映射到笛卡尔乘积空间，这一空间被称为规则空间。被试的所有反应模式都被映射为笛卡尔乘积空间的一组序偶 $\{(\theta, \zeta)\}$，该空间的横坐标 θ 为项目反应理论的被试能力；纵坐标 ζ 是项目反应模式异常度的一个指标，它表示能力为 θ 的被试其实际测验项目反应模式偏离其能力水平相对应的项目反应模式的程度，它是函数 $f(x)$ 的标准化形式，无论是理想反应模式还是实际反应模式都会在规则空间上有相应的点 (θ, ζ) 与之相对应。规则空间中的每个点都代表一种知识结构，与某种实际反应模式相对应。由于随机误差等原因，被试在测验项目上的实际反应模式与理想反应模式不一致，被试实际反应模式在规则空间中的点会偏离规则空间的纯规则点。

因此学习负迁移诊断模型的构建，有利于从根本上找到学生问题的症结，有利于教师有针对性地开展教学，进行有效的纠错和补救，有利于学生学习能力的提升。

2. 化学学习负迁移诊断访谈提纲的制定

谈话法主要是指在相关咨询的过程中，调查者为了获得临床信息、建立相互帮助关系而与被咨询者进行的一种会谈方法。其主要包括五种类型：鉴别会谈、摄入会谈、咨询会谈、治疗会谈和危机性会谈①。

谈话是教师和学生之间的一种双向交流活动，不仅是学习方法、观念上的交流，同时也是师生之间情感方面的交流。在本课题的调研中，为了了解在高中教学过程中化学学习负迁移产生的原因，配合问卷调查，我们同时采用了谈话法，主要使用的是摄入会谈、咨询会谈和治疗会谈三种方法。分别与调研学校的 15 名教师和 30 名学生展开了访谈，通过与化学教师的谈话，我们发现了学生在化学学习中最容易出现负迁移的地方及其探寻出现问题的原因；通过与学生的谈话交流，我们了解了他们化学学习的主要情况和存在的主要问题。

（1）访谈提纲的制定

访谈提纲在了解学生化学学习负迁移情况的访谈活动中起着至关重要的作用。如果访谈前没有拟定一个适切的访谈提纲，谈话时就会盲目无措，问起问题来没有头绪。为此，在访谈前笔者通过请教教育学方面的专家和学科教学方面的专家，制定了化学学习负迁移访谈提纲（见表 2-16、表 2-17）。

表 2-16　化学学习负迁移访谈提纲（教师用）

访谈人： 访谈时间： 访谈地点：	记录人： 记录时间： 被访者： 被访者职务、职称：
开头语：尊敬的老师，您好！我是来自华中师范大学化学教育研究所的一名博士生。在博士学位论文的写作中需要了解化学教师在迁移教学方面的运用情况。主要是想了解下您对迁移规律的认识和掌握情况，咨询一下您在平时教学中遇到的问题。您的如实回答将对我的论文课题的研究很有帮助，也有助于对学生化学教学有效性的提高。我们的访谈不是对您工作的评价，也不会对您的工作产生任何不利的影响。我们的谈话时间在 30 分钟左右，希望您在百忙中给予配合，谢谢！让我们开始我们的访谈吧。	
谈话提纲： 1. 请问您知道负迁移的概念及其分类吗？ 2. 您知道负迁移现象常见的规律吗？	

① http://baike.baidu.com/view/524169.htm.

续表

3. 在教学过程中，您是否经常会遇到负迁移现象？ 4. 您是如何处理学生在化学学习中的负迁移问题的？ 5. 您在备课过程中是否考虑了迁移规律的应用？ 6. 您的教学方法和教学组织形式是否有利于化学问题的解决？ 7. 您在设计平常性考试试卷时，是否有针对性地对学生易错的题目和知识点进行强化？ 8. 您经常对上课的内容和形式进行反思，并且写反思日记吗？ 9. 您是严格按照书本顺序讲解知识点，还是根据情况进行了适当的调整？ 10. 您会经常体验到教学的乐趣吗？

表 2-17　化学学习负迁移访谈提纲（学生用）

访谈人： 访谈时间： 访谈地点：	记录人： 记录时间： 被访者： 被访者班级：
开头语：亲爱的同学，你好！我是来自华中师范大学化学教育研究所的一名博士生。在博士学位论文的写作过程中需要了解一下，迁移规律对学生化学学习的影响。主要是想了解下你对迁移规律的认识和了解情况，咨询一下你在平时化学学习中遇到的困惑。你的符合自身实际情况的回答将对我的论文课题的研究发挥很大的帮助，也有助于化学学习有效性的提高。我们的访谈不是对你的学习情况的评价，也不会对你的学习产生任何不利的影响。我们的谈话时间在 20 分钟左右，希望你能够积极配合，谢谢！让我们开始我们的访谈吧。	
谈话提纲： 1. 你听说过负迁移的概念吗？了解负迁移的规律吗？ 2. 你觉得化学学习有趣吗？能否从中体验到学习的乐趣？ 3. 你喜欢你的化学老师吗？你感觉化学教师和化学成绩有直接的关系吗？ 4. 在学习方法方面，你感觉化学学习方法效率高吗？ 5. 在做完题后，你是否会经常反思得失，总结做题经验？ 6. 你有化学错题本吗？做错过的题目是不是还会常常再次出错？ 7. 平时做题是不是会受到思维定势的困扰？ 8. 老师经常采用什么方法让你们掌握易混、易错知识点？ 9. 你能做到举一反三、触类旁通吗？ 10. 对化学知识的学习能不能形成知识网络？	

（2）访谈前的准备

毛泽东主席教导我们"不要打无准备之仗"。访谈的精心准备是必需的，也是不可或缺的一方面。谈话前，作为访谈者一定要做好各方面的充分准备，要了解每一个谈话对象的工作或学习情况。

首先，在访谈教师的选取方面，听取了负责教学的副校长的意见，访谈的教师有新手教师、资深教师。从年龄上，选取了青年教师、中年教师和邻近退休教师三个年龄段。其次，在访谈学生的选取方面，咨询了所在班级的班主任，访谈的学生男女生各占一半，有学优生、中等生和学困生。对象选取完成后，为了充分了解受访者各方面的情况，在学校和班主任的允许下调阅了一部分教师和学生的档案，对他们的教学成果、学习状况、受奖惩情况等进行了归类了解和分析。为访谈做好了全方位的准备。

同时，为了使访谈记录更详细，配备了录音笔和速记工具，以便访谈结束后整理分析记录中遗漏的关键信息。

（3）访谈环境的创设

苏联教育学家苏霍姆林斯基在其论著中这样写过："人类教育的核心问题就本质而言，在于让儿童自始至终能够体验到自己的尊严感和满足感。"因此，在和教师谈话时一定要满怀尊敬，在和学生谈话时一定要充满爱心，带着对教师的崇敬和对学生生活的关心和热爱，以个人积极的感情体验去感动教师与学生，积极创设愉悦、宽松的谈话环境。长期的教育实践经验告诉我们，只有先施爱于教师和学生，才能引起他们正面性的情绪反应，受访者才会全身心地配合访谈。

为了给访谈创设一个温馨、舒适的环境，在访谈单位，笔者积极争取学校的支持，找到了工会的一个活动室，里面安静舒适，比较适合和人谈心。这个地方距离学校教室近，教师经常光顾，不会感觉到陌生。学生也经常从活动室门口经过，也比较熟悉。教师和学生一进来，有点"回家"的感觉，有利于与他们进行情感的深度交流。

三、研究结果与分析

本部分的内容主要是利用统计工具对调查的结果进行的分析和统计，根据统计结果，找出影响负迁移发生的根本原因和其他外在的影响条件，为不同类型化学知识学习过程中产生的负迁移具体纠正方案的提出提供依据。

（一）化学学习负迁移问卷调查结果统计与分析

课题研究中，根据回收的 1 489 份有效问卷进行了系统分析，结合对访谈材料的梳理归纳，具体分析如下：

1. 对学生的“情感、态度与价值观”维度的培养与负迁移产生的统计与分析

在问卷的设计中，为了探明学生情感、态度与价值观的培养对负迁移的产生是否有一定的关联，特意设置了和学生情感、态度与价值观相关的几个问题，为了使结果更接近客观事实，题目使用分散递进式排布，其调查结果统计见表 2-18。

表 2-18　化学学习的“情感、态度与价值观”与负迁移产生的调查统计

题号	选项									
	很不同意		不同意		不确定		同意		很同意	
	人数	占比	人数	占比	人数	占比	人数	占比	人数	占比
2	178	11.9%	326	21.9%	312	20.9%	487	32.7%	186	12.6%
3	113	7.6%	168	11.3%	187	12.6%	528	35.5%	493	33.0%
4	367	24.6%	505	33.9%	228	15.3%	264	17.7%	125	8.5%
5	189	12.7%	208	14.0%	306	20.6%	377	25.3%	409	27.4%
19	280	18.8%	463	31.1%	309	20.8%	329	22.1%	108	7.2%
37	306	20.6%	487	32.7%	378	25.4%	209	14.0%	109	7.3%

第 2 题：“我喜欢化学学科的学习。”

结果统计：分别有 186 人（12.6%）和 487 人（32.7%）“很同意”和“同意”这种说法，说明这些学生还是喜欢化学学科的学习的。分别有 178 人（11.9%）和 326 人（21.9%）“很不同意”和“不同意”这种说法，加上对这种说法“不确定”的 312 人（20.9%）就有超过一半的学生对化学学习没有兴趣。

原因探究：在对选取“很同意”和“同意”这种说法的学生进行抽样主题访谈时发现，他们对化学学习感兴趣的原因主要有三个方面：一是认为化学是高考的重要科目之一，不需要感兴趣，必须要好好学，这样才能在高考中取得令人满意的成绩，最终考取理想的大学。这种出于高考的功利目的的喜欢化学，进而对化学感兴趣，我们把它称为“被兴趣”。二是

认为化学很神奇，变幻莫测，化学学好了就可以明晓很多科学道理，可以很好地解释很多自然现象，这种真的对化学学科感兴趣的喜欢、进而感兴趣，我们把它称为“真兴趣”。三是认为化学学好了，在年级和班级的排名就靠前，感觉很有面子，很有成就感，这种想证明自己的能力，提高自己在同学们面前的形象的喜欢、进而对化学学习产生兴趣，我们把它称为“假兴趣”。

对选取“不确定”“不同意”“很不同意”的学生我们同样进行了抽样主题访谈，他们对化学科学的学习整体不感兴趣的原因主要也有三个方面：一是认为化学学科知识点零碎、需要记忆的东西太多，看到化学就头疼，这是由于对化学学科的特点没有很好的把握，没有很好地掌握化学学习的方法造成的。二是认为学习化学没有什么用，高中毕业后出去打工，可以早挣钱，甚至比大学毕业生挣的钱还多，这是由于人生观、价值观不同造成的，受读书无用论的影响造成的。三是认为学习化学很危险，很多物质都有毒、有腐蚀性，有时甚至有爆炸的危险，将来不想从事这方面的工作，这是由于对化学药品性质的了解不全面造成的，中学化学中的实验，如果操作得当、规范，是不会有危险的。

第 3 题：“我觉得师生关系好坏影响学习成绩。”

结果统计：分别有 493 人（33.0%）和 528 人（35.5%）“很同意”和“同意”这种说法，这充分说明良好的师生关系对化学学科学习的重要性。分别有 113 人（7.6%）和 168 人（11.3%）“很不同意”和“不同意”这种说法，加上对这种说法“不确定”的 187 人（12.6%）有接近三分之一的学生觉得化学学习的好坏取决于个人，与师生之间关系的好坏联系不大。

原因探究：在对选取“很同意”和“同意”这种说法的学生进行抽样主题访谈时发现，他们普遍认为，要想喜欢学习化学学科，就必须首先喜欢化学教师，学会处理好和化学教师的关系是对化学学科感兴趣的前提，良好融洽的师生关系是学好化学学科的前提和保障。很难想象，面对一个学生讨厌的教师，学生能心静如水地沉浸于该学科的学习，也很难想象学生会取得理想的化学学习成绩。

对选取“不确定”“不同意”“很不同意”的学生同样也进行了抽样主题访谈，持这种观点的学生普遍认为学习是个人的事情，学习成绩的好坏完全取决于自己的努力，没必要刻意去和化学教师搞好关系，只要听懂、认真完成作业，就能学好化学。

第 4 题：“我可以轻松面对考试。”

结果统计：分别有 125 人（8.5%）和 264 人（17.7%）“很同意”和“同意”这种说法，这充分说明学生面临的考试压力之大。分别有 367 人（24.6%）和 505 人（33.9%）“很不同意”和“不同意”这种说法，加上对这种说法“不确定”的 228 人（15.3%）有接近四分之三的学生觉得不能轻松地面对考试。

原因探究：在对选取“很同意”和“同意”这种说法的学生进行抽样主题访谈时发现，他们普遍认为，考试就是对学习的一种简单检验，“真金不怕火炼”，只要学习踏实，方法得当，怎么考都行。通过访谈我们发现，持这种观点的同学一般很会处理平时练习和单元测试、期中考试、期末考试的关系，他们的处理方法是：平时小考视作大考重视之，期末大考视作小考藐视之。

对选取“不确定”“不同意”“很不同意”的学生我们同样也进行了抽样主题访谈，持这种观点的学生大致可以分为两大类：一是提起考试就紧张，不管大考、小考都不能轻松面对，考试时大脑都有一段时间的空白期，我们称其为“恐考生”。二是平时小考发挥得比较正常，感觉还比较轻松，一到大考就入场迷，大脑空白，精神紧张，我们称其为“晕考生”。这两类学生呈现出以上这些状态有三个方面的原因：一是考试目的不明确，把考试成绩的高低看作衡量自己能力的唯一标准。二是功利主义思想严重，把考试结果看得过于重要，成绩好了就趾高气扬，成绩差了就萎靡不振。三是心理素质较差，抗压能力较差，极易受外界环境的影响。

第 5 题：“前一试题的解答情况影响我对后面试题的解答。”

结果统计：分别有 409 人（27.4%）和 377 人（25.3%）“很同意”和“同意”这种说法，这说明这一部分学生在解题的时候容易受外界因素的影响。分别有 189 人（12.7%）和 208 人（14.0%）“很不同意”和“不同意”这种说法，加上对这种说法“不确定”的 306 人（20.6%）有接近一半的学生可以正确处理解答试题中遇到的问题。

原因探究：在对选取“很同意”和“同意”这种说法的学生进行抽样主题访谈时，我们发现他们普遍存在着应试心理素质较差的现象，再通过问卷分析还发现选取这些选项的学生 90%不能轻松面对考试，这些学生呈现出以上状态的原因与第 4 题中选取“不确定”“不同意”“很不同意”

的学生出现类似状态的原因相同。

对选取“不确定”“不同意”“很不同意”的学生我们同样也进行了抽样主题访谈，持这种观点的学生有92%在试题4中选择了“很同意”和“同意”这种说法。他们基本上可以轻松面对考试，其原因和第4题中表示“同意”“很同意”的类似情况原因相似。

本题的结果充分说明了学生已有的知识经验、先前遭遇的失败和挫折都会影响对后面问题的处理，进而会把相关因素迁移到对后面试题的正确解答。

第19题：“我能从化学学习中体验出快乐。”

结果统计：分别有108人（7.2%）和329人（22.1%）“很同意”和“同意”这种说法，这说明这一部分学生真正把握了化学学科的特点，开始享受化学学习的过程，学习不再是一件苦差事，而更像是在化学知识的海洋中遨游。分别有280人（18.8%）和463人（31.1%）“很不同意”和“不同意”这种说法，加上对这种说法“不确定”的309人（20.8%）有接近70%的学生认为体验不出化学学习的乐趣，感觉学习化学是一件苦差事。

原因探究：对选取“很同意”和“同意”这种说法的学生进行了抽样主题访谈，我们发现这部分学生整体学习成绩都比较好，综合素质较高，能够在化学学习中获得成功感，认为学习化学可以了解很多物质的性质，了解变幻莫测的自然界，通过化学的学习可以提高自己认识自然、改造自然的能力，是不断提高自身整体素质的过程，因此这部分学生比较乐于学习化学，学习化学的主观能动性良好，能够体验到化学学习中的快乐。

对选取“不确定”“不同意”“很不同意”的学生我们同样也进行了抽样主题访谈，持这种观点的学生有92%在试题4中选择了“很同意”和“同意”这种说法。他们基本上不能在化学学习中体验到快乐，究其原因，他们认为化学学科知识点特别零碎、需要记忆的东西特多，平时的作业量很大，根本没时间去想快不快乐的事情，为了不被教师批评，不被家长骂，不得不去完成教师布置的作业，有时候为了应付差事，不得不去抄袭别人的作业。被访谈的学生中有26%的学生表示自己有过抄别人作业的经历。

第37题：“化学教师很注重对学生情感、态度与价值观的培养。”

结果统计：分别有109人（7.3%）和209人（14.0%）“很同意”和

“同意”这种说法，这说明这些学生所在班级的化学教师在三维目标的培养方面目的明确，切实注重了对学生情感、态度、价值观方面的培养。分别有306人（20.6%）和487人（32.7%）“很不同意”和“不同意”这种说法，加上对这种说法“不确定”的378人（25.4%）有超过四分之三的学生认为化学教师不注重对学生进行情感、态度与价值观方面的培养。

原因探究：对结果选取“很同意”和“同意”这种说法的学生进行了抽样主题访谈，他们大都喜欢化学教师，比较喜欢上化学课，这部分学生的化学教师能够在化学教学中结合所学内容，联系到学生自身的实际，适时对他们进行情感、态度、价值观方面的培养。譬如，在讲到电子得失规律时，教师就会引导学生正确处理在人生过程中的得与失、升与降，有助于学生学会正确处理人生中面临的挫折。与此同时，我们也走访了这部分学生的化学教师，他们普遍认为教师不仅要教书，更重要的是要育人，在化学教学中，培养学生正确的价值观、人生观，寓教于乐是他们的首要职责。

对选取“不确定”“不同意”“很不同意”的学生我们同样也进行了抽样主题访谈，持这种观点的学生认为化学教师很少、甚至是从来就没有讲一些专业知识以外的东西，上课满堂灌、灌满堂。我们也对这部分学生的化学教师进行了访谈，他们承认在情感、态度与价值观目标培养上的淡化甚至是缺失，原因是上课时所要讲授的学科内容太多，根本没时间和精力去讲授人生观方面的东西，否则，课时计划完成不了。这部分教师的理由听起来比较充分，但他们忽视了教育的主要目的，舍本求末，长此下去会导致学生化学学习兴趣淡化，甚至开始抵触对化学的学习，从而刺激了负迁移的发生。

总结以上几个因素对学生化学学习负迁移的影响，我们可以看出三维目标之一的“情感、态度与价值观”对化学学习负迁移的影响作用。化学教师在授课的过程中，如果注重对学生情感、态度与价值观方面的培养，就会促进化学学习正迁移的产生，有利于学生化学学习积极性的提高，进而使他们能够体验到化学学习的乐趣。相反，如果不重视情感、态度与价值观目标的培养，学生在化学学习过程中就极易产生化学学习的负迁移，从而导致学生化学学习兴趣下降，最终在化学学习中体验到的只有痛苦。由此看来，“情感、态度与价值观”的培养对避免化学学习负迁移发生的重要作用。

2. 对学生“过程与方法”维度的培养与负迁移产生的统计与分析

在问卷的设计中，为了探明对学生“过程与方法”维度的培养是否对化学学习负迁移的产生有一定的影响，我们特意设置了和学生“过程与方法”相关的几个问题，为了使结果更接近客观事实，题目使用分散递进式排布，其调查结果统计见表 2-19。

表 2-19　化学学习的“过程与方法”维度的培养与负迁移产生调查统计

题号	选项									
	很不同意		不同意		不确定		同意		很同意	
	人数	占比	人数	占比	人数	占比	人数	占比	人数	占比
6	298	20.0%	227	15.2%	448	30.1%	308	20.7%	208	14.0%
8	109	7.3%	187	12.6%	341	22.9%	487	32.7%	365	24.5%
9	145	9.7%	212	14.2%	714	50.0%	289	19.4%	129	8.7%
11	198	13.3%	209	14.0%	491	33.0%	302	20.3%	289	19.4%
12	89	6.0%	201	13.5%	203	13.6%	609	40.9%	387	26.0%
13	0	0.0%	118	7.9%	109	7.3%	609	40.9%	653	43.9%
14	180	12.1%	562	37.7%	189	12.7%	267	17.9%	291	19.6%
16	309	20.7%	409	27.5%	133	8.9%	330	22.2%	308	20.7%
18	145	9.7%	478	32.1%	549	36.9%	209	14.0%	108	7.3%
20	76	4.8%	89	6.0%	172	11.6%	787	52.9%	368	24.7%
23	129	8.6%	176	11.8%	336	22.6%	580	39.0%	268	18.0%
27	200	13.4%	207	13.9%	471	31.7%	312	21.0%	299	20.0%
34	109	7.3%	166	11.1%	338	22.7%	578	38.8%	298	20.1%
36	92	6.2%	233	15.6%	158	10.6%	679	45.6%	327	30.0%

第 6 题：“对某一类题型的解答，我会局限于教师经常强调的某一种化学解题方法。”

结果统计：分别有 208 人（14.0%）和 308 人（20.7%）“很同意”和“同意”这种说法，说明这些学生记住了教师讲授的化学解题方法，但是不能举一反三。分别有 298 人（20.0%）和 227 人（15.2%）“很不同意”和“不同意”这种说法，说明这部分学生能够活学活用，把教师关于“过程与方法”的培养内化成自己的能力，做到了活学活用。对这种说法

“不确定”的有 448 人（30.1%）。

原因探究：在对选取“很同意”和“同意”这种说法的学生进行抽样主题访谈时发现，他们整体上没有形成符合自身实际的化学学习方法，这部分学生有 49%的学生上课笔记往往都做得很好，甚至把教师讲授的解题方法牢牢地背了下来，但遇到类似的问题就生搬硬套，很容易掉进试题中设计的陷阱。

对选取“不同意”“很不同意”的学生同样进行了抽样主题访谈，这部分学生基本上有一套自己的化学学习方法，能够识别化学试题中设计的陷阱，能够对教师教授的内容举一反三，触类旁通，做到真正的活学活用。

对选取“不确定”的学生也进行了抽样访谈，我们发现他们在遇到不同的题型时，有的时候可以变通，采取灵活的方法；有的时候只是套用同一类型题目教师原来教授的方法，究其原因还是对知识掌握得不够牢固，不能应变自如，从而容易出现负迁移。

第 8 题：“我认为高中化学的学习方法与其他学科差别大。”

结果统计：分别有 365 人（24.5%）和 487 人（32.7%）“很同意”和“同意”这种说法，说明这些学生懂得化学学习的方法。分别有 109 人（7.3%）和 187 人（12.6%）“很不同意”和“不同意”这种说法，加上对这种说法“不确定”的 341 人（22.9%）有接近一半的学生对化学的学习方法还存在困惑，认为都要死学，没有更好的学习方法。

原因探究：对选取“很同意”和“同意”这种说法的学生进行抽样主题访谈时发现，他们认为化学是以实验为特征的一门学科，必须要尊重实验事实，加强对实验的学习，逐步培养自己实验的能力，化学的学习不同于语文、数学、外语等学科，要围绕实验学科的特点，进行理解性记忆，在记忆中理解，记住该记得的，理解该懂得的，掌握该学的。

对选取“不确定”“不同意”“很不同意”的学生同样进行了抽样主题访谈，这部分学生在化学学习方面没有独特的见解，感觉和其他学科没太多的区别，按照老师的要求，让记就记，不能理解的就牢牢地死记住。这些最终导致负迁移的发生。

第 9 题：“我认为其他学科的学习方法会影响化学的学习。”

结果统计：分别有 129 人（8.7%）和 289 人（19.4%）“很同意”和“同意”这种说法，说明这些学生懂得化学学习的方法。分别有 145 人

(9.7%)和 212 人(14.2%)“很不同意”和“不同意”这种说法。对这种说法“不确定”的有 714 人(50.0%),即接近一半的学生学习方法概念比较模糊。

原因探究:在对结果选取“很同意”和“同意”这种说法的学生进行抽样主题访谈时发现,他们认为化学是一门以实验为特征的学科,必须要尊重实验事实,加强对实验的学习,逐步培养自己实验的能力,化学的学习不同于语文、数学、外语等学科,要围绕实验学科的特点,理解性记忆,在记忆中理解,记住该记得的,理解该懂得的,掌握该学的。

对选取“不确定”“不同意”“很不同意”的学生同样进行了抽样主题访谈,这部分学生在化学学习方面没有独特的见解,感觉和其他学科没太多的区别,按照老师的要求,让记就记,不能理解的就牢牢地死记住。这些最终导致负迁移的发生。

第 11 题:“我经常对做错的化学题目进行订正。”

结果统计:分别有 289 人(19.4%)和 302 人(20.3%)“很同意”和“同意”这种说法,说明这些学生重视对错误的订正。分别有 198 人(13.3%)和 209 人(14.0%)“很不同意”和“不同意”这种说法,这部分学生就是做完题,就将作业束之高阁,不再看看错误的原因。对这种说法“不确定”的 491 人(33.0%)。

原因探究:在对选取“很同意”和“同意”这种说法的学生进行抽样主题访谈时发现,他们认为“失败是成功之母”,我们不怕做错题,关键是不能一错再错,所以他们大都准备了错题本,经常认真地对错题进行重做,并且进行经验总结。

对选取“不确定”“不同意”“很不同意”的学生同样进行了抽样主题访谈,这部分学生在做题方面没有给予过多的重视,这部分同学中只有 15%的人准备了错题本,但使用效率不高,导致负迁移的发生,成绩处于低谷,徘徊不前。

第 12、36 题:“先前题型的解法影响我对相似问题的解法”,“考试中类似情景的试题常因改变题目中某个条件(设置陷阱)而导致解题误入歧途”。这两道题考查点类似,因此放在一起进行统计和分析。

结果统计:分别有 387 人(26.0%)、327 人(30.0%)和 609 人(40.9%)、679 人(45.6%)“很同意”和“同意”这类说法,说明这些学生思维比较固化,很容易受先前思路的影响。分别有 89 人(6.0%)、

92 人（6.2%）和 201 人（13.5%）、233 人（15.6%）“很不同意”和“不同意”这类说法，这部分学生基本有一套自己处理问题的做法。对这类说法“不确定”的分别有 203 人（13.6%）、158 人（10.6%），说明他们有时会受到影响。

原因探究：对选取“很同意”和“同意”这类说法的学生进行了抽样主题访谈，他们感觉在做题的时候，总是在脑海里寻找先前有没有做过这道题，总想用同样的方法去套用，结果不能因题制宜，导致负迁移的发生。

对选取“不同意”“很不同意”的学生同样进行了抽样主题访谈，这部分学生在解化学习题时能够真正吃透这一类型试题的做法，从而能做到举一反三，很少受、甚至不受先前题型解法的影响，这部分学生产生负迁移学习的概率较低。

对选取“不确定”的这部分学生进行了抽样访谈，他们的状态处于以上两种学生之间。

第 13 题：“教师的教学方法、教学组织形式影响我对相关化学问题的处理。”

结果统计：分别有 653 人（43.9%）和 609 人（40.9%）“很同意”和“同意”这种说法，说明这些学生认为教师的教学方法和教学组织形式对化学的学习特别重要。0 人（0.0%）和 118 人（7.9%）“很不同意”和“不同意”这种说法，这部分学生自学能力较强。对这种说法“不确定”的 109 人（7.3%），说明他们有时会受到影响。

原因探究：在对选取“很同意”和“同意”这种说法的学生进行抽样主题访谈时发现，他们感觉在做题的时候，总是在脑海里寻找老师之前是如何讲解这道题的，总想用同样的思想去解决类似的问题，结果不能因题制宜，导致负迁移的发生。

对选取“不同意”“很不同意”的学生同样进行了抽样主题访谈，这部分学生在解化学习题时能够真正吃透这一类型试题的做法，从而能做到举一反三，很少受、甚至不受先前老师讲授的影响，这部分学生产生负迁移学习的概率较低。

对选取“不确定”的这部分学生进行了抽样访谈，他们的状态处于以上两种学生之间。

第 14 题：“解决一个问题后，我经常询问自己解此题的关键步骤是什么。”

结果统计：分别有 291 人（19.6%）和 267 人（17.9%）“很同意”和“同意”这种说法，说明这些学生解化学习题的时候，很注重反思。分别有 180 人（12.1%）和 562 人（37.7%）“很不同意”和“不同意”这种说法，可以看出有将近一半的学生不重视做题后的反思。对这种说法“不确定”的 189 人（12.7%），他们有时会思考解题的关键步骤。

原因探究：在对选取“很同意”和“同意”这种说法的学生进行抽样主题访谈时发现，他们感觉在做题的时候，如果能够经常反思，就能达到举一反三的目的。

对选取“不同意”“很不同意”的学生同样进行了抽样主题访谈，这部分学生认为解化学题就是完成任务，早完成早放松，没时间去反思。对选择“不确定”的这部分学生进行了抽样访谈，他们在做题的时候，如果任务不是太重的时候就会反思下，任务繁重的时候就没时间去思考了。调查结果也反映出这类学生在化学学习的过程中普遍存在元认知的缺陷。解答一个题后，约 50%的人不思考解答该题的关键是什么。现代认知心理学认为具有较好的元认知能力的学习者在面临新的问题情境时，能主动寻找新旧知识之间的联系，并能主动运用已有经验分析当前情境，最终寻找出解题策略。元认知能力的获取是正迁移的重要保证。

第 16 题：“问题解决后，我会反思它还有哪些解法，哪种解法最好。”

结果统计：分别有 308 人（20.7%）和 330 人（22.2%）“很同意”和“同意”这种说法，说明这些学生解化学习题的时候，很注重反思。分别有 309 人（20.7%）和 409 人（27.5%）“很不同意”和“不同意”这种说法，可以看出有将近一半的学生不重视做题后的反思。对这种说法“不确定”的 133 人（8.9%），他们有时会思考解题的关键步骤，比较做题方法。

原因探究：对这一问题调查访谈的结果和 14 题相似，这里不再赘述。

第 18 题：“我有自己独特的高效化学学习方法。”

结果统计：分别有 108 人（7.3%）和 209 人（14.0%）“很同意”和“同意”这种说法，说明这些学生已经摸索到了适合自身实际的学习方法。分别有 145 人（9.7%）和 478 人（32.1%）“很不同意”和“不同意”这种说法，再加上“不确定”的 549 人（36.9%），可以看出接近四分之三的学生还在学习方法方面有待提高。

原因探究：在对选取“很同意”和“同意”这种说法的学生进行抽样主题访谈时发现，他们基本能够把握化学学科的特点，善于归纳，敏于总结，在化学知识的学习过程中能够构建完整、系统的知识网络，学习起来比较得心应手，如鱼得水，效率较高。

对选取“不同意”“很不同意”的学生同样进行了抽样主题访谈，这部分学生普遍认为化学难学，需要记忆的东西太多，今天记住了，明天就会忘记，究其原因，还是没能了解化学学科的特点，形成不了系统的知识网络，理解的知识比较片面，不能活学活用。对这一问题“不确定”的同学原因类似。

第 20、23 题：“教师在新知识讲授前，会引领同学们回顾与新知识相关的、已经学过的知识”，“教师重视‘从理解到应用’的过程训练”。

结果统计：对于这两道题，分别有 1155 人（77.6%）和 848 人（57.8%）“很同意”和“同意”这种说法，说明调查涉及的教师在这两个方面做得都比较好。

原因探究：在新课程改革的背景下，教师正在由注重“双基”的训练到注重学生“三维”目标的转变，这也从一个侧面反映了我国基础教育改革的可喜成果。

第 27 题：“教师经常实施一题多解、多题一解的思维训练。”

结果统计：分别有 299 人（20.0%）和 312 人（21.0%）“很同意”和“同意”这种说法。200 人（13.4%）和 207 人（13.9%）“很不同意”和“不同意”这种说法，“不确定”的有 471 人（31.7%）。

原因探究：从统计结果可以看出有 41%的学生认为教师能经常引导学生进行一题多解、多题一解的训练。这种做法有助于学生化学解题能力和概括能力的提高，从而有利于促进正迁移的发生。但同时也可以看出有将近 30%的学生反映部分教师不能很好地做到这样的训练，势必导致负迁移的发生。

第 34 题：“错过的题目，下次出现类似的题目还会错。”

结果统计：分别有 298 人（20.1%）和 578 人（38.8%）“很同意”和“同意”这种说法。分别有 109 人（7.3%）和 166 人（11.1%）“很不同意”和“不同意”这种说法，“不确定”的有 338 人（22.7%）。

原因探究：从统计结果可以看出有将近 60%的学生同意这个观点，说明他们经常会出现这种情况，究其原因，正迁移不够，不能学会变通。

但同时也可以看到有将近20%的学生“不同意”这种说法，他们可以做到错过的题目基本掌握牢固，这部分学生基本掌握了迁移的规律。

3. 对学生“知识与技能”维度的培养与负迁移产生的统计与分析

在问卷的设计中，为了探明对学生“知识与技能”维度的培养是否对化学学习负迁移的产生有一定的影响，我们特意设置了和学生“知识与技能”相关的几个问题，为了使结果更接近客观事实，题目使用分散递进式排布，其调查结果统计见表2-20。

表2-20　化学学习的“知识与技能”维度的培养与负迁移产生的调查统计

题号	选项									
	很不同意		不同意		不确定		同意		很同意	
	人数	占比	人数	占比	人数	占比	人数	占比	人数	占比
7	272	18.3%	214	14.4%	329	22.1%	365	24.5%	309	20.7%
15	311	20.9%	306	20.6%	341	22.9%	316	21.2%	215	14.4%
17	149	10.0%	278	18.7%	507	34.0%	368	24.7%	187	12.6%
21	19	1.3%	175	11.8%	426	28.6%	387	26.0%	482	32.3%
24	60	4.1%	176	11.8%	299	20.0%	564	37.9%	390	26.2%
25	102	6.9%	139	9.3%	263	17.7%	584	39.2%	401	26.9%
26	180	12.1%	562	37.7%	189	12.7%	267	17.9%	291	19.6%
28	398	26.7%	367	24.6%	206	13.8%	300	20.1%	218	14.8%
29	221	14.8%	312	21.0%	491	33.0%	276	18.5%	189	12.7%
31	216	14.5%	332	22.3%	714	48.0%	118	7.9%	109	7.3%
32	123	8.3%	116	7.8%	215	14.4%	498	33.4%	537	36.1%
33	137	9.2%	319	21.4%	74	5.0%	412	27.7%	547	36.7%

第7题：“已有知识经验会导致我对新知识的理解产生偏差。”

结果统计：分别有309人（20.7%）和365人（24.5%）“很同意”和“同意”这种说法，说明这些学生经常会受到类似的困扰。分别有272人（18.3%）和214人（14.4%）“很不同意”和“不同意”这种说法，说明这部分学生能够活学活用，把教师关于“知识与技能”的培养内化成自己的能力，做到活学活用。对这种说法“不确定”的有329人（22.1%）。

原因探究：在对选取“很同意”和“同意”这种说法的学生进行抽样

主题访谈时发现，他们整体上没有形成符合自身实际的化学学习方法，在接受新知识的时候经常受先前学习过的知识的影响。譬如，该类学生在学习有机部分“同分异构体”概念时，会受无机部分“同素异形体”概念的影响。这说明这部分学生在学习先前知识时理解还不够深刻、全面。

对选取“很不同意”和“不同意”这种说法的学生同样进行了抽样主题访谈，他们各自形成了一套符合自身实际的化学学习方法，已有的知识经验不仅没对新知识的理解产生偏差，同时还有利于新知识的学习。譬如学习了“置换反应”反而有利于学生对后面“取代反应”的理解。

选取“不确定”的学生的情况基本处在上面两部分学生之间。

第 15 题：“问题解决后，我经常询问自己用到了哪些已有的知识和经验。”

结果统计：分别有 215 人（14.4%）和 316 人（21.2%）“很同意”和“同意”这种说法，说明这些学生经常会在做完题后回头思考下自己的做题过程。分别有 311 人（20.9%）和 306 人（20.6%）“很不同意”和“不同意”这种说法，说明这部分学生做完题目后便立即结束，或者继续做其他题目，根本不回过头来进行思考和总结。对这种说法“不确定”的有 341 人（22.9%），这部分学生是间或进行回头反思。

原因探究：在对选取“很同意”和“同意”这种说法的学生进行抽样主题访谈时发现，他们认为做题的目的在于巩固已学的知识，因此，做完题要思考的是哪些知识掌握了，哪些没掌握，这样有利于知识的学习和巩固，才能达到学习的真正目的。

对选取“很不同意”和“不同意”这种说法的学生同样进行了抽样主题访谈，基本上是为了做题而做题，天天作业都做不完，根本没时间去思考其他的，从而使做题效果大打折扣。

选取“不确定”的学生的情况基本上是徘徊在以上两种情况之间，时间充足的时候会考虑题目所考查的知识点，时间紧张的时候就顾不上了。

第 17 题：“我对化学概念理解清晰，能形成完整知识网络。”

结果统计：分别有 187 人（12.6%）和 368 人（24.7%）“很同意”和“同意”这种说法，说明这些学生基本掌握了化学学习的方法，形成了系统的化学学习知识网络。分别有 149 人（10.0%）和 278 人（18.7%）“很不同意”和“不同意”这种说法，说明这部分学生基本上对化学知识的掌握比较模糊，理不清思绪。对这种说法“不确定”的有 507 人

(34.0%)，这部分学生一般对化学的学习方法不够高效，知识掌握不够牢固。

原因探究：在对选取“很同意”和“同意”这种说法的学生进行抽样主题访谈时发现，他们认为化学介于理科和文科之间，学习过程中如果能够把握知识的主线，形成知识串，就很容易把化学学好，考出理想的成绩。

对选取“很不同意”和“不同意”这种说法的学生同样进行了抽样主题访谈，基本上这部分学生大都认为化学比较难学，需要死记硬背的知识点太多，譬如，物质的颜色、熔沸点、密度等。

选取“不确定”的学生的化学学习成绩经常徘徊不定，有时候可以考得很好，有时候一落千丈，做起题来没有头绪。

第 21 题：“教师在讲解化学概念时，会突出强调重点内容以引起学生的重视。”

结果统计：分别有 482 人（32.3%）和 387 人（26.0%）“很同意”和“同意”这种说法，说明调查班级的化学教师在讲解化学概念时，大都能做到对重点内容的重视。19 人（1.3%）和 175 人（11.8%）“很不同意”和“不同意”这种说法，这部分学生感觉教师在讲课的过程中重点不够突出。对这种说法“不确定”的有 426 人（28.6%），这部分学生要么在化学课堂上没认真听课，要么不理解什么是重点内容和重点概念。

原因探究：在对选取“很同意”和“同意”这种说法的学生进行抽样主题访谈时发现，他们认为教师在讲解化学概念时会反复强调，并且用大量的例子来巩固概念。

对选取“很不同意”和“不同意”这种说法的学生同样进行了抽样主题访谈，这部分学生认为教师在讲课时没有侧重，平衡用力，要么感觉都是重点内容，要么感觉都不是重点，学习起来抓不住重点内容。

在对选取“不确定”的学生访谈时发现，他们选取“不确定”的原因是在上化学课时容易走神，也许教师反复强调了重点内容，但他们没注意到，也许是教师所讲内容重点不够突出，因此他们选择了“不确定”。

第 24 题：“教师在讲解例题时，注重强调刚学过的定义、公式等。”

结果统计：分别有 390 人（26.2%）和 564 人（37.9%）“很同意”和“同意”这种说法，说明调查班级的化学教师在讲解例题时，注重强调刚学过的定义和公式。分别有 60 人（4.1%）和 176 人（11.8%）“很不同意”和“不同意”这种说法，这部分学生感觉教师在讲解例题时是为了讲题而讲题，没有很好地拓展。对这种说法“不确定”的有 299 人（20.0%），这部分学生要么在化学课堂上没认真听课，要么对学过的定义、公式不够熟悉。

原因探究： 在对选取“很同意”和“同意”这种说法的学生进行抽样主题访谈时发现，他们认为教师在讲解例题时，总是结合刚学过的公式、定义等，这样例题的讲解起到了复习、巩固刚学习过的知识的作用，教师的做法是合理、有效的。

在对选取“很不同意”和“不同意”这种说法的学生进行抽样主题访谈时发现，这部分学生认为教师在讲解例题时不太注重解题方法的培养，不太注重知识的拓展。调查结果也反映出有些化学老师没有树立起迁移的意识，他们对化学基本概念、原理及公式的强调不够导致学生对化学基础知识学习重要性认识不足，从而影响其概括水平及迁移能力的提高，从而导致化学学习中负迁移现象的发生。

在对选取“不确定”的学生访谈时发现，他们选取“不确定”的原因是在教师讲解例题时，一是没能认真听讲，所以选择“不确定”；二是对刚学习过的定义、公式不够清楚，不知道教师强调没强调。

第 25 题：“教师在讲解题目时，注重复习类似题目或类似方法来进行辨析对比以促进学生对知识的理解。”

结果统计： 分别有 401 人（26.9%）和 584 人（39.2%）“很同意”和“同意”这种说法，说明调查班级的教师在讲解题目时，注重知识的横向联系和比对。分别有 102 人（6.9%）和 139 人（9.3%）“很不同意”和“不同意”这种说法，这部分学生感觉教师在讲解题目时，为了讲题而讲题，没有很好地给予比对。对这种说法“不确定”的有 263 人（17.7%），这部分学生对教师的处理方法不太重视。

原因探究： 在对选取“很同意”和“同意”这种说法的学生进行抽样主题访谈时发现，他们认为教师在讲解题目时总是用提问、启发等方式引起学生对同类题型的解法和思路进行归类分析，以形成这类题目的解题方法。教师的这种讲题方法有助于学生对知识的理解和掌握，会大大减少负迁移的发生。

对选取“很不同意”和“不同意”这种说法的学生同样进行了抽样主题访谈，这部分学生主要分为两部分，一部分上课不注意听讲，对教师的教授方法不太清楚，感觉教师没拓展；一部分的确是由于任课化学教师经验所限制，不能很好地做到对同类题目的比对和分析，从某种意义上增加了学生的负担，增加了学生负迁移发生的概率。

在对选取“不确定”的学生访谈时发现，他们选取“不确定”的原因是在教师讲解题目时，一是没能认真听讲，所以选择“不确定”；二是对教师所讲的知识不太熟悉，不知道教师有没有拓展，有没有比对。

第 26 题：“教师经常强调化学规律，如量变到质变规律、电荷守恒规律等。”

结果统计：分别有 291 人（19.6%）和 267 人（17.9%）“很同意”和“同意”这种说法。分别有 180 人（12.1%）和 562 人（37.7%）“很不同意”和“不同意”这种说法。“不确定”的有 189 人（12.7%）。

原因探究：从结果可以看出，教师在讲解化学问题的时候，有将近一半的学生认为教师对化学规律的强调不够，这样的教学不利于学生对化学规律的学习和掌握，不利于化学学习正迁移的发生。

第 28 题：“教师在讲解例题时能做到生动、直观。”

结果统计：分别有 218 人（14.8%）和 300 人（20.1%）“很同意”和“同意”这种说法，说明调查班级的化学教师在讲解问题时比较生动直观。分别有 398 人（26.7%）和 367 人（24.6%）“很不同意”和“不同意”这种说法，这部分学生感觉教师在讲解问题时方法比较单一。对这种说法“不确定”的有 206 人（13.8%）。

原因探究：统计发现，选取“很同意”和“同意”这种说法的学生主要集中在相同的班级，选取“很不同意”和“不同意”这种说法的学生也主要集中在一起。这说明调查学校的教师在问题讲解时的差异也导致了教学效果上的差异，从而也导致了负迁移的发生。

在对选取“不确定”的学生访谈时发现，他们选取“不确定”的原因是在教师讲解例题时没能认真听讲，所以选择“不确定”。

第 29 题：“教师在讲课时能及时从学生身上得到反馈信息，调整自己的教学。”

结果统计：分别有 189 人（12.7%）和 276 人（18.5%）“很同意”和“同意”这种说法。分别有 221 人（14.8%）和 312 人（21.0%）“很不同意”和“不同意”这种说法。对这种说法“不确定”的有 491 人（33.0%）。

原因探究：本道题目的目的是想调查教师课堂教学的把控能力。对选取“很同意”和“同意”这种说法的学生进行了抽样主题访谈，他们认为教师在上课时能够调控好讲课的节奏，能够“察言观色”及时调整上课内容和进度。

对选取“很不同意”和“不同意”这种说法的学生进行了抽样主题访谈，这部分学生认为教师上课时就是为了完成教学任务，不管大家听没听懂，就接着往下讲，导致一部分学生跟不上讲课的节奏，从而掉队。

在对选取“不确定”的学生访谈时发现，他们听课时感觉不到教师的调整情况，感觉教师就是按部就班地完成每节课的教学。

第 31 题：“化学教材内容的安排影响我对化学的学习。”

结果统计：分别有 109 人（7.3%）和 118 人（7.9%）“很同意”和“同意”这种说法，看来教材的内容呈现顺序对这部分学生影响较大。分别有 216 人（14.5%）和 332 人（22.3%）“很不同意”和“不同意”这种说法，教材的内容呈现顺序对这部分学生的化学学习影响不大。对这种说法“不确定”的有 714 人（48.0%），占了将近一半，这些学生对内容的安排是否影响化学的学习不太确定。

原因探究：教材的呈现顺序是经过很多学科专家和教育方面的专家在充分考虑了学科知识的递进式学习顺序、学段学生的年龄特点、接受能力等的基础上编织出来的，具有一定的科学性和权威性。譬如，“物质的量”这一章如果放在必修 1 教材的第一章，由于该概念比较抽象，学生一上来就接触这个抽象的概念，势必增加对化学学习难度的错误认识，影响以后的化学学习。

第 32 题：“教师对化学内容的安排与教材顺序的编排一致。”

结果统计：分别有 537 人（36.1%）和 498 人（33.4%）“很同意”和“同意”这种说法，说明教师基本上还是按照教材的顺序来上课的。分别有 123 人（8.3%）和 116 人（7.8%）“很不同意”和“不同意”这种说法，这部分学生认为教师改变了教授的顺序。对这种说法“不确定”的有 215 人（14.4%），这部分学生要么在化学课堂上没认真听课，要么对教材不太理解。

原因探究：从调查结果可以看出化学教材的内容结构安排顺序对学生化学学科知识学习的学习有直接的影响，学生可以明显地感觉到这种顺序不适的影响。也正是因这种影响的存在，所以将近一半的化学教师在教学过程中会对教学内容进行调适，遵循有利于学生化学知识掌握的顺序来组织教学。同时，也可以看出，有一部分学生和教师还没有意识到知识的讲授顺序对知识学习迁移的影响。

第 33 题：“有些知识点，教师重复多次，我还会错。”

结果统计：分别有 547 人（36.7％）和 412 人（27.7％）“很同意”和“同意”这种说法，说明一半以上的学生有类似的经历。分别有 137 人（9.2％）和 319 人（21.4％）“很不同意”和“不同意”这种说法，基本上能够把握化学的学习方法，能够较好地学习好、掌握好相应的知识点。对这种说法“不确定”的有 74 人（5.0％）。

原因探究：对选取“很同意”和“同意”这种说法的学生进行了抽样主题访谈，他们认为化学有些知识点容易混淆，做题错了又错，譬如对“电解质”概念的理解，经常把氯化钠溶液判断为电解质。究其原因是对相关知识点理解不够全面，在理解“电解质”的概念时没能把握“化合物”这一核心限定范围。

对选取“很不同意”和“不同意”这种说法的学生进行了抽样主题访谈，这部分学生化学做题思路明晰，知识点掌握比较牢靠，不容易产生负迁移。

在对选取“不确定”的学生访谈时发现，他们选取“不确定”的原因是有时会出现类似的问题，有时候可以避免，究其原因还是知识点掌握不够牢固，比较容易产生负迁移。

4. 其他因素导致负迁移产生的统计与分析

表 2-21 化学学习其他因素导致负迁移产生的调查统计

题号	选项									
	很不同意		不同意		不确定		同意		很同意	
	人数	占比	人数	占比	人数	占比	人数	占比	人数	占比
1	452	30.3％	474	31.8％	342	23.0％	132	0.9％	89	6.0％
30	254	17.1％	264	17.7％	475	31.9％	289	19.4％	207	13.9％
35	256	17.2％	271	18.2％	457	30.7％	216	14.5％	289	19.4％

第 1 题：“我了解迁移理论的相关规律。”

第 1 题主要是想调查学生是否理解迁移规律，从调查结果看有 60％多的学生反映对迁移规律不太了解，加上不确定的 23.0％，充分暴露出当前教师对迁移规律教学的忽视，这样的状况不利于学生对迁移规律的掌握，不利于正迁移的发生。

第 30 题：“教师重视迁移规律的运用，讲解不同内容时，会创设不同的情景。”

第 30 题主要想调查教师对迁移规律的运用情况，从调查结果来看，“同意”和“不同意”的学生基本持平，可以看出当前教学中教师对迁移规律的使用还重视不够，这也是当前学生化学学习产生负迁移的主要原因之一，有待改进。

第 35 题：“化学知识点需要记忆的多，做题时需要细心，在学习方面女生更有优势。”

第 35 题设计的目的主要是考查性别在负迁移产生过程中是不是一个影响因素。从调查结果来看，“同意”和“不同意”的学生基本持平，“不确定”的占了 30.7%，这说明性别对负迁移的产生关联性不是太大。

5. 绩优生和学困生的学习负迁移差异

为了了解绩优生和学困生在化学学习方面的差异，我们在问卷两个人信息部分设置了化学学习成绩状况的调查，调查结束后，对回收的 1 489 份问卷进行数据分析，求出绩优生和学困生在“知识与技能”“过程与方法”“情感、态度与价值观”三个维度的均值和方差，然后用 SPSS 18.0 软件对相关数据进行方差齐性检验，最后进行单维度方差分析。

结果统计：统计结果见表 2-22。

表 2-22　化学学科绩优生和学困生三维度方差比较分析

项目	知识与技能	过程与方法	情感、态度与价值观
F	45.872	4.087	10.426
p	0.000	0.049	0.001
结果	$p<0.05$	$p<0.05$	$p<0.05$

由表 2-22 可以看出，绩优生和学困生三个维度的分数平均值存在显著性差异。可以看出他们在“知识与技能”“过程与方法”“情感、态度与价值观”三个维度存在着显著性的差异（p 值均小于 0.05），为了更直观地看出绩优生和学困生在三个影响因素方面的平均评价值，我们依据二者在调查问卷中评价的平均值，绘制了图 2-3。

由图 2-3 显示的学生平均评价值，可以看到绩优生和学困生三类平均评价值的差异性范围从大到小为：知识与技能>过程与方法>情感、态度与价值观，与表 2-22 得出的结果是吻合的。

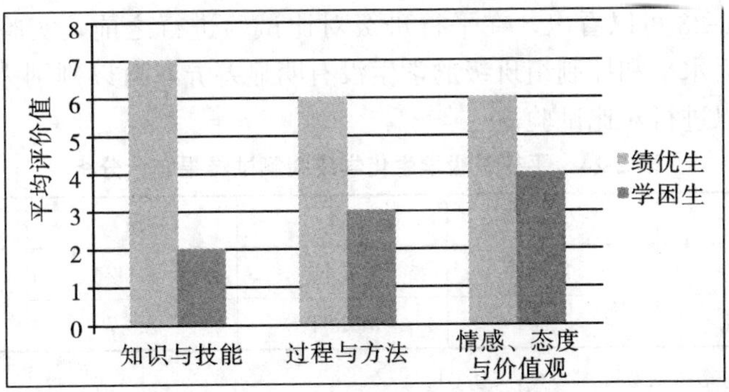

图 2-3　绩优生和学困生平均评价值比较

原因探究：绩优生在三个维度上的评价值高于学困生，主要原因是：绩优生对化学科学的学习兴趣比学困生高，进而他们可以做到在进行化学学科测试时心情轻松，前面问题的解答不会影响对后面问题的思考。另外，绩优生比较重视“知识与技能”的学习，注重“过程与方法”的训练，具备良好的元认知能力。相反，学困生则对化学学习不太感兴趣，更不重视“从理解到应用”的训练，不注重教师的启发式教学，不会在解决问题后进行反思，他们的元认知结构存在缺陷。

（二）平行班级试验结果的统计与分析

1. 试验前平行班级学生的智力、化学学科成绩及化学学习迁移能力测试结果统计分析

在平行班级比对试验开始以前，为了确保具备可比条件，我们利用测试工具对所有参与试验的班级学生的智力、化学学科成绩和化学学习迁移能力进行了相同环境下的检测。测试中，我们把化学成绩的测试和化学学科学习迁移能力的测试题编在同一份试卷上，总分设定为 100 分，其中学科迁移能力试题占 35 分，化学学科试题占 65 分。试卷设置的迁移题难度系数在测试后分析为 0.68，难度比较适度，测试时间为 100 分钟，测验结果见表 2-23、表 2-24 和表 2-25。

表 2-23　平行班级学生智力测验结果统计分析

组别	学生人数	M	SD	T
实验组	249	120.19	6.34	1.641
控制组	284	119.07	6.53	

注：* 为 $p<0.05$，** 为 $p<0.01$。

由表 2-23 可以看出，在平行班级对比试验进行之前，实验组班级学生整体智力水平和控制组班级的学生没有明显差异，可以判别为处于同一水平，可以进行对比试验。

表 2-24　平行班级学生化学成绩测试结果统计分析

组别	学生人数	M	SD	T
实验组	249	79.13	8.32	2.204
控制组	284	80.01	8.57	

注：* 为 $p<0.05$，** 为 $p<0.01$。

由表 2-24 可以看出，在平行班级对比试验进行之前，实验组班级学生整体化学学科知识水平和控制组的学生没有明显差异，可以判别为两组学生处于同一水平，可以进行对比试验。

表 2-25　平行班级学生化学学习迁移能力测试结果统计分析

组别	学生人数	M	SD	T
实验组	249	28.51	7.46	0.286
控制组	284	28.39	7.06	

注：* 为 $p<0.05$，** 为 $p<0.01$。

由表 2-25 可以看出，在平行班级对比试验进行之前，实验组班级学生整体化学学习迁移能力和控制组的学生没有明显差异，可以判别为两组学生处于同一水平，可以进行对比试验。

2. 试验后平行班级学生化学成绩的结果统计

在平行班级对比试验训练结束后，对两个组别被试学生的化学学科成绩及化学学习迁移能力进行了后测，结果用统计软件分析如表 2-26 和表 2-27 所示。

表 2-26　平行班级对比试验训练后学生化学学科成绩结果统计分析

组别	学生人数	M	SD	T
实验组	249	87.25	15.32	1.420**
控制组	284	81.43	10.43	

注：* 为 $p<0.05$，** 为 $p<0.01$。

由表 2-26 可以看出，试验结束后，实验组学生化学学科的测试成绩整体有所提高，平均分高出 5.82 分。

表 2-27　平行班级对比试验训练后学生化学学习迁移能力结果统计分析

组别	学生人数	M	SD	T
实验组	249	37.62	17.63	2.368**
控制组	284	29.01	12.56	

注：* 为 $p<0.05$，** 为 $p<0.01$。

由表 2-27 可以看出，试验结束后，实验组学生化学学科迁移能力整体有所提高，平均分高出 8.61 分。

为了更为直观地反映试验前后平行试验班级学生在化学学科成绩和化学学习迁移能力上的提高幅度，我们绘制了表 2-28、图 2-4。

表 2-28　平行班级对比试验训练后学生在化学学科成绩和化学学习迁移能力上的提高幅度

组别	化学学科成绩		化学学习迁移能力	
	前测	后测	前测	后测
实验组	79.13	87.25	28.51	37.62
控制组	80.01	81.43	28.39	29.01

其具体提高幅度的柱形图如图 2-4。

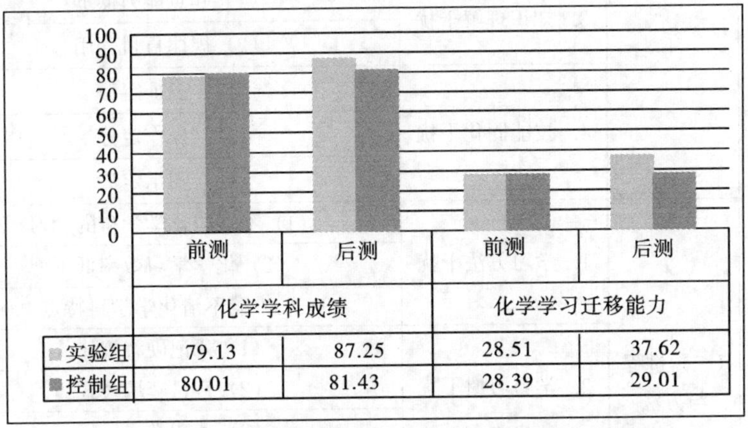

图 2-4　平行班级对比试验训练后学生在化学学科成绩和化学学习迁移能力上的提高幅度

由以上试验结果可以看出，实验组班级在教学过程中有意识地按照既定的化学教学策略进行化学迁移能力的培养训练是有效的，实验组学生的化学学习迁移能力和化学学科平均成绩和控制组相比均有提高，并且存在显著的差异，化学学科平均成绩提高的幅度也非常明显。试验充分说明进行化学学习迁移能力的培养是有效的、可行的，为以后教师对学生进行迁移能力的培养提供了例证和思路。

（三）化学学习负迁移产生原因统计

通过以上调查、访谈和试验的结果可以看出：中学生化学学习负迁移产生的原因主要有以下几个方面（见表 2-29）。

表 2-29　化学学习负迁移产生的原因

层面	维度	原因	表现
学生层面	（一）知识与技能	1. 迷思概念所致	（1）生活经验影响
			（2）错误概念惯性
			（3）相近概念干扰
		2. 元认知缺失	（1）认知策略空缺
			（2）知识建构偏差
			（3）认知监控缺失
		3. 知识理解干扰	（1）起点能力低下
			（2）规律盲目套用
		4. 技能固化干扰	（1）表征定势
			（2）操作定势
			（3）图示定势
	（二）过程与方法	1. 学习方法干扰	（1）不适应化学学科的学习
			（2）化学学习效率低下
			（3）搞不清化学学科特点
		2. 学习习惯干扰	（1）死记硬背规律
			（2）盲目套用公式
			（3）不能举一反三
		3. 思维定势干扰	（1）理解定势
			（2）类比定势
			（3）直觉定势

续表

层面	维度	原因	表现
学生层面	（三）情感、态度与价值观	1. 心流体验缺失	（1）体验不到学习化学的乐趣
			（2）不能轻松面对考试
		2. 功利主义明显	（1）存在速成学习的心态
			（2）学习不求甚解
教师层面	（一）知识与技能	1. 迁移知识匮乏	（1）教学停留在简单认知水平
			（2）缺乏反例教学
		2. 教学技能欠缺	（1）肤浅教学
			（2）过度教学
	（二）过程与方法	1. 传授知识死板	（1）学习需求分析缺失
			（2）单向知识传授
		2. 狭隘训练方式	（1）不注重训练的质量
			（2）思维训练形式单一
			（3）缺乏及时反馈和纠正
	（三）情感、态度与价值观	1. 感情淡漠	（1）不愿和学生接近
			（2）不去和学生交朋友
		2. 态度不积极	（1）讲课没有激情
			（2）不注重情境的创设
		3. 价值观教育缺失	（1）只教书不育人
			（2）不注重学生价值观方面的培养
教材层面	（一）教材编排体系	1. 知识逻辑顺序不当	（1）前后知识不连贯
			（2）前后知识重复
			（3）不符合由易到难的原则
		2. 违背学生认知顺序	（1）知识先后关系混乱
			（2）新知识没铺垫
		3. 违背学生心理发展顺序	（1）连续性和阶段性缺失
			（2）定向性与兴趣性缺失
			（3）没有顾忌学生的差异性

续表

层面	维度	原因	表现
教材层面	（二）教材内容单调	1. 教材内容形式单一	（1）插图较少
			（2）拓展材料缺失
		2. 教材习题思维变式缺失	（1）习题类型单一
			（2）考查内容缺乏变式
	（三）化学教学内容	1. 缺乏对教材的二次开发	（1）照本宣科
			（2）严格教授教材内容
		2. 缺乏对教材内容的重构	（1）不敢删减教材内容
			（2）严格按照教材顺序来呈现教学内容

第三章　化学理论性知识学习负迁移研究

化学理论性知识是指反映物质及其变化的本质属性和内在规律的化学基本概念和基本原理①。在化学理论性知识中，化学基本概念是基本理论学习的前提和基础，而化学基本原理是对化学基本概念的进一步延伸与发展，二者相辅相成，逐步推进，共同构成了化学的理论性知识。

中学化学中的基本概念大致可以分为五大类：物质的组成、物质的结构、物质的性质、物质的变化和化学量等②。中学化学中的基本原理主要包括六大类：物质结构理论、元素周期律、电解质电离理论、化学定律、化学反应速率和化学平衡等。

一、化学理论性知识的特点

化学理论性知识在中学化学教材中占据大量的篇幅，调查发现，许多学生在学习化学理论性知识时，采用的学习方法像记忆英语单词那样只是靠死记硬背一些概念和原理的定义，虽然把定义记忆得很牢固，但是做起这方面的题目来还是屡屡出错，对这些化学基本原理和化学基本概念的运用驾驭能力欠缺。很多学生在访谈中反映化学理论性知识比较抽象、难懂，没有具体的元素化合物知识等好学，究其原因主要还是没有把握住化学理论性知识的特点，没有形成有针对性的高效的化学学习方法，从而为化学学习负迁移的发生创造了条件。

化学理论性知识是中学化学内容的精髓，它体现了化学学科的基本观念和特点，在中学化学内容中起着统领全局的作用，其具体有以下几个特点：

---

① 刘知新. 化学教学论［M］. 4版. 北京：高等教育出版社，2009：251.

② 杨承印. 化学课程与教学论［M］. 西安：陕西师范大学出版社，2010：234.

（一）高度的概括性

中学化学的理论性知识是对长期以来人类对化学学科研究的具体物质及其变化的本质和规律的反映，它具有高度的概括性。学生对化学理论性知识的掌握情况将直接影响他们对化学实验事实和现象的观察和理解①。

1. 化学基本概念

化学基本概念是中学化学知识的重要组成部分，它是有关物质的组成、结构、性质、变化的本质属性及其相关规律在学习者头脑中的能动反映，是反映物质在化学运动中的固有属性的一种思维形式②。化学基本概念反映了物质在化学变化中的本质属性，是整个中学化学学科知识的基础。学习者只有认真掌握了化学基本概念，并且建立起以化学基本概念为节点的认知结构网络，才能真正了解、认识和掌握化学学科的本质。

中学化学基本概念内容繁多，包含不同的类型，可以从不同的角度对中学化学基本概念进行分类梳理和概括（见表 3-1）。

表 3-1　中学化学基本概念分类表

分类角度	化学基本概念类型	举　例
概念的定义性特征	抽象概念	物质的量、化学平衡、化学反应速率、共价键、离子键、电子云、轨道等
	具体概念	燃烧、爆炸、酸性氧化物、同位素、同素异形体、电解质、蒸馏、升华等
逻辑学角度	从属关系概念	化学反应与化合反应、分解反应、置换反应、复分解反应；盐与正盐、酸式盐、碱式盐等
	交叉关系概念	氧化还原反应与化合反应、分解反应；化合物与电解质、非电解质等
	对立统一关系概念	氧化反应与还原反应；酸与碱；加成反应与消去反应；中和反应与盐的水解反应等
	重合关系概念	化学变化与化学反应；醋酸与乙酸；乙醇与纯酒精等
	并列关系概念	化合反应与分解反应、置换反应和复分解反应；有机反应类型中的取代反应、消去反应等

① 何少华，毕华林. 化学课程论［M］. 南宁：广西教育出版社，1996：77-78.

② 周青. 化学学习论［M］. 北京：科学出版社，2010：10-11.

续表

分类角度	化学基本概念类型	举例
新旧知识之间的关系	上位概念	化学元素是 H、Al、Fe、S 等具体元素的上位概念；氧化物是 Na_2O、H_2O 等具体氧化物的上位概念等
	下位概念	酸、碱、盐是化合物的下位概念；酸性氧化物、碱性氧化物、两性氧化物是氧化物的下位概念等
	并列结合概念	酸、碱、盐属于并列概念；酸性氧化物、碱性氧化物、两性氧化物也是属于并列概念等
化学知识	物质组成的概念	纯净物、混合物、单质、化合物等
	物质结构的概念	分子、原子、离子、化学键等
	物质性质的概念	化合价、pH、溶解度等
	化学变化的概念	离子反应、分子反应、氧化还原反应、置换反应等
	化学计量的概念	溶液中溶质质量分数、物质的量、摩尔质量等
	化学用语概念	电子式、结构式、分子式、电子排布式等

2. 化学基本原理

长期以来，人类在探索物质变化的过程中积累了很多的关于物质变化规律的知识，这些规律最后也就形成了化学反应的基本原理。这些基本原理的建立加深了人们对化学变化本质的认识。这些有关物质变化的基本原理涵盖了从宏观到微观物质性质的变化规律、化学反应过程的机理。中学阶段的化学基本原理具有高度的概括性（具体内容见表 3-2）。

表 3-2　中学化学基本原理内容表

化学基本原理	具体内容
物质的性质	物质微观的性质：原子结构、价键理论等
	物质宏观的性质：气体、液体、固体的运动规律
	物质结构理论：元素周期律等
化学反应的基本规律	质量守恒定律等
	化学反应速率
	化学反应平衡
	溶液中的电离平衡

续表

化学基本原理	具体内容
化学反应的基本规律	溶液相关理论
	化学反应与能量变化
电化学基础理论	原电池原理
	电解池原理

由于化学基本原理的高度概括性，在教学过程中教师应该让学生充分认识到化学变化所遵循的基本原理，形成系统的关于物质变化的正确观念。同时，通过对化学基本原理的学习还可以使学生了解化学反应中能量变化所遵循的规律，理解化学反应原理在工农业生产中的具体运用，了解到化学反应原理在新技术发展、新产品开发等方面的巨大作用，从而可以增强学生学习化学基本原理的热情，有助于化学学习负迁移的抑制或消除。

如果学生在学习中顺利掌握了一定的化学基本理论和化学基本概念，就可以使他们对化学其他知识的学习不只停留在表面的简单描述性的水平上，而能使学生比较深入地认识到这些化学现象的本质，从而能够预见或推断某些元素、化合物的可能具有的性质和某些物质发生化学反应的可能性和反应趋势等。同时，通过对化学理论性知识的学习，还有助于学生对化学反应事实和反应现象的发生作出合理解释，使学生对待具体的化学学科问题时，不仅知道其然，同时还知道其所以然，有利于学生化学学习质量的提高，有助于化学学习负迁移的抑制或消除。

（二）有效的思维促成性

化学理论性知识涵盖了化学学科的基本原理和基本概念，具备良好的系统性和概括性。因此，学生在化学学习中，通过对化学理论性知识的学习有助于他们思维能力的形成和发展。

1. 有助于学生思维能力的养成

化学基本理论和基本概念是在人类长期的生产劳动过程中，从丰富的事实材料中概括、抽象出来的，对化学中这些理论性知识的学习，不能像记忆英语单词那样进行机械的、简单的重复性记忆，而是要通过积极的思维活动去理解物质变化所遵循的基本规律，要通过积极的思维活动去理解化学基本概念的本质内涵。因此，学生对化学理论性知识学习和掌握的过程，就是不断思维的过程，学习化学理论性知识有助于学生思维能力的养成。只有通过积极思维所习得的化学理论性知识才是真正内化的知识，才能具体指导生产和生活，充分发挥化学理论性知识在人类社会发展中的巨大作用。

2. 有助于学生抽象思维能力的发展

化学中的基本概念和基本原理涉及了物质性质的微观层面，譬如：原子、分子、离子、质子、中子、电子等微观概念。原子结构、核外电子排布规律、轨道杂化理论等基本原理也涉及了微观物质的性质研究。在学习化学知识的过程中，学生运用这些基本概念和原理去解释现实生活中的化学现象，去解决具体的化学问题时，就会把抽象的理论性知识逐步转化为工农业生产中现实的生产力，在此过程中，学生对物质的结构、性质和变化的理解也更近了一层，深入到了物质的本质中，因此，学生的抽象思维能力得到了逐步发展和提升，有助于他们对化学具体问题的理解，有利于排除外界干扰条件，从而为化学学习负迁移的消除打下了思维方面的基础。

（三）良好的科学教育性

化学基本概念和基本理论的形成过程是科学观念的逐步形成过程，是科学方法的逐步形成过程，同时也是科学态度的逐步养成过程。化学理论性知识为学生进行科学方法的训练和情感、态度和价值观的培养提供了良好的素材和载体，对学生具有良好的科学教育性。因此，在日常教学中，教师在讲授化学基本概念和基本理论时要关注科学方法和科学态度的养成，不仅要关注学生对理论性知识的学习、对化学基本原理结论的获取和掌握，同时必须要关注学生知识习得的过程，加强对学生三维目标中“情感、态度和价值观”方面的培养。

二、化学理论性知识学习负迁移的实证研究

化学理论性知识的实证研究内容主要分为三大部分，第一部分是对当前化学理论性知识学习负迁移情况的调查。调查主要采用问卷调查和访谈两种形式，对研究学校的学生和教师进行摸底式调查。第二部分是对调研对象的针对性、阶段性化学理论性知识负迁移试题测试。第三部分是比对平行班级的试验研究，研究过程中，对选取的对比班级，我们施以不同的变量（教学方式、训练因素、学业成绩、性别因素），研究不同变量对学生化学理论性知识学习负迁移的影响情况。

为了比对不同变量对化学学习负迁移的影响，本研究把学生的化学学习负迁移度$\mathcal{L}$作为评价的一个重要的指标。为了确保研究的可比性，使对比试验班级的起点相同或相似，研究中，我们编制了负迁移试题（见附录部分）对对比班级学生的整体理论性知识负迁移度进行了测试，对负迁移度进行了统计（具体见表 3-3、表 3-4）。

表 3-3　对比班级整体化学理论性知识负迁移度测试平均成绩（前测）

试验分组	班级	平均成绩（百分制）	平均错误率	平均负迁移度
实验组	高一（3）班（本部）	79	0.233 0	0.348 6
	高一（5）班（本部）	80	0.211 4	0.368 2
	高一（7）班（本部）	77	0.244 3	0.287 5
	高一（8）班（本部）	77	0.231 0	0.301 1
控制组	高一（2）班（新校区）	76	0.254 1	0.290 4
	高一（4）班（新校区）	79	0.244 1	0.336 5
	高一（11）班（新校区）	80	0.226 5	0.287 9
	高一（13）班（新校区）	78	0.220 3	0.290 8

从表 3-3 可以看出，试验前，8 个平行班级的整体化学理论性知识水平相当，平均负迁移度相近，可以进行对比试验。

表 3-4　化学理论性知识测试题平均负迁移度统计

题目	平均错误率	平均负迁移度
L1	0.251 4	0.328 4
L2	0.263 4	0.332 3
L3	0.214 3	0.268 9
L4	0.221 0	0.301 2
L5	0.384 3	0.401 3
L6	0.353 2	0.365 9
L7	0.324 5	0.312 9
L8	0.240 3	0.286 5
L9	0.321 8	0.342 0
L10	0.252 2	0.290 8

续表

题目	平均错误率	平均负迁移度
L11	0.340 1	0.354 8
L12	0.323 2	0.326 4
L13	0.370 4	0.403 0
L14	0.202 3	0.296 0
L15	0.200 9	0.287 6
L16	0.224 4	0.322 1
L17	0.231 2	0.256 5
L18	0.250 9	0.304 2
L19	0.264 5	0.330 9
L20	0.256 5	0.320 4

【样例分析】

研究过程中，我们在对化学理论性知识测试、分析的基础上对学生的负迁移情况通过出声思维等方式进行了调查，下面以L5为例，对其分析、研究过程给予再现。

L5. pH=3的酸溶液稀释10倍后，溶液的pH（　　）。

A. = 4　　B. ≥4　　C. ≤4　　D. 无法判断

结果分析：本题的题干比较简单，考查的是溶液pH的计算，解题关键在于对“酸溶液”的理解。题目看起来很简单，但测试结果显示负迁移度达到了0.401 3。为了探寻出错的原因，我们对出错的学生使用了出声思维法进行了研究。

出声思维：

学生1：这个题目原来做过，就是一个简单的计算型题目，设整个溶液的体积为1 L，那么H^+的物质的量为0.001 mol，当溶液体积稀释10倍后，变为10 L，那么$c(H^+)$=0.000 1 mol·L^{-1}，则pH=4，答案为A。

学生2：题目没说是什么酸，那么就按盐酸来计算吧，盐酸最常见。由题意可以看出盐酸的浓度为10^{-3} mol·L^{-1}，当稀释10倍后，盐酸的浓度应该变为原来的十分之一，应该是10^{-4} mol·L^{-1}，按照pH的计算公式，此时的pH应该是4，所以选择A答案，应该没问题。

学生3：这个题目是想考查酸的pH的计算，但是题目只给说了个酸，酸的种类很多呀，到底是一元酸盐酸还是二元酸硫酸？酸的元数不同，H^+的个数就不同，硫酸氢离子个数是盐酸的两倍，既然题目没给说几元酸，那么就不能确定吧，刚好有个“无法判断”的选项，看来，我的分析是对的，就选择答案D，没错。

通过上面学生的解答可以看出，看完题目后学生马上就在记忆中搜寻是不是做过这道题目，寻找原型。一提到酸，学生的第一反应就是盐酸和硫酸，因为这两种酸是他们最先接触到的酸，并且经常见，在大脑中根深蒂固，因而导致了负迁移的发生。学生3也做了深层考虑，考虑到了酸的元数，但是无论是几元酸，现在题目给出的是氢离子的浓度，问题也是让求解氢离子的浓度，所以这个同学的这种思路也是错误的。本题的正确答案应该是C选项，学生分析的时候应该考虑酸有强酸、弱酸之分，如果是强酸，pH就等于4；如果是弱酸，随着溶液的稀释，电离程度增大，pH应该小于4。

在试验研究过程中，我们设计了不同的变量，具体的变量分析见表3-5。

表3-5　化学理论性知识负迁移实证研究变量分析

变　量	内　容
自变量	本研究的自变量为平行班级分组：实验组（3、5、7、8）和控制组（2、4、11、13）。实验组在教学中有意识根据学生迁移能力培养的有关策略实施教学。控制组依照常规进行正常教学，教学的进度及课本与实验组均相同。
因变量	本研究的因变量为学生对化学理论性知识的迁移能力，以化学负迁移度降低的幅度为指标。
控制变量	本研究的控制变量包括学生性别、迁移能力和化学教师水平等因素。学生性别方面力求两个组的学生男女生比例相当；学生迁移能力方面两个组的学生成绩在试验前基本相当；化学教师水平方面两个组任课教师的工龄、职称、教学水平、健康状况等基本相当；两个组教学进度和教学深度完全相同，学生作业量相当。

研究过程中，我们对实验组学生实行单盲控制。研究过程中，实验组的学生不知道本班正在进行相关的试验研究。同时，我们对控制组教师和学生进行双盲控制。控制组的教师和学生都不知道本班正在进行教学对照试验，其中实验组在学校本部（老校区），控制组在学校新校区，这样可

以有效防止或减少教师和学生之间不必要的交流，以增强研究结果的可信度和效度。

（一）教学方式

化学教学过程是一种特殊的认知过程，其运动、发展和变化都遵循一定的规律。化学教育工作者认识并能够灵活驾驭教学规律，并且依据规律进行有效的化学教学设计，然后组织和管理化学教学活动，是提高化学学科教学质量的根本保证①。实践证明，教师在化学理论性知识的教学中不同教学方式的选择，对化学学习负迁移的产生有着直接的影响。研究中，我们针对化学理论性知识主要从化学教材的呈现方式、化学教学策略、化学教学方法三个维度对中学化学教学活动中教师在化学理论性知识教学过程中的教学方式进行了实证研究和分析。

1. 教材呈现方式

中学化学教材是化学课程的具体化，是将化学课程基本理念和化学课程内容体系按照一定的逻辑关系和一定的呈现方式加以展开和具体化、系统化的教学材料②。教材的定义是广泛的，中学化学教材有多种形式，它是成套化的系列，不局限于教科书，为了研究教材呈现方式对化学理论性知识学习负迁移的影响，本研究采用化学教材的狭义概念，后面所说的化学教材主要是指化学教科书。

中学课堂教材呈现的方式主要有三种：教师讲述教材、教师表演教材和师生互动生成教材（其具体内容见表 3-6）③。

表 3-6　中学课堂化学理论性知识教材呈现的方式

呈现方式	内　容
教师讲述教材	该呈现方式是我国传统课堂上教师呈现教材的主要方式。其主要表现是教师讲述教材，学生听、记教材内容，师生关系属于单向的传授关系。

① 王后雄. 新理念化学教学论［M］. 北京：北京大学出版社，2011：24.

② 郑长龙. 初中化学新课程教学法［M］. 长春：东北师范大学出版社，2004：21.

③ 于世华. 浅析教师呈现教材的三种方式［J］. 教学与管理，2004（8）：72-73.

续表

呈现方式	内　容
教师表演教材	该呈现方式主要是教师通过备课，将生活经验与教材的具体内容相结合。该种呈现方法中，知识已被赋予了一定的感情色彩，具有较强的课堂感染力，师生关系也属于单向的传授关系。
师生互动生成教材	该呈现方式是通过师生的多方面互动，把教材的内容以动态的形式生成。该方式的呈现中，教材中的知识不再是以独立于学生之外的面貌出现，而是在师生相互交流之下动态生成的。该方式中，师生的关系属于平等的互动关系。

研究过程中，为了探明教师对教材不同的呈现方式对化学学习负迁移的影响，我们帮助实验组的教师在安排理论性知识的讲解时尽可能地使用第三种模式，控制组的教师不予干涉，他们根据自己的特点按照自身的上课习惯进行。表 3-7、3-8 呈现了控制组教师和实验组教师对相同理论性知识采取的不同处理形式（图 3-1 为教材原貌呈现①）。

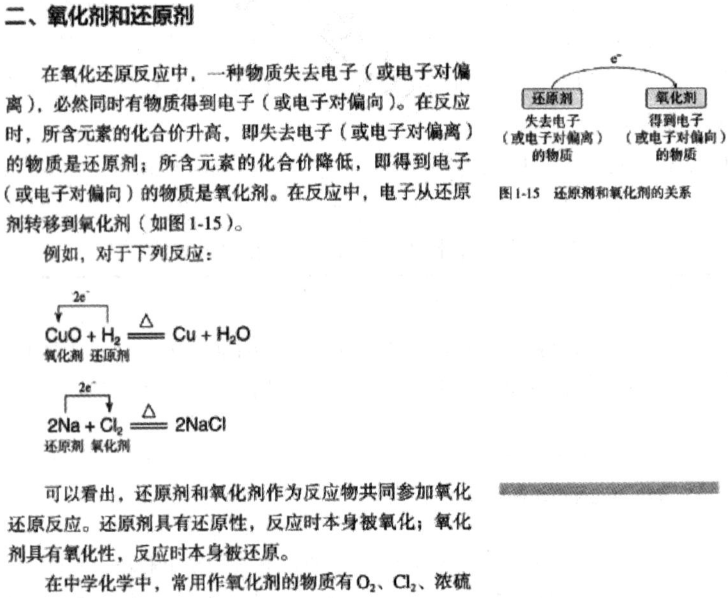

二、氧化剂和还原剂

在氧化还原反应中，一种物质失去电子（或电子对偏离），必然同时有物质得到电子（或电子对偏向）。在反应时，所含元素的化合价升高，即失去电子（或电子对偏离）的物质是还原剂；所含元素的化合价降低，即得到电子（或电子对偏向）的物质是氧化剂。在反应中，电子从还原剂转移到氧化剂（如图1-15）。

图1-15　还原剂和氧化剂的关系

例如，对于下列反应：

$$\underset{\text{氧化剂}}{CuO} + \underset{\text{还原剂}}{H_2} \xlongequal{\triangle} Cu + H_2O \quad (2e^-)$$

$$\underset{\text{还原剂}}{2Na} + \underset{\text{氧化剂}}{Cl_2} \xlongequal{\triangle} 2NaCl \quad (2e^-)$$

可以看出，还原剂和氧化剂作为反应物共同参加氧化还原反应。还原剂具有还原性，反应时本身被氧化；氧化剂具有氧化性，反应时本身被还原。

在中学化学中，常用作氧化剂的物质有 O_2、Cl_2、浓硫

图 3-1　化学概念“氧化剂和还原剂”教材原貌

① 课程教材研究所. 高中化学必修 1［M］. 北京：人民教育出版社，2012：37.

表 3-7 控制组教师对化学概念“氧化剂和还原剂”教材呈现（课堂实录）

教学环节	教师活动	学生活动
课堂引入	【引入】 我们在初中学习过了氧化剂和还原剂的概念和相关知识，在高中阶段，我们将进一步深入研究。 【提问】 氧化剂和还原剂的概念是什么？	学生共同思考回答： 氧化剂就是在反应中得到氧的物质，还原剂就是失去氧的物质。
授课过程	【学生演板】 写出氢气和氧化铜的反应，并标出其对应的化合价的变化。 【解说】 从化合价的变化可以看出，在反应中氧化剂 CuO 中的 Cu 的化合价由 +2 降到了 0，化合价降低原因是得到了 2 个电子；H_2 中 H 的化合价由 0 升到了 +1，化合价升高失去了电子。 【布置练习】	学生写出化学反应方程式： 化合价 +2 0 0 +1 $CuO + H_2 = Cu + H_2O$ 学生听讲，做笔记 学生做复习资料中的同步练习题
总结	氧化剂：化合价降低，得电子 还原剂：化合价升高，失电子	学生做笔记

表 3-8 实验组教师化学概念“氧化剂和还原剂”教材呈现（课堂实录）

教学环节	教师活动	学生活动
课堂引入	【引入】英语中有一句俗语“one apple a day, keep the doctor away.”我请一位同学来说说这句话的含义。 【讲解】可见苹果中含有很多对人体健康有益的成分，请同学们结合自己已学过的知识，从化学的角度谈一谈苹果中都含有哪些对人体有益的物质？ 【提问】在生活中，我们还有一个	思考、回答，学生 1：一天一苹果，医生远离我。 思考，多位学生回答：维生素 C、水、糖类、无机矿物质、亚铁离子等。 思考、回答，学生 2：可能会发生氧

续表

教学环节	教师活动	学生活动
课堂引入	常识，瓜果蔬菜应该吃新鲜的，请同学们预测一下在长期放置的过程中，果蔬中的这些营养成分可能发生哪些变化呢？	化还原反应。例如苹果中的二价铁离子具有还原性，它在空气中与氧气发生氧化还原反应，被氧化为三价铁离子。学生 3：还会失水，维生素 C 可能会减少。
实验方法准备	【演示实验】很好，那老师就用实验来验证一下学生 2 的想法。分别在新鲜和久置的果蔬汁中滴加硫氰化钾溶液，请学生们观察溶液颜色的变化。（实验前给出信息：硫氰化钾溶液遇到 Fe^{3+} 变为血红色，遇到 Fe^{2+} 不变色。） 【演示实验】我们经常听电视里说维生素 C 可以延缓衰老，是什么原理呢？请看老师下面的实验。在变红了的果蔬汁溶液中加入维生素 C 粉末，请学生们观察溶液颜色的变化。 【引导提问】在刚才的实验过程中哪些物质具有氧化性，充当氧化剂；哪些物质具有还原性，充当还原剂？	观察：发现久置的果蔬汁滴加硫氰化钾溶液之后溶液变红。 分析：证明其中的二价铁离子确实在氧气和水的作用下转化为了三价铁离子，学生的预测是正确的。 观察到刚才变红了的果蔬汁加入维生素 C 之后，其溶液的颜色又变了回去。 思考，进行小组讨论，回答，学生 4：在氧气将二价铁转化为三价铁的过程中，O_2 是氧化剂，Fe^{2+} 是还原剂；在维生素 C 与 Fe^{3+} 的反应中，Fe^{3+} 是氧化剂，维生素 C 是还原剂。
实验物质准备	【板书】在黑板上将亚铁离子和维生素 C 归为还原剂一类；将三价铁离子和氧气归为氧化剂一类。 【提问】请同学们结合所学的知识和生活中的现象，想一想还有哪些物质具有氧化性，哪些物质具有还原性？尽可能多地列举出来，并说明你的理论依据。 【板书】板书总结，将学生提到的具有氧化性和还原性的物质分类写在黑板上。	思考和小组讨论、回答 学生 5：Cl_2 具有氧化性，可以作氧化剂。其理论依据有：第一，从化学反应的角度来说，Cl_2 能与还原剂金属钠反应生成氯化钠，说明 Cl_2 具有氧化性。第二，从化合价的角度来说，氯原子从 0 价降低到 −1 价，所以具有氧化性。第三，从原子结构的角度来说，氯原子的最外层电子数为 7，很容易得到 1 个电子达到 8 电子的稳定结构，所以 Cl_2 具有氧化性。

续表

教学环节	教师活动	学生活动
		学生 6：金属具有还原性，可以作还原剂。在置换反应中一些金属阳离子和酸中的 H^+ 作氧化剂，体现氧化性。 学生 7：一些分解反应，如 $KMnO_4$、$KClO_3$、H_2O_2 分解制 O_2，说明它们具有氧化性，可作氧化剂。 学生 8：还可以从化合价上判断，有些物质中含有高价态元素，例如高锰酸钾中的锰元素其化合价为＋7 价，氯酸钾中的氯元素其化合价为＋5 价，都有降低的趋势，所以具有氧化性。 学生 9：硫具有多种价态，硫酸中的硫元素为＋6 价，应该具有氧化性。初中老师提过浓硫酸和硝酸具有氧化性。 学生 10：一些非金属单质据有还原性，例如氢气、碳等。初中学过氢气还原氧化铜、碳还原氧化铜。 学生 11：还有一些非金属化合物也具有还原性，例如初中学过的一氧化碳，它也能在高温下还原氧化铜，工业炼铁也是用它还原三氧化二铁的。
实验探究的方案设计与活动开展	【布置任务】我们可以从化合价、原子结构、已知的化学性质和反应三个维度来考虑物质可能具有的氧化还原性。下面进行今天的实验探究活动，验证托盘里的物质哪些具有氧化性，哪些具有还原性？在进行实验之前，请同学们两人一组，讨论实验设计思路和实验探究方案。	各小组讨论、汇报实验设计思路： 学生 12：先生进行假设，预测出托盘中的物质哪些具有氧化性，哪些具有还原性，对物质进行分类。再从中选出一种具有氧化性的物质和一种具有还原性的物质进行反应，看看它们的反应结果怎样，能不能进行反应。从而验证这两种物质是否具有氧化性和还原性。 讨论，汇报具体实验方案：

续表

教学环节	教师活动	学生活动
实验探究的方案设计与活动开展	【引导提问】刚才同学说的思路非常好，请同学们再思考一下具体的实验方案，怎样才能在较短的时间内完成更多的性质实验。 【实验要求】两人为一组，在点滴板中进行实验。只有用到铜片的实验在带胶塞的小试管中进行。注意：实验之前，先对实验结果进行预测。	学生 13：先对盘中物质进行分类，我们预测其中的氯水、高锰酸钾、三氯化铁溶液是氧化剂；而铜片、氯化亚铁、碘化钾是还原剂。在进行实验操作时先确定一种还原剂，让它与所有的氧化剂进行反应，观察现象，得出结论。再选出另一种还原剂，让它再与所有的氧化剂进行反应，这样依此类推，既不会落下任何一个实验，又能提高实验速度。 学生实验，教师巡视，有的组实验非常有序，有的组没有优化试剂滴加的顺序，速度较慢。
实验探究的总结与反思	【组织汇报】下面我请几个小组来汇报一下实验情况。 【板书】老师对每一组同学汇报的结果进行板书，并进行分类。通过学生间的相互补充，归类总结出以下实验方案。碘化钾与高锰酸钾、氯水的反应；硫酸亚铁与高锰酸钾、氯水的反应；铜与硝酸的反应。 【引导提问】除了以上的实验方案，同学们还有没有设计出其他的方案？ 【点评】可见氧化还原反应的发生与反应物的浓度有一定的关系。 【展示】在浓 $FeCl_3$ 溶液中插入铜丝（放置约半小时），请同学们仔细观察试管中溶液的变化，说说发生了怎样的反应。	各小组派代表汇报。 学生 8：①$KMnO_4$ 与 KI 反应，现象是溶液由紫红色变为黄色，滴加淀粉溶液后变蓝。结论是有 I_2 生成，说明 KI 是还原剂，$KMnO_4$ 是氧化剂。②氯水与 KI 反应，现象是滴加淀粉溶液后变蓝。结论是有 I_2 生成，说明 KI 是还原剂，氯水是氧化剂。 学生 9：$FeSO_4$ 和 $KMnO_4$ 反应，溶液由紫红色变为黄色，滴加硫氰化钾后溶液变为血红色。结论是有 Fe^{3+} 生成，说明反应中 $FeSO_4$ 是还原剂，$KMnO_4$ 是氧化剂。 学生 14：$FeCl_3$ 与 KI 反应，溶液的黄色无特别明显变化，但滴加淀粉溶液后变为蓝色，说明反应后的黄色是碘水的颜色。结论是有 I_2 生成，KI 是还原剂，$FeCl_3$ 是氧化剂。

续表

教学环节	教师活动	学生活动
实验探究的总结与反思		学生 15：铜片与硝酸的反应，现象是液体上方出现棕黄色气体，液体变为蓝绿色。根据信息棕黄色气体是二氧化氮，蓝绿色溶液是硝酸铜。结论是铜被硝酸氧化了，铜具有还原性，硝酸具有氧化性。 学生 16：氯水与 $FeSO_4$ 的反应，现象是滴加硫氰化钾溶液后溶液变为血红色。得出的结论是有 Fe^{3+} 生成，说明反应中 $FeSO_4$ 是还原剂，氯水是氧化剂。 思考，学生 17：提出还可以做铜与 $FeCl_3$ 反应的实验。 思考、回答，学生 18：$FeCl_3$ 溶液将铜单质给氧化成了氯化铜。铜具有还原性，$FeCl_3$ 溶液具有氧化性。
	【反思与总结】请同学们对整个实验探究过程进行反思。	各小组进行讨论、汇报。 学生 13：实验前一定要有计划，将实验的流程与步骤讨论清楚后再进行具体操作。实验过程中一定要注重小组合作，分工明确能提高小组实验的效率。实验过程中应该合理安排时间，在有限的时间内多进行不同的实验方案尝试。 学生 11：实验时试剂的滴加顺序应该注意，例如在验证二价铁的还原性时，硫氰化钾试剂应在反应前滴加。因为这样可以检验原来的试剂中二价铁有没有变成三价铁，从而确保三价铁是反应后生成的。如果后滴加就不能确保三价铁是不是反应后得到的。

续表

教学环节	教师活动	学生活动
实验探究的总结与反思		学生 18：实验前的小组讨论和预测很重要，能使自己的实验更有针对性，做实验时不盲目，目的性更加。
实验探究结论的提升	【深入总结】结合实验的结论和物质分类的知识总结出哪些类物质常作氧化剂，哪些类物质常作还原剂。 【引导提问】进一步引发学生思考：亚铁离子只能作还原剂吗？从而找出判断氧化剂和还原剂的规律。	小组进行讨论、汇报。 学生 19：一部分非金属单质可以做氧化剂，例如氧气、氯气；一部分非金属单质可以做还原剂，例如碳单质、氢气；金属单质作还原剂。 学生 20：物质中含有高价元素的盐常作氧化剂；含有高价元素的酸常作氧化剂；某些含低价元素的非金属氧化物常作还原剂，例如 CO；某些含低价元素的盐常作还原剂。 各小组学生进行讨论并逐步深入总结出结论。 学生 21：Fe^{2+} 不仅仅作还原剂，还可以作氧化剂。例如在化学反应中，$FeCl_2$ 可以与镁反应，生成铁和氯化镁。在这个反应中铁元素从＋2 价降低到 0 价，发生还原反应，作氧化剂。 学生 15：如果元素的化合价处于中间价态，既可以升高又可以降低，则它既能表现出氧化性又能表现出还原性。
实验探究结论的拓展	【拓展延伸】是的，从化合价的角度思考更便捷。从以上总结出的规律你来分析一下亚硫酸钠可能具有的性质。 【引导提问】结合这节课所做的实	思考、回答，学生 22：既具有氧化性又具有还原性。其中的 S 为＋4 价，处于中间价态，既可升高，又可降低，所以它既具有氧化性又具有还原性。如果 Na_2SO_3 表现出还原性，硫

续表

教学环节	教师活动	学生活动
实验探究结论的拓展	验和所学的知识，请同学们设计实验验证刚才的预测。 【演示实验】在 Na_2SO_3 溶液中滴加几滴酸性 $KMnO_4$ 溶液，请学生仔细观察实验现象与结果。 【演示实验】在亚硫酸钠溶液中，加入硫化钠溶液，再滴加几滴酸。请学生仔细观察实验现象与结果。	的化合价就应该升高到＋6 价，产物可能有 SO_4^{2-} 生成；如果 Na_2SO_3 表现出氧化性，硫的化合价就应该降低到 0 价或更低价态，产物可能有硫单质。 讨论、回答，学生 23：要验证 Na_2SO_3 具有氧化性，就应该找一种具有还原性的物质与其反应，观察实验现象，检验产物。要验证 Na_2SO_3 具有还原性，就该找一种具有氧化性的物质与其反应，如 $KMnO_4$。 观察、回答，学生 24：溶液由紫红色变为了无色，通过信息提示：Mn 从＋7 价变为＋2 价，则硫原子就应该失电子化合价升高，所以亚硫酸钠具有还原性。 观察到浅黄色沉淀生成，经确认是硫单质。该反应中 Na_2SO_3 硫元素从＋4 价变为 0 价，硫化钠中的硫元素从－2 价变为 0 价。Na_2SO_3 表现出氧化性，是氧化剂。
课后思考	【小结】非常好，不管是预测、设计实验验证物质的氧化还原性，化合价都发挥了重要的作用。最后请总结本节课的收获和体会，写在学案上。	学生认真填写学案。

课堂授课结束后，我们分别抽样对实验组和控制组班级的学生和教师进行了访谈，现摘录部分给予呈现。

访谈实录：

控制组

教师 1：氧化剂和还原剂的概念是高中化学的重要概念，要给学生作系统的讲解，要从初中得氧失氧的观念慢慢过渡到高中阶段的化合价升降和电子得失的实质性的了解。这部分内容比较重要，我认为关键是把概念讲清楚，学生认真听，记住并进一步会区分这些概念就行，因此，我对教材呈现内容采取的方法就是讲授教材。

学生1：教师对这个概念的讲课方法，比较传统，基本上能听明白，但是初中那种得氧失氧的观念还是在我头脑中根深蒂固，我担心做题时还是因为这种固有想法（思维定势）而造成错误。

实验组

教师2：氧化剂和还原剂的概念是化学概念中的重中之重，必须让学生从初中那种得氧失氧的传统意识中解脱出来，在考虑到学生在高一阶段的年龄特点和概念教学的特点，我在进行这部分教材的处理时，感觉还是以学生为主体，先给他们创设认知冲突，然后我再加以指导、纠正，让他们从初中对氧化剂和还原剂的思维定势的束缚中解脱出来比较好。

学生2：教师对这个概念的讲课方法，能够让我们主动地参与，让我们说出自己的看法，感觉挺好。原来脑子里老认为氧化剂就要供给氧、还原剂就要得到氧，通过老师这种创设情境、互动的讲解，真正让我明白了进入高中阶段后，这组概念的内涵和外延都拓展了，这样在遇到类似问题时，就会跳出初中那种视野吧，谢谢老师的讲解，我学到了很多东西。

2. 教学策略

教学策略指的是根据一定的教学任务和教学对象的整体情况，以既定的教学目标为标准，有针对性地选择、组合适宜的教学内容、课堂组织形式、教学方法和多媒体技术，形成的具有教育意义的教学方案。教学策略的基本特征有四点：综合性、可操作性、适恰性和灵活性①。

化学教学策略是指在化学课程与教学目标确定后，教师依据学生的年龄特征和认知规律以及现有的教学条件，灵活选取和组合讲授内容、教材呈现方式、多媒体手段，最终形成特定高效教学方案的原则和方式②。常用的化学教学策略主要分为三种：主要教学行为策略、辅助教学行为策略和课堂管理行为策略③。

---

① 袁振国. 当代教育学［M］. 3版. 北京：教育科学出版社，2004：191.

② 王后雄. 化学课程与教学论［M］. 武汉：华中师范大学出版社，2012：207.

③ 施良方，崔允漷. 教学理论：课堂教学的原理、策略与研究［M］. 上海：华东师范大学出版社，1999：149-150.

为了验证不同教学策略的选取对学生化学学习负迁移的影响，在试验中，控制组按照学校常规的教学策略进行，实验组遵照化学理论性知识的特点和化学学习迁移的规律进行有利于正迁移的教学策略设计。具体举例如表 3-9 所示。

表 3-9 实验组教师减少理论性知识学习负迁移的教学策略

减少负迁移的教学策略	教学案例
迁移情景创设策略	高中一年级化学教材里关于化学反应实质“碰撞理论”学习起来学生整体感觉比较抽象，化学教师也感觉难以讲解，实验组教师利用学生日常体育活动中打篮球时投篮的经验创设迁移情境，学生在投篮的时候必须考虑两个因素：一是投篮力度的大小，二是篮球落点的方向。以此迁移解释化学反应的微观反应过程的实质，从而进一步引出有效碰撞的概念，使学生比较容易理解和掌握“碰撞理论”，这种策略可以有效消除因为理论抽象而造成的负迁移。
多媒体呈现策略	实验组教师在可逆反应的概念教学过程中，把 $H_2+I_2 \rightleftharpoons 2HI$ 的反应过程利用多媒体技术将反应模拟制成 Flash 课件： 用多个“并肩”的小双球表示氢气分子，再用多个“并肩”的大双球表示碘分子。利用动画演示，在相互运动碰撞中大、小双球断裂，交叉的大小球重新组合成“并肩”的碘化氢分子。同时，刚形成的“并肩”大小球还会部分断裂，重新形成原来的大、小双球，用来表示同一条件下碘化氢分子也能分解后重新形成氢气分子和碘分子。实验组教师的这种做法把微观的化学反应过程生动、形象地展示在学生眼前，有利于学生对化学概念的理解和把握。
类比练习策略	实验组教师在基本理论的教学过程中，通过类比练习，进一步加深学生认知结构中某个概念的可辨别性。 练习 1：1-18 号元素中，电子层数和最外层电子数相等的原子（　　） A. 只有 3 种　B. 少于 3 种　C. 只有两种　D. 多于 3 种 单独呈现练习 1，学生大多错选 A，负迁移度为 0.865 4。但给出练习 2 作为对比练习后，学生不需教师的具体指导就会明白错误出在哪里，负迁移度仅为 0.216 3。 练习 2：1-18 号元素中，电子层数和最外层电子数相等的元素（　　） A. 只有 3 种　B. 少于 3 种　C. 只有两种　D. 多于 3 种 实验组通过这种类比练习，学生认知结构中的元素、同位素等相关概念的可辨别度就大大加强了。

3. 教学方法

教学方法是指为达到教学目的，完成教学目标，综合运用各种教学手段开展的一系列师生相互的活动①。

化学教学方法是指在化学教学活动中专门组织开展的方法、结构等相统一的教学形式。其具体包括学生的学习方式、教师的讲授方式、课程内容的呈现方式、师生互动方式等。常见的化学教学方法主要有四种：注入式、启发式、发现式和探究式②。

为了验证不同教学方法的选取对学生化学学习负迁移的影响，在试验中，控制组教师按照学校常规的教学方法进行，实验组教师遵照理论性知识的特点和化学学习迁移的规律采取了有利于减少负迁移发生的化学教学方法。具体举例见表 3-10。

表 3-10　实验组教师减少化学理论性知识学习负迁移的教学方法

减少负迁移的教学方法	教学案例
特征凸显法	在讲解“原子”的概念时凸显“化学变化中的最小微粒”；讲解“分子”概念时凸显“保持物质化学性质的最小微粒”。这组概念是化学概念中最基础的，也是最简单的，也是最容易产生负迁移的。通过特征凸显法，可以有效地让学生理解“最小微粒”的适应范围，进而减少做题中的失误。
学科交叉法	化学是科学的重要组成部分。每个学科之间都有一些联系，化学尤其和物理和生物学科联系更为紧密。为此，实验组教师在教学中可及时利用其他学科已经学过的知识来学习和巩固相关的化学知识。授课过程中把“化学热力学”与物理学中的“分子物理学”“热力学”进行交叉比对联系，其他几个重要的热力学函数熵、焓、自由能以及热和功都在物理学中学习过。因此，在讲授“化学热力学”时，实验组教师通过复习在物理学中学习过的相关概念的基础上进行进一步的强化学习。

① 王策三. 教学论稿［M］. 北京：人民教育出版社，1985：85.

② 王后雄. 化学课程与教学论［M］. 武汉：华中师范大学出版社，2012：209.

续表

减少负迁移的教学方法	教学案例
归纳概括法	学习者对化学理论性知识的概括通常要经过三个主要阶段：一是材料的感知阶段，二是信息的提取阶段，三是推广和应用阶段。感知阶段，在“原电池”的教学中，实验组教师在新课的开始演示实验：a. 锌片放入稀硫酸中；b. 铜片放入稀硫酸中；c. 锌、铜片分别放入稀硫酸中，并用导线在锌片和铜片间连上电流计。学生可以观察到如下实验现象：锌片上有气泡冒出，而铜片上未发现气泡；c装置中铜片上有气泡冒出，电流计指针发生偏转，说明在锌片和铜片之间有电流产生。实验组教师的这种做法可以让学生对该过程有一个清楚的感知。 提取阶段，实验组教师通过引导学生把观察到的化学实验现象进行分析，理解其化学现象发生的原理和本质，进而概括出“原电池”的概念。这样的讲课方法，可以保证学生在推广和应用阶段负迁移的减少甚至是消除。

（二）训练因素

伴随着基础教育课程改革的进行，教师的教学方式和学生的学习方式都在发生着根本性的变革。与此相适应，学生的作业训练也越来越引起业界的重视。作业训练是化学教学的重要环节之一，是学生在教师的引导下，通过个人的认知活动，借助有效的认知策略，选用适当的思维方法，获得最佳化学学习效果和终身学习能力的重要途径。实践表明，作业训练中，训练题型、训练次数和训练间隔时长直接影响学生理论性知识的学习负迁移情况。

1. 训练题型

很多学者认为不同的训练题型会对受试的结果产生很大的影响[①]。高中化学测试中常见的题型有五种：单项选择题、不定项选择题、填空题、综合题（包括框图推断题、化工流程题、实验题、有机信息迁移题）和选做题（全国卷、海南卷）。

（1）选择题

选择题是一种日常测试中的常见题型，指的是从一群选项当中，选出

① 马漪云. 不同题型对翻译测试成绩的影响 [J]. 外语测试与教学，2012 (4)：50-55.

一个或多个作为正确（或较适合）的答案。根据其选择项的不同，选择题可以分为单项选择题、双项选择题和不定项选择题。高中化学中常见的选择题题型主要是单项选择题（上海高考题中涉及不定项选择题）。

选择题之所以在不同类型的化学测试中被广泛使用，就是因为它具有覆盖面广、答案统一、测试效率高、试卷容易判别等优势。同时，我们也要知道，选择题也有它自身的弊端：不能体现考生的陈述表达能力，不能对学生进行深层次的考查，答案存在猜对的可能性。

化学理论性知识中的基本概念和基本原理都可以采取选择题的形式进行考查，并且在考查试题中的分值比例在37%左右。

(2) 填空题

填空题其形式一般是先给出已知条件，在而后的语句中空出要问的答案以横线代替，以此要求应试者填上正确答案。

化学填空题具有题目小、知识跨度大、考点覆盖面广、命题形式灵活等特点，通过填空题，出题者可以有目的地综合一些问题，突出考查应试者准确、严谨、全面、灵活运用知识的能力和基本运算能力。填空的内容主要分两类：定量填空和定性填空。

中学化学考试中，填空题主要在第二卷中出现，主要考查考生对化学基本概念和基本理论的理解及信息迁移的能力等，分值比例一般在24%左右。

(3) 综合题

综合题是当前基础教育测试中的常见题型之一，指的是需要融合多个知识点、调用多种方法、运用多种思维能力解决的一类对测试者进行较高水平测试的复杂型试题。

综合题的特点是题目较长、信息量大、考查知识点多，能够考查考生对知识的深层次理解，具有选择题、填空题等不能取代的功效。

中学化学测试题中的综合题在第二卷中出现，主要形式有四种：框图推断题、化工流程题、实验题和有机信息迁移题。

为了了解学生在化学理论性知识的学习过程中，命题形式与学生学习负迁移的关系，在研究中，我们首先运用访谈的形式调查了40位有5年以上教龄的化学教师，按照访谈的结果，我们对化学理论性知识不同题型的考查中，学生负迁移的易发生度进行了排序：

选择题＞填空题＞综合题

由上面的调查表明，学生理论性知识的负迁移在选择题目中出现的概率最大，但是选择题型的弊端就是不能判别学生错误的真正原因，为了用实验证明上述的调查结果，我们利用有学者研究的“法蒂玛法则”诊断方法进行判断①（具体见表 3-11）。

表 3-11 化学课程中“法蒂玛法则”诊断方法

诊断方法	内容	示例
相似情境变换诊断法	学生先前习得的学科知识、生活经验、学习情境等都可能形成其认知的思维倾向，进而影响其后来的分析与判断，产生思维定势。所以，在教学诊断时如果学习者遇到相似情境，往往会通过情境再现的方法完成诊断试题，这势必会造成诊断失效。但是，如果教师将情境变换，运用“法蒂玛法则”学习的学生就会束手无策。	例如，教师利用例 1 进行学习诊断时，学生的负迁移度几乎等于 0，因为这是根据课本中演示实验改编的常规诊断试题。 例 1：按图 1 所示装置进行正确实验操作时，观察到的现象是：__________。 该实验说明两点分别是：________，________。 如果将此题情境进行变换，例 2 的测试结果则大为不同。 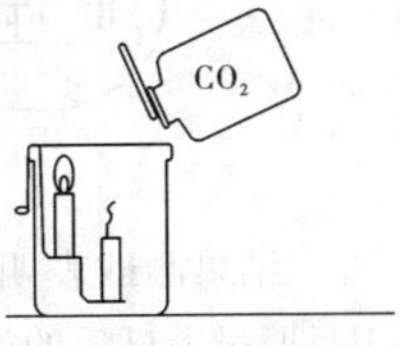 图1 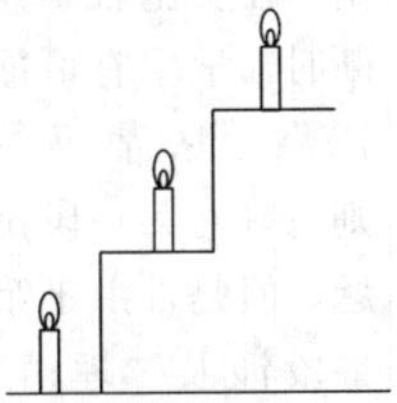 图2 例 2：图 2 是三支高度不同正在燃烧的蜡烛，当用一个透明的大玻璃筒倒扣在三支燃着的蜡烛上方时，所观察到的现象是____，原因是__________。 该题诊断结果显示：有 70.5%的考生回答结果是：(现象从下至上，三支蜡烛依次逐渐熄灭；二氧化碳的密度比空气大，且既不燃烧，也不支持燃烧。但本题的正解却是“由于热量扩散较难，热的二氧化碳上升，从上至下逐渐充满玻璃筒，故现象为从上至下，三支蜡烛依次熄灭”。进一步问卷调查可知有 95.5%的学生的解题思维是受例 1 中情境的负迁移的影响引起的。

① 王后雄，邓阳. 化学课程学习中“法蒂玛法则”的诊断及成因分析［J］. 教育科学研究，2012（9）：61-67.

续表

诊断方法	内容	示例
相似情境变换诊断法		可见，相似情境变换法可以有效地帮助化学教师判断出由于学生学习中的思维定势和情境错误迁移而造成的诊断误差，判断“法蒂玛法则”的存在。
两段式测验诊断法	两段式测验诊断法指的是诊断试题由两段组成：第一段主要测试学生对“双基”的掌握情况；第二段主要是测试学生选择这种理解或看法的理由。在实施教学诊断时，学生有可能依靠“法蒂玛法则”答对第一段试题，但是，由于第二段涉及“理由”一项，学生即使猜对第一段答案，也不一定能正确完成第二段的作答。因此，两段式测验诊断法可以准确揭示学生的思维过程，避免诊断效度偏失。 第一段的答案，也不能通过第二段的测试，这样就可以指导其负迁移的发生情况。	例如，教师利用例 3 进行负迁移诊断时，可能出现诊断偏差。 例 3：把锌片和铁片放在盛有稀盐水和酚酞试液和混合溶液的玻璃皿中（如图 3 所示），经过一段时间反应后，首先能够观察到溶液变红的区域是（　　）。 A. Ⅰ和Ⅲ附近　　B. Ⅰ和Ⅳ附近 C. Ⅱ和Ⅲ附近　　D. Ⅱ和Ⅳ附近 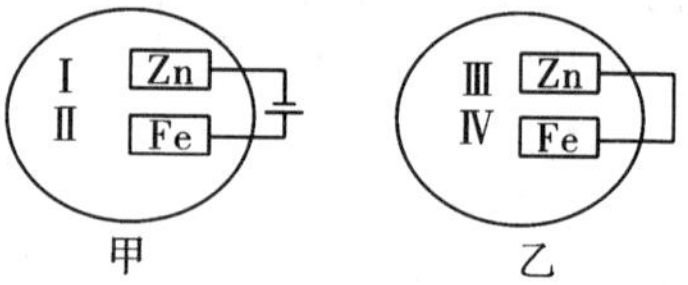 图3 结果测试表明，有 78.3%的学生选择正确答案 B。通过考试后的访谈了解到其中约 50%的学生是记住了课本上的电极方程式。 当把上述题目改成两段式测验题（见例 4）此题的正确率降到了 37.1%。这个数据才有效地反映了哪些学生是真正掌握了这部分理论知识，哪些学生是运用“法蒂玛法则”答题，负迁移的诊断才能得出结果。 例 4：把锌片和铁片放在盛有稀盐水和酚酞试液的混合溶液的玻璃皿中（如图 3 所示），经过一段时间后： 一、甲图中首先观察到溶液变红的区域是________，理由：________________。 二、乙图中首先观察到溶液变红的区域是________，理由：________________。

为了进一步验证不同训练题型对学习负迁移产生的影响，我们针对化学理论性知识中的易混淆的概念分别设置了不同类型的习题，隐藏在单元测试中进行了测试，得出同样概念学习负迁移度（$\mathcal{L}$）的值如图 3-2 所示。

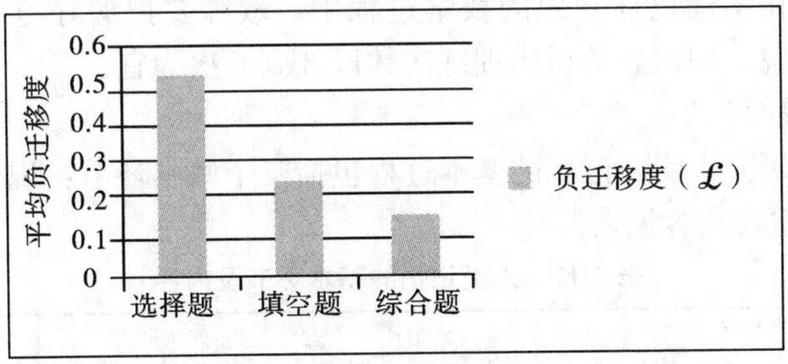

图 3-2　化学相同理论性知识在不同题型中的负迁移度

由图 3-2 可以看出，测试的结果和访谈的结果是吻合的。这个研究给我们的启示是在中学化学理论性知识的教学过程中，为了减少学习负迁移的发生，教师针对不同的知识点，在考查题型上要下功夫，这项工作可以起到事半功倍的成效。

2. 训练次数

在当前的高中化学教学中，针对不同的知识点，总要经过大量的练习去强化和巩固。因此，不同知识点训练的次数，也成为影响学生化学学习负迁移产生的因素之一，为了研究其具体影响情况，我们在试验中，针对化学理论性知识中易产生负迁移的相同知识点，隐含在平时的单元测试、期中、期末测试中进行，得出了训练次数和学习负迁移度（$\mathcal{L}$）的函数图像（如图 3-3 所示）。

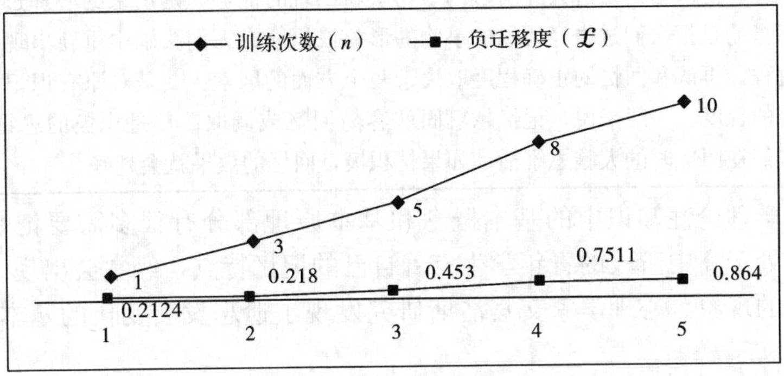

图 3-3　化学习题训练次数和负迁移度的函数关系图

由图 3-3 可以看出，化学理论性知识的学习过程中，针对知识点的训练次数不是越多越好，训练系数越少负迁移度就越小，但是学生掌握程度就越低。相反，训练系数越多，知识掌握越牢固，但是负迁移度越高。因此，在中学化学理论性知识的教学过程中，教师要把握好习题的训练次数，一般来说，知识点的巩固训练次数以 3 到 5 次为宜。

3. 间隔时长

心理学研究表明，记忆的基本过程包括三个基本环节：识记、保持和再现①。其主要内容见表 3-12。

表 3-12　人类记忆的基本环节及内容

环节	内　容
识记	识记就是人类反复感知未知事物，在脑海中逐步留下印象的过程，是人类记忆过程的开始。人类识记事物具有一定的选择性，根据人在识记时有无明确的目的性，识记可分为无意记忆和有意记忆。
保持	保持是人们过去经历过的事情在脑海中进行巩固的过程，是内部潜在的一种动态变化的过程。随着时间的推移以及后来经验的影响，保持的内容会在数量和质量上发生一定的变化。其质量的方面的变化有两种倾向：一是原来识记内容中的细节慢慢消失，其中主要的、显著的事物特征能够得以保持，记忆的内容变得简约、概括与趋向合理。二是会增添了原来没有的细节，内容将更加详细、具体，使其更具特色。其数量方面的变化有两种倾向：一是记忆的回溯现象，即在短时间内延迟回忆的数量将会超过直接回忆的数量。也有专家称之为记忆恢复现象。二是识记的保持量将会随时间的推移而日趋减少，会出现部分内容不能回忆或调取错误，这种现象心理学上被称作遗忘。
再现	再现包括知识的再认和回忆。它们都是指对长时记忆所储存的信息提取的过程。再认指的是过去经历过的事物重新出现时能够识别出来的心理过程。回忆指的是指人们过去经历过的事物的形象或概念在人们头脑中重新出现的具体过程。再认和回忆的正确程度取决于两个方面的因素：一是对原有识记材料巩固的程度，一般来说，记忆越巩固就容易回忆或调取；二是积极的思维活动，人们在回忆时的大脑思维活动如果越积极，回忆的效果就会越好。

化学理论性知识中的基本概念和基本原理部分有很多需要记忆的东西，而处于高中阶段的青年学生有着自己的记忆特点，经常会出现“常记常忘”的现象。心理学家艾宾浩斯研究发现了遗忘发展变化的基本规律：

① 吴鑫德. 化学教育心理学［M］. 北京：化学工业出版社，2011：95.

遗忘是一个先快后慢的渐变过程。这种逐渐变化的趋势可得出如下结论：

（1）遗忘的知识数量会随时间的推移而逐步增加。

（2）遗忘的速度是先快后慢，在识记后的第 1 个小时内遗忘速度最快，遗忘的数量也最多。随后将会逐渐减慢，遗忘数量也随之逐步减少，慢慢趋于稳定。

（3）一段时间后，虽然时间间隔比较长，但所保持的记忆内容基本上不再有明显的减少。

艾宾浩斯遗忘曲线如图 3-4 所示。

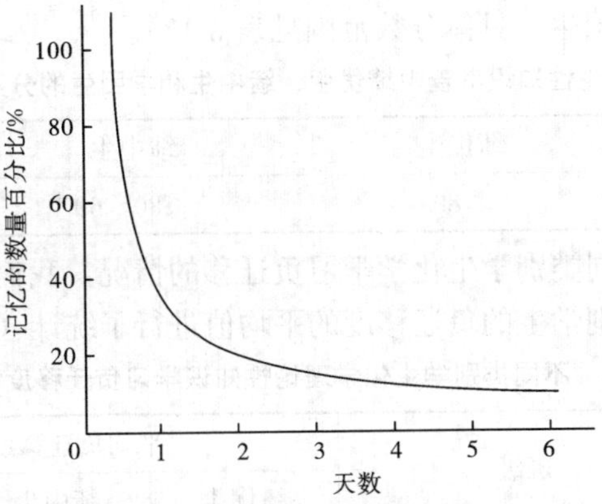

图 3-4　艾宾浩斯遗忘曲线

在化学理论性知识的学习过程中，再认的时间间隔越长，再认的效果就越差。著名心理学家夏培德（1978）研究表明，间隔 2 小时的再认成绩最好，再认效果随时间延长逐渐下降。图 3-5 显示了时间间隔对知识再认的具体影响。

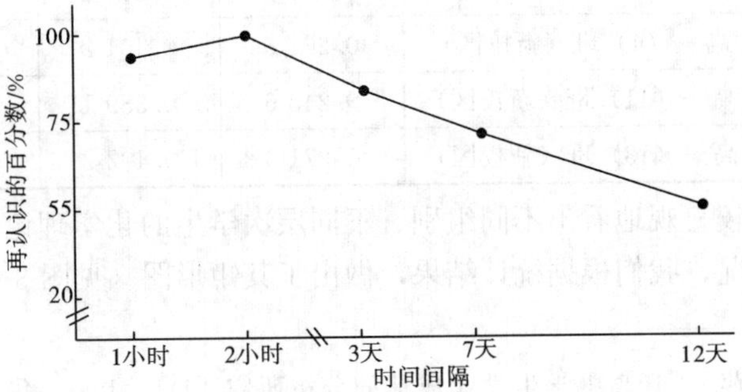

图 3-5　时间间隔对学生化学知识再认的影响

（三）学业成绩

学业成绩是学生综合素质考查中的重要组成成分。学业成绩包含的内容比较广泛，有学者把普通高中学生学业成绩分为四类：安置性学业成绩、形成性学业成绩、终结性学业成绩和诊断性学业成绩①。为了研究化学学习负迁移和学生学业成绩的关联性，本研究的学业成绩特指学生的日常测试成绩。

研究过程中，为了统计方便，我们根据学生最近两次综合性考试中化学学科的成绩的平均值作为分类标准，把研究班级学生分为三类：绩优生、绩中生和学困生（具体分数范围见表 3-13）。

表 3-13　化学理论性知识考查中绩优生、绩中生和学困生的分数范围（百分制）

类别	绩优生	绩中生	学困生
分数	≥80	<80～60	<60

为了研究不同类别学生化学学习负迁移的情况，我们对最近两次综合性考试中不同类别学生的负迁移度的平均值进行了统计（见表 3-14）。

表 3-14　不同类别学生化学理论性知识学习负迁移度统计表

试验分组	班级	平均负迁移度（£）		
		绩优生	绩中生	学困生
实验组	高一（3）班（本部）	0.138 2	0.348 9	0.501 2
	高一（5）班（本部）	0.146 8	0.369 4	0.541 3
	高一（7）班（本部）	0.201 1	0.306 4	0.500 6
	高一（8）班（本部）	0.193 2	0.305 2	0.498 7
控制组	高一（2）班（新校区）	0.251 3	0.396 2	0.601 1
	高一（4）班（新校区）	0.201 6	0.401 2	0.598 1
	高一（11）班（新校区）	0.243 6	0.389 1	0.604 3
	高一（13）班（新校区）	0.271 0	0.402 2	0.611 0

为了比较直观地看出不同组别、不同层次学生的化学理论性知识的学习负迁移情况，我们根据统计结果，做出了其矩形图（见图 3-6）。

① 江艳萍. 普通高中学生学业成绩的分析研究［D］. 上海：华东师范大学，2009.

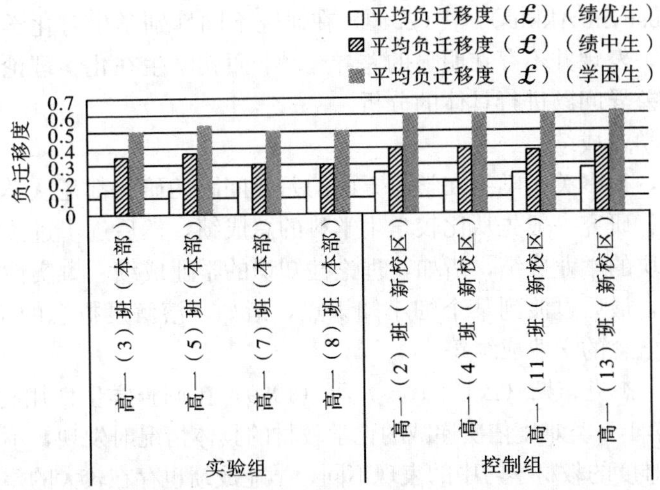

图 3-6　不同组别、不同层次学生的化学理论性知识的学习负迁移度比较

由图 3-6 可以看出，不同层次学生的化学学习负迁移度不一样，整体来说其趋势是：

$$\pounds_{(\text{学困生})} > \pounds_{(\text{绩中生})} > \pounds_{(\text{绩优生})}$$

究其原因，和学生的学习习惯、学习态度有关，一般来说，绩优生学习态度端正、化学学习兴趣浓厚，教师授课过程中能够比较好地听讲，课后能够及时地进行复习巩固。迁移规律运用得相对较好，所以整体负迁移度较低。绩中生、学困生的表现依次欠佳，因此，其负迁移度依次升高。

（四）性别因素

当前，学习过程中的性别差异问题成为心理学领域研究的热点，人们越来越关注性别差异对学习的影响。研究表明，虽然男性和女性在平均智力水平上不存在明显差异，但是在完成某些特殊的认知任务时的平均成绩是存在差异的，对于化学学科的学习就属于这个范围，包括教师、家长、学生在内的很多人，似乎一开始就意识到男性和女性在化学学科的学习上是存在差异的①。

1. 化学理论性知识学习中性别差异的具体表现

虽然，人们意识到男性、女性在化学学习方面是存在差异的，但是不能笼统地认为，对化学所有方面的学习都存在性别上的差异。霍塞因·奥

---

① 王祖浩，等. 化学教育心理学［M］. 南宁：广西教育出版社，2007：184.

克斯（Huseyin Akkus）等（2003）在研究不同性别学生对化学平衡概念的理解时，发现并不存在明显的差异①。下面就学生在化学理论性知识方面存在的差异问题进行具体的分析。

（1）学业成绩

当前，很多关于学生在学习方面的差异问题的研究都是从学业成绩方面入手的，研究一般先从比较学生学科的总成绩，然后逐步过渡到具体涉及的某一块的学业成绩，诸如，理论性知识的学业成绩、事实性知识的学业成绩等，最后过渡到某个细小知识点，诸如，溶解度概念的学业成绩、化学平衡概念的学业成绩等。

鲍twin·杰克布斯（Bob Jacobs）等（1999）在调查学生使用化学 3、化学 2、化学 1 三类难度依次递减的化学教材的具体情况时发现，不同性别学生在不同难度的教材学习中的表现不同，学业成绩也存在较大的差别。

【案例 3-1】不同性别学生学业成绩上的差异

鲍twin·杰克布斯、吉奥·伯雷斯曼（Joe Blizman）和普雷特·克劳斯（Paulette Karas）在进行相关的研究中运用等级评分法对学生在理论性知识方面的学习成绩进行等级评定。他们制定了 6 等级（A、B、C、D、F、I）评定标准，对学生对难易程度不同的化学 3、化学 2、化学 1 的学习情况进行了统计分析。结果发现在研究样本中，一年内顺利修完三类难度不等的课程的女性人数明显高于男性，并且理论性知识获得 A、B 等级的人中女性学生明显高于男性学生。

研究还发现，很多女性更重视在教室里的积极学习方式，而将近四分之一的男性在学习方面不求进取。学业成绩获得 C、D 等级的学生中，男性占 26%，女性占 4%。

（2）课堂行为

通过对化学教师的访谈和课堂观察发现，化学课堂上，女性学生大多能够按照教师的课堂要求去认真思考问题，注意力比较集中，而男性学生整体上听课没女性学生那么认真，注意力比较分散，与教师的配合欠佳。从以上的表现可以说明女学生往往有较强的学习责任感，整体化学学习态

① Akkus H，Kadayifci H，Atasoy B. Effectiveness of instruction based on the constructivist approach on understanding chemical equilibrium concepts [J]. Research in science and technological education，2003，21 (11)：220.

度较好，而男性学生的独立性、自强性比女性学生强，在合作性和化学学习态度方面不如女性学生。

1980 年，心理学家欧文斯（Owens）和斯坦诺顿（Stration）在对学生学习方面的研究中发现，不同性别的学生在化学学习方式上存在差异：女生喜欢合作学习、开放的有组织的活动，男生喜欢竞争及独立学习的方式①。心理学家奎尔科（Quek）和翁戈（Wong）等在 2002 年的研究中发现，在化学实验部分的学习中，男生希望能减少对实验仪器的限制以及操作规程的规定，并且喜欢创造新的实验途径，并希望得到老师的认可和重视，他们的表现比女生更为专断②。

（3）化学学习态度

态度决定一切。学生对化学学科学习态度直接影响他们的化学学习和学习负迁移的发生。研究表明，不同性别学生对化学学习的态度存在差异，在化学学科成绩优异的学生中也存在化学学习不够积极的态度，整体上来比较，在取得高分的学生群体中，女生的化学学习态度整体不如男生积极。

以色列心理学家买内斯（Menis）在 1983 年的研究中发现，不同性别学生在化学学习态度方面存在明显差异，其主要表现在两个方面：一是男生在化学学习方面的兴趣强于女生；二是男生学习化学的价值感强于女生③。

希腊心理学家卡特瑞纳·撒勒特（Katerina Salta）和科瑞萨尔·拖格瑞克（Chryssa Tzougraki）在 2004 年的研究中发现，不同性别学生在化学课程对将来自己从事事业的相关性程度上持反对态度，他们认为学习的内容对将来用途不大，但是却对人们的日常生活帮助很大，并且在化学学科的学习兴

① Owens L，Stration R G. The development of a cooperative，competitive and individualized learning preference scale for students [J]. British journal of education psychology，1980，50：147-161.

② Quek C L，Wong A F L，Fraser B J，Gender differences in the perceptions of chemistry laboratory classroom environments [J]. Queensland journal of education research，2002，18 (2)：164-182.

③ Menis J. Attitudes towards chemistry as compared with those towards mathematics，among tenth grade pupils (aged 15) in high level secondary schools in Israel [J]. Research in science and technological education，1983，1 (2)：185-191.

趣、生活中化学的重要性方面不存在明显的性别差异①。

（4）化学课程选择的不同倾向

研究表明，学生在 11 岁之前基本对课程的选择方面没有显著的性别差异。进入高中阶段，学生的选择开始出现差异。女生更倾向于选择生物学科，而男生更倾向于选择物理、化学课程，这种倾向会一直持续到大学甚至是研究生学习阶段②。还有学者研究发现，在课程选择中，男女生都认为科学及技术类课程比较适合男生学习，社会类课程比较适合女生学习③。已经有足够的研究结果表明，上述特殊领域内的兴趣倾向在学生的较低年龄阶段已经初步形成了④。

（5）绩优生中的性别比例差异

科学研究表明，在理科诸如数学、物理、化学等领域的高层次研究团队中，男性的比例大于女性，这种差别在重要学术领域显得更为明显。在中学化学学习的研究中，绩优生的比例女性偏低。

国外关于各个国家和地区参与国际奥林匹克竞赛的女生比例统计中也可以看出女生比例偏低（具体见表 3-15）⑤。

表 3-15　参加国际奥林匹克竞赛中的女生比例

国家	中国	美国	芬兰	德国
女生比例	9.4%	9.2%	4.5%	3.4%

由此可以看出，在绩优生中可能存在一定的性别差异。

① Salta K，Tzougraki C. Attitudes toward chemistry among 11th grade students in high schools in Greece [J]. Science education，2004，88 (4)：535-547.

② Farenga S J，Joyce B A. Beyond the classroom：Gender differences in science experiences [J]. Education，1997 (117)：563-568.

③ Farenga S J，Joyce B A. Intentions of young students to enroll in science courses in the future：An examination of gender differences [J]. Science education，1999，83 (1)：55-75.

④ Baker D. Gender Differences in sciences：Where they start and where they go [C]//Paper presented at the meeting of the National Association for Research and Science Teaching. Atlanta. GA，1990：4.

⑤ Heller K A，Lengfelder A. Evaluation of the international student Olympics in mathematics [J]. Physics and chemistry instruction，1999.

2. 化学理论性知识学习负迁移性别差异的实证研究

通过前面的分析可以看出，不同性别的学生在化学学习方面的差异比较明显，为了进一步研究化学学习负迁移的产生和学生性别的相关性，我们在化学理论性知识的学习过程中，针对基本概念和基本理论两大部分设计一定的题目，对学生进行了测试（具体结果见表 3-16、表 3-17）。

表 3-16　基本概念学习负迁移度不同性别统计表

试验分组	班级	平均负迁移度（£）	
		女生	男生
实验组	高一（3）班（本部）	0.138 2	0.194 8
	高一（5）班（本部）	0.143 8	0.201 3
	高一（7）班（本部）	0.168 7	0.203 1
	高一（8）班（本部）	0.193 2	0.200 8
控制组	高一（2）班（新校区）	0.205 6	0.301 2
	高一（4）班（新校区）	0.256 4	0.310 0
	高一（11）班（新校区）	0.214 3	0.298 6
	高一（13）班（新校区）	0.232 8	0.310 9

由表 3-16 可以看出在基本概念的学习过程中，存在一定的性别差异，具体见图 3-7。

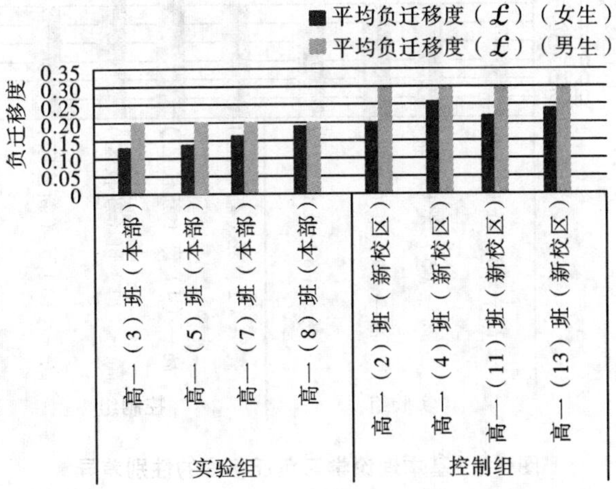

图 3-7　基本概念学习负迁移度的性别差异

由图 3-7 可以看出，在基本概念的学习过程中，女生的优势明显高于男生，整体负迁移度低于男生，这与女生喜欢按照教师的讲解认真听讲、敏于记忆和课后较为扎实的复习有关。

表 3-17　基本理论学习负迁移度不同性别统计表

试验分组	班级	平均负迁移度（£）	
		女生	男生
实验组	高一（3）班（本部）	0.246 9	0.240 3
	高一（5）班（本部）	0.301 2	0.296 7
	高一（7）班（本部）	0.286 4	0.265 2
	高一（8）班（本部）	0.268 8	0.250 4
控制组	高一（2）班（新校区）	0.301 9	0.300 3
	高一（4）班（新校区）	0.326 8	0.328 9
	高一（11）班（新校区）	0.330 6	0.301 6
	高一（13）班（新校区）	0.308 7	0.310 0

由表 3-17 可以看出在基本理论的学习过程中，性别差异不是特别明显，整体比较起来，男性有一定优势，具体见图 3-8。

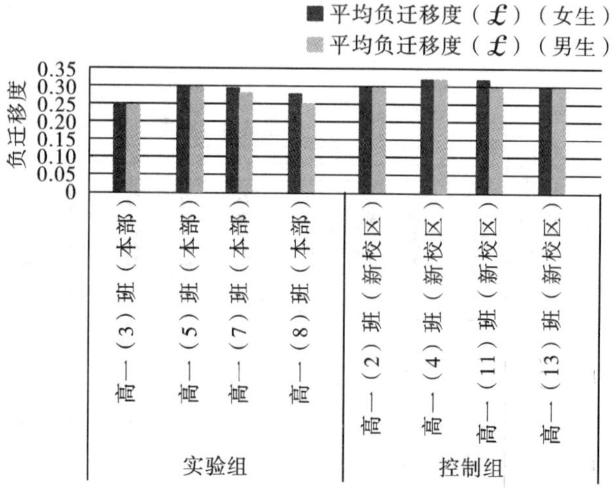

图 3-8　基本理论学习负迁移度的性别差异

从图 3-8 可以看出，在基本理论的学习过程中，女生的优势不再显现，男生表现出一定的优势，这与基本理论比较深奥、理性思维运用广泛有关。

在化学理论性知识的教学试验过程中，我们对实验组教师和学生进行了变量上的控制，为了验证各种变量产生的效果，在一个学习的教学试验结束时，利用学校组织的期末考试，我们针对这一部分设计了难度相当的理论性试题，对实验组和控制组学生的负迁移度进行了后测，并对负迁移度进行了统计（具体见表3-18）。

表3-18 对比班级整体化学理论性知识负迁移度测试平均成绩（后测）

试验分组	班级	平均成绩（百分制）	平均负迁移度（£）
实验组	高一（3）班（本部）	83	0.202 2
	高一（5）班（本部）	85	0.201 3
	高一（7）班（本部）	81	0.215 6
	高一（8）班（本部）	82	0.204 3
控制组	高一（2）班（新校区）	78	0.312 3
	高一（4）班（新校区）	80	0.302 8
	高一（11）班（新校区）	79	0.310 0
	高一（13）班（新校区）	77	0.332 9

从表3-18可以看出，试验结束后，实验组班级的整体成绩有了明显的提高，负迁移度有了明显的降低，这充分说明，我们试验设计的变量针对学习负迁移的教学和纠正是可行并且效果比较显著的。

三、化学理论性知识学习负迁移的因素分析

从上述实证部分的研究可以看出，中学化学理论性知识有其自身的特点，学生在学习过程中，如果不能把握其特征，运用相应的规律去学习，就会出现不同形式的负迁移。其具体产生因素从宏观层面来看主要有以下三个方面：

一是教导层面策略运用的缺失。

研究表明，化学理论性知识学习负迁移的发生和教师的教学策略的运用和教学方法的选择有一定的关系。在试验过程中，我们对实验组教师的教学策略要求是按照迁移的基本规律和操作规程制定的。

①实验组的教师在上课过程中运用的教学策略能够结合理论性知识的特点展开，而控制组的教师没有经过迁移规律相关理论的系统培训，只能

凭想象、凭自己的经验进行教学设计，按照自己的见解去组织教学。

②实验组教师能够把握住学习者的年龄特征，能够遵照学生性别上的差异，按照学生的化学学习水平，有针对性地进行分层教学，给他们布置不同的任务，提出不同的要求。相反，控制组的教师一如既往地进行整体性的教学，造成了负迁移的大量发生。

③实验组教师在进行知识训练时能够注重题型的选择，按照迁移的规律进行训练频次的调整，能够较好地促进学生对理论性知识的记忆和对知识的表征和深层理解，减少了负迁移发生的可能。控制组的教师则在训练时按照往常管理，对同一知识点大讲特讲，没能注重题型的训练，没能把握住迁移的规律。

二是学习层面方法选择的错误。

学生是学习负迁移的直接产生者，通过上述的研究表明，造成学生理论性知识学习负迁移的主要原因还是学生大脑中的知识结构表征不完善，究其原因是学习过程中学习方法选择错误或者说效率不高。

①在理论性知识的记忆方面，控制组的学生大多采用的是死记硬背的方法，这在学困生中表现更为突出。由于死记硬背，在做题的时候，遇到变换的外界条件，学生很容易发生负迁移。譬如，对物质“溶解度”概念的学习，靠死记的学生只知道不溶于水的情况叫难溶，如果考试中对溶剂进行转换就很容易发生负迁移，认为“NaCl 在四氯化碳溶剂中仍然表现为易溶解”。实验组的学生在教师迁移规律的指导下，对化学理论性知识的理解和记忆基本遵循了记忆的规律和遗忘的规律，能够适时地有选择地对理论性知识进行回顾、复习，以加深对知识点的理解，有效减少了负迁移的发生。

②在做题方法选择方面，实验组和控制组的学生也存在一定的差异。实验组的学生在教师的引导下，做题过程中能够善于反思错误的原因，善于总结成功的经验，善于进行迁移规律的训练。相反，控制组的学生在学习方法上，缺乏教师的统一指导，大多凭经验，为了做题而做题，做完就万事大吉，不愿意再回头看看，最终导致同样的题目“一错再错”，学习负迁移屡屡发生。

三是材料层面教材呈现的单一。

中学阶段，学生的学习材料对学生的学习来说显得尤其重要，研究表明，面对同样的教材，教师呈现的方式不同，产生的学习效果也会差异很大。注重迁移规律运用的教材呈现方式比不注重规律运用的教材呈现方式负迁移度可以降低0.1左右。

在研究过程中，我们对实验组教师的教材呈现方式和学生使用的学案的编写都提出了特殊的要求，实验组的教师在呈现教材时注意到了学生年龄的特点、性别的差异，在教案、学案的设置时能够遵循迁移规律的要求，真正做到了“为迁移而教”，因此，经过了一个学期的试验验证，取得了明显的成效。相反，控制组的教师在备课时按照平时上课的经验，通过听课发现，他们基本上在教材呈现的方式上都遵循着教材的原有顺序，没有系统地考虑到对学生迁移教学的要求，他们没有设置统一的学案，结果负迁移的发生率相对较高。

以上三个方面的分析是根据对化学理论性知识的实证分析得出的宏观层面学习负迁移产生的原因。实证研究中，结合具体问卷和该部分测试题的分析以及对学生出声思维材料的整理，我们总结出了微观层面化学理论性知识学习负迁移产生的九大因素。

（一）学生元认知结构缺失

心理学研究表明，学生有意义的学习过程是脑海中原有知识不断同化新习得的知识的过程。在这个同化过程中，对新知识的学习效果影响最主要的因素是学生原有的认知结构，它制约着学生具体学习的进一步发展。在学习过程中，当学生的认知结构功能缺失便会出现学习负迁移。

对化学学科来说，化学认知结构具体指的是学生头脑中已有的化学知识结构，是化学学科知识通过学习、理解、内化在学生头脑中的一系列的内容和组织①。化学学科认知结构具有三方面的特征：一是学生头脑中原有概念和原理的概括程度越高，系统性越强，涵盖的范围越大，学生学习时的正迁移能力就越强；二是正在学习的新知识与同化它的原有认知结构中已有的相关知识的可分辨度越高，则越有助于正迁移的发生；三是学生头脑中用来同化新学习的化学认知结构巩固程度越高，则越有利于正迁移的发生。若情况与这三点相反，就会产生化学学习负迁移。

通过实证部分的研究表明，在发生负迁移的学生中，属于化学元认知结构缺失因素的占负迁移总人数的32%。化学认知结构缺陷主要表现在

① 蒋文俊. 认知结构迁移理论与化学教学［J］. 中学化学教学参考，2002：48-51.

五个方面①：一是学习者头脑中原有化学知识储备量严重不足；二是学生头脑中原有化学基本知识、基本原理结构化、概括化的程度较低；三是学习者学习时对所学的化学知识表征不够完善；四是学习者化学问题的表征能力比较差。譬如，在高一阶段对基本概念"氧化还原反应"的学习过程中，如果学生对初中氧化还原反应概念的掌握越牢固、对具体反应的实质了解得越清晰，那么对高中阶段该概念的学习就越容易产生正迁移，否则就会产生如"只有氧的得到或失去的反应才是氧化还原反应"的负迁移的情况。

（二）学生化学前概念的误导

关于前概念的定义，学界有不同的说法。本研究说的"化学前概念"指的是学生在进入正规的化学课堂学习之前，在成长过程中，在社会中与人类接触的过程中，逐步在大脑中形成的有关对社会存在的较为稳定的看法。

化学前概念具有四个方面的特征②：

1. 存在的广泛性

学生开始化学的学习一般是在九年级（上海部分地区是在八年级开始学习）。这个时期的学生一般在 15 岁左右，经过 15 年的生活阅历，在学生头脑中已经积存了大量的前概念。譬如，学生对"盐"这个概念的理解，在学习这个化学概念时，学生头脑中固有的前概念"食盐"就会对此产生影响，如若处理不好，就会产生负迁移。

2. 影响的自发性

研究表明，学生脑海中知识结构中存在的前概念来源于学生对日常生活现象长期的观察和感知，这些积累的生活经验在其脑海中是逐渐深化、慢慢强化而最终形成的。学习过程中，学生喜欢从自己认知的角度来建构前概念，心理学上称这种现象为直觉思维。这种直觉思维的存在会使学生不自觉地把前概念带进课堂。譬如，认为木炭是用来烤火、烧锅的；可燃物的燃烧一定要有空气存在才能进行；"糖"吃起来一定是甜的；"酸"闻

---

① 王后雄．高中化学新课程学习困难及其认知因素分析［J］．内蒙古师范大学学报（教育科学版），2009（6）：117-123.

② 孙建新．化学"迷思概念"的研究和教学对策［J］．辽宁教育行政学院学报，2006（3）：69-70.

起来一定是酸的；“平衡”就是不动等等。

3. 存在的隐蔽性

调查显示，学生脑海中的前概念具有很强的隐蔽性。通过上面的分析可知，学生脑海中的前概念是在学生与社会不断的接触过程中潜移默化形成的，因此它的存在也是隐蔽的，不表现出来时，人们很难察觉。学生由于脑海中形成了化学前概念，考虑问题时，就会形成一种思维定势。当教师讲授到某一相关的化学概念时，学生就会不知不觉地调用已有的这些前概念来进行关联，由此产生学习上的负迁移。譬如，当教师讲述到“酸雨”这个基本概念时，学生就会产生“所谓酸雨就是自然界中呈酸性的雨水”这样前概念认识上的负迁移，造成解题方面的失误。

4. 爆发的反复性

实践告诉我们，人类脑海中产生的来自日常经验的规则、概念通常是很牢固的，影响是深远的。学生脑海中的前概念有很强的顽固性，在发生时经过教师的纠正，过一段时间还会反复出现。经过测试发现，有的学生一周就会反复，有些化学基本原理部分的时间周期比较长点，有的一个月之后会反复，有的一学期后还会反复，造成化学学习负迁移的发生。

（三）学生学习需要诱因的异化

通过对学生的访谈可知，化学理论性知识学习负迁移的产生与学生的化学学习动机有一定的关系。根据学习动机理论可知，学习者学习动机的产生有其内在的条件（需要）和外在的条件（诱因）。本来，作为学生他们正确的学习需要应该是“了解和理解新知识的需要；学习知识的需求；解决问题的需要；通过自己的工作能力使社会承认自己社会地位的需要”①。可是，通过访谈了解到产生学习负迁移学生的需要诱因已经异化为了“考试的需要；迎合老师的需求；迎合家长的需要”。这种学习需要诱因的异化背离了教育规律和教育的培养目标，是简单的、消极的学习需求，后果是必然出现学习负迁移。

（四）学生记忆定势的干扰

记忆定势指的是学生大脑认知结构中牢固记忆的旧的化学学科知识，

① 王后雄，邓阳. 化学课程学习中“法蒂玛法则”的诊断及成因分析 [J]. 教育科学研究，2012 (9)：66.

在化学学习过程中会干扰相关的其他化学学科知识的学习[①]。记忆定势的特征是概念印象重叠或混淆记忆概念。调查发现，出现负迁移的学生，大多在解题过程中会经常受到记忆定势的干扰。譬如，学生在学习过“原电池的工作原理”之后，再学习“电解池的原理”，二者的电极反应就容易受前期记忆的干扰，容易出现混淆，最终出现化学学习负迁移。

（五）学生迷思概念的影响

化学理论性知识中的迷思概念指的学生脑海中存在的对某一概念的认识与事实存在的化学概念的理解不一致的认识。调查发现，学生在化学学习过程中，总是以脑海中已有的化学基本概念和化学基本理论为基础来构建对新学化学知识的理解，有时候会出现想当然的现象，认为概念是什么什么样的，但事实上和教师讲解的意思相悖。这样迷思概念的存在，最终导致学生在解题过程中出现负迁移。譬如，一提到“催化剂”的概念，学生就会认为“加快反应速率”，导致解题错误；一提到“白色污染”，就只能想到“白色塑料袋”等都是由于化学理论性知识的学习过程中，对知识点的理解不够深入，最终生发迷思概念造成的。

（六）学习概括能力的欠缺

著名心理学家贾德认为：概括化的知识原理和生产经验是迁移顺利产生的关键，迁移产生的必要条件之一是新的学习活动和原来进行过的学习活动必须存在着共同的成分，顺利实现迁移的关键在于学生、教师的概括能力是否完备，是否教师在讲课过程中、学生在学习过程中能概括出新旧学习活动之间存在的共同原理部分。

华东师范大学王祖浩教授曾经对师生概括能力与化学学习迁移的关系进行过详细的探讨，并通过实验证明教师概括指导的成效，他证实对化学学习实行“多向概括”是有助于学生解决变式的化学问题和把化学题目化难为易的一种有效的学习方法。

试验证明，学生对脑海中已有知识经验的概括度越高，对化学学科知识的统摄性就会越大，学习起来，正迁移效果就会越好，新的化学理论性知识的学习就更容易进行。教育实践证明，在化学教学过程中，教师不断

① 王世存，王后雄．中学化学学习中负迁移成因及教学对策［J］．课程·教材·教法，2012（1）：102.

引导学生进行化学学习方法的概括，就能够使学生在处理问题时思维变清晰，条理有序，化学理论性知识的问题解决就会变得简单明了，极大地促进所学化学理论性知识的正迁移，有效避免了学习负迁移的发生。

化学理论性知识的学习对教师和学生都有较高的要求，首先，教师要有很高的知识概括能力。我国学者邵瑞珍教授通过长期的调查研究指出："概括不是一个自动的过程，它与教师的教学方法有着密切的关系。同样的教材内容，由于教师采用的教学方法不同，就会使教学效果大为悬殊，可以有效减少负迁移的发生。"①

本研究在对化学理论性知识负迁移的调查过程发现，新手教师概括能力欠缺和学生不能对知识进行很好的概括加工是对化学理论性知识的学习过程中，产生负迁移的主要原因之一。教师的概括能力不强，就会使授课过程对知识的讲解不够系统、条理化不明晰，不利于学生的理解、消化和吸收。学生的概括能力欠缺，就会使习得的化学理论性知识支离破碎，不能形成系统的模块，造成解题过程不能灵活调用，仔细甄别，从而引起了化学学习的负迁移。

（七）教学迁移知识匮乏

化学理论性知识的教学过程，同时也是迁移规律的运用过程。教师系统地掌握迁移的相关理论，是实现"为迁移而教"的前提和基础。教师只有掌握了一定的迁移规律，才能在教学过程中加以运用，在课程设计、方法选择等方面都能够遵循知识的迁移规律，使授课过程条理清晰，新旧知识联系恰当，便于学生对新的化学理论性知识的学习和掌握。同时，为了减少化学学习负迁移的发生，学生也必须拥有一定的迁移知识，知道什么是正迁移、什么是负迁移、化学学习负迁移有什么特点等，只有这样，他们在化学学习的过程中，才能有效地利用迁移的规律，促进对化学理论性知识的学习，在化学解题过程中，有效地避免学习负迁移的发生。

本研究中，为了了解师生对迁移知识的理解、掌握和使用情况，我们在调查问卷中设置了两道题目（第 1 题和第 30 题）进行了调查。

第 1 题主要是想调查学生是否理解迁移规律，从调查结果看有 60%左右的学生反映对迁移规律不太了解，加上不确定的 23.0%，充分暴露出当前教师对迁移规律教学的忽视，这样的状况不利于学生对迁移规律的掌

① 邵瑞珍. 教育心理学［M］. 上海：上海教育出版社，1997：58.

握，不利于正迁移的发生。

第30题主要想调查教师对迁移规律的运用情况，从调查结构来看，“同意”和“不同意”的学生基本持平，可以看出当前教学中教师对迁移规律的使用还重视不够，这也是当前学生化学学习产生负迁移的主要原因之一，有待改观。

（八）教学过度情境化

化学理论性知识教学过程中的过度情境化是指教师的教学在单一情境（非复合情境）中进行，学生的学习也在单一的情境中学习。这样教学过程中的过度情境化，不利于新授知识的传递，学生在单一情境中所学的知识不利于实现其顺利的正迁移，从而会导致学习负迁移的发生。

教育心理学告诉我们，学习的顺利迁移需要放在一定的情境中去实现。化学教学过程中，增大学生的化学学习情境与理论性知识迁移的应用情境两者之间的相似性，有助于实现化学学习的正迁移，因为在解决相类似的化学新问题时，以往解决化学问题的方法和经验有助于迅速地解决新的化学问题，这就需要在化学理论性知识的教学过程中教师对化学问题的类型进行系统的归纳与总结，让学生清楚应用化学基本原理所适用的不同特定情境。

大量的研究试验表明，学生在过度情境化的环境中进行新知识的学习时，他们经常会出现无法把大脑认知结构中存储的知识灵活、迅速地迁移到新的情境中去，即学习情境间的迁移变得困难①。在调查研究中，我们了解到一些学生虽然大脑中“储备”了解决新问题所需要的各种化学理论性知识，但在遇到新问题时却很难及时、准确地“调取”。这就是教学过程中过度情境化的结果。

因此，在化学学习教学过程中，师生要积极创设复合的学习迁移情境，适当地进行变式训练，以增强思维的变通性，促进学生理论性知识迁移的灵活性。教学过程中不能简单地将已有的知识、经验“移位”或机械模仿，需要教师和学生在新的问题情境下，能迅速识别出新旧化学知识之间存在的共同要素，从而确定所需要解决的化学新问题可以归属于大脑已有知识结构中的何类知识，最终获得知识的正迁移，避免学习负迁移的

① 布兰思福特，等. 人是如何学习的：大脑、心理、经验及学校［M］. 程可拉，孙亚玲，王旭卿，译. 上海：华东师范大学出版社，2002：65.

发生。

（九）学科特征取向繁杂

中学化学学科具备自己独有的特征：

一是化学基本理论性知识抽象、深奥，教学过程中，教师（尤其是新手教师）对新知识的传授难以驾驭，学生学习起来也不易掌握它的内涵和实质。譬如，物质的量、价电子对互斥理论、原子模型、化学反应原理等概念群，这些抽象的知识使学生缺乏必要的感性认识基础，导致不少学生难以体会到学习成功的喜悦，对化学理论性知识的学习产生畏难心理，最终导致学习负迁移的发生。

二是化学知识模块和知识产生式系统较为繁杂。现行高中化学新课标教材涉及的必修模块的内容标准有32条，细分为85个具体的知识点，选修模块包含的内容标准有71条，细分为229个具体知识点。调查中发现，学生普遍感到化学学科的知识点多、头绪繁杂、容易记混，如若处理不当，很容易发生学习负迁移。

三是化学理论性知识方面，相近、相似、相关联的知识点很多，学生在学习时经常会受到前后知识的相互干扰。譬如，电离与电解、原电池与电解池、同位素与同系物等。

四是化学基本规律中存在着很多的特殊性，就是规律中的特例。譬如，化合反应一般是属于放热反应，这就是一般规律。而“$CO_2 + C = 2CO$”这个在高温下进行的反应就是这个规律中的特例，它是吸热反应。学生如果盲目地记忆规律，就会产生负迁移而造成解题错误。

研究结果表明，在发生错误的测试题目中，有接近50%的原因跟化学学科的特征取向有一定的关系。

四、化学理论性知识学习负迁移矫正的教学策略

通过第三部分内容分析可知，化学理论性知识学习负迁移产生的因素很多，在化学日常教学中，我们必须有针对性地进行矫正，下面主要从教师教导和学生学习两个方面为化学理论性知识负迁移的矫正策略提出一些措施参考。

（一）化学理论性知识学习负迁移矫正的教导策略

通过对化学理论性知识学习负迁移的研究表明，教师的化学教学策略

也是影响化学学习迁移的重要因素之一。教师在对化学基本概念和化学基本理论进行讲解时如果不擅长使用一定的策略和方法，知识讲解不到位，就很容易出现负迁移。

1．化学基本概念学习负迁移矫正的授课策略

在中学化学概念的教学中，为了有效地减少化学概念学习上的负迁移，教师可以从五个方面运用策略，进行概念的系统讲解和传授工作[①]。

（1）激发学生的化学学习兴趣，充分发挥学生的主体作用。

（2）加强对学生多感官综合调用的指导，对其进行感知引导。

（3）在化学概念学习中，积极引导学生通过分析、综合、实践应用等环节，准确把握概念的内涵和外延。

（4）积极组织学生根据概念的内在联系，合理整合形成系统。

（5）概念学习后，教师要注意加强对概念的及时复习和强化。

教师在运用有效教学策略实施对化学基本概念学习负迁移矫正的时候，要注意以下几点要求：

（1）教师在进行化学基本概念的讲解时要抓住概念形成的本质（感性到理性的上升），充分利用学生头脑中已有的经验，积极利用化学演示实验、直观模型、动画模拟等多样的教学手段，给学生学习提供丰富的感性材料，并能够从学生身边生动有趣的化学现象、化学事实出发，引导学生对概念进行分析、比对、演绎等，进一步引导学生掌握化学概念。

（2）教师要指导学生通过化学概念来学习。在化学概念教学中，教师要注意具体化学实例的运用，帮助学生培养学习化学概念的兴趣，积极引导学生把观察化学奇异现象的兴趣慢慢升华到对化学问题进行思考、探究的兴趣上来，积极推动学生运用化学概念来学习。

（3）调动学生原有认知，排除前经验干扰。学生在新概念的学习时，要将新概念和原有概念进行比对、分析，这样才能建构新的知识结构。这就要求，在化学概念的授课过程中，教师的出发点要立足于调动学生原有的知识、认知结构、已有经验，尽量给学生提供丰富的感性、直观教学素材，引导学生对化学概念进行科学、全面的分析。这样学生就可以运用直观的新经验去排除日常具有的前经验带来的干扰，可以很好地消除化学概念学习的负迁移。

---

① 杨承印．化学课程与教学论［M］．西安：陕西师范大学出版社，2010：171．

（4）理清概念间的联系，形成知识网络。中学化学概念具有严密的逻辑体系，在概念教学中，教师要根据概念的本质特征和学生的认知能力，详细地对概念进行剖析、讲解，理清概念内部诸因素的相互制约性以及和其他化学概念之间的联系，这样，可以有效避免概念之间的相互混淆，有益于学生对概念的理解，有助于化学概念知识网络的形成，从而可以防止学生因孤立地认识化学概念而造成的负迁移。

【案例 3-2】“萃取”概念的迁移教学①

萃取是中学化学的基本概念，也是物质分离的基本操作。通过对学生访谈和作业反馈情况看，学生对该概念的建构与应用存在一定困难。学生对此知识点经常在考试中因为负迁移而造成解题失误。高中阶段的萃取概念指的是在化学实验中，用一种溶剂把一种物质从另一种溶剂中提取出来的一种物质分离的方法。譬如，如用 CCl_4 溶液可以萃取水中的 Br_2。

1. 构建萃取本质的模型

学习者认识事物一般都是从特殊事物开始，经过归纳总结，最终得出这一类事物的通性。对于萃取概念理解，教师可以利用教材上提供的素材，让学生首先亲自动手实验，感受萃取操作的过程，然后再运用另一种变式，让学生再次进行实验操作。这样做，可使学生对萃取具有一定的感性认识，并为萃取模型的构建提供实践层面的支持。

具体来说，让学生跟从教师先在碘水中加入四氯化碳，观察现象，振荡，再观察现象。接着让学生尝试用另一种萃取剂——苯加入碘水中，按萃取操作再进行一次实验。通过两次实验操作与对比，尝试说明萃取过程的特点。在推测实验现象的原因过程后，引导学生画出萃取过程示意图，从而建立了萃取的粗坯形模型。即液体与另一不相溶的液体混合，通过两溶液充分接触，使溶质从一种溶剂进入另一种溶剂中。具体如下：

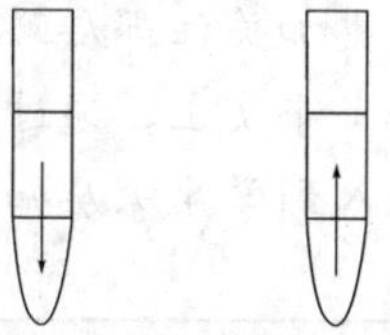

萃取过程示意图

① 陆余平，赵拯. 对萃取概念教学的探讨［J］. 化学教育，2011（4）：39.

2. 引导学生对实验操作进行意义建构

任何一个化学实验都是在一定的实验目的指引下进行的。换句话讲，实验操作都是为了实验目的服务的。如果以实验项目实施为手段，让实验目的对实验过程进行引领，加上教师适时的点拨提问，学生对于萃取细节的认识将会全面而又深入。

整个实验过程都是在富集结合教材实验操作编排的特点，可以将基本的操作通过从海带中提取碘的实验进行串联，将过滤、萃取、分液与蒸馏纳入实验项目中来。通过灼烧、过滤、反应得到碘水的溶液，接着如何将碘单质从其水溶液中分离出来呢？通过实验目的的指引，学生牢牢地把握着碘单质的性质，而分液漏斗的设计原理、实验操作步骤及注意点，这些细节处都会在实验目的引领下自然而然地解决。教师的主要作用是适时地引导学生思考，如提问：

（1）为什么要进行萃取，为什么不能直接蒸馏？

（2）为什么分液漏斗设计成上口大，小口尖长，且可以随时开关的装置？

（3）萃取剂（四氯化碳或苯）加的量是多些好还是少些好？

通过这些问题的解决，学生必将对萃取的操作非常熟悉。

3. 以生活实际为视角，促进对萃取原理的深化迁移

教学中我们提供这样的情境：西红柿汤是红色的，但如果再加入菜油，会发现菜油层特别的鲜红。一说到这里，学生很兴奋，因为日常生活中他们早发现了这个现象，但没有深入考虑这现象背后的原因。教师接着展示出加菜油与不加菜油的西红柿汤，学生个个跃跃欲试，迅速投入到讨论中去。通过这种学生在生活中司空见惯的现象的介绍，势必触及学生的兴奋点，让学生将化学知识与生活现象联系起来，相信许多学生在以后喝西红柿汤时都会更加关注那层鲜艳的油层，或许还会用汤匙搅几下，再倾倒出上层液体。事实上，通过这种具有生活气息的体验和活动的感受，该知识早已深入到学生深层知识结构中，并且点燃了他们对生活关注的火焰。

2. 化学基本理论学习负迁移矫正的授课策略

中学化学基本理论部分有其自身的特点，教师在该部分的教学过程中，必须有针对性地组织教学，才能帮助学生牢固掌握化学基本理论，并能很好地加以运用，根据化学基本理论部分学习负迁移的实证研究，本研

究对化学基本理论学习负迁移提出以下授课策略：

(1) 概念促进策略

中学化学基本理论大多是由有关概念或者运用相关概念总结出来的判断、推理、定律和特定的化学符号语言等要素组成的完整体系①。由化学基本理论构成体系的特点可以看出，加强学生对相关概念的理解和掌握，是促进学生学好化学基本理论的前提和基础，化学学科特定语言符号的掌握也有助于学生理解和表达相应的化学基本理论。因此，在化学基本理论教学过程中，教师有效地实施概念促进策略，有助于学生对化学基本理论的理解和掌握，有助于学习过程中正迁移的顺利实现，从而有助于消除化学基本理论学习过程中产生的各种负迁移。

(2) 事例呈现策略

中学化学基本理论知识一般比较抽象，概括性强。但是中学化学基本理论往往与具体的化学事实相联系，能够对化学现象和化学规律进行说明、解释和预见。因此，教师在中学化学基本理论知识的授课过程中要注意选取典型事例并能够提供足够的事实材料，帮助学生建立学习化学基本理论知识的可靠事实基础。同时，在化学基本理论的授课过程中，教师还要充分发挥学生的主观能动性，积极创设条件、提供机会，在课堂上让学生对化学现象和化学规律按照自己的理解进行解释、说明和预测，并对化学规律的发展进行预见，对预见的结果设计具体实验进行验证，依此来巩固、发展学生对化学基本理论的学习和掌握情况，减少化学基本理论知识方面负迁移的发生。此外，为了给学生建立起直观的印象，教师也可以采用直观的模型、图像等教具来将抽象的理论具体化。

(3) 能力培养策略

中学化学基本理论包涵了大量的概念、判断和推理等内容，这些内容的大部分都是逻辑思维的结果，所以化学基本理论都具有内容组织的严密性和前后联系的逻辑性。研究发现，中学化学基本理论部分产生的负迁移有 78%都是由内容组织不严密和逻辑性没理顺造成的。为此，教师在进行中学化学基本理论知识的教学中，必须要注意培养学生加强学生的逻辑思维能力和辩证思维能力，积极创造环境引导学生进行内容组织严密性的训练和问题逻辑性推断的练习，这样就能大大减少该类负迁移的发生。

---

① 杨承印．化学课程与教学论［M］．西安：陕西师范大学出版社，2010：173.

（4）逐级推进策略

由化学发展的历史可以看出，化学基本理论的产生、发展到成熟都需要经历一个内容由浅入深、适用范围由小到大的分阶段逐步推进的过程，这个过程往往伴随着谬误和真理的斗争。这就要求广大教师在中学化学教学中，要注意化学基本理论知识教学的阶段性，要让学生明白每个阶段该理论的内涵和适用范围，掌握好不同阶段学习的深度和广度，并在讲授的过程中及时地进行系统的总结。在讲述化学基本理论时，不能违背科学，要实事求是地说明所学基本理论的优缺点。在讲述化学基本理论的来源时要注意结合化学史的教育，借助生动形象的化学史实让学生明白化学基本理论是怎么逐步形成的，是怎么逐步发展直至成熟的。在化学基本理论的授课过程中，要注意学生实事求是精神和批判精神的培养，让学生不盲目迷信权威，要辩证地看待问题，为学生科学素养的养成打好基础。只有这样逐级推进地讲述化学基本理论，才能使学生对所学基本理论知识的来龙去脉有一个明晰地了解，可以辩证地、客观地看待基本理论的内涵和外延，从而可以有效减少化学基本理论学习负迁移的发生。

（5）兴趣养成策略

由前面所述，中学化学基本理论具有高度概括性的特点，理论的概括性越强抽象性就会越高，学生理解起来就会越难，出现学习负迁移的可能性就大。因此，学生在学习化学基本理论知识时，要注意加强对他们进行对化学现象及其化学规律进行科学解释、科学概括、科学抽象等兴趣的培养。教师在讲授化学基本理论知识时，要制定计划有目的、有计划地去培养学生的这种兴趣，要逐步培养学生学习化学基本理论的兴趣，要逐步培养学生进行理论探究的兴趣。在具体的教学过程中，教师要注意尽量分散化学基本理论的教学，让学生的理论学习兴趣逐渐养成，同时要注意保护学生逐步培养起来的兴趣。在授课时，教师还要注意把化学基本理论和事实性的物质知识的学习穿插安排，互相促进，分散化学基本理论学习的难度，切实保证学生化学基本理论学习兴趣的养成，为该部分学习负迁移的消除奠定基础。

【案例 3-3】“化学反应速率”迁移教学实录①

（一）情景激学

【课件展示】一组图片：“奥运焰火”“煤、石油的形成”“食物变质”

① 龚国祥. “化学反应速率”教学实录 [J]. 化学教学，2011（9）：22-25.

【教师】“奥运焰火”“煤、石油的形成”“食物变质”，它们的化学变化过程是快还是慢呢？在日常生活中你希望上述化学反应的反应速率快还是慢？

【学生】“奥运焰火”反应速率快，“煤石油的形成”速率慢，“食物变质”相对焰火反应的速率慢，相对石油形成的速率快。生活中希望“奥运焰火”的时间长一些；国际能源紧张，希望煤、石油的形成快一些。

【教师】食物变质有快有慢，对反应速率定性描述产生矛盾。“快”与“慢”是相对而言的，在科学研究和实际应用中，需要一个统一的定量标准来衡量或比较。因此，人们建立了化学反应速率这个概念，同时人类希望能控制反应速率。

设计意图：从学生熟悉的生活经验入手，定量表示化学反应速率的重要性和研究反应速率的意义。使学生了解研究反应速率的目的是人类希望能够控制反应速率，为第二节“影响化学反应速率”的教学做铺垫。

（二）问题导学

【教师】请回忆《化学必修 2》有关化学反应速率的知识，思考：什么是化学反应速率？应如何表示化学反应速率？化学反应速率的单位是什么？

【学生】化学反应速率是表示化学反应快慢的物理量。通常用单位时间内反应物浓度的减少或生成物量的增加量来表示。用 v 表示化学反应速率，Δc 表示浓度的变化量，Δt 表示时间的变化量。$v=\Delta c/\Delta t$，单位：mol/(L·min)或 mol/(L·s)

设计意图：回忆必修 2 学习的化学反应速率，由必修 2 中的定性描述转为定量计算，复习掌握化学反应速率的概念。复习 $v=\Delta c/\Delta t$ 公式为多角度设计化学反应速率教学方案提供理论基础。

（三）实验促学

【教师】建立化学反应速率定量概念目的就是定量表示化学反应速率的快慢。化学反应速率若觉得慢了，你就会想到采取措施使它快一点；若觉得快了，你就会想到采取措施使它慢一点，达到人们控制化学反应速率的目的。怎么知道这些措施有用？那就必须测量化学反应速率。可见化学反应速率的测量在化学反应速率研究中非常重要。可是具体到某个化学反应我们应该怎样来测定化学反应速率呢？依据什么指导思想进行化学反应速率的测定？下面我们就这个重点进行讨论。

【课件展示】以镁与盐酸反应 $Mg+2H^{+}=Mg^{2+}+H_2\uparrow$ 为例。小组合作讨论，如何测定该反应的速率？

从反应速率定义和离子方程式提供H^+、Mg^{2+}、Mg、H_2变量考虑，选取什么变量测量？从实际实验操作可行性考量，哪些变量可以测定反应速率？

【教师】要求首先自己独立思考1分钟，填写实验记录表。然后，与同学小组讨论2分钟，填写实验记录表。

表1　“化学反应速率”实验方案设计记录表

我的实验设计内容	
我的观点	
小组其他同学的观点	
小组讨论后的共识	

设计意图：独立思考，培养学生综合设计实验能力。小组讨论，培养学生合作学习的能力。填写实验记录，展示学生的思维过程，课后收集为教师制定教学策略提供参照。

教学反思：

化学学习中量的掌握关键在于理解其制定的目的和意义，认识事物本源才有助于学生对概念内涵与外延的掌握与运用。本节课用人教版教材，但引入了鲁教版教材的化学反应速率的概念。本节课借鉴了鲁教版教材的编写思路，将化学反应速率定量计算这个教学目标达成融合于实验设计和数据处理中，使实验和计算有机结合。

从学生实验入手，通过原理讨论—分组实验—数据处理—数据分析—问题讨论—实验结论，使学生掌握本节的教学目标；在原理讨论中培养学生实验设计能力；通过实验数据的处理、实验图像的理解让学生掌握化学反应速率的计算并认识化学家制定化学反应速率化学量的目的与意义；通过学生小组活动记录的形式，掌握学生的思维过程。

本课堂教学紧凑，学生积极参与，能很好地掌握学习目标；又以化学反应速率的计算为基础，培养学生识图识表的能力，将学生学习能力的培养一直贯穿于课堂学习的过程，减轻了学生的学习负担，达到了“减负增效”的目的。

教学中学生充分认识到习题实验和自己真正动手实验的不同，认识实践操作中的多样性和复杂性，认识数据处理对于科学发现的重要性，培养学生科学的态度。

（二）化学理论性知识学习负迁移矫正的学习策略

大量的心理学实验证明，化学理论性知识的学习过程是学生通过大脑积极的思维活动，对各种各样的化学具体事例进行分析、概括和总结，从而把握同类物质的共同关键特征的过程①。化学理论性知识的学习过程是有意义的知识建构过程，在这一具体的学习过程中，学习者对具体事例的选择与分析、对物质概念关键特征的突出表征以及学生已有的化学学习知识经验都是影响化学学习负迁移产生的重要因素。

1. 化学基本概念学习负迁移矫正的学习策略

中学化学基本概念一般都由四个部分组成：概念名称、概念的定义、概念的例证以及概念的属性。

【案例 3-4】"取代反应"概念分析

组成部分	具体内容
概念名称	取代反应
概念的定义	有机化合物中的原子或原子团被其他原子或原子团所代替的反应。
概念的例证	$CH_4 + Cl_2 \xrightarrow{\text{光照条件}} CH_3Cl + HCl$
概念的属性	被取代的物质为有机物，生成小分子化合物

根据上述对概念特征的分析和上述对化学概念学习负迁移的实证研究，提出化学基本概念学习负迁移的矫正策略如下：

（1）概念形成策略

概念形成策略指的是学生在化学基本概念的学习中，通过对概念大量的例证的认识和了解，以横向比较、形似概念辨析等形式，在头脑中构建出事物关键特征属性的一种化学学习策略。这种策略需要学生主动参与到化学知识的获得过程中。

运用概念形成策略矫正化学学习负迁移一般要经历三个阶段（见表 3-19）。

表 3-19　概念形成策略矫正化学学习负迁移的三个阶段

阶段	内容	要求
感性认识阶段	搜集与待学习的化学概念相关的足够多的例证。具体例证的获取方式来源于教科书、教师、化学资料、化学实验等。	搜集的例证相关度要好，例子要典型，化学实验要亲自设计，亲自动手操作。

① 刘知新．化学教学论［M］．4 版．北京：高等教育出版社，2010：252．

续表

阶段	内容	要求
信息提取阶段	通过搜集的例证，运用分析、比较、辨别等方式进行化学概念有用信息的提取。	提取过程需要去伪存真、去粗取精，提取有用信息。
理性升华阶段	对第二阶段获取的信息进一步抽象和概括，对概念的理解逐步由最初的感性认识逐步上升到理性认识。	要把获得的结论和同学广泛交流，在交流中使了解到的信息更为明晰、准确。

在运用概念形成策略进行负迁移矫正时，搜集到的概念相关例证越丰富，关键特征越明显，越有利于学生对化学概念的学习、理解和掌握，越有利于化学概念负迁移的消除。在化学概念的学习过程中，不仅要求学生能够把握概念所涉及的同类事物的共同本质特征，而且还要求学生能够排除掉和概念无关的非本质特征。

譬如，在“取代反应”概念的学习中，我们可以搜集到很多例证：甲烷和氯气的反应、乙醇和乙酸的反应以及乙醇变化为乙醚的反应等，这些反应事实都是“取代反应”的例子。在这些例子中，“反应物至少一种为有机物”“生成小分子化合物”是这一概念的关键特征，而这些反应中，反应物的颜色、状态，生成物的颜色、状态等特征都属于本概念的无关特征，这些无关特征往往会干扰学生对化学概念的理解和掌握，从而导致负迁移的发生。这就要求学习者在学习中要突出概念的关键特征，勇于舍弃无关干扰特征，从而使学得的化学概念清晰、明了，实现化学概念学习的正迁移，避免可能出现的负迁移。

（2）概念同化策略

概念同化策略是指学生在化学基本概念的学习中，充分利用大脑中原有的合适的概念知识来认识、学习新的化学概念的一种学习方法。在这种学习策略中，学生头脑中认知结构中原有的化学概念起着关键的作用。美国著名心理学家奥苏贝尔指出，对概念和原理进行学习的过程实质上就是新概念和学生头脑认知结构中原有的旧概念相互冲突、相互作用的过程，在这一过程中建立起相互的逻辑联系。这种内在的联系越明晰、越牢固，就会使原有的认知结构扩大，就越有利于知识的正向迁移，避免负迁移的发生。

运用概念同化策略矫正化学学习负迁移一般要经历三个阶段（见表3-20）。

表3-20　概念同化策略矫正化学学习负迁移的三个阶段

阶段	内容	要求
原有认知激活	在大脑认知结构中搜寻并激活与所学习的新概念相关的已有概念，初步理解新概念的含义。	原有概念搜寻要迅速、正确，关联恰当。
新旧概念比对	对建立起联系的新旧概念进行各方面的比较、找出其共性和差异的地方，该步骤是概念同化策略的关键。	要求新旧概念比较的内容必须全面，比对的内容必须要精确。
概念融会贯通	新旧概念之间的融会贯通，指的是新学习的化学概念如何以合适的方式融入到学生的认知结构中去。	新旧概念必须要形成系统的网络体系，概念的融会贯通必须要便于记忆和运用。

在化学概念负迁移的矫正过程中，合理利用概念同化策略可以精准地将新旧概念联系起来，可以使学生积极地运用已有认知结构去接受新概念，积极地把新旧概念进行融会贯通，这样的策略运用，就会使学生调用概念准确，运用概念灵活，可以很好地消除由于概念外延不清等引起的化学学习负迁移。

【案例3-5】概念同化策略示例

按照高中化学教材内容的编排，学生在学习过“电离平衡”的概念之前，已经学习了“化学平衡”概念。因此，对“电离平衡”概念的学习就不必让学生去观察有关的实验现象或收集有关的事实，而是可以采取“概念同化”的策略进行学习。

首先，教师引导学生回忆以前学习过的“化学平衡”的知识，将“电离平衡”与“化学平衡”建立起一定的初步联系。

其次，教师将“电离平衡”概念与“化学平衡”概念进行精确的类比，引导学生找出两个概念之间的关联点。它们的相同点在于都具有“平衡”的一般特征（逆、等、动、定、变），因此，平衡移动原理对二者都适用等；二者的主要区别在于建立平衡的具体本质不同，影响平衡的外部因素也不完全相同等。通过这样的比较过程，能够促进对新旧概念关键特征的把握，有利于学生准确地对概念加以应用。

最后，通过对“化学平衡”概念和“电离平衡”概念的具体分析，将两个概念从不同侧面联系起来，形成概念的整体网络结构，使“平衡”的概念体系进一步得以扩大，使学生的视野得到开阔。

（3）概念图策略

概念图策略指的是在化学基本概念的学习中，学生根据自己对化学概念相关知识的理解，用自己熟悉的网络图示的形式表示出化学概念的内涵和外延以及与其他相关概念联系的一种学习策略。概念图是以概念为连接点的网络化知识系统，又称概念构图和概念地图①。事实上，在化学教学过程中，学生对化学概念的学习，既包含着对化学概念本身含义的理解，又包含着对概念相似、相近的相互关联的概念的理解。在学习新的化学概念时，只有把它放在相应的概念网络系统中去认识和了解，才能很好地建立新旧概念之间的联系，便于学生对化学概念的学习和掌握。否则，习得的概念就会不系统、不全面，很容易出现负迁移。

中学化学中，一个完整的化学概念图包含四个方面的内容：概念命题、层析等级、横向联系、具体实例（具体见表 3-21）②。

表 3-21　化学概念图构成

组成部分	具体内容
概念命题	化学概念命题是化学具体概念通过相关连接词连接而成的一种论断。譬如，“原子是化学反应中的最小微粒”这个命题就是通过“是”联系起来的一种论断。
层析等级	化学概念图中的概念根据其抽象、概括的水平可以分成不同的层次。最上方的抽象程度最高，具体的实例位于概念图的最下方，概念图的中间部分是根据概念图的抽象程度依次分出的不同概念的分层排布。
横向联系	绘制出的概念图能够反映同一层次和不同层次概念之间的横向联系，这种联系的绘制能够体现出学生的创造能力。
具体实例	根据对不同层级概念的要求，列出恰当的、具体的实例给予说明，便于学生对概念的理解和运用。

① 王祖浩，等. 化学教育心理学［M］. 南宁：广西教育出版社，2007：418.

② 王磊，等. 科学学习与教学心理学基础［M］. 西安：陕西师范大学出版社，2002：59-65.

从表3-21可以看出，化学概念图的实质就是以科学命题的形式显示概念之间相互的意义关系。在化学学习负迁移的矫正过程中，合理使用概念图策略有助于学生系统地理解中学化学教学内容中少数关键性的重要化学概念，在理解的基础上用具体的知识和实例来巩固对概念的理解和掌握。利用概念图策略可以生动形象地反映出概念之间的逻辑联系，帮助学生深刻理解化学概念的内涵和外延，可以很好地消除由于概念掌握模糊造成的负迁移。

在化学概念图的绘制过程中，一是要注意抓住化学核心概念的定义以及和其密切相关的中心内容；二是要突出化学核心概念的性质特征，进行合理的关联；三是要建立和其他化学相关知识的联系。

运用概念图策略矫正化学学习负迁移一般要经历三个阶段（见表3-22）。

表3-22 概念图策略矫正化学学习负迁移的三个阶段

阶段	内容	要求
教师示范	教师讲解化学概念图的详细构成，仔细讲解构建概念图的步骤。	例证选择要典型、明晰，易于学生理解和掌握。
学生模仿	学生在教师的指导下，模仿教师的构建方法，尝试概念图的绘制，初步掌握概念图的绘制方法。	教师在指导过程中要把握好度，给学生以充分的自我空间进行练习。
交流完善	学生独立构建化学概念图，然后与其他同学进行交流、比较和评价，在此基础上修改和完善之前构建的概念图。	学生一定要按照自身的特点绘制概念图，不能只是简单地机械模仿。

实践证明，学生在教师的指导下，按照上述三个阶段逐步、分层次地实施概念图策略，有助于学生对化学概念的合理掌握，有助于学生创造思维能力的发展，可以有效地减少化学学习负迁移的发生。

【案例3-6】概念图策略示例

如在讲解氯气的实验室制法时，教师可以按照以下顺序网络组织教学：

反应原理→仪器与药品→气体发生装置图→气体检验→尾气处理

在教学中引导学生从每一个知识点沿不同角度、不同途径发散，从一个知识点延伸到另外一个知识点，并找到知识点间的内在联系，使各个知识点有机地联系为一个知识网。

又如学习元素及其化合物的知识时，可利用物质间的相互转化关系图引导学生形成知识网。如硫及其化合物的相互转化概念图：

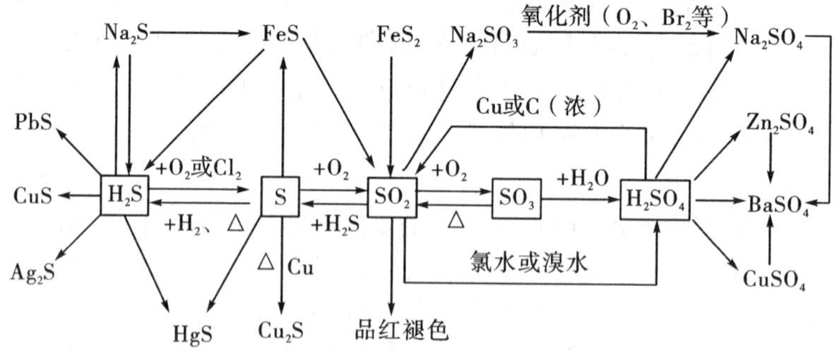

2. 化学基本原理学习负迁移矫正的学习策略

化学基本原理不同于化学概念，它是从特定的角度反映化学现象的规律，是化学知识的特殊组成部分。针对该部分学习过程中产生的负迁移，从学生角度提出以下矫正策略。

（1）归纳学习策略

学生在化学基本原理的学习过程中，可以尝试采用归纳学习的方式进行，其具体内容见表 3-23。

表 3-23　归纳学习策略矫正化学基本原理学习负迁移的步骤

阶段	内容
感知阶段	对典型的化学事实进行初步感知，了解和理论相关的现实中的具体例证。
归纳阶段	对初步感知的化学事实进行分析、综合、归纳，运用化学概念来概括化学事实，在假设并进行检验的基础上作出判断和推理，形成化学定律、规则、原理或观点。
验证阶段	对所得到的结论在更大范围内从多方面进行验证。尤其对不完全归纳得出的结论，这个步骤显得尤其重要。缺少这一环节会直接影响学生对所得结论正确性的认同度，同时还会影响学生对该基本原理知识的牢固掌握程度，最终导致化学学习负迁移的发生。
融合阶段	用有关化学知识解释、说明所得到的结论的阶段，并对所得结论进行论证，同时明确结论使用的范围，使有关的化学基本概念和原理按照内在的逻辑联系有机融合在一起，逐步形成完整的理论体系。通过联系、比较，明确这种理论体系跟其他理论体系的横向联系，使学得的化学基本理论和其他理论有机融合在一起。

续表

阶段	内容
运用阶段	把所习得的化学基本理论转化为可具体执行的若干个细则，并应用于具体化学实际问题的解决，不但能够使新的化学基本理论在实践中得到检验，同时，也会使对有关基本理论的认识进一步丰富、加深、巩固和发展。

【案例 3-7】归纳学习策略示例

中学化学知识点相对比较零碎，学生在学习过一段化学知识时间后要重视知识体系的构建。构建化学知识体系包括两方面：化学学科大的知识结构和每一章的小的知识结构。

譬如，元素及其化合物的理论知识部分，在教师讲解结束后，学生可以以“元素→单质→氧化物（氢化物）→存在”为主线进行理论性知识的归纳。在学习单质、化合物相关理论性知识时，学生可以按照“结构→性质→用途→制法”思路进行归纳，也可以从单质到不同类别化合物之间的横向联系为主线进行归纳复习，将元素化合物相关理论知识归纳成一个完整的知识网络。

研究表明，学生在学习中拥有零碎的知识，就好像没有组装成整机的一堆机械零部件，因为没有形成整体的知识结构而难以发挥其各部分的功能。学生应该学会在教师的指导下，把各部分相应的理论知识按其内在联系，形成一条主线进行归纳整理，将散、乱的理论性知识串成线、结成网，最终纳入大脑的知识结构之中才能形成一个系统完整的理论知识体系。只有这样，在遇到化学理论性知识的测试题时，才能够灵活调用、全面权衡，不会掉入负迁移的陷阱。

（2）演绎学习策略

学生在化学基本原理的学习过程中，可以尝试采用演绎学习的方式把习得的基本原理进行推广，在实践中应用，其具体内容见表 3-24。

表 3-24 演绎学习策略矫正化学基本原理学习负迁移的步骤

阶段	内容
准备阶段	首先对习得的基本理论进行温习，这是进行基本理论演绎的前提和基础。在准备阶段，有关的准备和问题通常以语言的形式来呈现，因此，学生要有感知语言的能力。

续表

阶段	内容
推理阶段	根据已知的化学概念和化学理论进行演绎推理，得出新的化学理论的命题。这一过程通常以简缩的方式进行，并不一定严格符合逻辑的要求。该过程不同于人类认识的理论过程，是对后者做理论加工改造的结果。
验证阶段	对所得到的结论在更大范围内从多方面进行验证。由于中学阶段，规定学习的化学基本原理在内容上是正确的，学生通常也是力求证实，因而容易忽视不支持推论的例外情况。
融合阶段	对上述演绎得到的结论着重于形成逻辑体系以及与其他理论的联系，并进行扩展，进而得出相关推论。该过程要注意因为前提或不严密的演绎过程产生的局限性，力求使理论更完善。
运用阶段	在前面几个步骤的基础上，形成运用规则，用于解决实际的化学问题，并且检验和发展相关化学理论。

【案例 3-8】演绎学习策略示例

演绎学习策略推理是一种从一般化学原理推演出个别元素化合物理论性知识的逻辑方法。在中学化学的学习中，学生能自己演绎推理的教材内容主要有：

（1）《普通高中化学　第一册》第五章“元素周期律”后的几族元素化合物知识；

（2）“化学反应条件的优化”学习之后“合成氨”的学习；

（3）电解原理的应用；

（4）有机物结构式的推导。

譬如，在学习了“元素周期律”之后，学生在学习“氧族元素”时，就可以根据教师讲述的有关“硫”的理论性知识，利用演绎推理的方法，对同族其他元素 Se、Te、Po 等元素及其化合物的性质进行推断。

（3）高层次转化策略

研究发现，学生在学习化学知识时，在“质”的把握上有高有低，可以分为不同的层次。化学知识按照学习者获取的方式及“质”上的差异可以分为 6 种不同的层次，由低到高分别为书本知识、有效知识、延伸知识、信息型知识、方法类知识、综合类知识等。在学习的过程中，学习者必须在教师的指导下，努力地把知识的获得从底层逐步向高层发展。教学实践表明，学生获得的化学知识中底层知识的比重越大，负迁移的发生率就越大，相反，高层知识拥有得越多，负迁移的发生率就越低。

【案例 3-9】高层次转化策略示例

试题：F_2 和 Br_2 的沸点相比较，前者和后者的关系是（　　）。

A. 大于　　B. 小于　　C. 等于　　D. 不能肯定

测试表明，本题的得分率很高，正确答案应该是 B 选项，然而通过访谈发现，给出正确答案的学生，其实在化学知识的“质”上差别很大。主要有以下几种方式：

一是凭借死记硬背课本上的知识点，给出的答案 B。

二是对大脑认知结构中存储的知识进行“回忆”。根据常温状态下，F_2 为气态，而 Br_2 为液态，可以判定前者的沸点小于后者，给出答案 B。

三是根据所学的卤素性质的递变规律，可以知道从上到下，卤素单质的熔沸点随着元素序数的递增，而逐渐增大，进而推出答案 B。

四是首先判断出二者的晶体类型属于分子晶体，再根据分子晶体的熔沸点规律，得出结论。

以上四种做题方法，给出的答案都是正确的，但是不同的学生对相关知识掌握程度、层次把握的差异很大。

第四章　化学事实性知识学习负迁移研究

化学事实性知识是指反映物质的存在、结构、性质、制备和用途等方面内容的元素知识以及化学学科与人类社会、生产活动和生活实际相联系的知识系统①。

中学化学课程中的事实性知识主要包括三大部分：一是主族元素及其化合物的相关知识；二是副族元素（Cu、Fe、Cr、Mn、Ag 等）及其化合物的相关知识；三是各类有机物（主要是代表物）的相关知识。

一、化学事实性知识的特点

化学事实性知识是中学化学内容的主要组成部分，它体现了化学学科的基本事实和存在，在中学化学内容中起着至关重要的作用，其具体有以下几个特点：

（一）基础性

中学化学事实性知识是学生学习其他化学知识的前提和基础，没有丰富的化学事实性知识作支撑，化学理论性知识就会变得抽象、空洞、难以理解。同时，没有事实性知识的支撑，化学用语、化学技能性知识的学习就会变得枯燥无味。

中学化学基础性知识的基础性主要体现在三个方面：化学基础性反应、元素化合物基础性特征和基础性实验。

1. 化学基础性反应

化学变化是化学学科的重要特征，每个化学变化都伴随着化学反应。中学化学事实性知识部分集中了元素化合物相关的基础性反应类型，为化学学科的研究提供了反应机理方面的支持，中学化学基础性的反应总结见表 4-1。

---

① 刘知新. 化学教学论［M］. 4 版. 北京：高等教育出版社，2010：245.

表 4-1　中学化学基础性化学反应汇总

基础反应类型	反应示例
和酸反应生成气体	(1) 金属单质＋ HCl（或稀 H_2SO_4） 实质：金属＋ $H^+ \rightarrow H_2\uparrow$ (2) 单质＋浓 H_2SO_4（或浓 HNO_3） ①金属单质 金属＋浓 $H_2SO_4 \rightarrow SO_2\uparrow$、金属＋$HNO_3 \rightarrow NO_2\uparrow$、$NO\uparrow$ 实质：金属与氧化性酸中的中心元素发生电子得失 ②非金属单质 $C+$浓 $H_2SO_4 \rightarrow SO_2\uparrow+CO_2\uparrow$　　$C+$浓 $HNO_3 \rightarrow NO_2\uparrow+CO_2\uparrow$ $S+$浓 $H_2SO_4 \rightarrow SO_2\uparrow$　　$S+$浓 $HNO_3 \rightarrow NO_2\uparrow+SO_2\uparrow$ (3) 化合物与酸反应 $CO_3^{2-}(HCO_3^-)\xrightarrow{H^+}CO_2\uparrow$　$S^{2-}(HS^-)\xrightarrow{H^+}H_2S\uparrow$　$SO_3^{2-}(HSO_3^-)\xrightarrow{H^+}SO_2\uparrow$
与碱反应生成气体	(1) 单质 $2Al+2NaOH+2H_2O = 2NaAlO_2+3H_2\uparrow$ $Si+2NaOH+H_2O = Na_2SiO_3+2H_2\uparrow$ (2) 铵盐 $NH_4^+ \xrightarrow{OH^-、\triangle} NH_3\uparrow$
两溶液混合生成沉淀和气体	(1) $Ba(OH)_2$ 与 $(NH_4)_2SO_4$ $Ba^{2+}+2OH^-+2NH_4^++SO_4^{2-} = BaSO_4\downarrow+2NH_3\uparrow+2H_2O$ (2) 可溶性铝盐与可溶性金属硫化物、可溶性碳酸盐或碳酸氢盐 如：$Al^{3+}+CO_3^{2-}(HCO_3^-)\rightarrow CO_2\uparrow+Al(OH)_3\downarrow$ $Al^{3+}+S^{2-}(HS^-)\rightarrow H_2S\uparrow+Al(OH)_3\downarrow$ (3) 可溶性铁盐与可溶性碳酸盐或碳酸氢盐 $Fe^{3+}+CO_3^{2-}(HCO_3^-)\rightarrow CO_2\uparrow+Fe(OH)_3\downarrow$ (4) 硫代硫酸盐与强酸（如盐酸、稀 H_2SO_4 等）
与水反应生成气体	(1) 单质 $2Na+2H_2O = 2NaOH+H_2\uparrow$ $2F_2+2H_2O = 4HF+O_2\uparrow$ (2) 化合物 $2Na_2O_2+2H_2O = 4NaOH+O_2\uparrow$ $Mg_3N_2+6H_2O = 3Mg(OH)_2\downarrow+2NH_3\uparrow$ $Al_2S_3+6H_2O = 2Al(OH)_3\downarrow+3H_2S\uparrow$ $CaC_2+2H_2O = Ca(OH)_2+C_2H_2\uparrow$
能与酸或碱反应	(1) 单质：Al、Zn、Be (2) 化合物：Al_2O_3、$Al(OH)_3$、弱酸铵盐［如 $(NH_4)_2CO_3$］、弱酸的酸式盐（如 $NaHCO_3$）、氨基酸

续表

基础反应类型	反应示例
双水解	Al^{3+} 与 CO_3^{2-} （HCO_3^-）；Al^{3+} 与 S^{2-} （HS^-）；Al^{3+} 与 AlO_2^- 等
电解	（1）三大熔融电解 $Al_2O_3 \xrightarrow[熔融]{电解} Al+O_2\uparrow$ $NaCl \xrightarrow[熔融]{电解} Na+Cl_2\uparrow$ $MgCl_2 \xrightarrow[熔融]{电解} Mg+Cl_2\uparrow$ （2）推断中常用的电解 $NaCl+H_2O \xrightarrow{电解} NaOH+Cl_2\uparrow+H_2\uparrow$ $CuSO_4+H_2O \xrightarrow{电解} Cu+O_2\uparrow+H_2SO_4$
铝热反应	$Al+金属氧化物 \xrightarrow{高温} 金属+Al_2O_3$
归中反应	$2H_2S+SO_2=3S+2H_2O$　$4NH_3+6NO \xlongequal{催化剂} 10N_2+6H_2O$ $6HCl+KClO_3=3Cl_2\uparrow+3H_2O+KCl$
置换反应	（1）金属→金属 金属＋盐→金属＋盐；铝热反应 （2）金属→非金属 活泼金属（Na、Mg、Fe）$\xrightarrow[\Delta]{H^+或H_2O} H_2\uparrow$ $2Mg+CO_2 \xrightarrow{点燃} 2MgO+C$ （3）非金属→非金属 $2F_2+2H_2O=4HF+O_2\uparrow$ $2C+SiO_2 \xrightarrow{高温} Si+2CO\uparrow$ $C+H_2O \xrightarrow{高温} H_2+CO$　$Cl_2(Br_2、I_2)+H_2S \xlongequal{} S\downarrow+2HCl(HBr、HI)$ （4）非金属→金属 H_2＋金属氧化物　金属＋H_2O　C＋金属氧化物　金属＋CO_2

2．元素化合物基础性特征

中学化学知识的学习中元素有主族元素和副族元素，涉及的化合物有无机物也有有机物，这些元素形成的单质和化合物呈现出了很多基础性的特征，具体见表 4-2。

表 4-2 中学化学元素化合物基础性特征汇总

特征	实例
白色	$Fe(OH)_2$、$CaCO_3$、$BaSO_4$、AgCl、$BaSO_3$ 等；不溶于稀酸的白色沉淀：AgCl、$BaSO_4$
红色	Fe_2O_3（红棕色）；$Fe(OH)_3$（红褐色）；$[Fe(SCN)]^{2+}$[红色(或血红色)]；Cu_2O [红色（或砖红色）]；被氧化的苯酚（粉红色）；石蕊在 pH＜5 的溶液中呈红色；酚酞在 pH 为 8～10 的溶液中呈浅红色；NO_2（红棕色）；液溴（深棕红色）；品红溶液（红色）；Cu（紫红色）；甲基橙在 pH＜3.1 的溶液中显红色
紫色	MnO_4^-（紫红色）；$[Fe(C_6H_5O)_6]^{3-}$（紫色）；I_2（紫黑色）；I_2 蒸气（紫色）；I_2 的 CCl_4 或苯或汽油等溶液（紫红色）；石蕊在 pH5～8 的溶液中呈紫色
橙色	溴水溶液（橙色）；溴溶于有机溶剂中（橙色或橙红色）；甲基橙在 pH3.3～4.4 的溶液中（橙色）
蓝色	Cu^{2+}、$Cu(OH)_2$、$CuSO_4 \cdot 5H_2O$；$[Cu(NH_4)_4]^{2+}$（深蓝色）；KFe $[Fe(CN)_6]$（蓝色）；石蕊在 pH＞8 的溶液中（蓝色）；I_2 遇淀粉（蓝色）
黑色	C、MnO_2、CuO、CuS、Cu_2S、PbS、Ag_2S、FeS、HgS、FeO、Fe_3O_4；不溶于稀酸的黑色沉淀：CuS、PbS、Ag_2S、HgS。
绿色	Fe^{2+}（浅绿色）；Cl_2（黄绿色）；碱式碳酸铜（绿色）；$FeSO_4 \cdot 7H_2O$（绿色）
褐色	Ag_2O（褐色）；溶解了溴的溴苯（黄褐色）
棕色	$CuCl_2$ 晶体（棕黄色）；$FeCl_3$ 晶体（棕红色）
黄色	S（淡黄色）、Na_2O_2（淡黄色）、AgBr（淡黄色）、AgI、Ag_3PO_4、Fe^{3+}、CrO_4^{2-}、PbI_2；甲基橙在 pH＞4.4 的溶液中（黄色）；不溶于稀酸的黄色沉淀：S（淡黄色）、AgBr（淡黄色）、AgI

3. 基础性实验

化学是一门实验学科，实验是化学学科的灵魂和精髓，中学化学事实性知识中有很多化学学科实验的基础性知识（具体见表 4-3），这些为学生今后从事化学学科的研究打下了坚实的基础。

表 4-3 中学化学基础性实验现象和反应类型

重要的实验现象	燃烧时火焰的颜色	(1) 火焰为蓝色或淡蓝色的是：H_2、CO、CH_4、H_2S、C_2H_5OH、S (2) 火焰为苍白色的是：H_2 在 Cl_2 中燃烧 (3) 钠元素焰色反应呈黄色，钾元素焰色反应呈紫色（透过蓝色钴玻璃观察）

续表

重要的实验现象	沉淀现象	(1) 溶液中反应有黄色（或浅黄色）沉淀生成的有：$AgNO_3$ 与 Br^-、I^-，$S_2O_3^{2-}$ 与 H^+，H_2S 溶液与一些氧化性物质（Cl_2、O_2、SO_2 等），Ag^+ 与 PO_4^{3-} (2) 向一溶液中滴入碱液，先生成白色沉淀，进而变为灰绿色，最后变为红褐色沉淀，则一定含有 Fe^{2+} (3) 与碱反应产生红褐色沉淀的必是 Fe^{3+} (4) 产生黑色沉淀的有 Fe^{2+}、Cu^{2+}、Pb^{2+} 与 S^{2-} (5) 与碱反应生成白色沉淀的一般是 Mg^{2+} 和 Al^{3+}，加过量 NaOH 沉淀不溶解是 Mg^{2+}，溶解则是 Al^{3+} (6) 加过量酸产生白色胶状沉淀的是 SiO_3^{2-}
	放气现象	(1) 与稀盐酸反应生成无色有刺激性气味的气体，且此气体可使品红溶液褪色，该气体一般是二氧化硫，原溶液中含有 SO_3^{2-} 或 HSO_3^- (2) 与稀盐酸反应生成无色无气味的气体，且此气体可使澄清的石灰水变浑浊，此气体可能是 CO_2，原溶液中含有 CO_3^{2-} 或 HCO_3^-；若为无色有刺激性气味的气体则为 SO_2 (3) 与碱溶液反应且加热时产生刺激性气味的气体，此气体可使湿润的红色石蕊试纸变红，此气体是氨气，原溶液中一定含有 NH_4^+ (4) 电解电解质溶液时，阳极气态产物一般是 Cl_2 或 O_2，阴极气态产物一般是 H_2
	变色现象	(1) Fe^{3+} 与 SCN^-、苯酚溶液、Fe、Cu 反应时颜色会发生变化 (2) 遇空气迅速由无色变为红棕色的气体为 NO (3) Fe^{2+} 与 Cl_2、Br_2 等氧化性物质反应 (4) 酸碱性溶液与指示剂反应会发生变化 (5) 品红溶液与 Cl_2、SO_2、次氯酸盐［如 NaClO、$Ca(ClO)_2$］、氯水、Na_2O_2 等漂白剂的作用 (6) 单质碘遇淀粉变蓝 (7) 卤素单质在水中和在有机溶剂中的颜色变化 (8) 使溴水褪色的物质有 H_2S、SO_2、不饱和烃类、活泼金属、碱类等
	热量变化	(1) 大多数的化合反应是放热反应；大多数的分解反应、弱电解质的电离、弱离子的水解是吸热反应 (2) 强酸和强碱溶于水时一般放热，盐溶于水时一般吸热，NaCl 溶于水时热量变化不大 (3) 氢氧化钡晶体与氯化铵晶体混合的反应、二氧化碳与碳的反应、焦炭与水蒸气的反应都是吸热反应 (4) 酸碱中和、金属与酸、一般物质与氧气的反应都是放热反应

续表

重要的化工基础生产反应	1. 煅烧石灰石 2. 水煤气的生产 3. 纯碱的生产 4. 氯碱工业（电解饱和食盐水） 5. 盐酸的生产 6. 漂白粉的生产 7. 硫酸的生产（接触法） 8. 硅酸盐工业（水泥、玻璃的生产） 9. 合成氨生产 10. 工业生产硝酸（氨氧化法） 11. 金属的冶炼 （1）钠的冶炼，（2）镁的冶炼，（3）铝的冶炼，（4）铁的冶炼，（5）铝热反应 12. TNT 的生产 13. 石油化工 14. 酒精的工业生产（乙烯水化） 15. 乙醛的工业生产（乙烯氧化、乙炔水化等） 16. 乙酸的工业生产 17. 葡萄糖的工业生产 18. 皂化反应

（二）生活化

中学化学事实性知识是与现代人类生活联系最紧密的知识，人类的衣、食、住、行等无不和化学事实性知识密切相关。

1. 和人们衣着相关的化学事实性知识

用于制作衣服的化学事实性知识主要是有机化学中的纤维。纤维分为天然纤维和化学纤维两类，化学纤维又分为人造纤维和合成纤维两类。人造纤维是由天然原料用化学方法加工而成的；合成纤维用的是纯粹的化学原料，然后再用化学方法加工而成。它们和人们生活中的衣着相关性见表 4-4。

表 4-4 和人们衣着相关的化学事实性知识

化学事实性知识	用途
植物纤维	植物纤维的主要成分是纤维素，是β-葡萄糖 $C_6H_{12}O_6$ 的聚合物，包括约 5 000 个核糖的单体，燃烧时生成二氧化碳和水，无异味，主要有棉、麻两类：棉在显微镜下看到棉纤维呈细长略扁的椭圆形管状，由于其空心，故吸湿性、透气性好，吸汗又保暖，是做内衣的理想材料；麻为实心棒状的长纤维，不卷曲，洗后仍挺括，适于做夏布衣裳、蚊帐。
动物纤维	动物纤维的主要成分是蛋白质。常用的有丝、毛两类：丝纤维细长，由蚕分泌汁液在空飞中固化而成，强度高、有丝光，宜做夏季衬衫，是一种高级衣料；毛纤维包括各种兽毛，以羊毛为主。毛纤维比丝纤维粗短，有很好的耐磨和保暖功能，具有柔软、蓬松、保暖、舒适、易卷曲等优点，比较适宜做外衣和水兵服。
合成纤维	合成纤维是用石油、煤、天然气、石灰石、空气、水等非纤维类的化工原料合成的纺织品做原料，经过化学合成和机械加工制成的产品。合成纤维为重要的高分子聚合物，有优异的化学性能和机械强度，在生活中应用广泛。譬如，1 000 吨石油炼出汽油以后，分离出的乙烯和丙烯可以制造合成纤维 1.5 吨，用它可织 20 万米布，做 10 万件衬衫。合成纤维具有天然纤维所没有的一系列优良性能，如强度高、耐磨、耐虫蛀、比重轻、保温性好、耐酸碱的腐蚀等性能。合成纤维中主要有锦纶、涤纶、腈纶、维纶、丙纶、氯纶、氨纶、芳纶、氟纶等。其中锦纶、涤纶、腈纶被称为现代化纤的三大支柱。

2. 和人类饮食相关的化学事实性知识

人类的饮食中涉及的化学事实性知识很多。譬如，食品中的添加剂食品，如人们吃的馒头发酵时要用酵母、碱面等；有些食品颜色属于人工着色，制作时加了食用色素。也有的食物的颜色是由于本身含有某种天然色素，如青菜的茎叶和未成熟的水果所呈现的绿色是叶绿素；西红柿的红色是番茄色素；虾、蟹的外壳含有虾青素，遇热后呈现红色。食品的香气来源于醇类、醛类、酮类、酯类等挥发性物质。鱼、肉、蛋里都含有丰富的蛋白质，蛋白质本身并无鲜味，但是煮熟后，水解生成了多种氨基酸，氨基酸具有鲜美的味道。在氨基酸中，要属谷氨酸的味道最鲜美。

通常，人们习惯于把味道分成酸、甜、苦、辣、咸五类，其和具体的化学事实性知识相关，具体见表 4-5。

表 4-5 和人们饮食相关的化学事实性知识

五味	化学事实性知识
酸味	酸味是由各种有机酸电离出来的氢离子所致，酸味的强弱取决于氢离子浓度的大小。食醋中含有 3%～5%的醋酸，酸菜中含有乳酸，水果、饮料或糖果中的酸味来源于组成中的柠檬酸、酒石酸、苹果酸以及维生素 C 等成分。
甜味	甜味是由蔗糖、果糖、葡萄糖、麦芽糖、乳糖等糖类物质引起的。制作糕点、饼干、冰棍、冰激凌时，还常常加入适量糖精，以增加甜度。糖精的化学名称叫邻磺酰苯甲酰亚胺，它的甜度约是白糖的 500 倍，不过它没有营养价值，只能刺激人的食欲。
苦味	含有生物碱的物质多数具有苦味，如黄连、可可等。茶叶中含有 5%的咖啡碱，茶水越浓，其味越苦。
辣味	辣椒中含有辣椒素，大葱、大蒜中含有蒜素，生姜中含姜油酮，芥末和萝卜的辣味来自芥子油，胡椒含有胡椒碱。
咸味	食盐是咸的，当化合物里同时含有一价阳离子和一价酸的阴离子时就有咸味。例如钾、钠的氯化物、溴化物、碘化物等。对于不能食用盐的肾脏病患者，可食用也能产生咸味的苹果酸钠盐来代替。

3. 和人们住宿相关的化学事实性知识

人们的住宿和化学密切相关。家里的塑料制品，如拖鞋、水桶、垃圾袋等都是化学制品。建房用的水泥、玻璃、油漆等也是化工产品。防火墙的原理也是在建材上涂上氢氧化镁（氢氧化镁熔点很高），玻璃是利用二氧化硅、碳酸钠制得的，油漆是利用有机物（苯、酮）做溶剂的，门窗用的是铝合金（主要成分是铝和镁）等等。

4. 和人们出行有关的化学事实性知识

目前，汽车车身和发动机绝大部分是用合金做的，而未来的汽车将使用高强度的塑料制品。人们日常运用的交通工具，譬如，自行车、电动车都要用到化工产品。汽车中的电瓶和电动车里面的电池等也都和化学密切相关。

（三）繁杂性

中学化学事实性知识内容繁多，涉及无机化合物知识和有机化合物知识占整个中学化学知识的 65%左右。化学事实性知识分布还比较广泛，必修 1、必修 2 以及选修的 6 个模块都分布着化学事实性知识。同时，化学事实性知识比较琐碎繁杂，中学化学事实性知识涉及元素的物理性质、化学性质、用途、制备等诸多方面，不好记忆，学生学习起来常常感到杂乱无章，如果在学习过程中不注意及时分析、归纳、整理，只靠简单地、机械地记忆，就很容易导致学习负迁移的发生。

1. 内容多，分布广泛

中学化学事实性知识主要由两大部分构成，具体内容如表 4-6 所示。

表 4-6　中学化学事实性知识构成表

分类	内容
无机化学中元素及其化合物知识	主族元素、副族元素、过渡元素及其化合物知识
有机化合物知识	烃、烃的衍生物、人类重要的营养物质（糖类、蛋白质、脂肪）和合成材料

据统计，中学化学事实性知识点将近 100 个，分布在 8 个模块之中，其中无机化学中元素及其化合物知识的分布如表 4-7 所示。

表 4-7　无机化学中元素及其化合物知识分布情况表

<table>
<tr><td rowspan="2"></td><td colspan="5">高一</td><td colspan="2">高二</td></tr>
<tr><td>第二章
碱金属</td><td>第四章
卤素</td><td rowspan="4">元素周期律</td><td>第六章
硫和硫的化合物　环境保护</td><td>第七章
硅和硅酸盐工业</td><td>第一章
氮族元素</td><td>第四章
几种重要的金属</td></tr>
<tr><td>第一节</td><td>钠</td><td>氯气</td><td>氧族元素</td><td>碳族元素</td><td>氮和磷</td><td>镁和铝</td></tr>
<tr><td>第二节</td><td>钠的化合物</td><td>卤族元素</td><td>二氧化硫</td><td>硅酸盐工业</td><td>氨　铵盐</td><td>铁和铁的化合物</td></tr>
<tr><td>第三节</td><td>碱金属元素</td><td></td><td>硫酸</td><td>新型无机非金属材料</td><td>硝酸</td><td></td></tr>
</table>

2. 知识杂，掌握困难

中学化学事实性知识中涉及的元素种类众多，并且彼此交叉，相互影响，给学生学习造成困难。无机化学中元素及其化合物知识中主要介绍了 Cl、S、N、C、O、P 等非金属元素及其化合物的性质。金属元素部分主要介绍了 Fe、Cu、Ag、Mg、Al 等元素及其化合物的性质，图 4-1、图 4-2、图 4-3 和图 4-4 具体介绍了典型元素及其化合物内容的繁杂程度。

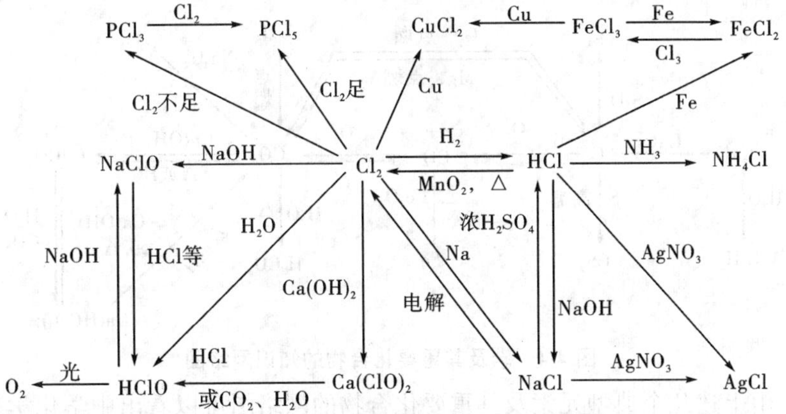

图 4-1 氯及其重要化合物的知识网络图

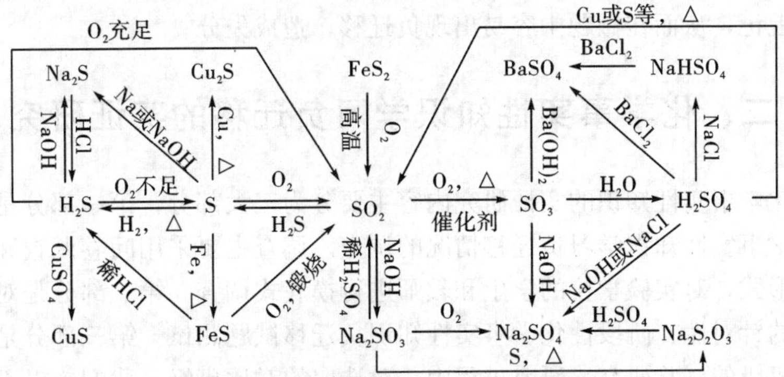

图 4-2 硫及其重要化合物的知识网络图

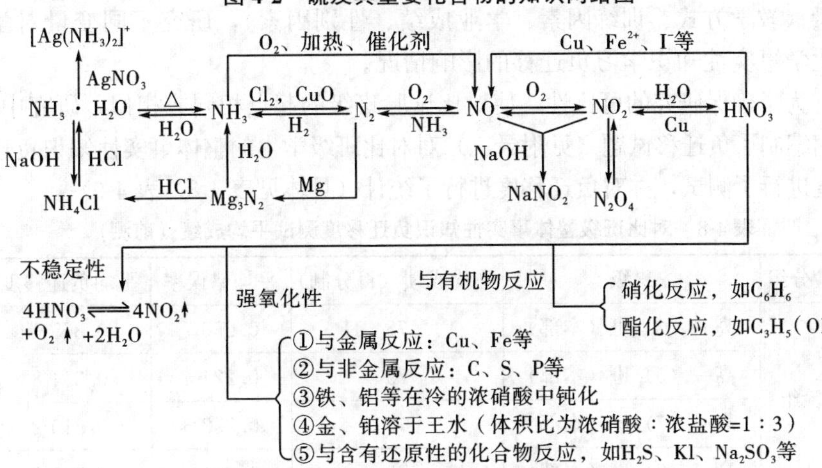

图 4-3 氮及其重要化合物的知识网络图

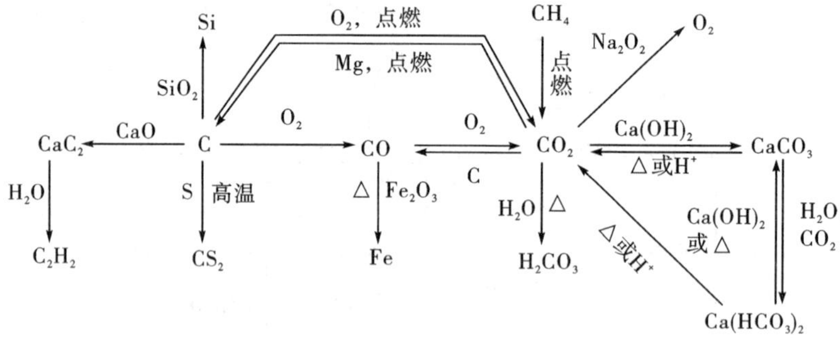

图 4-4 碳及其重要化合物的知识网络图

由上述几个典型元素及其重要化合物的网络图可以看出中学化学事实性知识的繁杂性，学生在学习过程中如果方法不当，很容易导致错记、漏记和混记，从而在做题中容易出现负迁移，造成失分。

二、化学事实性知识学习负迁移的实证研究

化学事实性知识的实证研究内容主要分为三大部分，第一部分是对当前化学事实性知识学习负迁移情况的调查。调查主要采用问卷调查和访谈两种形式，对实验学校的学生和教师进行摸底式调查。第二部分是对调研对象的针对性、阶段性化学事实性知识负迁移试题测试。第三部分是比对平行班级的试验研究，研究过程中，对选取的对比班级，我们施以不同的变量（教学方式、训练因素、学业成绩、性别因素），研究不同变量对学生化学事实性知识学习负迁移的影响情况。

为了确保研究的可比性，使对比试验班级的起点相同或相似，研究中，我们编制了负迁移试题（见附录三）对对比班级学生的整体事实性知识负迁移度进行了测试，并对负迁移度进行了统计（具体见表 4-8、表 4-9）。

表 4-8 对比班级整体事实性知识负迁移度测试平均成绩（前测）

试验分组	班级	平均成绩（百分制）	平均错误率	平均负迁移度
实验组	高一（3）班（本部）	78	0.230 7	0.365 4
	高一（5）班（本部）	79	0.224 4	0.354 8
	高一（7）班（本部）	76	0.252 5	0.310 2
	高一（8）班（本部）	80	0.204 0	0.301 8

续表

试验分组	班级	平均成绩（百分制）	平均错误率	平均负迁移度
控制组	高一（2）班（新校区）	77	0.263 1	0.310 0
	高一（4）班（新校区）	76	0.240 9	0.324 3
	高一（11）班（新校区）	79	0.214 2	0.298 6
	高一（13）班（新校区）	75	0.274 1	0.330 9

从表 4-8 可以看出，试验前，8 个平行班级的整体事实性知识水平相当，平均负迁移度相近，可以进行对比的试验。

表 4-9 化学事实性知识测试题平均负迁移度统计

题目	平均错误率	平均负迁移度
S1	0.301 2	0.318 6
S2	0.264 0	0.204 3
S3	0.290 3	0.321 7
S4	0.281 0	0.300 9
S5	0.314 1	0.354 3
S6	0.294 1	0.301 2
S7	0.307 4	0.309 8
S8	0.350 3	0.365 7
S9	0.231 0	0.287 6
S10	0.256 4	0.298 7
S11	0.311 0	0.350 9
S12	0.328 9	0.346 8
S13	0.243 1	0.287 9
S14	0.312 0	0.320 6
S15	0.360 8	0.386 7

【样例分析】

研究过程中，我们在对化学事实性知识测试、分析的基础上对学生的负迁移情况通过出声思维等方式进行了调查，下面以 S3 为例，对其分析、研究过程给予呈现。

S3. 下列标有横线的物质可以完全溶解的是（　　）。

A. 1 mol Zn 与含 1 mol H_2SO_4 的稀 H_2SO_4 共热

B. 1 mol Cu 与含 2 mol H_2SO_4 的浓 H_2SO_4 共热

C. 1 mol Cu 与含 4 mol HNO_3 的浓 HNO_3 共热

D. 1 mol MnO_2 与含 4 mol HCl 的浓盐酸共热

结果分析：本题主要考查物质相互反应时浓度对化学反应的影响，尤其是稀、浓硫酸性质的差异。测试结果表明，有 38%的学生认为四个选项都应该选择，这个题目的负迁移度达到了 0.321 7。

出声思维

学生 1：先写出四个反应的化学反应式（略），A 答案中锌和稀硫酸物质的量之比为 1∶2 时恰好反应完，所以符合题意；B 答案中铜和浓硫酸根据反应方程式可以看出反应比例刚好也为 1∶2，恰好也反应完全，所以符合题意；C 答案中根据反应方程式，铜和浓硝酸反应的比例刚好是 1∶4，恰好完全反应，所以符合题意；D 答案中根据化学反应方程式可以看出，二氧化锰和浓硝酸反应的物质的量之比刚好为 1∶4，所以也符合题意。因此，本题的答案是 A、B、C、D。

学生 2：这个题目应该考查的是浓度对化学反应的影响，所以不用写具体的化学反应方程式，直接根据题意判断就行。A 选项本身就是稀的，不存在变稀问题，因此，可以反应完全。其余三个选项都存在变稀后不反应的情况，所以本题的答案应该是选 A。这个题目设置的陷阱被我识破了。

学生 3：这个题目考查的是浓硫酸变稀氧化性变弱的情况，这个知识点我掌握了，稀硫酸和铜是不反应的，因此，这个题目的答案应该是 A、C、D。应该是没错误的。

通过上面学生的解答可以看出，解答题目的时候，有一部分学生把重点放在了“物质的量之比”上，忽视了随着反应的进行，后三个选项中酸的浓度会降低的情况。有的学生注意到了浓度的变化对反应物性质的影响这一点，可是忽视了稀硝酸和铜在加热条件下也会反应的实验事实。本题的正确答案应该是 A、C。

（一）教学方式

研究中，我们针对化学事实性知识主要从化学教材的呈现方式、化学教学策略、化学教学方法三个维度对中学化学教学活动中教师在化学事实性知识教学过程中的教学方式进行了实证研究和分析。

1. 教材呈现方式

为了探明教师对教材不同的呈现方式对化学学习负迁移的影响，我们帮助实验组的教师在安排理论性知识的讲解时尽可能地使用师生互动生成教材的呈现方式，对控制组的教师不予干涉，他们根据自己的习惯进行上课。图 4-6 和表 4-10 呈现了控制组和实验组教师组对相同事实性知识对教材呈现采取的不同处理形式（图 4-5 为教材的原貌呈现①）。

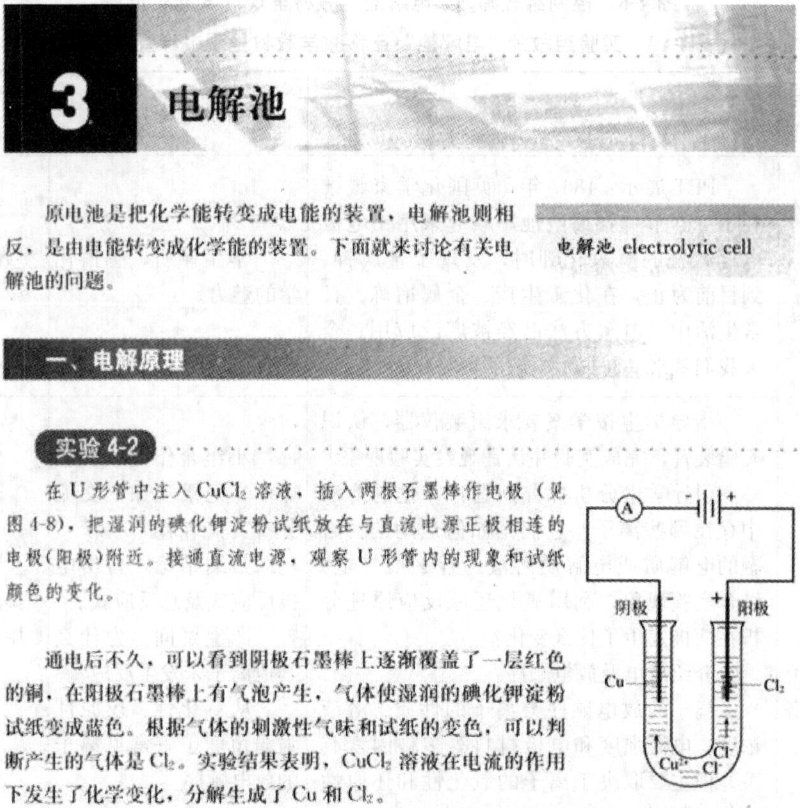

3 电解池

原电池是把化学能转变成电能的装置，电解池则相反，是由电能转变成化学能的装置。下面就来讨论有关电解池的问题。

电解池 electrolytic cell

一、电解原理

实验 4-2

在 U 形管中注入 $CuCl_2$ 溶液，插入两根石墨棒作电极（见图 4-8），把湿润的碘化钾淀粉试纸放在与直流电源正极相连的电极（阳极）附近。接通直流电源，观察 U 形管内的现象和试纸颜色的变化。

通电后不久，可以看到阴极石墨棒上逐渐覆盖了一层红色的铜，在阳极石墨棒上有气泡产生，气体使湿润的碘化钾淀粉试纸变成蓝色。根据气体的刺激性气味和试纸的变色，可以判断产生的气体是 Cl_2。实验结果表明，$CuCl_2$ 溶液在电流的作用下发生了化学变化，分解生成了 Cu 和 Cl_2。

图 4-5　“电解池”教材原貌（部分截图）

① 化学课程教材研究开发中心．化学反应原理［M］．北京：人民教育出版社，2012：79.

教师：先前我们学习了原电池，大家思考一个问题："什么是原电池？"

学生 1：原电池就是把化学能转化成电能的装置。

教师：同学们思考一下，和原电池相反，电能转化成化学能的装置叫什么呢？这就是本节课我们即将学习的东西，请同学们阅读课本第 79 页。

…………

（学生能够阅读教材）

教师按教材顺序讲解教材（具体内容略）

图 4-6　控制组教师对"电解池"教材呈现（课堂实录）

表 4-10　实验组教师"电解池"迁移教学教材呈现（课堂实录）

教学环节	教师行为	学生行为	教学资源
引入 创设问题情境	PPT 展示：1807 年，英国化学家戴维利用 250 节锌铜原电池串联起来用铂电极电解熔融的氢氧化钾时，发现了金属钾。到目前为止，在化工生产、金属冶炼、日常生活中，电解方法已经被广泛应用。今天我们就来一起揭示电解的奥秘！	学生倾听，感悟化学的魅力。	多媒体设备
探究任务 1	指导学生按学案要求组装仪器，认识实验装置，完成实验并认真观察实验现象。 引导学生分析探究问题：氯化铜溶液中存在哪些离子？它们是如何运动的？熔融的电解质或电解质溶液为什么能导电？结合实验现象，利用氧化还原反应原理分析在两极发生了什么变化？ 介绍放电及放电顺序： 离子的放电顺序与离子的性质、溶液浓度、电流强度和电极材料等多种因素有关。但主要取决于离子的氧化性和还原性的相对强弱。	小组合作完成实验操作，记录现象，交流分析实验结果。 归纳结论，写出电极反应式及总反应式。 产生疑问：为什么其他离子未发生反应？ 从氧化性、还原性强弱角度了解常见离子的放电顺序。	实验用品
	引导学生形成概念，体会能量转化形式，并设计表格与原电池进行对比。 利用多媒体动画演示电解的微观过程。	归纳：电解的概念及电解池的组成通过与原电池的对比加深认识。	多媒体设备、学案

续表

教学环节	教师行为	学生行为	教学资源
探究任务2	组织学生预测电解氯化钠溶液的实验现象并说明理由，依据教师提供的实验药品确定检验产物的方法。 （可结合学生实际加以引导）	思考、交流自己的观点，确定检验方法：在阴、阳两极滴加酚酞或石蕊试液，湿润的淀粉碘化钾试纸用于检验阳极产物。	实验用品
	指导学生按要求完成实验并认真观察。归纳分析电解过程的一般思路或方法。	完成实验并练习书写电极反应式与总反应式。 交流、总结分析方法：分析溶液中的离子→结合离子的放电顺序写出电极反应式→写出总反应式。	学案
	现在一般家庭用的消毒液我们都是利用氯气溶于氢氧化钠溶液制得的，那大家学过电解理论后能不能设计一种既环保又可以重复利用简易装置来替代消毒液呢？	绘制装置图，并进行交流、评价。	实物投影
探究任务3	电解水实验中为加强导电性可加入一些电解质，可加入哪些电解质？	思考、交流： 阴离子含氧酸根或为 OH^-； 阳离子的放电顺序在 H^+ 之后或为 H^+。	学案
巩固练习	分析：电解硫酸铜溶液时的电极反应式和总反应式。 指导学生总结本节课的收获与不足。	练习、体会分析方法。 反思收获和不足。	学案

课堂授课结束后，我们分别抽样对实验组和控制组班级的学生和教师进行了访谈，现摘录部分给予呈现。

访谈实录：

控制组

教师1：电解池的知识是高中化学的重要内容，要给学生系统地讲解，要从原电池的知识慢慢过渡到电解池。这部分内容比较重要，我认为关键是把电解池概念讲清楚，学生认真听，记住并进一步会区分这些概念就行，因此，我对教材呈现内容采取的方法就是讲授教材。

学生1：教师对这个概念的讲课方法比较传统，我基本上能听明白，但是感觉比较枯燥，下课后感觉收获不大，做练习还是老想起原电池，因为都是池子嘛。

实验组

教师2：电解池概念是电化学的重要内容，也很容易和原电池记混发生负迁移，我在进行这部分教材的处理时，感觉还是以学生为主体，本节设计从化学史引入，通过电解氯化铜溶液进行相关理论的探究，归纳电解的原理，进一步分析氯化钠溶液电解的具体过程，给学生形成分析电解过程的一般方法，在层层递进的教学活动中，引导学生电解池概念的生成，同时，应用原理解决实际问题，加深了学生对原理的理解。

学生2：教师对电解池的讲课方法，能够让我们主动地参与，感觉挺好。老师这种对教材的灵活呈现，使我们学习起来有一种新奇感，能够主动参与到学习中去，能够激发我们的学习兴趣，使我们对电解池和原电池理解都比较清楚，不容易把它们搞混。

2. 教学策略

为了验证不同教学策略的选取对学生化学学习负迁移的影响，在试验中，控制组按照学校常规的教学策略进行，实验组遵照事实性知识的特点和化学学习迁移的规律进行有利于正迁移的教学策略设计。具体举例如表4-11所示。

表 4-11　实验组教师减少事实性知识学习负迁移的教学策略

减少负迁移的教学策略	教学案例
迁移情景创设策略	高一化学中，实验组教师在讲授“氯气的性质”时，首先通过播放运送液氯的汽车侧翻造成氯气泄漏的新闻报道开始，给学生创设一个有关氯气的真实场景，让学生直观认识到氯气的毒性、运输和保存时的注意事项，激发起学生学习氯气的欲望，再结合消防人员对泄漏氯气的处理方法，增强学生对氯气性质的进一步了解。
多媒体呈现策略	实验组教师在讲授“金属钠的性质”时，一是通过演示实验，在小烧杯中让金属钠与水反应，让学生观察现象。但是这样的演示实验教师一般是在讲台上完成的，这样做的弊端是只有前几排的学生能够观察清楚，印象深刻，后面的学生不能被照顾到。为了克服这个弊端，在授课过程中，我们建议教师在做此演示实验时使用投影仪，把小烧杯改为培养皿，把它放在投影仪的展示台上，然后调整投影仪的角度，把图像投射到教师周边的白色墙壁上，这样在开始演示实验，全班学生都能很清楚地看到钠在水里的运动轨迹和冒烟现象，以及溶液变红的现象使用多媒体策略对此实验的改进，可以大大增强学生对钠的性质的理解和掌握，可以有效地减少由于钠单质性质掌握不牢造成的学习负迁移。
类比练习策略	实验组教师在基本理论的教学过程中，通过类比练习，进一步加深学生对认知结构中事实性知识的认识。 练习 1：写出 Na_2O_2 和 CO_2 的反应：____________。 单独呈现练习 1，学生大多都能写出正确答案。 但给出练习 2 作为对比练习后，学生的负迁移就发生了，负迁移度达到了 0.625 0。 练习 2：写出 Na_2O_2 和 SO_2 的反应：____________。 实验组通过这种类比练习，学生认知结构中过氧化钠和非金属氧化物的反应等相关概念的可辨别度就被大大加强了。

3. 教学方法

为了验证不同教学方法的选取对学生化学学习负迁移的影响，在试验中，控制组教师按照学校常规的教学策略进行，实验组教师遵照事实性知识的特点和化学学习迁移的规律采取了有利于减少负迁移发生的化学教学方法。具体举例见表 4-12。

表 4-12　实验组教师减少事实性知识负迁移的教学方法

减少负迁移的教学方法	教学案例
特征凸显法	在讲解“F_2 的性质”时，教师突出“F 是非金属性最强的元素”这一典型的特征进行讲解。然后，对其性质独特的地方做重点讲解。 ①制备独特：不能用玻璃仪器； ②和 H_2O 反应独特：生成 O_2； ③没有含氧酸； ④无正化合价； ⑤不能把 Cl、Br、I 从它们的盐溶液中置换出来。 这样的特征凸显讲解，就不会使学生去类比氯气的性质产生负迁移。
学科交叉法	化学是科学的重要组成部分，和物理和生物学科联系更为紧密。为此，实验组教师在教学中及时利用其他学科已经学过的知识来学习和巩固相关的化学知识。譬如，授课过程中把“酶的性质”与生物学中的“消化酶”“蛋白酶”等知识进行交叉比对联系，在进行事实性知识的讲授过程中，可以做到学科间的相互促进。这样在问题解决过程中，学生思维调取就比较灵敏快捷，不容易出现学习负迁移。
归纳概括法	利用化学实验对化学事实性知识的概括，一般经过三个主要阶段：感知阶段、提取阶段、推广和应用阶段。在“原电池原理”的教学过程中，实验组教师在新课的开始演示实验：a. 锌片放入稀硫酸中；b. 铜片放入稀硫酸中；c. 将锌、铜片相互接触或用导线连接起来放入稀硫酸中，并在锌片和铜片之间连上电流计。学生可以观察到如下实验现象：锌片能和稀硫酸迅速反应放出氢气，常温下，铜片不能和稀硫酸反应；c 装置中铜片上有气泡冒出，电流计指针发生偏转，说明在锌片和铜片之间有电流产生。实验组教师的这种做法可以使学生对该过程有一个清楚的感知。 提取阶段，实验组教师透过学生观察到的化学实验现象分析其产生这种化学现象的原理和本质，进而概括出“原电池的反应原理”的概念。这样的讲课方法，就会使学生在以后的学习中遇到“原电池”的类似装置时就能将所学的原理进行正向迁移，运用到具体问题中去，进而可以保证在推广和应用阶段负迁移的减少甚至是消除。

（二）训练因素

1. 训练题型

为了进一步的验证不同训练题型对学习负迁移发生的影响，我们针对化学事实性知识中的易混淆的概念分别设置了不同类型的习题，隐藏在单元测试中进行了测试，得出同样概念学习负迁移度（£）的值如图 4-7 所示。

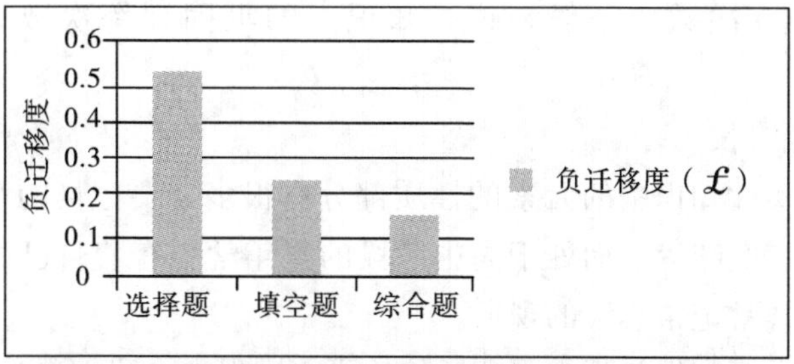

图 4-7 相同事实性知识在不同题型中的负迁移度

由图 4-7 可以看出，测试的结果和访谈的结构式吻合的。这个研究给我们的启示是在中学化学事实性知识的教学过程中，为了减少学习负迁移的发生，教师针对不同的事实性知识在考查题型上要下功夫，这项工作可以起到事半功倍的成效。

2. 训练次数

为了研究训练次数对负迁移产生的具体影响情况，我们在试验中，针对化学事实性知识中易产生负迁移的相同知识点，隐含在平时的单元测试、期中测试、期末测试中进行，得出了训练次数和学习负迁移度（£）的函数图像（如图 4-8 所示）。

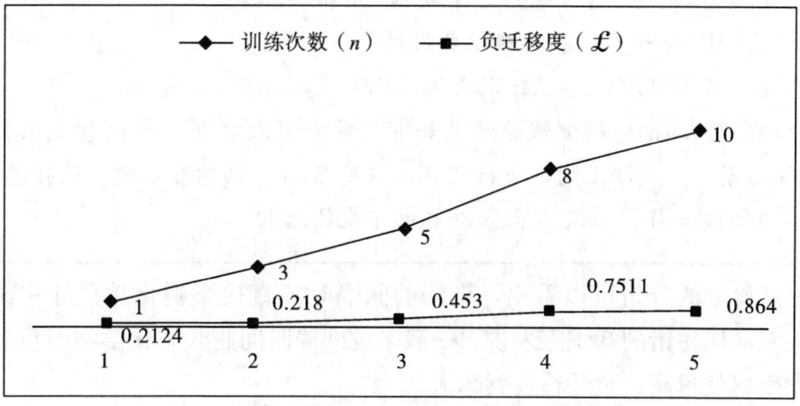

图 4-8 化学事实性知识习题训练次数和负迁移度的函数关系图

由图 4-8 可以看出，化学事实性知识的学习过程中，针对知识点的训练次数不是越多越好，训练次数越少负迁移度就越小，但是学生掌握程度就越低。相反，训练次数越多，知识掌握越牢固，但是负迁移度越高。因此，在中学化学事实性知识的教学过程中，教师要把握好习题的训练次数，一般来说，知识点的巩固训练次数以 3 到 5 次为宜。

3. 间隔时长

化学事实性知识中的元素的性质部分有很多需要记忆的东西，诸如，物质的颜色、气味等，而处于高中阶段的青年学生有着自己的记忆特点，经常会出现“常记常忘”的现象。

在对化学事实性知识学习负迁移的研究过程中，我们也涉及了训练时间间隔对化学学习负迁移的影响情况。我们根据学生的特点设计题目进行测试。

【案例 4-1】

IBr 的化学性质与卤素单质相似，能与大多数金属反应生成金属卤化物，和某些非金属反应生成相应的卤化物，跟水反应的化学方程式为[①]：$IBr + H_2O = HIO + HBr$，则下列关于 IBr 的叙述正确的是（　　）。

A. 固态 IBr 晶体是分子晶体

B. 和 NaOH 溶液反应时生成 NaBr 和 NaIO

C. IBr 分子中存在非极性共价键

D. 与 H_2O 反应，IBr 既是氧化剂又是还原剂

解析：间隔时间测试的结果如下：首次测试中有 48%的学生做错，选择答案 D。间隔 1 周，进行测试，仅有 25.6%的学生答错，选择答案 C。再间隔一月，测试结果有 36%的学生错选 D。

从以上的分析可以看出，训练的间隔时长直接影响化学负迁移的发生，对同样易错的知识点来说，一般来说间隔时间越长，化学学习负迁移的发生率就越高，负迁移度就越大。

① 王后雄．化学教学诊断学［M］．武汉：华中师范大学出版社，2002：255.

（三）学业成绩

为了研究不同类别学生化学学习负迁移的情况，我们对最近两次综合性考试中不同类别学生的负迁移度的平均值进行了统计（见表 4-13）。

表 4-13　不同类别学生的事实性知识学习负迁移度统计表

试验分组	班级	平均负迁移度（£）		
		绩优生	绩中生	学困生
实验组	高一（3）班（本部）	0.138 2	0.348 9	0.501 2
	高一（5）班（本部）	0.146 8	0.369 4	0.541 3
	高一（7）班（本部）	0.201 1	0.306 4	0.500 6
	高一（8）班（本部）	0.193 2	0.305 2	0.498 7
控制组	高一（2）班（新校区）	0.251 3	0.396 2	0.601 1
	高一（4）班（新校区）	0.201 6	0.401 2	0.598 1
	高一（11）班（新校区）	0.243 6	0.389 1	0.604 3
	高一（13）班（新校区）	0.271 0	0.402 2	0.611 0

由上表可以看出，不同层次学生的化学学习负迁度不一样，整体来说其趋势是：

$$£_{(学困生)} > £_{(绩中生)} > £_{(绩优生)}$$

究其原因，和学生的学习习惯、学习态度有关，一般来说，绩优生学习态度端正、化学学习兴趣浓厚，教师授课过程中能够比较好地听讲，课后能够及时进行复习巩固。迁移规律运用相对较好，所以整体负迁移度较低。绩中生、学困生的表现依次欠佳，因此，其负迁移度依次升高。

（四）性别因素

通过第三章中的分析可以看出，不同性别的学生在化学学习方面的差异比较明显，为了进一步研究化学学习负迁移的产生和学生性别的相关性，我们在化学事实性知识的学习过程中，针对元素化合物知识设计一定的题目，对学生进行了测试（具体结果见表 4-14）。

表 4-14　事实性知识学习负迁移度不同性别统计表

试验分组	班级	平均负迁移度（£）	
		女生	男生
实验组	高一（3）班（本部）	0.136 2	0.185 6
	高一（5）班（本部）	0.132 4	0.201 1
	高一（7）班（本部）	0.170 6	0.210 2
	高一（8）班（本部）	0.184 3	0.210 9
控制组	高一（2）班（新校区）	0.209 8	0.294 6
	高一（4）班（新校区）	0.231 7	0.298 7
	高一（11）班（新校区）	0.214 0	0.300 2
	高一（13）班（新校区）	0.254 3	0.278 9

由表 4-14 可以看出在事实性知识学习过程中，负迁移度存在一定的性别差异，具体见图 4-9。

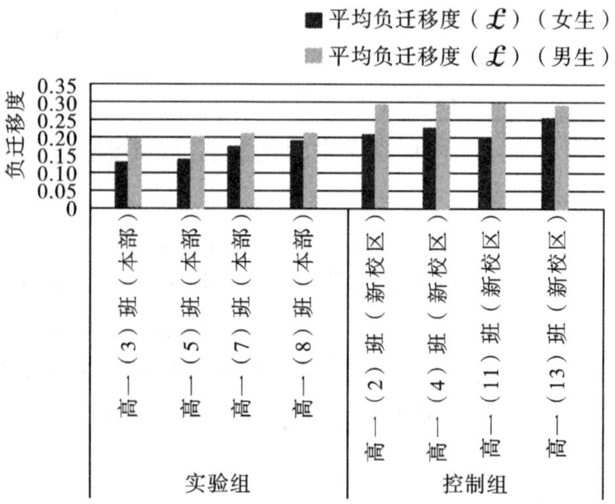

图 4-9　元素化合物知识学习负迁移度的性别差异

由图 4-9 可以看出，在事实性知识学习过程中，女生的优势明显于男生，整体负迁移度低于男生，这与女生喜欢按照教师的讲解认真听讲、敏于记忆元素化合物的性质、特征和课后较为扎实的复习有关。

在化学事实性知识的教学试验过程中，我们对实验组教师和学生进行了变量上的控制，为了验证各种变量产生的效果，在一个学期的教学试验结束时，利用学校组织的期末考试，我们针对这一部分设计了难度相当的事实性试题对实验组和控制组学生的负迁移度进行了后测，并对负迁移度进行了统计（具体见表4-15）

表4-15　对比班级整体事实性知识负迁移度测试平均成绩（后测）

试验分组	班级	平均成绩（百分制）	平均错误率	平均负迁移度
实验组	高一（3）班（本部）	82	0.190 2	0.201 2
	高一（5）班（本部）	84	0.172 3	0.196 8
	高一（7）班（本部）	80	0.191 0	0.202 1
	高一（8）班（本部）	81	0.184 5	0.198 7
控制组	高一（2）班（新校区）	79	0.200 1	0.224 0
	高一（4）班（新校区）	79	0.212 1	0.224 3
	高一（11）班（新校区）	80	0.203 2	0.214 3
	高一（13）班（新校区）	76	0.260 9	0.342 1

从表4-15可以看出，试验结束后，实验组班级的整体成绩有了明显的提高，负迁移度有了明显的降低，这些充分说明，我们试验设计的变量针对学习负迁移的教学和纠正是可行并且效果比较显著的。

三、化学事实性知识学习负迁移的因素分析

实证研究中，我们结合具体问卷和该部分测试题的分析以及对学生出声思维材料的整理，我们总结出了在微观层面化学事实性知识学习负迁移产生的11个影响因素。

（一）学生思维阶段的局限

心理学研究表明，学生的思维发展具有阶段性的特征。首先，从学生智能发展的角度来看，在整个中学时期，中学生的思维能力得到迅速的发展。这个时期，学生的抽象逻辑思维处于优势地位。但中学生的这种抽象逻辑思维有两种水平：一是经验型的抽象逻辑思维。学生在新知识的学习过程中，很多人凭自己的生活经验，进行直觉思维；二是理论型的抽象逻辑思维。这是一个由现象感知上升到理论归纳的阶段，属于这个时期思维

的高级阶段。初中阶段的学生的逻辑思维很大程度上还处在经验型逻辑思维阶段，这个时期，学生的学习需要感性材料的直接支持。而高中阶段学生的思维模式从高一到高三逐步发展成为以经验性思维为基础、抽象性思维为主导的模式。这个阶段的学生，能用具体的化学理论知识为指导来具体分析化学事实性知识，不断扩大自己的化学认知领域。整体来说，高中阶段学生的思维包含两个过程：一是从特殊物质的现象到一般同类物质性质的归纳过程；二是一般同主族元素的性质到具体物质的性质的演绎过程。

化学事实性知识具有较强的抽象性，物质性质在人们的认识过程中是发展变化着的。在学习过程中，学生从感知元素的存在，到对物质的结构，物质的制备方法、主要性质、用途等在认识过程中逐步深化对化学事实性知识的理解。在这个过程中，如果学生的思维不能顺利过渡到抽象性思维，那么在学习过程中就容易导致认知中的无序和知识掌握的不牢固。以金属的性质、非金属的性质、有机化合物的性质等事实性知识学习为例，一个化学事实性知识的获得，既包括对它们本身性质的理解，又包括对不同事实性知识间的各种内在相互联系的理解和把握。新的事实性知识只有被纳入相应的知识系统中，与其他事实性知识建立起必然的内在逻辑联系，才能被学生全面、深刻、系统地理解和掌握。而支持这些事实性知识的学习，只凭学生经验型的抽象思维是不行的，必须要有理论型的抽象逻辑思维的积极参与。调查中发现，一部分在初中阶段化学学习成绩非常优秀的学生进入高中阶段的化学学习时，跟不上整体学习的进程，其主要原因是原有的经验性思维水平不能适应高层次的知识学习，最终导致思维混乱，调用知识错误，形成阶段性的学习负迁移。

（二）学生学习习惯不良

著名哲学家培根有句名言：“习惯是一种顽强而巨大的力量，它可以主宰人的一生。”由此可见习惯对人类的重要性。对一个学习者来说，当对化学学科积极的学习态度、科学有效的学习方法再加上不断向前拼搏的精神形成习惯后，不仅能提高化学学习的质量，并且能为自身的终身学习打下坚实的基础。

针对化学事实性知识测试题目中出现负迁移的学生，我们进行了访谈和问卷调查。首先，在课前预习这一环节，发现出现负迁移的学生，能够做到有效的课前预习的学生只占调查人数的 15%。在实证研究过程的听课阶段，笔者在听课前随机翻阅了10个学生的化学教材，发现只有2个人的书本上新讲授内容部分做有少量的标记。在课下对试验班级班主任和任课化学教师的访谈中了解到，关于课前预习，他们经常强调，但是有些学生只能坚持一段时间，有的不能坚持，坚持预习的学生中，还有一部分只是随便翻翻，不能深入进去，达不到预习的目的。其次，在听课环节，笔者有意对产生负迁移学生的上课表现进行了跟踪观察，发现这些学生上课时有三个特点：一是容易走神，一节课向窗外看的次数最高能达到13次；二是不做笔记，这部分学生基本都是上课仅用耳朵，对教师教授的重点、难点不能及时记录；三是上课精神状态不佳，有的有犯困、打瞌睡。对课后表现，我们也采取一定的措施进行了情况摸排，发现这部分学生完成作业的速度比较快，事后访谈了解原来是赶完作业就可以去从事打球等其他活动。这部分学生也不能很好地进行课后的反思与总结。

（三）学生理解定势的误导

学生在化学事实性知识学习中的理解定势指的是对某些物质的化学性质、结构、用途等在内涵理解上和课本之间的偏差或适用范围随便扩大或缩小等情况而产生的负迁移现象。譬如：在对铝的化学性质进行学习的时候，有的学生受理解定势的干扰，认为既能与酸发生反应又能与碱发生反应的物质都称可以称为“两性物质”，而铝的化学性质中有下列两个重要的反应：

$$2Al+6HCl=2AlCl_3+3H_2\uparrow$$

$$2Al+2NaOH+2H_2O=2NaAlO_2+3H_2\uparrow$$

据此判断铝是两性的单质。研究表明，上述负迁移现象的产生是由于学习者大脑中潜意识存在的“铝既显金属性和非金属性这两种性质”的思维定势造成。事实上，根据化学教材的描述上述两个化学反应中，铝单质均失去电子，作还原剂，均表现为金属性。

（四）学生简单认知的处理方式有差异

学生化学学习中的“简单认知”指的是对化学基础性知识的较低层次的认识。其主要分为三个维度：识记、简单运用和近迁移①。第一个维度

① 罗美玲．高中生元素化合物知识学习的“简单认知”研究［J］．化学教学，2013（1）：19-21．

“识记”是最低层次的要求，是记忆层面的认知，如元素化合物的存在、颜色、气味、熔沸点等；第二个维度“简单运用”是对学生提出的较高层次的要求，指的是知识在简单情景中的运用，譬如，物质的除杂、沉淀的分离等；第三个维度“近迁移”指的是学生由习得的新知识向旧知识的简单迁移，譬如，由氯气的性质推断碘单质的性质等。

中学化学事实性知识的学习主要涉及“简单认知”。研究发现，绩优生、绩中生和学困生在“简单运用”和“近迁移”两个维度上的认知水平存在显著差异，学困生在元素化合物等事实性知识的“简单应用”和“近迁移”方面存在着一定的认知困难。这种差异主要体现在三个方面：

一是对知识记忆的存储方式不同。学困生在记忆的储存方面习惯于简单的复述形式，缺乏对知识的深层思考和加工，导致记忆不牢固，易于出现负迁移。而绩优生通常采取的是精加工的方式，他们通过对知识的组块分类，可以很好地把知识有条理地存储在大脑中，便于知识的灵活调用。

二是对知识的整合方式不同。学困生习得的化学事实性知识通常是孤立的、散乱的，缺乏对知识的合理整合和分析，这种散落的知识很容易产生做题中的满目乱套，最终导致负迁移的发生。绩优生在知识的整合方面相对来说表现较好，他们懂得对原有认知结构的利用，能很好地把新旧知识进行合理的交融与渗透，因而在知识的“近迁移”上能够得心应手，较少出现甚至不出现化学学习负迁移。

三是在知识规律总结意识不同。调查发现，绩优生在学习过程中，规律总结的意识比较强，以为化学元素化合物知识内容繁杂，但是有规律可循，因此，绩优生能够在学习过程中，结合教师的讲述及时总结化学变化的规律、趋势，并形成自己的理解和看法，便于知识的理解和应用。而化困生则规律总结意识淡薄，即使教师总结出了的现成的规律，有的也不能引起他们的足够重视，结果导致规律记忆错乱，出现负迁移。

（五）学生类比定势引起

化学事实性知识学习过程中的类比定势指的是学生在解题的过程中往往凭借大脑中已有的认知结构的同类知识进行类比，类比的过程中不能因题而异，对与类比原型不同的变化处的处理方式不对而造成学习负迁移。这种学习负迁移的特征是盲目模仿类推、解题思路固化。当两个类比对象之间存在明显的相似或相同之处时，往往容易掩盖它们之间存在的相异点。而类比的属性又恰好是这些相异点，则推理结果导致出现逻辑错误。

这种现象，在心理学上被称作类比的“或然性”，这也是也是化学事实性知识的学习过程中因学生解题方法定势而经常出现的一种负迁移情形。

譬如，含 Fe^{3+} 或 Al^{3+} 的溶液可以与含 S^{2-} 的溶液发生强烈的双水解反应，解题过程中，部分学生会根据 Al^{3+} 的溶液可以与含 S^{2-} 发生双水解反应的规律类推出 Fe^{3+} 与 S^{2-} 溶液的错误反应方程式如下：

$$2Fe^{3+}+3S^{2-}+6H_2O=2Fe(OH)_3\downarrow+3H_2S\uparrow$$

上述反应负迁移现象的发生是由学生解题过程中的盲目类比定势造成的。此例子中的学生忽略了对 Fe^{3+} 氧化性的分析，二者相遇时，优先发生氧化还原反应，而不能类比 Al^{3+} 发生的双水解反应。其正确反应方程式为：

$$2Fe^{3+}+S^{2-}=2Fe^{2+}+S\downarrow$$

（六）学生近因效应影响

化学学习中的近因效应指的是学生在化学学习过程中，新近获得的化学学科知识及其他信息对学生的影响作用大于往昔习得的化学学科知识及其他信息，并且，而且前后两次获得的知识及信息间隔的时间越长，对学生来说近因效应就越显著①。化学学习的近因效应有两个方面的作用：

一是指最新出现的积极信息对化学学习不良现象的反转作用，我们把它称作正能量。譬如，一个化学事实性知识学习方面经常发生负迁移的学生，如果在一次考试中取得了很好的成绩，几乎没犯负迁移的错误，老师对他在班上提出表扬后，会大大促进学生对化学事实性知识学习的兴趣，进而能够提高化学学习效率，克服负迁移，这是我们期望的正能量。

二是指新出现的积极信息对化学学习产生的消极影响，我们把它称作负能量。譬如，一个一直化学学习比较细心的学生，在课堂回答问题时犯了一个错误，教师给予了批评，说他粗心、学习骄傲。教师这样做会削弱该学生对化学学习的兴趣，甚至使学生产生对化学学习的抵触情绪，导致学习不系统、掌握知识不牢固，催生了化学学习负迁移的产生。

（七）师生“法蒂玛法则”

化学事实性知识学习中的“法蒂玛法则”（Fatima's rules）指的是加

---

① 文庆城，岑春月. 中学生化学学习中的近因效应及其教学策略 [J]. 教学与管理，2010（10）：139-140.

拿大学者在对学生学习方式研究时发现的在化学事实性知识学习中普遍存在的一种具有肤浅性、工具性、依赖性和应试性的学习负迁移现象①。

"法蒂玛法则"中包含了各种应付化学教学的学习机制，它对化学教学的影响体现在两个方面：

一是对学生化学事实性知识学习的影响。调查发现，学生在化学事实性知识的日常学习过程中不仔细阅读化学教科书的内容，而在考前，仅仅靠记忆化学教材中醒目的标题或加粗的语句就可以比较方便地应付考试。这部分同学在课堂上要么保持沉默，要么巧妙地迎合、讨教师的欢心，要么思想开些小差，逃避学习②。学生的这种做法是出于纯粹的应试需求，然后便在学习的过程中投机取巧。虽然有的题目的答案对了，但是他们根本不理解其实质，一旦题目条件发生变化，就很容易发生学习上的负迁移。

二是对教师化学事实性知识授课的方面的影响。调查发现，有些教师（甚至是专家型教师）在化学事实性知识的授课过程中，受"法蒂玛法则"的影响，其化学教学目的主要是对学生强调化学事实性知识和具体解题步骤的机械记忆③。这种记忆可以使学生在单元测试、期中、期末考试中准确无误地写出所需要的所谓的正确答案。教师的这种做法，虽然在短时期内比较有效，但是对学生新知识的传授过于死板、过于强调应试，很难保证学生对所学化学事实性知识的系统理解和掌握，以至于学生会产生大量的负迁移。

（八）教师德育教育缺失

在《普通高中化学课程标准（试用）》中，化学教学目标分三维目标来表述：一是知识与技能。主要是描述对化学理论性知识、事实性知识的了解、理解、掌握等的要求；二是过程与方法。主要是指出化学教学过程中

---

① 王后雄，邓阳．化学课程学习中"法蒂玛法则"的诊断及成因分析［J］．教育科学研究，2012（9）：61.

② Atwater，M M. Social constructivism：Infusion into the multicultural science education research agenda［J］. Journal of research in science teaching，1996，33（8）：821-837.

③ Tobin K，McRobbie，C J. Beliefs about the nature of science and the enacted science curriculum［J］. Science and education，1997（6）：68.

怎么设计流程，以培养学生的动手能力、操作技巧、计算技能等；三是情感态度与价值观。主要是针对学生的德育发展，结合化学事件、物质的变化规律以及性质的变化等适时地对学生进行情感方面的教育，帮助他们树立正确的价值观，明确人生的奋斗目标。

新课程三维目标的提出，纠正了过去“双基”教育的弊端，对提高学生的德育水平，提高学生的综合素养起到了良好的促进作用。同时，我们也要看到，由于应试教育的思想根深蒂固，“情感态度与价值观”的教育还比较缺乏。据《中学现行教学中运用情感因素教育现状的教师问卷》（全国）调查统计结果显示：对情感态度与价值观教育了解，并把它写入教案并在教学中采取措施落实的教师人数只占参与调查教师总人数的17.8%[①]。由此，可以看出当前在中学教学中德育教育的缺失情况。这个情况在我们对试验班级的跟踪听课中也得到了验证，在整个研究阶段，笔者总共跟踪了8个班级，听了40节课，教师在教案中写明“情感态度与价值观”的有10节课，占25%；在讲课过程中，明确落实该维度教学目标的只有2节课，仅占5%，现状令人担忧。

这种中学教育过程中对德育教育的缺失，是学生在化学学习中功利主义明显的原因之一，这种现象的存在，导致他们学习目的不明确，在化学事实性知识的学习过程中，不能联系社会生活实际，导致学习与实践脱钩，习得的是死的无用的化学知识，遇到结合社会生产、生活中的实际问题时，就会产生学习负迁移。

（九）教师对教材处理不当

新课程的改革，对教师提出了更高的要求。作为一名合格的教师不仅要求对中学化学学科知识有牢固、系统的掌握，同时，还要了解化学学科的基本特点，掌握化学学习的基本规律以及相关的化学教学理论并能恰当地运用各种教学方法和技巧进行化学课程的教学。另外，一个重要的方面还要求化学教师能够根据所教学生的特点和化学教学的目的对各种化学教学资源进行选择、甄别和增添。化学教材作为重要的化学教学资源，不仅给教师和学生提供了教与学的一手材料，同时也向教师提供了一定的学科教学思想和方法。《普通高中化学课程标准（试用）》中明确指出：“教师

① 情感态度与价值观［EB/OL］. http://wenku.baidu.com/view/19ae7d1e6bd97f192279e9a8.html.

要善于结合实际教学的需要，灵活地和有创造性地使用化学教材。”① 因此，对化学新课标教材的正确认识和根据学校情况对教材进行创造性的处理是化学教师必备的教学能力之一，也是实现化学学科教育目标的重要措施。

在本研究的调查中发现，一些化学教师对教材的处理没能根据所教班级学生的特点对教材进行合理的处理，主要表现在以下几个方面：

一是唯教材是从。这类化学教师主要集中在新手教师的群体中，他们把教材看作教学的权威材料，认为化学教材是人民教育出版社组织各路专家编写的，是“神圣不可侵犯”的，是化学教学中必须忠实完成的对象。因此，他们在化学教学过程中，凡是教材中出现的内容，都大讲、特讲，有的甚至不顾学生的实际情况，一味去追求教材内容传授的完整性，导致学生对化学知识的理解囫囵吞枣，不能很好地消化，最终造成学习负迁移的发生。

二是盲目随意。这类化学教师的在教学方面基本上没有长远的规划，对化学教材不能从整体上进行把握和处理，教学过程中主次不分，重难点不突出，上课时，讲到哪一块就是哪一块，结果是不能完成既定的教学任务，而且化学知识的讲述不系统、不连贯，为大量的学习负迁移的发生埋下了伏笔。

三是“穿新鞋，走老路”。这类化学教师一般是有着多年教学经验的老教师，他们对新课程改革“阳奉阴违”，认为“成绩就是一切”，他们对新教材适应学生认知规律的编写持抵触和排斥态度。具体的表现是让学生重新购买一套老版化学教材在日常教学中使用，把新版教材当课外阅读材料。这种对教材的处理方法违背了新课程的改革目的，不利于学生综合素养的考察，最终导致在新类型的试题考查中出现学习负迁移。

（十）教师教学方法呆板

化学教导方法在化学教学系统中占主体地位，它是实现化学教学目的，完成化学教学任务的主要手段。当前对基础教育素质化要求越来越迫切的大环境下，对化学教师的教学方法要求越来越高。相关的调查研究表明：化学教师在授课时运用最多的教学方法是问题解决教学法和设置问题情景教学法。然而，仍有部分化学教师从未使用过启发式教学、探究教学

① 中华人民共和国教育部. 普通高中化学课程标准（实验）[M]. 北京：人民教育出版社，2003.

法等新课程倡导的教学方法①。

在试验研究阶段，随堂听课时我们发现，控制组班级的教师大多还是采用的传统的教师“满堂灌”型的教课方式，呆板而单一，学生听课昏昏欲睡，效果不佳，这也是化学负迁移产生的因素之一。这种传统呆板单一的教学方法忽略了对学生综合素质的培养，授课过程中，教师是课堂的主宰、教学的主体，学生的主体地位没有得到充分的体现。为了适应基础教育发展的要求，减少化学学习负迁移的发生，广大化学教师要积极转变传统的呆板单一的教学方式，让每位学生都能得到充分发展。

（十一）教材内容抽象难懂

化学教材是化学学科知识的主要载体。调查发现，化学教材本身的难度也是造成化学学习负迁移产生的原因之一。在访谈中得知，有的学生的课前预习为什么不能坚持下来，原因之一就是预习的时候，很多内容抽象难懂，处处都是问题，也不知道从哪里问了，越预习越对化学学习失去信心，所以干脆就不进行课前预习了。譬如，在有关硫元素的事实性知识的学习过程中，由于硫元素价态的多变性，从－2 价到 0 价、＋4 价、＋6 价等形成了一系列的化合物，其中不同价态之间的转换繁琐复杂，再加上中间的比较抽象难懂的歧化反应、归中反应，一上来就把学生搞得昏昏沉沉的，对这些化学事实性知识的学习产生恐惧感，最终产生恶性循环，催生了化学事实性知识学习负迁移的发生。

通过对初高中化学教材的比对发现，高中化学教材内容中学科知识的抽象性远远大于初中阶段的内容，这无疑给高中阶段学生的理解造成了困难，因而在高中化学学习中容易产生前后知识间的不恰当的联系，即产生了学习负迁移。

研究发现，学生因为教材抽象难懂产生的学习负迁移很多是源于化学教材内容中相关知识点的不连续或跳跃。因为在这些不连续点或者跳跃的地方，学生进行化学学习所需要的原有知识对新知识的依托比较薄弱甚至是根本不存在，给学生对新知识的理解带来了一定的障碍。譬如，在高中阶段对“两性物质”事实性知识的学习过程中，初中阶段根本没有提及该类知识，所以刚接触的铝的两性性质的分析或判断时，学生很容易产生学

① 张顺清．新课程理念下化学教学方法的现状及优化策略［D］．武汉：华中师范大学，2007：13.

习负迁移。

四、化学事实性知识学习负迁移矫正的教学策略

通过第三部分内容分析可知，化学事实性知识学习负迁移产生的因素很多，在化学日常教学中，我们必须结合化学事实性知识的特点，有针对性地进行矫正，下面主要从教师教导和学生学习两个方面对化学事实性知识负迁移的矫正策略提出相应的措施。

（一）化学事实性知识学习负迁移矫正的教导策略

通过对化学事实性知识学习负迁移的研究表明，教师的化学教学策略是影响化学学习负迁移的重要因素之一。教师在对中学化学事实性知识的讲解过程中，如果不能针对事实性知识的特点，采取合适的教学策略，很容易导致学生学习负迁移的发生。

1. 直观化教学策略

中学化学事实性知识很多涉及微观层面，比较抽象，再加上事实性知识内容繁多，因此，学生在学习的时候，经常会感觉学会了，但是很快就忘记，难以在头脑中形成清晰的印象和完整的知识结构。为此，教师在中学化学事实性知识的教学中要尽可能地创造条件，充分利用各种物质的实物、模型、性质实验等，再加上多媒体技术等多种条件，灵活运用多种教学手段，帮助学生去感知化学事实性知识，去理解化学事实性知识的内涵，进一步加深对事实性知识的印象，以便于学生形成完整的知识结构。

（1）直观性记忆

中学化学事实性知识涉及众多元素化合物的结构、存在形态、性质、用途和制法等，教学过程中，单凭教师课堂上直白的讲授和学生课下的机械记忆是很难达到理想的学习效果的。往往学生能看懂书上的文字，能听懂教师有关元素化合物知识的讲述，却不能在头脑中形成有关元素化合物知识，因此，会出现“看得懂”“听得懂”而“记不住”“不会用”的现象，究其原因，还是在学习的过程中没有很好地进行知识的迁移，学生不能对所学的事实性知识进行合理的消化和吸收。

实践证明，在事实性知识的教学过程中，教师如果能够结合所要讲述的元素化合物知识的特点，结合学生的学习实际和学校的教学条件，有效地借助一些直观的教学手段去呈现教学内容，就能帮助学生进行直观性记

忆，帮助学生对所学知识在头脑中形成鲜明而具体的表征，可以比较牢固地理解和记忆化学事实性知识，取得良好的教学效果。

【案例 4-2】关于有机物结构的直观性教学

中学化学事实性知识有将近 1/3 是有机化学部分，有机化学中所涉及的知识比较抽象，在讲述有机物的结构时可以尝试使用直观性记忆的方法，帮助学生对有机物结构的记忆。

在讲授有机物的分子结构时，为帮助学生形成有机物空间结构的概念，教师呈现球棍模型和比例模型让学生对有机物的结构形成直观的印象。下面呈现出几个对应的直观性模型：

CH_4 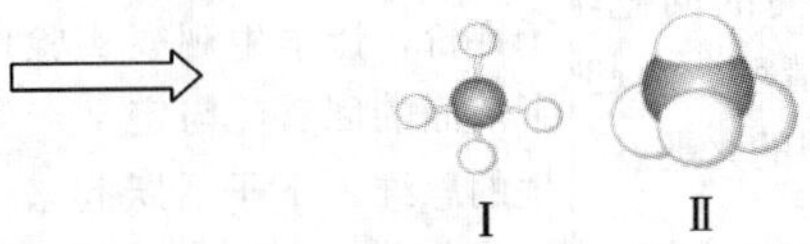

Ⅰ　　Ⅱ

C_2H_2 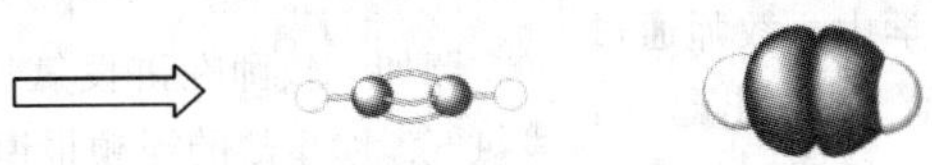

Ⅰ　　Ⅱ

这样的直观图的运用，使教师讲解起来也比较轻松，学生学习起来比较直观，便于理解，易于对知识的记忆和掌握。

（2）创设教学情境

信息加工理论认为，学习者学习的过程不是从外部信息的简单输入开始的，而是从学习者的注意与预期开始的。只有当学习者对学习的结果产生一种预期，才能使其大脑中原有的认知结构处于一种激活状态，从原有认知结构中找到适当的原有知识用来同化新知识，从而实现迁移的结果①。在开始学习新的化学事实性知识之前，创设恰当的问题情境，不仅可以使学习者对学习的对象产生积极的注意，在心理上形成一种学习预期，同时，还可以激发学习者的求知欲望，调动学生的积极思维，并参与到教师的教学过程中来。

① 孟丽丽，董美丽. 谈化学事实性知识的教学策略［J］. 科技信息，2007（20）：151.

中学化学事实性知识教学的创设情境，就是在化学事实性知识的教学中，教师以精心设计的问题立“疑”设“障”，创设一种能够激发学生进行积极思维的学习情境。中学化学事实性知识情境创设类别具体见表 4-16。

表 4-16　化学事实性知识迁移教学创设情境的方法

方法	内　容	实　例
创设矛盾情境	在中学化学课堂教学中，教师提出一些与学生已有知识相冲突的问题，创设一种矛盾情境，激起学生学习新知识的兴趣。	教师讲授金属与盐发生置换反应的规律时，先引导学生归纳出金属置换规律，教师进而提出下面的问题：“钠能否把硫酸铜溶液中的铜置换出来？” 此时，有学生回答：“能！”教师不要急于给予评价，让学生观察实验现象，直观的现象否定了前面的回答，与定义产生了矛盾。这样会使学生的思维一下子活跃起来，教师略加点拨，指出应用上述结论时，常温下能与水反应的活泼金属（如钾、钙、钠等）应除外。
设创设悬念情境	在教学中，教师通过巧妙设疑，制造出悬念，使学生产生疑惑，兴趣倍增，从而把学生引入学习的佳境。	譬如，教师在讲授氯气的性质时，先播放一段氯气泄漏事故的视频报道，教师进而给出问题：“这种杀伤力极强的物质到底是什么呢？”给学生创设一个悬念，促使学生继续学习下去。
创设创造思维情境	教师先介绍一些化学背景材料，然后要求依据所给信息并能联系已有知识来解决一些新的问题。这是近几年来各级化学竞赛中的难题所普遍采用的题型。这样的问题能综合考查学生各方面的能力，特别是创新能力。	在学完金属与盐发生置换反应的规律以后，可以让学生做这样一个练习：Br_2、I_2、Cl_2 及其化合物有如下关系：$Br_2+2NaI=2NaBr+I_2$；$Cl_2+2NaI=2NaCl+I_2$；$Cl_2+2NaBr=2NaCl+Br_2$，则非金属单质 Br_2、I_2、Cl_2 的化学活动性由强到弱的顺序为________。 学生没有学过非金属与盐发生置换反应的规律，但题目给了一个信息：“非金属与盐反应的规律跟金属与盐反应的规律相似。”学生只要经过分析、类比、判断，把金属与盐反应的规律迁移到非金属与盐的反应中，最后就能得到答案：$Cl_2>Br_2>I_2$。而这一问题的解决过程，就是学生多方面能力特别是创造能力得到考查、锻炼的过程。

【案例 4-3】钠单质性质的迁移情景创设教学

教师在讲授钠的性质时，在引入新课题前首先创设问题情境：

教师：钠是一种活泼的金属单质，它能与哪些物质反应呢?

【引导学生动手实验】

学生甲：切割一小块钠，断面为银白色，在空气中放置，断面很快变暗。

学生乙：操作钠与水反应的实验。

学生丙：操作钠的燃烧实验。

通过学生对两组实验明显现象的对比，与学生原有的认知结构产生了很大的冲突，给学生留下了鲜明、深刻的印象，激起了学生强烈的好奇心，此时学生对实验现象的自主讨论成为必然，教师再从钠的原子结构方面加以引导，学生很容易在活跃的气氛中掌握钠的化学性质。

2. 理论指导策略

教育家奥苏贝尔指出，上位概念对下位概念的学习和掌握起着重要理论指导作用。要培养学生的化学思维能力，提高学生的化学学科素质，就必须加强理论知识对事实性知识的指导作用，并在具体讲课应用中让学生充分理解理论性知识的具体含义。中学化学事实性知识虽然很多，但是，如果教师能够运用化学学科的基础理论来指导学生的学习，或者引导学生从大量的元素、化合物的性质中找出它们之间的内在联系和变化规律，在教学中就能使化学基本理论知识和事实性知识的教学相互促进，获得理想的教学效果。

中学化学中的理论性知识主要包括：氧化—还原反应规律、物质结构、元素周期律、化学平衡理论和电化学理论等。这些具体的化学基础理论对事实性知识的教与学都能起到很大的促进作用。譬如，在元素化合物知识的教学中，如果用前面已经学过的物质结构、元素周期律等理论进行演绎推理，引导学生自己概括出某主族元素的通性和物质性质的递变规律，再根据物质的结构特征来预测其存在、性质、制备方法和用途，往往能取得理想的教学效果。

【案例 4-4】硅单质性质的理论指导迁移教学①

课题：硅的存在与制备

教师：从书本上可知，硅在自然界主要以二氧化硅和硅酸盐的形式存在，没有游离态的硅存在，大家思考下具体的原因。

［板书］

$$C+O_2=CO_2 \quad \triangle H=-393.5\ kJ \cdot mol^{-1}$$

$$Si+O_2=SiO_2 \quad \triangle H=-910\ kJ \cdot mol^{-1}$$

上述表达式的含义是：在单质转化成化合物的过程中，放热越多，生成物就越稳定，对应的单质就越活泼。

教师：大家知道吗？半导体行业中有句俗语："从沙滩到用户"，该怎样理解才恰当？

沙（主要成分是 SiO_2）→用户（Si）

工业上在电炉中用焦炭来还原 SiO_2：$SiO_2+2C=Si+2CO\uparrow$

思考：该法制得的 Si 可能含有哪些杂质？如何进一步提纯？

学生：从反应物和生成物的状态来看，可能含有过量的固体杂质碳或二氧化硅等。为了进一步提纯，是否可以考虑加入某种反应物，使硅转变成非固态物质。

教师：硅的制备

粗硅的制法：$SiO_2+2C=Si+2CO\uparrow$

高纯硅制法：硅在高温下与氯气反应得到四氯化硅，常温下四氯化硅为液体。将生成的四氯化硅提纯后，再用氢气把硅还原出来。

$$Si+2Cl_2=SiCl_4$$

$$SiCl_4+2H_2=Si+4HCl$$

师生归纳小结。

3. 创新教材知识策略

化学教材是经过化学学科专家、心理学专家和教育学专家倾力打造而成，具有科学性、实用性、发展性的特征，课程知识本身也具有创新能力的发展价值。然而，教材的编写是针对全体学生，从学生的整体年龄特

① 李惠娟. 让硅担当起不可或缺的角色——硅的教学设计案例［J］. 中学化学教学参考，2009（7）：36-38.

征、认知规律来考虑的，同时各种知识在训练学生创新能力方面的价值也存在区别，有的内容处理不当甚至会妨碍学生科学素养的培养，如果教师一味地以书本教材的内容和呈现顺序来传授，并且机械呆板地传授知识，那么教材本身的发展价值就不能转化为学生学习的实际。日常教学中出现的“满堂灌”“填鸭式”等教学方法和高强度的“题海战术”的运用都是导致学生不能把具体学科知识转化为创新能力的根本原因，也是负迁移大量产生的症结所在。

根据新课程目标中关于学生能力发展的培养需求，为了减少化学事实性知识学习中的负迁移，教师在教学中就要按照科学探究的模式来诠释化学事实性知识的教学，依据创新知识的标准和理念，我们可以把具体探究的知识分为化学课本类知识、化学拓展类知识、化学方法类知识、化学信息类知识和综合化学类知识，以促进知识创新模式的发展，有效地减少教学中的负迁移。

【案例 4-5】化学教学中实现知识创新的探究模式

书本知识	过氧化物与二氧化碳和水的反应： $2Na_2O_2+2CO_2=2Na_2CO_3+O_2$ $2Na_2O_2+2H_2O=4NaOH+O_2\uparrow$
拓展知识	由书本知识类推出超氧化物、臭氧化物的同类反应： $4KO_2+2CO_2=2K_2CO_3+3O_2$ $4RbO_3+2H_2O=4RbOH+5O_2\uparrow$
方法知识	用失踪原子法探究过氧化物与二氧化碳的反应： $2Na_2{}^{18}O_2+2CO_2=2Na_2CO_2{}^{18}O+{}^{18}O_2$
信息知识	实验证明，双氧水为二元弱酸，酸性弱于碳酸，如果向过氧化钠中通入干燥的二氧化碳，发现二者并不反应。由此，可以推知过氧化钠和潮湿二氧化碳的反应方程式为： $Na_2O_2+CO_2+H_2O=Na_2CO_3+H_2O_2$ $2H_2O_2=2H_2O+O_2\uparrow$
综合知识	在神舟九号飞船中，每个宇航员每天平均要消耗 0.95 kg 的氧气，呼出 1.5 kg 的二氧化碳，为了能保证飞船内空气成分的稳定，科学家提出了“金属过氧化物处理系统”。有关反应的化学方程式为__________________，将处理后的气体充入座舱时应注意采取的一项措施是__________________。

4. 构建知识网策略

中学化学事实性知识内容所占的比重较大、分布广泛、涉及的化学现象和化学反应比较多，因此，在这块知识的学习中，学生常常感觉到知识点太多，太杂乱，找不出头绪，不易记忆，很容易造成负迁移。

布鲁纳的结构主义教学理论指出，知识只有形成完整的知识结构，形成网络化的东西，才能在学习者头脑中形成一个稳定的、系统化的学习结构框架。如果不能形成稳定的学习结构框架，在学习过程中，而往往会出现学生思维潜力不能得到充分发挥，在综合应用所学知识去解决实际问题时很容易出现负迁移。

在中学化学事实性知识的教学中，教师可以以“知识主线→知识点→知识网”的方式，将事实性知识网络化，教师给学生呈现具体的、结构化的知识，并遵循“由线引点，由点连网”的方式，将化学事实性知识的教学过程程序化，使学生逐步掌握研究元素化合物性质的基本方法：

知识主线——学习、研究化学事实性知识的整体系统

知识点——学习、研究化学事实性知识的重点

知识网——编制元素化合物间的内在联系网络

总之，教师在中学化学事实性知识的教学过程中，教师要注重元素化合物知识的内在联系，将零散的知识系统化、条理化和网络化，有利于促进学生的心流体验，提升学生学习化学的激情与热情，有利于减少化学学习负迁移。

【案例 4-6】中学化学重要元素化合物知识网

1. 钠及其化合物知识网络

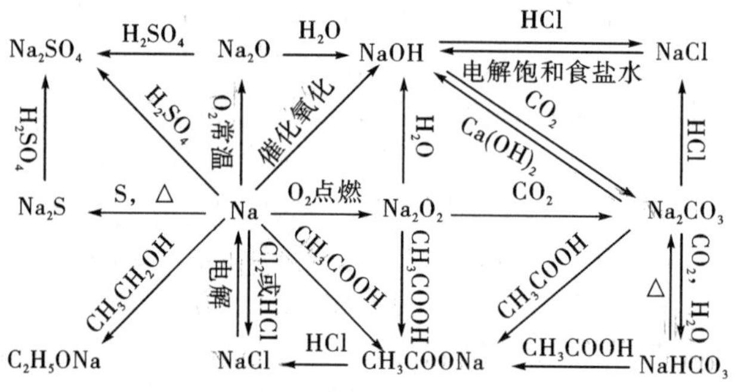

2. 镁及其化合物知识网络

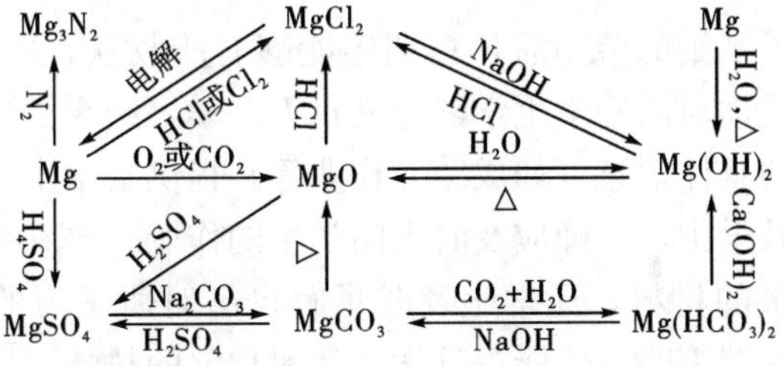

3. 铝及其化合物知识网络

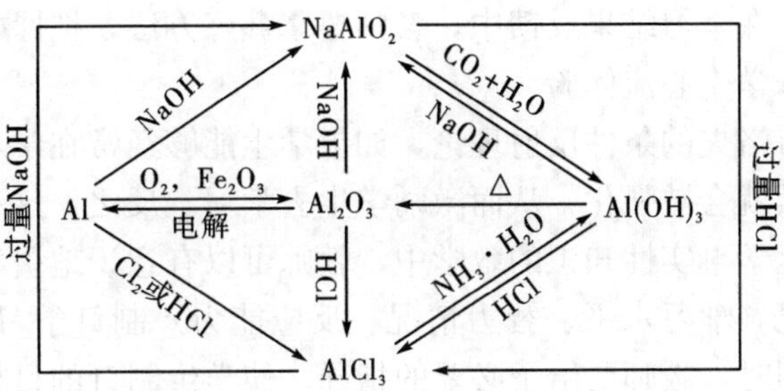

4. 铁及其化合物知识网络

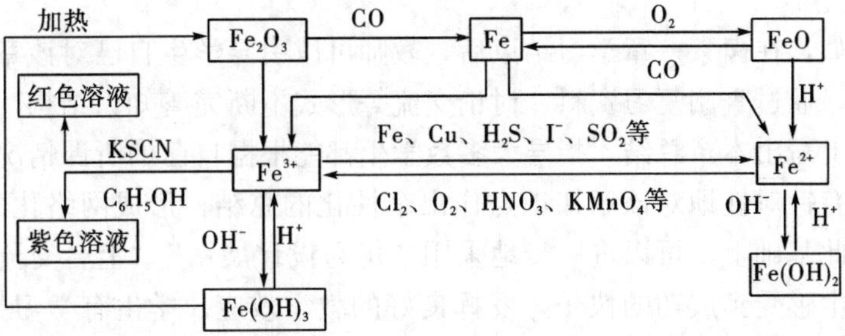

5. 情感激励策略

现代的教学过程中，人们越来越意识到了情感教育的重要性。化学教学活动中的情感因素是多种多样的，我们把能够促进学生化学学习，提高课堂教学效率的情感称为积极情感，属于教学过程中的正能量。相反，我们把能够抑制学生化学学习，降低课堂教学效率的情感称作消极情感，属于负能量。积极情感在化学事实性知识的教学过程中起着十分重要的作用，它直接影响学生化学学习的质量、水平和运用效果。在中学化学事实性知识的教学中，教师必须重视学生积极的情感因素的培养。

（1）适时反馈学习结果

学生付出了辛勤的劳动后，总期望能够有所收获，取得高分。因此，适时进行结果反馈对激励学生学习意义重大。学习结果的反馈就是及时将学生学习结果的具体信息（如成绩、作业等）提供给学生。

因此，在教学中，教师应及时批阅学生的作业、单元考试卷等能够体现学生学习结果的材料，让学生及时了解自己对所学习的内容的掌握程度，这种适时反馈策略不仅能提升学生学习化学的热情，同时也有利于教师对学生的学习状况的整体把握，产生更深刻的认识，因此，有利于教师教学的改进。在学习结果反馈中，教师要掌握好方法，把握好度。

（2）提升学生心流体验

根据巴甫洛夫的条件反射理论，如果学生能够经常在学习中体验到快乐，这种刺激就会被强化，从而激励学生去学习。反之，这种刺激就会逐渐消退。在化学事实性知识的教学中，教师可以有意识地引导学生根据自己的实际情况（学习水平、智力情况、反应能力）制订学习和活动计划。制订学习计划时，教师要给予必要的指导，使学生制订的目标既有一定的高度可达，促进他们拼搏，又具备一定的可行性，让他们“跳起来可以摘到果子”。

譬如，在卤素一章学习结束后，教师可以引导学生自己对该章内容进行总结，通过查阅复习资料、讨论交流等形式不断完善知识结构。学生在笔记本上写出本章总结，指导大多数学生都能根据自己的听课情况和复习情况，有针对性地对该章知识点作出个性化的总结，形成网络化的知识。教师在此基础上，可以进一步地采用“优秀设计展示”“上台交流”等形式让学生感受到成功的快乐，发挥良好的教学效应。学生有学习兴趣了，学习就变得轻松容易了，知识的迁移也变得顺理成章，为消除学习负迁移打下了坚实的情感基础。

6．自主探究学习策略

大量的教学经验证明，中学化学事实性知识比较适合用探究式的方法进行学习。授课过程中，教师要积极引导学生，积极通过提出问题→给出假设→制订计划→实验验证→搜集证据→解释与结论→反思与评价→表达与交流等科学探究的全过程去实现自主学习和合作学习，从而使学生的科学素养得以培养和提高。

自主探究学习是一种积极的学习过程，主要指的是在学科教学过程中，学生在教师的指导下自主探索问题的学习方式[①]。其一般的教学程序是：

①探究课题的确立。教师根据授课内容的情况，结合学校条件和当地社会的实际提出可行的探究课题。

②教学情景的创设。教师针对确立的探究课题，提出适切的教学情景创设方案。

③学生兴趣的激发。教师根据创设的情景，提供直观的学习材料，激发学生进行科学探究的欲望和兴趣。

④探究问题的提出。教师积极引导学生思考，学生根据问题和教师提供的材料去思考，不断提出适合探究的新问题。

⑤合作与交流。学生根据问题的内容和提供的材料，相互合作，积极对话进行交流。

⑥得出解决方案。学生在教师的引导下求得问题解决的方法，从而体验和了解科学探究的全过程，养成自主探究的能力和习惯。

【案例 4-7】“二氧化硫的性质”的自主探究教学[②]

提出问题：SO_2 的性质

提出假设：

假设 1：SO_2 是非金属氧化物，可能是酸性氧化物。

假设 2：SO_2 中硫元素的化合价是 $+4$ 价，是硫元素的中间价态。在具体的化学反应中硫元素的价态可以升高到 $+6$ 价，表现出比较强的还原性，也可以降低到 0 价、-2 价，体现一定的氧化性。

假设 3：用 SO_2 熏蒸过的馒头会变白，SO_2 可能具有漂白性。

学生活动与探究：

实验 1：学生 A 把 SO_2 溶于水后加入石蕊试液，发现试液变红。学生 B 把适量 SO_2 通入澄清的石灰水中，有沉淀生成。

---

① 吴俊明，杨承印．化学教学论［M］．西安：陕西师范大学出版社，2003：172.

② 杨全发．新课堂理念下化学课堂教学如何引导自主探究学习［J］．科教文汇，2008（2）：87.

实验 2：向酸性高锰酸钾溶液中通入 SO_2 气体，发现高锰酸钾溶液褪色。

实验 3：向氢硫酸中通入 SO_2 气体，有淡黄色沉淀生成。

实验 4：向盛有品红溶液的试管中通入 SO_2 气体，发现品红溶液褪色，加热后，溶液恢复为原来的红色。

结论：SO_2 是一种酸性氧化物，它具有氧化性和还原性，对品红具有漂白作用。

交流、解释和问题的提出：

①SO_2 能使酸性高锰酸钾溶液褪色，也能使月季花褪色，其原理是否相同？为什么？

②SO_2 和 CO_2 性质有何异同？

③将 SO_2 与 Cl_2 等物质的量同时通入品红溶液中，漂白能力是否会增强？

7. 多媒体教学策略

化学事实性知识是从宏观层面描述物质的性质，反映物质的保存、制法、检验及用途。这类化学知识的显著特征是“多、碎、杂、繁、散”。在日常教学中教师可以借助现代多媒体辅助手段教授此类知识，可以有效地促进学生认知结构的形成，克服学生学习上的负迁移。

（1）多样化呈现信息，降低学生认知负荷

在现代多媒体教学设计过程中，教师如果能够充分利用学生言语和非言语两个通道的认知资源，不仅可能发生系统间的参照性加工，并且认知系统的集中负荷还可以分散到两个通道中，使学习者负荷得以减缓①。目前，教师在利用现代多媒体呈现信息时经常会出现普遍文字篇幅过大的现象，这实际上是用多媒体代替了黑板板书，没有发挥多媒体的作用。授课过程中，化学教学信息的多样化呈现方式，可以使信息包含言语信息和非言语信息进入学生大脑的认知系统中，这样的知识参照性加工才可能容易发生，学生的认知负荷才会降低，学习负迁移最终才会消除。

① 蔡金艳，马建峰. 谈现代多媒体在中学化学事实性知识教学中的有效应用[J]. 化学教育，2011（12）：67-68.

（2）多样化呈现图示，增强知识系统化

认知结构理论指出，知识的结构化、系统化，更有利于学生记忆的保持和知识的有效迁移。针对中学化学事实性知识繁杂、琐碎的特征，教学过程中，教师应根据事实性知识间的各种内在联系及学生头脑中的已有认知结构，及时、恰当地引导学生对事实性知识进行归纳与整理，使学生逐步形成结构化、系统化的知识网络。

教师在进行现代多媒体教学设计时，设计出恰当的图示是促进学生构建知识网络的有效方法。譬如，对于元素化合物重点内容的学习时，教师制作的课件可采用不同颜色或形状各异的简易图形、标记等进行强调，以加深学生对所学化学知识的掌握和理解。对于不同类型的化学物质，教师可采用具体的表格将其性质、特征、用途进行归纳整理，让学生在类比的过程中学习这些物质的共性和特征。

教师对学生认知中已有知识相关的内容，可采用概念图的形式将具体知识间的联系明晰地展示出来，使新知识更容易地被纳入学生原有的认知结构中。对具有某种内在关系的知识，可将反映这种关系的具体图式呈现给学生，使学生通过掌握某一种具体的图式就能获得某一类化学知识的学习方法。总之，在多媒体教学中，教师通过不同的图示，可以有效地使琐碎的事实性知识变得有章可循，可以有效促进学生构建完善的化学知识网络，可以有效地消除化学事实性知识学习产生的负迁移。

【案例 4-8】化学事实性知识学习负迁移教导策略案例

食品中的有机化合物——乙酸

［情景线索］

乙酸是重要的烃的含氧衍生物，它和我们的生活生产密切相关；从教材编排上看，乙酸编排在醇与酯之间，有着承上启下的作用，既是对醇知识的巩固、延续和发展，又是学好酯（油脂）类化合物的基础。另外这部分内容涉及的实验较多（乙酸的酸性、酯化反应），可以设计为一个较为开放的教学环境，让学生尝试在更真实的教学环境中构建知识体系，使得学生在探究中感受科学研究的方法和途径。

［内容线索］

食醋是日常生活必不可少的重要调味品，学生对醋是很熟悉的，从学生熟悉的醋引入本课，学生易于接受。从学生熟悉的醋的用途——“醋能用来软化鱼刺，清除水壶中的水垢”引出乙酸的酸性，“酒是陈的香”“烧鱼时加点醋和酒可使鱼更加香醇、鲜美”引出乙酸的酯化反应，这都能使学生感觉到化学来自生活，又能用化学原理来解释生活事实，从而渗透化学重要性的教育。

乙酸的弱酸性实验设计学生比较熟悉，所以采取了完全开放的方式，让学生自己设计实验，通过现象得出结论加以证明。这样激发了学生的学习兴趣，培养了学生求实、创新、合作的优良品质。通过乙酸电离方程式的书写，理解乙酸的酸性是乙酸分子中O—H键的断裂。这样在学生的头脑中逐步建立官能团的立体结构模型，帮助学生打好进一步学习的方法论基础，同时鼓励学生用学习到的知识解释常见有机物的性质和用途。

乙酸的酯化反应对于学生来说，从反应条件、现象、原理各方面都是全新的，所以采用分组实验，力求通过学生观察实验和提出问题，让学生体验其反应的条件和现象，自己归纳总结，使学生认识到实验设计的科学性和严谨性，提高学生的化学实验素养。而酯化反应的原理则利用同位素示踪法来解释酯化反应的实质，培养学生从现象到本质、从实践到理论的科学思维方法。

［问题线索］

教师活动	学生活动	设计意图
【展示】实物：镇江陈醋、上海白醋 图片：米醋、醋饮料等 【引入】今天我们讲乙酸，为什么看了这么多的醋？	学生听得兴致勃勃。讨论。	**体验的准备阶段** 营造开放和谐的课堂教学环境。联系日常生活，设置情境，导入新课，激发学生的求知欲。
【设问】现在你们面前有一瓶乙酸溶液和无水乙酸，请打开盖子，闻到了什么？看到了什么？ 请总结出乙酸的物理性质。 【投影】乙酸的物理性质	体验乙酸的物理性质，讨论总结乙酸的物理性质。	**学生体验与内化阶段** 通过观察，体验乙酸的物理性质，培养了学生的观察能力。
【设问】醋我们已经很熟悉，大家能否结合生活经历和已有知识，说说对醋的了解与用途。 【投影】展示图片：醋的妙用	热烈讨论。 学生回答、补充。	**体验准备阶段** 生活化的问题情境，实用性很强，使学生在情感上对体验过程有期待的感觉。

教师活动	学生活动	设计意图
【过渡】为什么醋会有这么多神奇的功效？这就与乙酸的结构有关，接下来我们就观察乙酸的结构。 【展示】乙酸分子的比例模型和球棍模型 【设问】从结构看乙酸由哪两部分构成？	仔细观察，书写乙酸的分子式、结构式、结构简式。 观看、讨论、理解。	**体验实践阶段** 加强直观体验，加深对知识的印象与理解。
【过渡】醋能用来软化鱼刺、清除水壶中的水垢，是利用了乙酸的什么性质？ 【引导探究一】请根据所提供的试剂和药品（1 mol·L^{-1} 乙酸溶液、1 mol·L^{-1} 盐酸、镁粉、石蕊试液、碳酸钠粉末）设计实验方案：(1) 探究乙酸有无酸性；(2) 探究乙酸酸性强弱；(3) 比较乙酸与碳酸酸性的强弱。	相互合作，设计方案，实验探究乙酸的酸性。	**体验实践与内化阶段，合作交流** 通过实验设计与操作，让学生体验科学探究的过程，强化科学探究的意识与方法。
【板书】三、乙酸化学性质 【设问】请学生分组回答，你们分别设计了哪些实验来验证上面三种假设的？看到了什么现象？得到了什么结论？又分别利用了什么原理？ 【板书】1. 具有弱酸性 【问】为什么可以通过在等物质的量浓度的盐酸和乙酸溶液中加入镁粉后生成气体的速度来说明乙酸是酸性？ 能否用一种化学用语表示乙酸是不完全电离的？ 【板书】$CH_3COOH \rightleftharpoons CH3COO^- + H^+$ 【板书】酸性：乙酸＞碳酸。 $Na_2CO_3 + 2CH_3COOH \rightarrow 2CH_3COONa + H_2O + CO_2\uparrow$ 【投影】实验结论：乙酸具有弱酸性　　酸性：乙酸＞碳酸	学生根据假设，进行实验，得出结论。 第一种假设：乙酸有无酸性。取少量乙酸溶液滴加紫色石蕊试液，溶液变红。证明乙酸有酸性，还有加镁粉有气泡，加碳酸钠粉末有气泡等。 第二种假设：乙酸酸性强弱。取少量物质的量浓度相等的盐酸和乙酸溶液于试管中，加入少量镁粉，有气泡产生，且盐酸中的速度快。证明乙酸是一种弱酸。 第三种假设：乙酸酸性与碳酸酸性的比较。取少量乙酸溶液于试管中，加入少量碳酸钠粉末，有气泡产生。证明乙酸的酸性大于碳酸。	**反馈评价阶段** 及时评价成就体验，师生之间、生生之间共同讨论既能内化知识，又能激发学生积极思维，增强学生的理论分析能力，培养学生科学的学习方法。

教师活动	学生活动	设计意图
【总结】通过实验验证乙酸具有弱酸性。至此，能否解释为什么醋能用来软化鱼刺、清除水壶中的水垢？ 【板书】 $CaCO_3 + 2CH_3COOH = (CH_3COO)_2Ca + CO_2\uparrow + H_2O$	讨论回答。 书写化学方程式。	运用知识，共享体验的收获，通过对乙酸性质的探究，能解释生活中的相关问题，形成学以致用的思想，培养学生解决实际问题的能力。
【过渡】绍兴女儿红存放了几年后打开，可谓开坛十里香，这就叫“酒是陈的香”，为什么？ 经常跟妈妈下厨的同学肯定有这样的体会：烧鱼时加点醋和酒，这样鱼的味道就变得无腥、香醇，特别鲜美，为什么？ 这就是接下来我们要认识的乙酸的第二个化学性质——乙酸能发生酯化反应。 【引导探究二】通过分组实验体验乙酸的酯化反应及酯化反应的条件——认识乙酸的酯化反应。	学生听得兴致勃勃，跃跃欲试。	第三次设置情境，准备体验通过醋在生活中的应用引出乙酸的酯化反应，使学生感觉化学来自生活，又能用化学原理来解释生活事实，渗透化学重要性的教育。
【投影】实验注意事项和酯化反应实验装置图。 【设问】根据图片，你能看出酯化反应的发生装置和吸收装置有哪些要注意的地方？ 【分组实验】 第1组：在试管中加入3 mL无水乙醇、2 mL冰醋酸，连好装置，用酒精灯小心加热试管，产生的蒸气经导管通到盛3 mL饱和Na_2CO_3溶液的液面上，观察现象。 第2组：在试管中加入3 mL乙醇，再慢慢加入2 mL浓硫酸和冰醋酸，缓慢加热，产生的蒸气经导管通到盛饱和Na_2CO_3溶液的液面上，观察现象。 第3组：在第2组的饱和Na_2CO_3溶液中先滴1～2滴酚酞，其他与第2组相同，观察现象。充分振荡，再静置观察现象。	观察装置，讨论回答。 分组实验，观察现象。	再次实践体验过程。 培养学生思维的深刻性，使学生掌握物质制备装置的使用方法。 通过三组互为对比的探究性实验的设置及三组实验结果的反差，使学生产生认知冲突，进入探究情境。 师生角色的互换（演示实验改为学生实验）。学与教的互动中突出了“学而后教”或“边学边教”。

教师活动	学生活动	设计意图
【设问】请学生分组回答，你们每一组分别看到了什么现象？	第1组：实验好像失败了，小试管中没明显现象。 第2组：有无色透明油状液体产生，分层，并可闻到香味，振荡有少量气泡产生。 第3组：其他现象同第2组，但滴加酚酞的饱和碳酸钠溶液红色褪去。	通过实验培养学生观察、描述实验现象的能力，培养学生对知识的分析归纳、总结的思维能力与表达能力。
【引导分析】第1组为什么没看到明显现象？是不是他们失败了？ 【结论】乙酸和乙醇在浓硫酸的作用下加热生成了一种新的物质——乙酸乙酯。 【板书】 $CH_3COOH + HOCH_2CH_3 \xrightleftharpoons[\Delta]{\text{浓硫酸}} CH_3COOCH_2CH_3 + H_2O$	讨论回答：不是的。 比较第1组和第2组使用的药品，后者多了浓硫酸，现象完全不同，说明第2组在浓硫酸的作用下生成了一种新的物质。	又一次设置冲突情境，培养学生的思维分析能力和批判精神。
【问题讨论】根据实验过程与现象，讨论回答下列问题： 1. 浓硫酸在实验中的作用？ 2. 加酚酞的饱和碳酸钠溶液颜色为什么发生变化？ 3. 为何用饱和碳酸钠溶液来吸收乙酸乙酯，饱和碳酸钠的作用是什么？ 4. 为什么导管不能插入饱和碳酸钠溶液中？ 5. 如何分离得到的乙酸乙酯？	讨论回答。	通过对这些问题的思考和回答，培养了学生思维的深刻性和广阔性。

教师活动	学生活动	设计意图
【过渡】对比乙酸乙酯、乙酸、乙醇的分子结构，试推测乙酸、乙醇可能是以怎样的方式相互结合形成乙酸乙酯的？ 【引导探究三】通过交流讨论探究酯化反应可能的脱水方式——认识酯化反应的反应历程。 【投影】提出假设： 可能一： 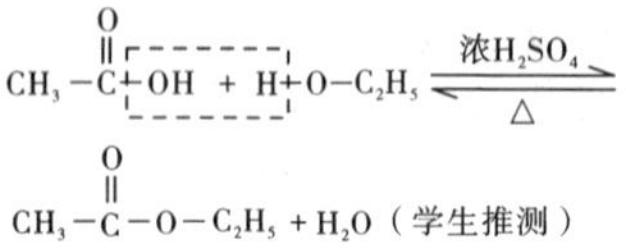 可能二： 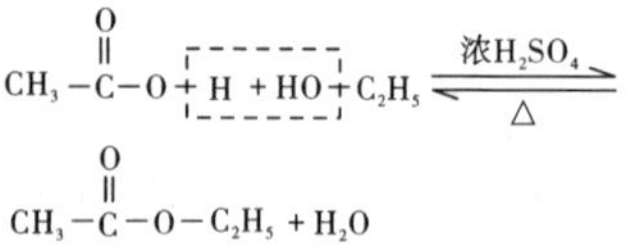	讨论推测： 可能的两种脱水方式：一种是酸提供氢，醇提供羟基，另一种是醇提供氢，酸提供羟基。	通过酯化反应可能的脱水方式的讨论，利用课堂有限的时空“微缩”地模拟科学发现的整个过程，培养学生自主探索创新精神和同学间的交流合作学习的协作精神。
【设问】到底是哪种脱水方式？这是微观领域，很难通过直接实验来确证。 但在生物上，生物学家们为了研究海豚或某类鱼的活动情况，常采用的方法是将一个跟踪器安装在其身体部位从而对它们的行踪进行监视。 这种方法对化学家们有了很大的启示，他们将含^{18}O的乙醇与乙酸反应，反应后发现^{18}O出现在乙酸乙酯中。这种结果说明了酯化反应是哪种脱水方式？	倾听，思考。 讨论回答：酸提供羟基，醇提供氢原子。	利用同位素示踪法来解释酯化反应的实质，培养学生从现象到本质、从实践到理论的科学思维方法。
【总结】从结构上看，乙酸发生这两种化学变化时的断键位置分别在哪？ 【投影】 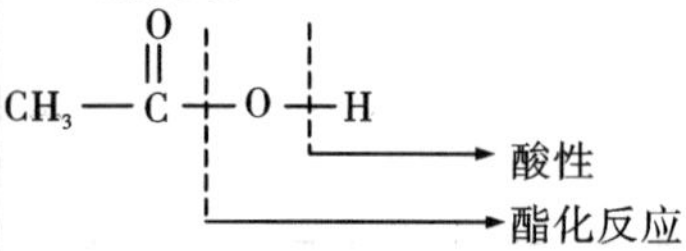	分析结果，得出结论： 酸性：羧基中氧氢键断裂； 酯化反应：碳氧单键发生断裂。	多次情境体验后，进行总结讨论。 学会用有机物结构和化学键知识来分析化学反应的原理，帮助学生打好进一步学习的方法论基础。

（二）化学事实性知识学习负迁移矫正的学习策略

从实证部分的调查研究表明，化学事实性知识学习负迁移产生的主要原因是学生对繁杂的事实性知识记忆混乱，不能灵活调用，形成不了稳定的结构表象。针对化学事实性知识的特点和实证研究得到的信息，提出化学事实性知识学习负迁移矫正的以下学习策略：

1. 多感官协同记忆策略

记忆是人的大脑对外界输入的信息进行识别、编码和储存的过程。它是人类获得知识、技能、方法，最终转化成生存的各种能力的前提和基础。心理学研究表明，人类在接受外界的信息输入时，参与的感觉器官不同，其记忆的保持率就不同，一般来说，参与的感官越多，记忆保持的时间就长。譬如，人仅从视觉感官得到的知识能保持25%，仅从听觉感官得到的知识能保持15%，如果把二者结合起来，两感官协调运用，就会使知识保持增高至65%。这充分说明了人来接受外界信息时，参与感官的不同，记忆保持的程度也不同。在化学事实性知识的学习过程中，运用多感官协同记忆策略，能够加深大脑对所学知识的印象，可以更多地在脑海中存储用于将来提取信息的线索，从而可以提高记忆的效果。因此，在学习化学事实性知识时，学习者应当充分调动眼、耳、口、手、脑等各种感觉器官，对物质的结构、性质及其变化进行全面的观察和体验，做到从各个方面、全方位的了解化学事实，加深对事实性知识的理解和掌握，进而使记忆保持得更长久、更明晰，可以有效地减少学习负迁移。

学习者在使用多感官协同记忆策略进行中学化学事实性知识的学习时，要注意以下三个方面的问题：

（1）善于观察

化学事实性知识和人类的生活密切相关，学生在学习知识时不能仅仅停留在“听明白”的层次上，要善于把学习的知识和身边的事物和现象联系起来，以便加深对知识的记忆。譬如，在家里观察到厨房里面的铁窗生锈，就要想到Fe元素及其化合物的性质。看到锅垢就要想到Mg、Ca等元素及其化合物的性质。

（2）勤于动手

化学是一门以实验为基础的学科，亲自动手做实验是牢记化学事实性知识的好办法。学生在学习过程中要尽可能地创造条件去亲自做一下实验，老师做演示实验时也要尽可能地参与其中，做好老师的助手。学生分组实验时一定要保质保量地参与完成。另外，学生在家中尽可能地设计装置就元素化合物的性质进行家庭小实验，针对物质的空间结构，可以搞些家庭小制作，一来可以锻炼自己的动手能力，二来可以提高自己对化学事实性知识的掌握程度。譬如，学生在学习 CH_4 的空间结构时，为了清楚其正四面体结构，可以在家里利用小木棍和橡皮泥制作甲烷的球棍模型，这样观察起来、学习起来都比较方便。

（3）敏于用脑

人类对知识的学习最终还是要存储在大脑中的，观察、动手等行动最终的结果还是帮助把知识存储在大脑中。因此，在进行事实性知识学习的时候，不仅要用眼睛仔细地观察、用手认真地操作、用耳朵仔细地听取实验期间的声响、用鼻子去闻产生气体的气味，更重要的是要对看到的现象、听到的声音、操作的步骤认真用脑去思考，将多感官有机协调地结合起来，思考元素及其化合物性质的本质所在及其和其他物质性质的内在联系，进一步使枯燥的事实性知识变得生动灵活，增进学生的记忆。

【案例 4-9】多感官协同记忆策略迁移教学案例

钠与水反应的学习策略

金属钠的重要性质之一就是和水可以剧烈反应，生成氢氧化钠和氢气，化学方程式为：

$$2Na+2H_2O=2NaOH+H_2\uparrow$$

该反应是中学化学事实性知识中的一个重要反应。对这一知识的学习，我们利用多感官协同记忆策略，可以通过 4 种途径安排学生对这节课的学习：

途径 1：学生通过阅读教材中关于钠和水反应的内容和教师有关该知识的讲授，掌握有关该反应化学反应方程式的书写。

途径 2：学生认真观察演示实验，分析 Na 和 H_2O 反应的实验现象，在教师的引导下得出该实验结论，写出化学反应方程式。

途径 3：学生按照观察到的教师的实验操作，亲自动手完成钠和水的反应的化学实验，通过自己的实验操作、观察到的现象和现象的思考得出结论，掌握反应的化学反应方程式。

途径 4：学生首先观察钠和水反应的实验现象，然后根据观察到的实验现象对反应的可能产物提出假说。在教师的指导下运用已有知识设计简单的化学实验方案，收集相关证据验证假说，从而获得正确的实验结论。

> 上述4种途径中，途径1，学生只是只调用了一种感官：眼睛或耳朵，获得信息的途径比较单一，对钠和水的实验现象和结论的保持时间比较短暂。途径2，也是教师日常教学过程中运用得比较多的一种途径，学生通过对教师演示实验的观察，获得生动鲜明的印象，能使抽象的结论和具体的现实结合起来，能够加深学生对化学反应方程式的记忆。途径3，学生亲自动手完成实验，手、脑、眼、耳等多感官协调并用，使学生获得的知识既鲜活又深刻，提高了化学事实性知识的记忆效果。途径4，学生思维的参与更深刻、更主动，学生的主体性得以充分地发挥，通过体验知识探究的过程，使结论的获得与具体的学习情境和过程有机结合起来，增进了学生对知识的记忆和理解。

2. 联系—类推策略

中学化学事实性知识存在着繁杂、零散等特点，但这些繁杂的知识不是孤立的简单组合，而是存在一定的内在联系的。这种联系主要体现在三个方面（见表4-17）。

表4-17　中学化学事实性知识之间的内容联系类别

类别	内容	实例
事实性知识与理论性知识的联系	中学化学事实性知识一般是理论性知识的具体体现，二者存在着密切的联系。	物质的性质是由其结构来决定的，并和元素在周期表中的位置密切相关。
事实性知识与学生已有知识经验的联系	化学即生活，中学化学事实性知识与学生身边的物质和自身的活动密切相关。学生已有的知识经验包括两个部分：学生的日常生活经验和书本上获得的经验。	醋酸可以用来清洗水壶中的锅垢、漂白粉的失效原理等知识都和学生已有知识经验密切相关。
事实性知识之间存在着相互联系	中学化学事实性知识内在的联系体现在物质的结构、性质、存在、制法和用途之间是相互制约的，物质结构决定了物质的性质，物质的性质决定了用途、制法等。	同一类物质具有相似的性质，例如，酸具有自己的通性，碱和盐也有自己的通性。

联系—类推策略具体的做法是：学生在进行中学化学事实性知识的学习时，有意识地抓住其与理论性知识、学生已有知识经验和物质内部之间

的性质联系，并能通过这些内在的联系和递变规律，对物质的可能性质进行类推，给出自己的预测。譬如，学生在进行卤族元素性质的学习时，再学过了代表物——氯及其化合物的性质后，能够运用元素性质周期性变化的规律，类推出 F、Br、I、At 等其他卤族元素的性质、存在、制备和用途等。然后再把类推的结果和书本知识和教师的讲解进行比照，找出类推结果的正确和错误之处，并总结经验、分析原因，然后在此基础上再进行深入的学习。这样的联系—类推策略的运用，就能使学生在化学事实性知识的学习中能够比较有效地把握住重点和难点，高效地进行学习。这样习得的化学事实性知识比较牢固、清晰，不容易形成化学学习的负迁移。

在实施联系—类推策略进行中学化学事实性知识的学习时，要注意三个方面的问题：一是注意联系的广泛性、类推的普遍性。二是要注意有理、有据、有递变性的类推，不能随便乱猜。三是要注意类推不是关键，关键是将类推的结果和书本和教师的讲解进行比对，找出二者之间的差异，然后针对差异有针对性地进一步深入学习，最终达到高效学习事实性知识的目的。

【案例 4-10】联系—类推策略迁移教学案例

氨是氮族元素重要的气态化合物。在学习氨的性质时，学生就可以运用已有的物质结构、元素周期律等知识，对氨的物理性质和化学性质做出预测，使学生深入了解氨的结构、性质和用途之间的联系。

类推 1：已知氨分子为极性分子，依据相似相溶原理，氨应溶于极性溶剂中；

类推 2：已知氨中氮元素的化合价为−3 价，处于低价态，氨应具有还原性，在一定条件下能被某些氧化剂氧化；

类推 3：已知氨分子中含有一对孤对电子，能够与氢离子形成配位键，因此，氨能与酸发生反应；

类推 4：根据元素性质的递变规律，氨的还原性比水强，稳定性弱于水。

最后，学生将类推的结果与教材内容进行比较，分析存在的问题，并通过实验、观察、思维等活动验证有关结论，从而深刻理解氨分子的性质。

3. 知识结构化策略

知识结构化策略是指将事实性知识按照一定的线索进行归类、分析和整理，把零散孤立的知识变为彼此间相互联系的整体，形成一个系统化、结构化的知识网络结构①。

美国著名心理学家布鲁纳指出，人类大脑记忆的首要问题是对知识的准确、快速检索，实现快速、正确检索的关键在于合理的结构组织②。运用结构化策略组织过的材料会给学习者一种形象直观、简明扼要的呈现形式，有利于他们一目了然地把握知识之间的内在逻辑联系。这样的呈现方式有利于学生提高对事实性问题的高效学习和巩固。

化学事实性知识的内容繁多，分布面很广，知识材料琐碎，如果不能运用很好的记忆方法，学生学习起来就会感觉杂乱无章，再加上学习过程中，不能对知识进行整理和归纳，就很容易造成学习困难，形成事实性知识的学习负迁移。因此，在事实性知识的学习过程中，使用知识结构化策略就能够很好地把零散的化学事实性知识组织成一个结构化的整体，大大增强了知识记忆的牢固性，并能够有效地提高正确检索、提取的效率。

知识结构化策略运用的关键是确定不同化学模块知识间的内在逻辑联系，并以此为线索，形成具体的知识框架结构。中学化学事实性知识中常见的内在联系主要有三种（见表 4-18）。

表 4-18　化学事实性知识中常见的内在联系类别

联系类别	具体要求	实例
顺序关系	以同一种元素形成的不同单质和化合物中该元素的化合价的不同，从由高到低或者由低到高为线索，将形成的不同化合价的物质联系起来形成知识主线。	氮及其化合物的主线： $NH_3 \rightarrow N_2 \rightarrow \begin{cases} NO \\ NO_2 \end{cases} \rightarrow HNO_3 \rightarrow \begin{cases} NaNO_3 \\ Cu(NO_3)_2 \end{cases}$
因果关系	按照知识间的因果关系，形成结构性框架，看起来比较明晰、清楚。	物质结构决定物质的性质，物质的性质又决定其存在、制法和用途，形成相应的知识结构。 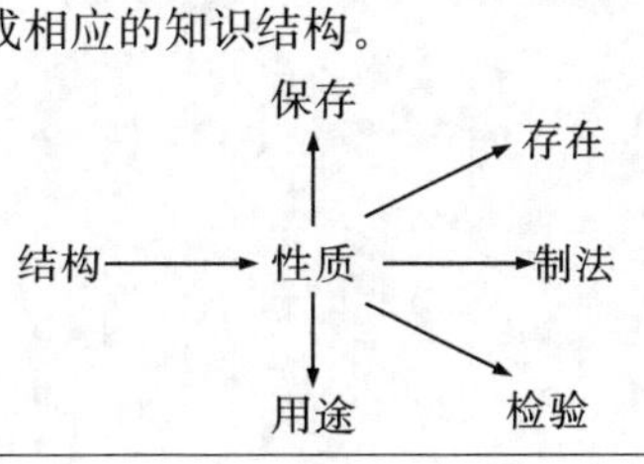

① 刘知新. 化学教学论［M］. 4 版. 北京：高等教育出版社，2009：249.

② 张大均. 教与学的策略［M］. 北京：人民教育出版社，2003：207.

续表

联系类别	具体要求	实例
种属关系	教学过程中找出关键的知识点，以此作为连接点，然后分析与其他知识间的内在联系，进而将知识串成线，连成网，形成知识网络化结构。	种属关系一般多用在单元复习中，例如，在学习完“硫及其化合物”的相关内容后，可以按照其内在联系形成知识网络。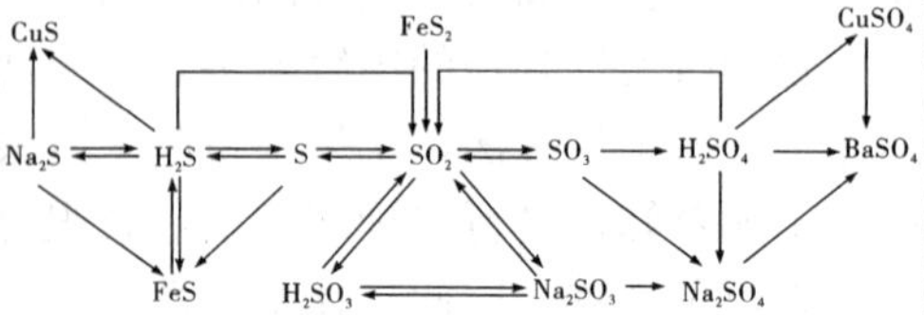

第五章　化学技能性知识学习负迁移研究

化学技能性知识是指和化学概念、原理、元素化合物知识相关的化学用语、化学实验、化学计算等方面技能形成和发展的知识系统①。

中学化学课程中的技能性知识是学习者学习化学的基础和前提。大量的教学实践证明，学生在中学化学学习的过程中，对化学用语如果不能有透彻的理解，不能熟练地掌握和应用，没有形成必要的化学实验技能和化学计算能力，就会在审题和解题时造成思维障碍，甚至会导致心理障碍，影响化学问题的解决，最终导致化学学习负迁移的发生②。因此，在中学化学教学工作开展过程中，要重视化学技能性知识的教学，循序渐进，为理论性知识、事实性知识等内容的学习做好学习上的铺垫。

一、化学技能性知识的特点

化学技能性知识是中学化学内容的重要组成部分，它包括基本符号用语、基础实验和计算等几方面，在中学化学教学过程中起着至关重要的作用，其具体有以下几个特点：

（一）抽象性

中学化学技能性知识的抽象性是针对化学用语来说的。化学用语是用来表示物质的组成、结构及其变化规律的化学符号和术语，是对化学现象、化学问题本质上的一种抽象化概括，是长期以来人类在化学学科发展过程中经验的总结和升华。譬如，化学方程式是对化学反应复杂过程和现象的高度概括，它的普遍性体现在表示着自然界发生的各种变化，它的深

---

① 刘知新. 化学教学论［M］. 4 版. 北京：高等教育出版社，2010：258.

② 刘知新. 中学化学［M］. 济南：山东教育出版社，1999：132.

刻性在于揭示了各种繁杂的现象背后的本质。

化学用语反映出了化学学科特有的思维方式，是化学学习的重要工具。中学阶段的化学用语由三部分组成（见表 5-1）。

表 5-1　化学用语的组成

类别	内容	实例
元素符号	元素符号是用来标记元素的特有符号，还可以表示这种元素的一个原子，大多数固态单质也常用元素符号表示。	H、N、O、S、P、Fe、Ar、Si 等
化学式	用元素符号和数字来表示物质组成的式子叫作化学式。化学式是实验式、分子式、结构式的统称。	CO_2、Na_2O、H_2O_2、HCl、H_2SO_4、KOH、$CaCO_3$、CH_4、CH_3COOH 等
化学方程式	化学方程式，也称为化学反应方程式，是用化学式表示不同物质之间化学反应的式子。化学方程式反映的是客观事实。因此书写化学方程式要遵守两个原则：一是必须以客观事实为基础，绝不能凭空臆想、臆造事实上不存在的物质和化学反应；二是要遵守质量守恒定律，等号两边各原子种类与数目必须相等。	$CaCO_3 + 2HCl = CaCl_2 + CO_2\uparrow + H_2O$ $CH_4 + 2O_2 \xrightarrow{点燃} CO_2 + 2H_2O$

化学用语作为一种抽象化的符号，本身承载了多种意义。因此，在化学用语的教学过程中，教师和学生都必要重视化学用语与它们所反映的宏观现象和微观结构的有机结合，使学生在理解和掌握相关化学知识的基础上能学习和运用化学用语。

（二）探究性

中学化学技能性知识的探究性是针对化学实验技能来说的。化学实验技能具体指的是学生在教师的指导下，独立完成化学实验过程中所需要的各种与实验有关的仪器操作、条件控制等方面的技能技巧。中学化学实验技能主要包含基本的实验方案设计、化学实验操作、实验数据收集和实验结果处理四个部分，具体内容见表 5-2。

表 5-2　中学化学实验技能的组成

类别	内容
实验方案设计	为了达到一定的实验目的，综合运用化学实验操作和元素化合物知识所进行的化学实验的设计。
化学实验基本操作	仪器的洗涤
	试纸的使用
	药品的取用和保存
	过滤
	蒸发和结晶
	蒸馏
	升华
	分液和萃取
	渗析
实验数据收集	在这一个环节当中，学生的实验操作能力、观察能力、语言表达能力、分析能力以及尊重事实的科学精神等都会得到一定的展现和锻炼。
实验结果处理	利用收集到的数据结合相关公式给出具体的实验结果。

化学实验是进行科学探究的重要方式，学生具备基本的实验技能是学习化学并进行探究性学习活动的前提和基础。化学实验技能的培养不能孤立地进行，更不能把它当作简单的技能单独训练，否则，在中学化学的教学中，很难发挥实验的教学功能。

（三）方法性

中学化学技能性知识的方法性是针对化学计算技能来说的。化学计算技能具体指的是学生在教师的指导下，运用化学知识和数学方法来解决化学问题的技能技巧。化学基本概念和原理是化学计算技能培养的基础，思维能力及运算技巧是化学计算技能培养的核心。在培养学生的化学计算技能时，要重视在学生理解化学概念的基础上，教给学生解决问题的思路和方法，防止学生单纯地为了计算而计算，使化学计算失去了其化学特色，结果会使学生单纯地陷入题海训练中，造成化学计算方面的学习困难，从而导致学习负迁移的发生。

化学计算是中学化学的基本组成部分，《高中化学课程标准》规定的化学计算方面的基本内容主要有八个部分，具体内容见表5-3。

表5-3 高中化学计算基本内容

	内容标准	模块
1	认识摩尔是物质的量的基本单位，能进行简单的化学计算，体会定量研究的方法对研究和学习化学的重要作用。	化学1
2	初步认识实验方案设计、实验条件控制、数据处理等方法在化学学习和科学研究中的应用。	化学1
3	了解反应热和焓变的含义，能用盖斯定律进行有关反应热的简单计算。	选修4
4	知道化学反应速率的定量表示方法，能通过实验测定某些化学反应的速率。	选修4
5	知道化学平衡常数的涵义，能利用化学平衡常数计算反应物的转化率。	选修4
6	知道水的离子积常数，能进行溶液pH的简单计算。	选修4
7	通过对典型实例的分析，初步了解测定有机化合物元素含量、相对分子质量的一般方法，并能根据其确定有机化合物的分子式。	选修5
8	能根据误差分析的原理对实验数据进行分析，认识定量分析在化学研究中的重要性。	选修6

中学化学计算技能中的常用技巧也有八种，具体内容见表5-4。

表5-4 中学化学计算常用技巧

技巧	内容
关系式法	关系式法是根据化学方程式计算的一种解题方法，其解题的核心思想是化学反应中质量守恒，各反应物与生成物之间存在着最基本的比例（数量）关系。
方程组法	根据质量守恒和一些比例关系，依据题设条件设立未知数，列方程或方程组求解，是化学计算中最常用的方法，也是最需要掌握的计算技能。
守恒法	化学方程式既然能够表示出反应物与生成物之间物质的量、质量、气体体积之间的数量关系，那么就必然能反映出化学反应前后原子个数、电荷数、得失电子数、总质量等都是守恒的。巧用守恒规律，常能简化解题步骤，准确快速地将题解出，收到事半功倍的效果。

续表

技巧	内容
差量法	找出化学反应前后某种差量和造成这种差量的实质及其关系，列出比例式来解题的方法，即为差量法。其差量可以是质量差、气体体积差、压强差等。
平均值法	平均值法是巧解方法，它也是一种重要的解题思维和解题方法。
极值法	巧用数学极限知识进行化学计算的方法，即为极值法。倾听、回忆数学极限概念，明确化学与数学极限运算的结合方式。
十字交叉法	若用 A、B 分别表示二元混合物中两种组分的量，混合物总量为 $A+B$（例如单位为 mol）。 若用 x_a、x_b 分别表示两组分的特性数量（例如分子量），x 表示混合物的特性数量（例如平均分子量）则有：$x_a \times A + x_b \times B = x \times (A+B)$。 十字交叉法是二元混合物（或组成）计算中的一种特殊方法，它由二元一次方程计算演变而成。若已知两组分量和这两个量的平均值，求这两个量的比例关系等，多可运用十字交叉法计算。
讨论法	讨论法是一种发现思维的方法。解计算题时，若题设条件充分，则可直接计算求解；若题设条件不充分，则需采用讨论的方法，计算加推理，方可将题解出。

二、化学技能性知识学习负迁移的实证研究

化学技能性知识的实证研究内容主要分三大部分，第一部分是对当前化学技能性知识学习负迁移情况的调查。调查主要采用问卷调查和访谈两种形式，对研究学校的学生和教师进行摸底式调查。第二部分是对调研对象的针对性、阶段性化学理论性知识负迁移试题测试。第三部分是对比对平行班级的试验研究，研究过程中，对选取的对比班级，我们施以不同的变量（教学方式、训练因素、学业成绩、性别因素），研究不同变量对学生化学技能性知识学习负迁移的影响情况。

研究中我们编制了负迁移试题对对比班级学生的整体技能性知识负迁移度进行了测试，对负迁移度进行了统计（具体情况见表 5-5、表 5-6）。

表 5-5 对比班级整体技能性知识负迁移度测试平均成绩（前测）

试验分组	班级	平均成绩（百分制）	平均错误率	平均负迁移度
实验组	高一（3）班（本部）	78	0.231 2	0.364 2
	高一（5）班（本部）	76	0.253 4	0.369 8
	高一（7）班（本部）	77	0.230 1	0.366 0
	高一（8）班（本部）	75	0.264 2	0.372 1
控制组	高一（2）班（新校区）	77	0.240 2	0.364 0
	高一（4）班（新校区）	74	0.253 1	0.401 2
	高一（11）班（新校区）	78	0.220 4	0.358 9
	高一（13）班（新校区）	79	0.210 5	0.340 2

从表 5-5 可以看出，实验前，8 个平行班级的整体技能性知识掌握水平相当，平均负迁移度相近，可以进行对比试验。

表 5-6 化学技能性知识测试题平均负迁移度统计

题目	平均错误率	平均负迁移度
J1	0.241 0	0.285 4
J2	0.262 4	0.320 9
J3	0.253 1	0.312 5
J4	0.340 3	0.402 1
J5	0.231 4	0.321 6
J6	0.227 8	0.301 4
J7	0.244 6	0.345 1
J8	0.254 0	0.364 0
J9	0.283 5	0.380 1
J10	0.254 0	0.250 3
J11	0.302 3	0.323 6
J12	0.280 9	0.326 5
J13	0.263 2	0.256 3
J14	0.260 4	0.321 8
J15	0.283 4	0.350 8

【样例分析】

研究过程中，我们在对化学技能性知识测试、分析的基础上对学生的负迁移情况通过出声思维等方式进行了调查，下面以 J4 为例，对其分析、研究过程给予呈现。

J4. 下图表示的是某物质的溶解度曲线，曲线上 A 点表示的意义是（　　）。

A. 过饱和溶液　　　　B. 饱和溶液

C. 不饱和溶液　　　　D. 无法判断

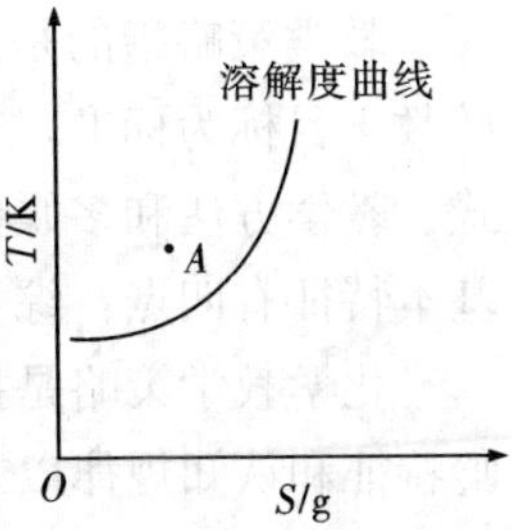

结果分析：本题主要是考查对溶解度的概念的理解，题目看起来很简单，但测试结果显示负迁移度达到了 0.402 1。为了探寻出错的原因，我们对出错的学生使用了出声思维法进行了研究。

出声思维：

学生 1：这个题目原来做过，就是一个简单的考查溶解度概念和观察图示能力的题目，我记得很清楚，线上的点就是过饱和溶液，因此答案一定选 A。

学生 2：题目像是见过，记得是过饱和吧，因为老师说过线下的点表示的是不饱和溶液，那么上面的应该是过饱和溶液，中间的是饱和溶液，答案就选 A。

通过上面学生的解答可以看出，解题过程中，学生首先就在记忆中搜寻是不是做过这道题目，尝试寻找原型。没想到这个题目设置了陷阱，把大家常见的横坐标、纵坐标表示的意义进行了交换，横坐标表示的是溶解度，纵坐标表示的是温度，这和大家平时做题中表示的量刚好相反，答错者是犯了思维定势的负迁移，还是按老思路进行答题，结果错选答案 A，本题两个物理量表示的位置换位后，线上的点的意思就由“过饱和溶液”转变为“不饱和溶液”。因此本题的正确答案应该是 C。

实证研究过程的变量设计和控制见第三章。

（一）教学方式

研究中，我们针对化学技能性知识主要从化学教材的呈现方式、化学教学策略、化学教学方法三个维度对中学化学教学活动中教师在化学技能性知识教学过程中的教学方式进行了实证研究和分析。

1. 教材呈现方式

研究过程中，为了探明教师对教材不同的呈现方式对化学学习负迁移的影响，我们对实验组的教师安排对技能性知识的讲解尽可能地使用师生互动生成教材这模式，控制组的教师不予干涉，他们根据自己的特点按照自身的上课习惯进行。

2. 教学策略

教学策略指的是根据一定的教学任务和教学对象的整体情况，以既定的教学目标为标准，有针对性地选择、组合适宜的教学内容、课堂组织形式、教学方法和多媒体技术，形成的具有教育意义的教学方案。教学策略基本特征有四点：综合性、可操作性、适恰性和灵活性①。

化学教学策略是指在化学课程与教学目标确定后，教师依据学生的年龄特征和认知规律以及现有的教学条件，灵活选取、组合讲授内容、教材呈现方式、多媒体手段，最终形成特定高效教学方案的原则和方式②。常用的化学教学策略主要分为三种：主要教学行为策略、辅助教学行为策略和课堂管理行为策略③。

为了验证不同教学策略的选取对学生化学学习负迁移的影响，在试验中，控制组按照学校常规的教学策略进行，实验组遵照技能性知识的特点和化学学习迁移的规律进行有利于正迁移的教学策略设计。具体举例见第三章、第四章相关部分。

3. 教学方法

教学方法是指为达到教学目的，完成教学目标，综合运用各种教学手段开展的一系列师生相互的活动④。

化学教学方法是指的是与化学教学活动中专门活动组织开展的方法、结构等相统一的教学形式。其具体包括学生的学习方式、教师的讲授方

① 袁振国. 当代教育学［M］. 3版. 北京：教育科学出版社，2004：191.

② 王后雄. 化学课程与教学论［M］. 武汉：华中师范大学出版社，2012：207.

③ 施良方，崔允漷. 教学理论：课堂教学的原理、策略与研究［M］. 上海：华东师范大学出版社，1999：149-150.

④ 王策三. 教学论稿［M］. 北京：人民教育出版社，1985：85.

式、课程内容的呈现方式、师生互动方式等[①]。常见的化学教学方法主要有四种：注入式、启发式、发现式和探究式。

为了验证不同教学方法的选取对学生化学学习负迁移的影响，在试验中，控制组教师按照学校常规的教学策略进行，实验组教师遵照技能性知识的特点和化学学习迁移的规律采取了有利于减少负迁移发生的化学教学方法。具体举例见第三章、第四章相关部分。

（二）训练因素

1. 训练题型

为了了解学生在化学技能性知识的学习过程中，命题形式与学生学习负迁移的关系，在研究中，我们首先运用访谈的形式调查了 40 位有 5 年以上教龄的化学教师，依据访谈的结果，我们对化学技能性知识不同题型的考查中，学生学习的负迁移度情况进行了排序：

选择题＞填空题＞综合题

由上面的调查表明，学生技能性知识的负迁移在选择题目中出现的可能性最大，但是选择题型的弊端就是不能判别学生错误的真正原因，为了用试验证明上述的调查结果，我们利用“法蒂玛法则”诊断方法进行判断[②]（具体见第三章）。

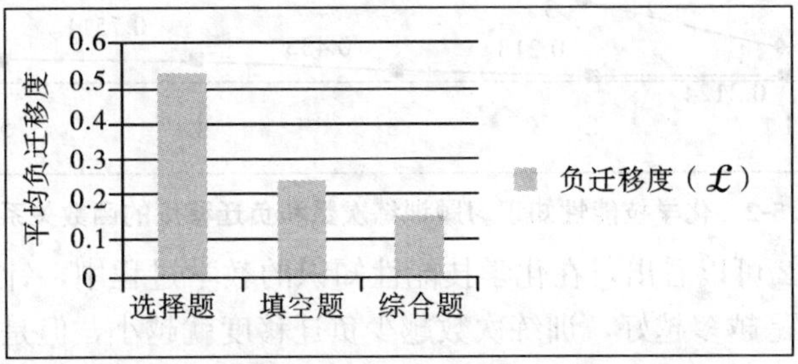

图 5-1　相同技能性知识在不同题型中的负迁移度

为了进一步验证不同训练题型对学习负迁移发生的影响，我们针对化学技能性知识中的易混淆的概念分别设置了不同类型的习题，隐藏在单元测试中进行了测试，得出不同题型的学习负迁移度（£）的平均值如图 5-1 所示。

① 王后雄. 化学课程与教学论 [M]. 武汉：华中师范大学出版社，2012：209.

② 王后雄，邓阳. 化学课程学习中“法蒂玛法则”的诊断及成因分析 [J]. 教育科学研究，2012 (9)：62-65.

由图 5-1 可以看出，测试的结果和访谈的结果是吻合的。这个研究给我们的启示是在中学化学技能性知识的教学过程中，为了减少学习负迁移的发生，教师针对不同的知识点若在考查题型上下些功夫可以起到事半功倍的成效。

2. 训练次数

在当前的高中化学教学中，针对不同的知识点，总要经过大量的练习去强化和巩固。因此，不同知识点训练的次数，也成为影响学生化学学习负迁移产生的因素之一，为了研究其具体影响情况，我们在试验中，针对化学技能性知识中易产生负迁移的相同知识点，隐含在平时的单元测试、期中、期末测试中进行，得出了训练次数和学习负迁移度（£）的函数关系图（如图 5-2 所示）。

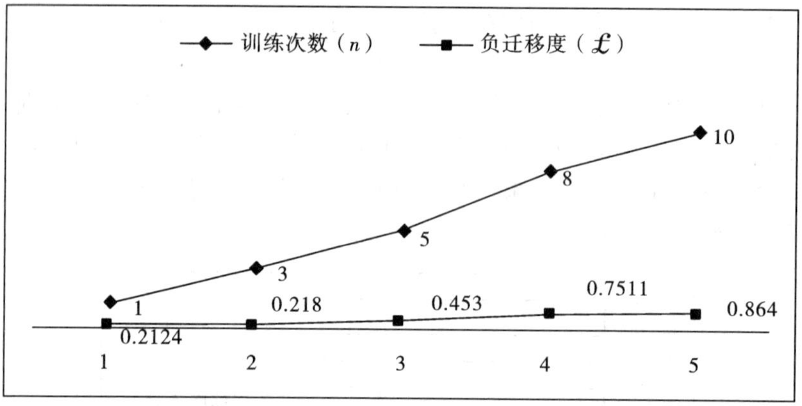

图 5-2　化学技能性知识习题训练次数和负迁移度的函数关系图

由图 5-2 可以看出，在化学技能性知识的教学过程中，针对知识点的训练次数不是越多越好，训练次数越少负迁移度就越小，但是学生掌握程度就越低。相反，训练次数越多，知识掌握越牢固，但是负迁移度越高。因此，在中学化学技能性知识的教学过程中，教师要把握好习题的训练次数，一般来说，知识点的巩固训练次数以 3 到 5 次为宜。

3. 间隔时长

在对化学技能性知识学习负迁移的研究过程中，我们也涉及了训练时间间隔对化学学习负迁移的影响情况。我们根据学生的特点设计出了有关异丙苯性质的一组题目（如下文所示），然后进行间隔时长的测试，测试中对题目进行了适当修改和变换。

【例】(1) 异丙苯[—(CH(CH$_3$)$_2$)]分子中苯环上一氯取代物的同分异构体的数目有( )。

A. 3种　　B. 4种　　C. 5种　　D. 6种

(2) 异丙苯[—(CH(CH$_3$)$_2$)]分子的一氯取代物的同分异构体的数目有( )。

A. 3种　　B. 4种　　C. 5种　　D. 6种

(3) 异丙基环己烷[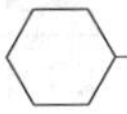—(CH(CH$_3$)$_2$)]分子的一氯取代物的同分异构体的数目有( )。

A. 3种　　B. 4种　　C. 5种　　D. 6种

间隔时间测试的结果如下①：题目(1)的测试中有72%的学生做对，选择答案A。间隔1天，进行题目(2)的测试，仅有48.5%的学生答对，选择答案C。有24.4%的学生受前1天解题定势的影响给出错误答案A。教师在对题目(2)中的错误进行纠正后，再间隔1天，拿出题目(3)，测试结果显示有30%的学生由于受题目(2)的解题思维定势的影响错误地选择了答案C。有8.9%的学生仍然受题目(1)的影响，错误地选择了答案A。

本次测试结果表明，训练的间隔时长直接影响化学学习负迁移的发生，一般来说，对于技能性知识的学习，训练的间隔时间越长，化学学习负迁移的发生率就越低，负迁移度就越小。

(三) 学业成绩

学业成绩是学生综合素质考查中的重要组成成分。学业成绩包含的内容比较广泛，有学者把普通高中学生学业成绩分为4类：安置性学业成绩、形成性学业成绩、终结性学业成绩和诊断性学业成绩②。为了研究化学学习负迁移和学生学业成绩的关联性，本研究的学业成绩特指学生的日常测试成绩。具体统计结果见第三章中相关内容。

(四) 性别因素

如第三章中相关部分所分析的，不同性别的学生在化学学习方面的

---

① 王后雄. 化学教学诊断学[M]. 武汉：华中师范大学出版社，2002：255.

② 江艳萍. 普通高中学生学业成绩的分析研究[D]. 上海：华东师范大学，2009：4.

差异比较明显，为了进一步研究化学学习负迁移的产生和学生性别的相关性，我们在化学技能性知识的学习过程中，针对化学用语和化学实验设计两大部分设计了题目对学生进行了测试（具体结果见表 5-7、表 5-8）。

表 5-7　不同性别学生在化学用语方面学习负迁移度统计表

试验分组	班级	平均负迁移度（£）	
		女生	男生
实验组	高一（3）班（本部）	0.148 2	0.200 1
	高一（5）班（本部）	0.154 3	0.201 5
	高一（7）班（本部）	0.167 9	0.203 7
	高一（8）班（本部）	0.186 4	0.201 2
控制组	高一（2）班（新校区）	0.202 4	0.301 9
	高一（4）班（新校区）	0.213 4	0.312 1
	高一（11）班（新校区）	0.224 3	0.301 0
	高一（13）班（新校区）	0.231 7	0.310 7

由表 5-7 可以看出在化学基本用语的学习过程中，平均负迁移度在性别方面存在一定的差异，具体情况如图 5-3 所示。

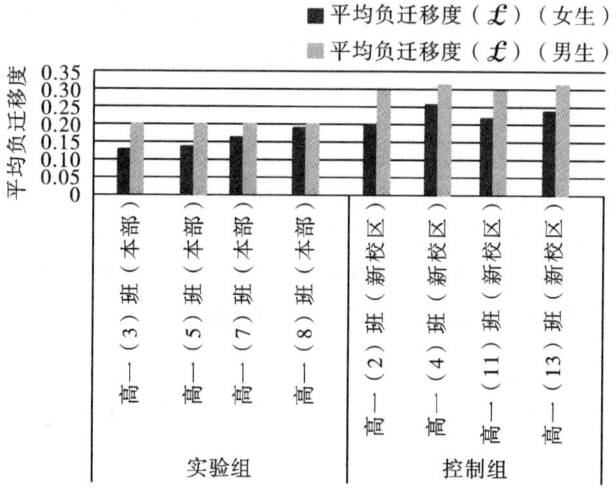

图 5-3　化学基本用语学习负迁移度在性别方面的差异

由图 5-3 可以看出，在化学基本用语的学习过程中，女生的优势明显大于男生，整体平均负迁移度低于男生，这与女生喜欢按照教师的讲解认真听讲、敏于记忆和课后较为扎实的复习有关。

表 5-8 不同性别学生在化学实验设计方面学习负迁移度统计表

试验分组	班级	平均负迁移度（£）	
		女生	男生
实验组	高一（3）班（本部）	0.263 9	0.245 5
	高一（5）班（本部）	0.301 2	0.286 5
	高一（7）班（本部）	0.308 6	0.290 3
	高一（8）班（本部）	0.321 6	0.283 4
控制组	高一（2）班（新校区）	0.389 4	0.301 2
	高一（4）班（新校区）	0.365 4	0.321 3
	高一（11）班（新校区）	0.340 3	0.305 8
	高一（13）班（新校区）	0.352 7	0.312 4

由表 5-8 可以看出在化学实验设计的学习过程中，性别差异还是存在的，整体比较起来，男生有一定优势，具体情况如图 5-4 所示。

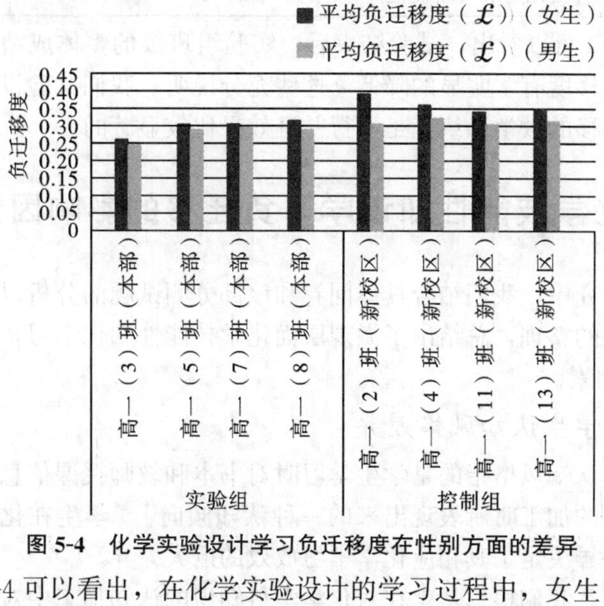

图 5-4 化学实验设计学习负迁移度在性别方面的差异

由图 5-4 可以看出，在化学实验设计的学习过程中，女生的优势不再明显，男生表现出一定的优势，这和化学实验设计部分知识比较深奥、理性思维运用较多有关。

在化学技能性知识的教学试验过程中，我们对实验组教师和学生进行了变量上的控制，为了验证各种变量产生的效果，在一个学期的教学试验结束时，利用学校组织的期末考试，我们针对这一部分设计了难度相当的理论性试题对实验组和控制组学生的负迁移度进行了后测，并对负迁移度进行了统计（具体见表 5-9）

表 5-9　对比班级整体技能性知识负迁移度测试的平均成绩（后测）

试验分组	班级	平均成绩（百分制）	平均错误率	平均负迁移度
实验组	高一（3）班（本部）	84	0.251 4	0.203 2
	高一（5）班（本部）	87	0.248 6	0.200 3
	高一（7）班（本部）	82	0.262 1	0.215 8
	高一（8）班（本部）	83	0.253 2	0.204 7
控制组	高一（2）班（新校区）	79	0.281 4	0.310 3
	高一（4）班（新校区）	78	0.305 5	0.301 8
	高一（11）班（新校区）	80	0.273 4	0.298 4
	高一（13）班（新校区）	76	0.250 9	0.334 2

从表 5-9 可以看出，试验结束后，实验组班级的整体成绩有了明显的提高，负迁移度有了明显的降低，这些充分说明，我们试验设计的变量针对学习负迁移的教学和纠正是可行并且效果比较显著的。

三、化学技能性知识学习负迁移的影响因素分析

实证研究中，我们结合具体问卷和该部分测试题的分析以及对学生出声思维材料的整理，总结出了微观层面化学技能性知识学习负迁移产生的 10 个影响因素。

（一）学生认知风格差异

学生的认知风格指的是学生学习时对书本和教师授课信息和知识经验进行有组织的加工时所表现出来的一种认知倾向①。学生在化学学习中认知风格的差异决定了其相应化学学习成效的巨大差异。

研究中，我们根据学生在对化学学科知识的认知加工中对客观环境内容的依赖程度把学生的化学认知风格分为两种：

① 皮连生. 学与教的心理学［M］. 上海：华东师范大学出版社，1997：36.

一是学习独立型认知风格。这种认知风格的学生倾向于用自己大脑中已有的认知结构去认识、感知化学学习材料。调查发现，在化学计算、问题探究方面，具有这种认知风格的学生比较有优势，并且试题的难度越大，学生的独立性越强，他们的优势水平就越显著。

二是学习依赖型认知风格。这种认知风格的学生很容易受外在的学习环境的干扰，对环境的依赖性较强，独立意识欠佳。研究表明，在针对一般简单化学问题的求解时，学习依赖型风格的学生和学习独立型风格的学生差异不明显；但在面对难度较大的化学问题求解时，学习独立型认知风格的学生表现出极明显的优势。调查还发现，学习独立型认知风格的学生和学习依赖型认知风格的学生在化学解题过程中，其差异主要表现在学习独立型认知风格的学生比较容易找到正确的化学匹配原型，然而对学习依赖型认知风格的学生来说，难以找到正确、适恰的化学匹配原型，或者是容易出现原型匹配错误的情况，最终导致学习负迁移的发生。

（二）学生学习方法不当

化学学习方法是指学生在开展化学学科知识的学习活动中，为了系统掌握化学学科知识，形成一系列的化学用语技能、实验技能、计算技能等，全方位提高自身科学素养而采用的方法和措施。研究表明，学生的化学学习过程实际是一种运用学习策略的活动过程[①]。这里所说的活动既包括学生在学习过程中所参与的外部操作活动，同时又包括他们的内部心智活动。

科学的化学学习方法对化学学习来说至关重要，它是学生有效地学习化学学科知识的重要手段，是学生有效地学习化学学科知识的规范化、最优化的程序，同时，化学学习方法还是激发学生创造性思维的重要手段。

常见的化学学习方法主要有以下三种：

一是探究学习法。该方法就是还原化学知识的发现过程，让学生亲身去体验化学家研究化学的过程，在探究的过程中获得相关的化学学科知识，形成一定的实验技能、计算技能等。

二是合作学习法。该方法是相对于学生自主学习而言的，就是要求学生在学习组成一定的团队，按照既定的分工去完成相应的任务，最终达到化学学习的目的。

---

① 林崇德. 学习与发展：中小学生心理能力发展与培养［M］. 北京：北京师范大学出版社，1999：21.

三是自主学习法。该方法又称自我调节学习法，指的是指学习者根据自身实际去自觉确定化学学习目标，选择合适的学习方法，并且对自己的学习过程进行监控的化学学习手段。

上述不同的化学学习方法有着不同的机制和特点，因此，它们的适用范围也不同，学生在学习过程中，必须结合自身实际和学习材料的性质选择合适的化学学习方法，只有方法选择正确，学习效果才能显著。相反，学习效果就会低下，最终产生学习上的负迁移。

（三）学生知识理解错误

学生在教师的指导下对所学习的化学材料中呈现的化学学科各类知识和技能等方面会形成一定的认识和看法。影响学生化学知识理解的因素主要有两个方面：

一是外部因素。外部因素主要来自学生在学习化学知识的过程中，在这一过程中，任课教师、化学教材、教学多媒体、教学的内容等都会对学生理解所学的化学知识产生一定的影响。这些影响有正面的，也有负面的。正面的影响可以拓宽学生的视野，加强学生对化学学科知识、技能等的认识和学习，顺利实现知识的正迁移。负面的影响会削弱学生的化学学习兴趣，歪曲对一些化学事实的看法，最终导致负迁移的发生。

二是内部因素。在化学学习的过程中，学生自身的化学学习动机和兴趣、已有的知识经验、已具备的思维水平等都会影响学生对化学知识的理解，这些因素都属于内部因素。

有的学者把学生对知识的理解水平分为两个层次[①]：低级层次（知道怎么做）和高级层次（知道为什么）。通常绩优生对化学知识的理解一般处在高级层次上，他们对知识的理解是建立在对教师传授知识的系统分析、整理和归纳的基础之上，不仅知道学习的化学知识是什么，而且还知道为什么是这样。相反，学困生的知识理解水平大多停留在低级层次上，他们对化学知识一般采用囫囵吞枣式的全盘接受，即死记硬背。譬如，在化学实验技能训练中，教师在讲述“酒精灯的使用”时，要求学生在熄灭酒精灯时不能用嘴吹灭，要用灯帽盖灭，并且盖灭后要立即拿出灯帽，然后再扣上去。调查发现，很多学生（尤其是学困生）都能记

① Sorrentino R M，Higgins E T. Handbook of motivation and cognition：Foundations of social behavior [M]. New York：Guilford Press，1986：550-552.

住这个结论，但是学困生靠的是对知识的死记硬背，他们里面有78%的学生不知道为什么要盖两次，认为是多余的。绩优生对知识的理解是建立在对教师教学内容充分理解的基础之上的，他们靠的是在理解基础上的记忆。

知识理解层次的不同，决定了知识迁移的方向和程度。一般来说，处于高层次理解水平上的学生的学习以正迁移为主；处于低层次理解水平上的学生，常常对知识的理解错误，或是不够全面，出现学习负迁移也在情理之中。

（四）学生操作定势固化

实验操作技能是化学技能性知识的重要组成部分，没有规范、科学的操作规程、操作技能就不可能学好中学化学实验。实证研究过程中，通过对实验班级实验课的跟踪观察我们发现，一部分学生存在操作定势。化学技能性知识负迁移中的操作定势通常在实验的过程中表现出来，主要是由实验操作动作定势不当或者夹带某些习惯性操作引起的。譬如，学生在滴加液体时，滴管下端经常触碰试管口的内壁，这是日常非化学实验操作时的定势造成的负迁移；实验时发现有的学生取拿试管时的做法是手拿试管“一把抓”，这是由于日常生活中取拿牙膏、牙刷、筷子等动作定势造成的负迁移；有的学生在向小烧杯中倾倒浓硫酸时，不顾 H_2SO_4 标签的位置，手抓住瓶子的哪里就是哪里，这是由日常使用瓶装容器的习惯造成的负迁移；还有的学生在使用托盘天平时，拿取砝码时直接用手，这也是由日常拿东西的习惯性动作造成的负迁移；还有的学生把稀硫酸稀释的方法套用到浓硫酸稀释的过程中去，将配好的 $2\ mol \cdot L^{-1}$ 的 NaOH 溶液直接转移到容量瓶中进行定容等等。上述现象的发生都是由于习惯性操作的定势引起的。中学阶段的操作定势的结果可能是实验失败，受到老师的批评，但是如果走上工作岗位操作定势负迁移还没被消除的话，就会直接给国家财产带来损失，甚至会丢掉自己的性命，因此，在中学化学的技能性知识的教学过程中，教师要正确地引导，慎之又慎，及时规范学生的错误操作行为，切实消除操作定势带来的负迁移。

（五）学生图示定势固化

化学技能性知识学习负迁移中的图示定势指的是学生在学习化学用语、化学图标和化学实验装置时，由于大脑中存在的某些思维习惯或倾向而引起的一种定势①。中学化学技能性知识中的图示定势分为三种：

一是化学用语的定势。该种定势指的是学习者在进行化学用语的学习时，由于大脑中存在的思维习惯或倾向而引起的一种图示定势。研究发现，在化学技能性知识的学习过程中，学生习惯于先入为主，把一些化学物质的最先接触的写法看作一种习惯，从而形成了定势，产生了学习负迁移。譬如：学生在化学用语的习题训练中，如果给学生呈现的是教师上课时呈现过的形式“$HCOOCH_3$”，学生就会很容易、迅速地辨认出是甲酸甲酯的结构简式；相反，如果给学生呈现的是不常见的另外一种写法“CH_3OCHO”，学生就会迷茫，不知所措，辨认不出是甲酸甲酯，认为是一种未学过的新物质，结果造成解题错误。

二是化学图标的定势。该种定势指的是学生习惯于教师所讲授的或教材中关于化学相关图标的表示形式而形成的一种定势。调查发现，学生在日常的化学学习中，习惯与把教材上、练习册中的图标当成一种约定俗成的东西，在大脑中形成这样的定势：考试中的化学图标中各物理量的位置都像平常教材中、练习题中那样把变量放在同一个位置上，从而形成了化学图标定势。这部分学生在处理具体的问题时，不抽出时间进行图示的甄别，最终导致了负迁移现象的产生。譬如：化学教材和一般的教辅资料中，在对溶解度曲线的呈现上，大多都是遵循这样的规则：纵坐标为溶解度（S），横坐标为温度（T），则溶解度曲线的线上、线中、线下位置上的点就分别表示过饱和溶液、饱和溶液和不饱和溶液。在技能性知识的测试过程中，我们把溶解度曲线的横坐标和纵坐标表示的意义进行了调换（题目见附录），测试结果表明，有 40.5%的学生受图示定势作用影响产生了负迁移。

三是实验装置的定势。化学是一门以实验为基础的学科，在化学教学过程中，课本实验的开发和创新是带领学生进行研究性学习，培养学生科学探究精神的重要途径。然而调查中我们发现，部分学生不重视课本中实验的作用，采用“读实验、背实验”的方式进行实验技能的学习，平时不亲自动手操作，以至于造成处理问题时的定势化，同时导致此类负迁移现象的发生。

---

① 王世存，王后雄. 中学化学学习中负迁移成因及教学对策［J］. 课程·教材·教法，2012（1）：104.

（六）教师迁移意识淡薄

迁移问题是学科教学中都会遇到的问题，对新知识的学习或旧知识的巩固都有一定的促进作用。在新一轮的教育改革中，无论是教学内容方面的改革，还是教学手段方面的改革，基本上都离不开教学迁移问题，都要遵循教学迁移的规律来实施。因此，增进教师的教学迁移意识和培养学生的学习迁移能力，不仅是教育发展的需要，同时也是培养适应国际发展的具有国际视野的新型人才的需要。

在问卷调查中，为了了解教师的迁移意识，我们设计了专门的题目，对该项情况进行了调查。题目如下：

30. 教师重视迁移规律的运用，讲解不同内容时，会创设不同的情境。

结果显示：对这种观点表示“很不同意”的有254人，占总人数的17.1%；对这种观点表示“不同意”的有264人，占17.7%；对这种观点表示“不确定”的有475人，占31.9%；“同意”这种说法的有289人，占总人数的19.4%；“很同意”这种看法的人有207人，占总人数的13.9%。从统计的结果来看，调查学校教师的整体迁移意识还是比较淡薄的，在这种淡薄的迁移意识下，对学生进行迁移教学，真正做到“为迁移而教”还是十分困难的，大量负迁移的出现也是必然。

（七）教学评价方式单一

教学评价是教育中的重要环节。我国传统的学校教学评价形式大都采用的是单一的结果式评价，对学生的学习过程的评价往往是只重视结果、不重视过程，以分数论高低，以分数论能力，以分数论成败，呈现出“暗箱式”操作的特点。实践证明，这种单一的评价方式明显束缚了学生个性的发展，降低了学生学习化学的兴趣，催生了很多因为轻视学习过程而出现的学习负迁移。

通过调查和对师生的访谈，了解到大家对这种单一的评价模式的局限性都深有感触。这种单一的评价方式误导了教师的教学，误导了学生的学习，尤其是在技能性知识的学习方面，这种评价方式影响更大。调查中我们了解到，有些学生在抱怨：“我的实验都在老师的要求下一步一步地做了，我的同桌都没做过实验，天天背实验现象、实验结论，但是在考试中，实验部分也能得到不少的分数，真有点不公平。”这种以分数高低来单一评价学生的方式削弱了对学生实验操作能力、动手能力的培养。我们一定要回到教育的原点上来，教学评价的目的应当从过去的“注重甄别与选拔”转为“激励与调控”；教学评价的主体也应由“单向度”转向“多元化”；教学评价的内容应由过去的倚重“学业成绩”向“注重学生综合素养的提高”转变；教学评价方式要由“终结性评价为主”向“终结性评价、过程性评价、发展性评价并重”过渡；教学评价的模式应由“注重量化”向“量与质的结合”转变，对学生实施全面评价，切实提高学生的各方面的能力，减少学习过程中负迁移的发生。

（八）教学功利主义明显

化学教学过程中的功利主义指的是教学过分追求功效和利益，偏离了教育的本质。在这种功利主义的引导下，教育会被教师甚至是学生当作追逐利益（即分数）的工具。在研究中我们发现，当前学校教育中的功利主义主要体现在两个方面。

一是教师教学方面的功利主义。在进行实验研究的学校里，每个月月考结束后，学校通过专用的分数处理系统把每个年级的各学科成绩进行年级排序、班级排序、单科成绩排序、总成绩排序、平均成绩排序，更有甚者把每个学科任课教师、班主任的名字紧附在排名之后。这种功利主义的做法，给教师带来了巨大压力：若所教班级成绩靠后，领导就会对其有看法；或班级成绩排名靠前班级的班主任每月会有奖励。这些做法，催生了教师授课时的“满堂灌”，催生了“题海战术”，因为通过“满堂灌”的形式再加上“题海战术”的确可以短时间内提高学生的成绩，获得奖金并受到领导的表扬。殊不知这种功利主义的做法完全违背了教育规律，“满堂灌”会使众多杂乱的知识“填充”到学生的大脑中，使学生的认知结构构建不够系统化、条理化，导致学生在做题时调用知识错乱，出现负迁移。

二是学生学习方面的功利主义。当前学校对学生的评价方式还是比较单一的，在调查和访谈中可知，教师心目中的好学生突出的标准就是成绩好，家长心目中的好学生也是学习成绩优秀，学生眼中的好学生同样是成绩佼佼者。这种对好学生的评价标准使得很多学生的学习目的不是把提高自身的科学素养作为出发点，而是想办法去取得高分，成为老师眼中的好学生、家长眼中的好孩子、同学眼中的好英雄。这种功利主义思想的主导，就会使这些学生为了取得好的成绩，就想办法走捷径。譬如，在化学实验技能的学习过程中，不是去按照老师的安排去实地操作实验仪器，逐步培养自己的动手能力、实验设计能力等，而是去从复习资料中找到大量的有关该实验的结论去背诵、搞题海战术。这种学习方法是出于功利目的的，没有对所学的技能性知识形成稳定的、清晰的构象，在遇到灵活的、找不到原型题目参考时就容易产生负迁移，盲目从自己的记忆中调用结论往上套用。

（九）教材呈现顺序不妥

化学教材是化学学科知识的载体，在化学教学中占有非常重要的地位。这里所说的教材不单指化学课本，其包含在化学授课过程中教师和学生使用的所有教学材料。一般来讲，在化学授课过程中，教师对教材的处理方式主要有三种：讲述教材、讲演教材和师生互动生成教材（见第三章中的相关内容）。不同的教材处理方式，会实现不同的教学效果。就教材的呈现顺序而言，如果呈现顺序不当也会造成学习上的负迁移。

教师在授课过程中，对教材的呈现顺序处理不是一成不变的。教师应立足于所教班级学生的化学学习实际情况，灵活处理每一个教学环节，合理安排教材内容的呈现顺序，以促进化学课堂教学的有效性，减少学习负迁移的发生。化学课堂中教材呈现顺序的不妥主要表现在以下几个方面：

一是不尊重学生学习起点的真实情况。调查中发现有的教师在讲课的时候，对教材的起点知识是按照自身经验判断设计的，不是根据学生实际情况判断的学生认知水平起点。这样会造成两个极端：一个极端是起点过低，上课时让学生觉得太简单，不用学就能懂。这种极端的结果是学生越听越没劲，对课堂的期望值降低，影响到整个课堂的听课情况，听课时注意力不集中，对新知识的学习一定会出现遗漏等情况，导致负迁移的发生。另外一个极端是教学内容设计的起点过高，学生听课时不懂装懂，教师制定的教学目标学生“跳起来也够不到”，这样的教材呈现顺序会挫伤学生的化学学习的积极性，导致他们化学学习困难，最终出现负迁移。

二是教材的呈现缺乏创造性。对教材的深入研究和开发是教师上课前的必备工作。只有很好地吃透了教材，才可能在教学过程中实现教学效果的最大化。化学教材的编写一般由化学学科教学论专家、教育心理学专家和一线化学教师共同完成，教材的编排符合学生的认知发展规律，符合学科知识传授的顺序规律。所以，教师在使用教材前，首先要了解整本书中各个单元、章节的化学学科知识呈现体系，力争做到上课前心中有数，上课时有的放矢。在研究化学教材时，要批判性地思考教材所提供的化学学习材料的必要性、适恰性和目的性，对教材呈现的有效材料要积极、合理地在课堂中运用，但不能盲目照搬，要根据所教班级学生整体学业水平情况创造性地、灵活地调整教学内容的顺序。否则就会造成学生化学学习困难，极易出现化学技能性知识的负迁移。

（十）学校实验条件简陋

化学是一门实验学科，科学实验是进行化学学习和研究的工具和依托。中学化学课程中设置了基础的化学操作实验。实验主要分为两个部分：一是教师课堂演示实验；二是学生分组实验。调查显示，日常的化学教学中，教师课堂演示实验和学生分组实验的执行情况直接影响学生实验技能的培养，影响学生的问题解决能力，实验教学工作缺失的学校中，学生在问题解决方面的负迁移程度更大。

对实验教学工作缺失的原因进行实地调查，我们发现主要有以下几种原因：

一是学校实验条件简陋，有的学校就没有学生实验室，有学生实验室的因为经费问题部分学校也没开展学生分组实验。调查还发现，有的学校的实验设备过于陈旧，譬如，天平的砝码已经生锈，有的实验室药品已经过期。

二是教师不重视实验教学。调查发现，有的学校实验条件很好，但是教师还是不上实验课，究其原因，老师解释说经过长期的教学实践证明，做实验不如讲实验和让学生背实验，这样既节省了时间，学生记忆的效果也好。

三是为了安全不做实验。调查中了解到，有的学校没按照规定开展学生实验，原因是觉得化学实验危险，在过去的实验中经常出现浓硫酸烧伤人的情况，还有的学生私自将有危险性的实验药品带出实验室，进而造成事故，因此学校就没有再开设学生实验。

四、化学技能性知识学习负迁移矫正的教学策略

通过第三部分内容分析可知，化学技能性知识学习负迁移产生的影响因素很多，在日常的化学教学中，我们必须结合化学技能性知识的特点，有针对性地进行矫正，下面主要从教师教导和学生学习两个方面对化学技能性知识负迁移的矫正策略提出相应的措施。

（一）化学技能性知识学习负迁移矫正的教导策略

通过对化学技能性知识学习负迁移的研究表明，教师的化学教学策略

是影响化学学习负迁移的重要因素之一。教师在对中学化学技能性知识的讲解过程中，如果不能针对技能性知识的特点，采取合适的教学策略，很容易导致学生学习负迁移的发生。在此建议采用以下策略：

1. 循序渐进教学策略

中学化学基本技能按照其性质和表现特点可以分为两大部分：一是动作技能，特指在实验过程中的各种操作能力。二是智力技能，主要是指与化学用语、化学计算相关的思维能力。中学化学技能性知识的教学过程是引导学生不断地把理性思维和动手操作相结合的过程，必须要依据技能形成的规律和技能性知识的特点，循序渐进地开展。

中学化学技能性知识的教导过程一般分为四个阶段，具体内容见表 5-10。

表 5-10　中学化学技能性知识教导的四个阶段

阶段	教导要求
感知—预备阶段	教师引导学生观察具体的实物、实验，向学生演示各类实验的基本操作和具体的元素及其化合物的实验。该过程使学生对技能性知识进行感知，心中明确要解决的化学问题或任务。
加工—形成阶段	创设环境和条件，对学生进行分析、综合、抽象、概括、归纳、演绎、假设、推测、验证等有关技能性知识的思维过程训练，组织学生开展练习、操作、领会、体验等活动，使学生形成对化学动作技能和化学智力技能的体验，并在外部活动中得以应用和体现。
联系—巩固阶段	通过一系列理性思维活动的培养，让学生明确各种技能性知识的适用范围，并积极地与其他知识进行横向比较，发现其异同，并引导学生做进一步的总结和概括，在此基础上补充、完善原有的化学经验结构，建构起新的化学技能性知识结构，逐步形成理论的、符号化的以及操作活动的体系，同时实现对所学技能性知识的巩固。
应用—发展阶段	引导学生对所学技能性知识进一步形成应用规则和方案，在化学问题解决的过程中运用所习得的技能性知识，进一步联系、熟悉、完善、发展和巩固所学技能性知识，使所学内容进一步概括化和系统化。

2. 多层次方法养成策略

中学化学技能性知识包含的内容广泛，化学用语比较抽象，内容繁杂；化学实验探究性强，要求有较强的分析、综合和动手操作能力；化学计算不仅需要足够的数学知识，同时要融合多角度的化学方法。因此，在化学技能性知识的学习过程中，教师要注意从多角度进行分析，对学生进行多层次的方法养成培养。

（1）科学记忆法

中学化学技能性知识中的化学用语、化学实验现象等很多内容需要记忆。在记忆这些内容时，教师要注意加强对学生进行记忆方法的指导，要指导学生在理解的基础上进行科学的记忆，切忌死记硬背，机械死板的记忆对化学技能性知识的学习是不利的，它也是化学学习负迁移产生的原因之一。

在化学元素符号的教学过程中，要注意分析化学学科发展的历史，让学生了解每一种元素被发现时的故事场景，让他们知道元素符号所代表的意义，这样的分析有利于他们对化学技能性知识的学习。常见元素的命名方式见表 5-11。

表 5-11　常见元素的命名方法

方式	实例
地名	以地名命名的元素有很多，约占了总数的四分之一。这些元素的中文名称基本上都是从拉丁文名称的第一（或第二）音节音译而来，如： 镁：拉丁文意是“美格里西亚”，为一希腊城市。 锶：拉丁文意为“思特朗提安”，为一苏格兰地名。 镓：拉丁文意是“家里亚”，为法国古称。 铪：拉丁文意是“哈夫尼亚”，为哥本哈根古称。 铼：拉丁文意是“莱茵”，为欧洲一条著名河流的名称。 镅：拉丁文意是“美洲”。
人名	这类元素的中文名称也多取用音译的方法，如： 钐：拉丁文意是“杉马尔斯基”，俄国矿物学家。 锿：拉丁文意是“爱因斯坦”。 镄：拉丁文意是“费米”，美国物理学家。 钔：拉丁文意是“门捷列夫”。 锘：拉丁文意是“诺贝尔”。 铹：拉丁文意是“劳伦斯”，回旋加速器的发明人。 还有一个纪念居里夫妇的“锔”，从音译的角度来看，借用“锯”字是较理想的，但“锯”是一常用汉字，不合适。现在借用的“锔”字，汉语中原用于“锔碗”“锔锅”等场合。虽然现在仍在使用，但使用率不高，一般不至于混淆。

续表

方式	实例
神名	谐声造字，如： 钒：拉丁文意是“凡娜迪丝”，希腊神话中的女神。 钷：拉丁文意是“普罗米修斯”，即希腊神话中那位偷火种的英雄。 钍：拉丁文意是“杜尔”，北欧传说中的雷神。 钽：拉丁文意是“旦塔勒斯”，希腊神话中的英雄。 铌：拉丁文意是“尼奥婢”，即旦塔勒斯的女儿。 说来有趣的是，钽、铌两种元素性质相似，在自然界是往往共生在一起，而铌元素也正是从含钽的矿石中被分离发现的。从这个角度来看，分别用父、女的名字来命名它们，的确很是合适的。 钯：拉丁文意是“巴拉斯”，希腊神话中的智慧女神。
星宿	这类元素的中文名称均是谐声造字的新字，如： 碲：拉丁文意是“地球”。 硒：拉丁文意是“月亮”。 氦：拉丁文意是“太阳”。 铈：拉丁文意是“谷神星”。 铀：拉丁文意是“天王星”。 镎：拉丁文意是“海王星”。 钚：拉丁文意是“冥王星”。 其中的铀、镎、钚分别是92、93、94号元素，在周期表中紧挨在一起。铀最先于1781年被发现，因其时天王星刚被发现不久，故用其命名。到镎、钚分别于1934年和1940年发现时，也就用太阳系中紧挨着天王星的海王星、冥王星来命名了。
沿用古代已有名称	有许多元素，我国古代时早已被发现并应用，这些元素的名称屡见于古籍之中。在命名时，就不再造字，而沿用其古名，如： 金：拉丁文意是“灿烂”。 银：拉丁文意是“明亮”。 锡：拉丁文意是“坚硬”。 硫：拉丁文意是“鲜黄色”。 硼：拉丁文意是“焊剂”。

续表

方式	实例
借用古字	借用这些字是因为这些字的发音与其拉丁文名称的第一（或第二）音节的发音相同接近，如： 镤：拉丁文意是“最初的锕”，而镤在古汉语中指未经炼制的铜铁。 铍：拉丁文意是“甜”，而铍在古汉语中指两刃小刀或长矛。 铬：拉丁文意是“颜色”，而铬在古汉语中指兵器或剃发。 钴：拉丁文意是“妖魔”，而钴在古汉语中指熨斗。 镉：拉丁文意是一种含镉矿物的名称，而镉在古汉语中指一种圆口三足的炊器。 铋：拉丁文意是“白色物质”，而铋在古汉语中指矛柄。 另有一个元素“磷”，拉丁文意是“发光物”。此元素我国古称“粦”，现因规定固体非金属须有“石”旁，遂用“磷”。而磷在古汉语中则是用来形容玉石色泽的。当然，以上这类字的古义现在都是基本不用的。
谐声造字	铷：拉丁文意是“暗红”，是其光谱谱线的颜色。 铯：拉丁文意是“天蓝”，是其光谱谱线的颜色。 锌：拉丁文意是“白色薄层”。 镭：拉丁文意是“射线”。 氩：拉丁文意是“不活泼”。 碘：拉丁文意是“紫色”。
会意造字	我国化学新字的造字原则是“以谐声为主，会意次之”。这类字数比起谐声一类来要少得多，如： 氮：拉丁文意是“不能维持生命”。我国曾译作“淡气”，意为冲淡空气，后以“炎”入“气”成“氮”。 氯：拉丁文意是“绿色”。我国曾译作“绿气”，意谓“绿色的气体”，后以“录”入“气”成“氯”。 氢：拉丁文意是“水之源”。我国曾译作“轻气”，喻其密度很小，后以“圣”入“气”成“氢”。 氧：拉丁文意是“酸之源”。我国曾译作“养气”，意谓可以养人。也曾以“养”入“气”成“氧”，再由“羊”谐声，造为“氧”，但仍读“养”音。 钾：拉丁文意指海草灰中的一种碱性物质。因其在当时已经发现的金属中性质最为活泼，故以“甲”合“金”而成“钾”。 钨：拉丁文意是“狼沫”。因其矿石呈乌黑色，遂以“乌”合“金”而成“钨”。

续表

方式	实例
会意造字	碳：拉丁文意是“煤”。因我国古时称煤为“炭”，遂造为“碳”。 也有些元素开始曾用谐声造字，后又转为会意造字的。如： 硅：拉丁文意是“石头”。我国在很长的一段时间内曾从拉丁文音译，谐声造为“矽”。后因“矽”与“锡”同音，多有不便，遂改为“硅”，取“圭”音。因古时，圭指玉石，即是硅的化合物。不过，至今在不少地方（特别是在物理学教材中）还有用“矽”字的。 要说明的是，我国对元素符号的拉丁字母读音习惯上是按英文字母发音。而新造汉字读音，一般是读半边音，如氪（克）、镁（美）、碘（典）。但并非完全如此，如氙（仙）、钽（坦）等，这些都是需要加以注意的。

对于中学化学中的实验现象、物质的颜色等也要采取归类、分析等方法进行科学的记忆，把它们看成一个系统的整体，做到在考试中能随用随调，信手拈来，提高化学学习效率。

（2）接受—内省复习法

在化学技能性知识的教授过程中，教师除了要以言语的形式给学生直接呈现内容外，还要给学生呈现不同技能性知识的样例，增强教学内容的直观性。讲授过程中，教师要让学生通过思维加工和模仿练习、实验来领会、体验学习的内容，在学生大脑中逐步形成完整的认知结构。其具体的过程见图 5-5。

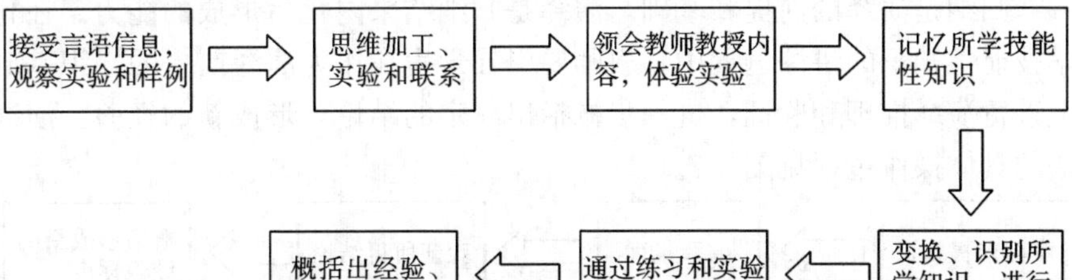

图 5-5　教授化学技能性知识时接受—内省复习法流程图

（3）探究—发现法

在化学技能性知识的教学过程中，教师可以引导学生通过假设、猜想、搜集证据、验证结论等探究性方式来解决问题。通过概括问题的解决过程来形成正、反两个方面的经验和结论，最终通过问题解决的形式来形成最终的化学技能，具体操作过程见图 5-6。

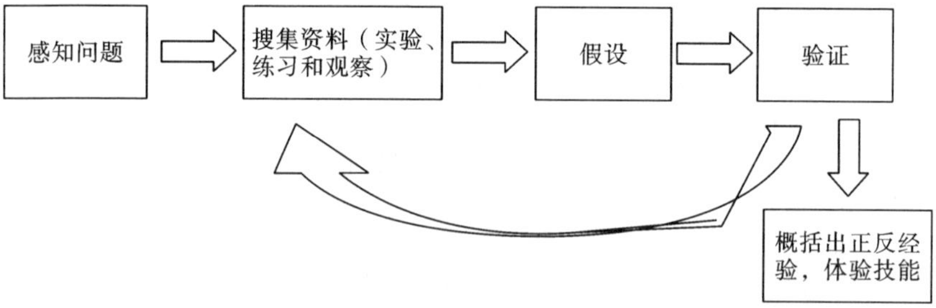

图 5-6　教授化学技能性知识时探究—发现法流程图

（4）归纳法

教师在个别样例讲解的基础上，结合所学材料，要积极用归纳的方法对中学化学技能性知识进行分类、总结，使学习的技能性知识在学生头脑中形成清晰的知识网络框架，以减少该类知识负迁移的发生。

譬如，在化学用语教学中，教师可以对同一类型的化学方程式进行归纳，也可以对特例反应进行归纳、讲解，排除学生因为特例性规律而造成的学习负迁移。在化学实验的教学过程中，教师可以对气体制备装置进行归纳、分类，把具体能够制备的气体进行分类并填入各类装置中去。在化学计算的教课过程中，教师可以对计算题的做题方法，诸如极值法、守恒法、十字交叉法等作归纳讲解。

（5）演绎法

归纳是演绎的前提和基础，演绎是归纳结果内化后形成的能力。在化学技能性知识的讲课过程中，教师要引导学生在作为演绎前提的知识基础上进行演绎推理和验证，进一步概括出一定的结论，形成新的经验。演绎法的具体操作过程见图 5-7。

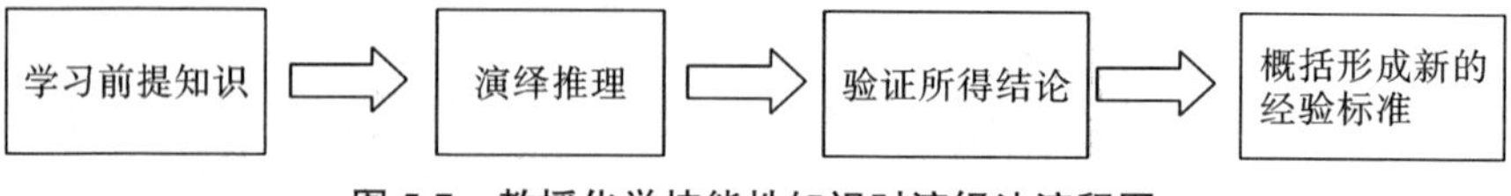

图 5-7　教授化学技能性知识时演绎法流程图

（6）分步教学法①

当学习的技能性知识比较多，或者问题比较大、内容比较复杂时，教师可以先把学习内容和问题根据其内在的联系，分成若干个较小的组成部

① 杨承印. 化学课程与教学论［M］. 西安：陕西师范大学出版社，2010：193.

分，然后逐一进行解决，最后再把各部分综合起来，形成一个统一的整体。其具体操作步骤见图 5-8。

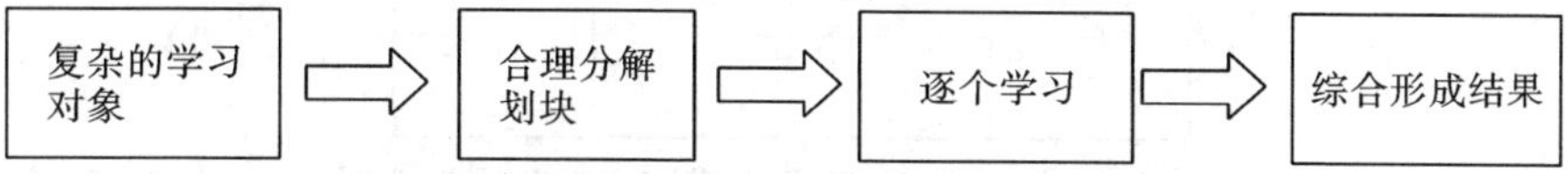

图 5-8　教授化学技能性知识时分步学习法流程图

【案例 5-1】化学用语迁移教学案例

化学用语的一般教学过程：

1. 明确目的，激发兴趣。

2. 理解所学化学用语的含义。

3. 练习巩固，读、写、用水平全面提高。

4. 分散难点，重视训练，形成技能。

附："化学用语活动课"教案

【教学目标】

1. 认识生产生活中一些常见物质的组成元素和相互之间的反应，能用化学式和化学方程式予以描述；

2. 通过多种途径获得化学用语的有关信息，主动与他人交流，形成良好的学习方法；

3. 增强对生活中化学现象的探究兴趣。

【教学重点】化学用语的正确表述和规范书写。

【教学难点】让每个学生积极参与，动口、动手、动脑，学有所获。

【课时安排】一课时。

【课　　型】活动课。

【教学设计】

总纲：模仿央视《幸运 52》栏目，以游戏形式组织全班学生复习化学用语的基础知识。

地　　点：多媒体教室。

方　　式：教师通过大屏幕、卡片出示题目。

主 持 人：教师。

参 与 人：全班学生，分红、黄、蓝、白四个队。

评　　价：随活动进行记分，每答对一题记 100 分，积分最高的队伍为"幸运之队"。

记分栏：

红队	黄队	蓝队	白队

点评：采用学生极感兴趣的形式，能立即吸引住学生，一种强烈答题欲望被生成，学习氛围浓厚。

活动Ⅰ　幸运抢答

内容1：10道谜语——猜元素，并指出元素类别。

①金属之冠　（钾）　②黄金被盗　（铁）

③气管炎　（氮）　④端着金碗讨饭　（钙）

⑤美金　（镁）　⑥河流遇旱，水落石出（硫）

⑦土石方　（硅）　⑧辛勤劳动挣钱多　（锌）

⑨离开水就臭　（溴）　⑩两口合一金　（铝）

内容2：6道填空题——用元素符号表示。

①地壳中含量最多的元素是______。　(O)

②地壳中含量最多的金属元素是______。　(Al)

③空气中含量最多的元素是______。　(N)

④宇宙中含量最多的元素是______。　(H)

⑤已制得纯度最高的单质元素是______。　(Si)

⑥形成化合物种类最多的元素是______。　(C)

方　式：教师念题，学生抢答，分队记分。

关键词：确定吗？　恭喜你！

活动Ⅱ　幸运考场

内容3：试指出“2”的含义。

①$^{4}_{2}He$　②$2\underset{+2}{H}$　③H_2　④$2O_3$

⑤Mg^{2+}　⑥Ca　⑦$2OH^-$　⑧H_2SO_4

内容4：8道谜语——猜物质，写出化学式。

①似蜡非蜡有白黄，不声不响水中藏；有朝一日出水面，化作迷烟白茫茫。　(P)

②我的出生比较早，古代战争做剑刀；躺在古墓穿绿装，电气设备我必到。（Cu）

③本是一种气，常作还原剂；总想往上升，不顾脚踏地。

（H_2）

④家住大海，走上岸来；太阳一晒，身体变白。（NaCl）

⑤称碱不是碱，是盐不称盐，面包与饮料，离我转不圆。

（Na_2CO_3）

⑥天下第一好酒。（C_2H_5OH）

⑦此物能滚动，非水比水重；外观银白色，失水变成工。

（Hg）

点评：诗的语言，意境深远，既能培养思维，又能体现学科之美。

方　式：每队选两名同学，各抽2道题，代表本队应考，均只有一次现场求助机会。

关键词：一人努力，全队开心。

活动Ⅲ　幸运挑战

内容5：看谁写出物质的化学式又对又多。

给出下列六种元素：H、C、S、O、Na、Fe，根据这些元素单独或组合写出客观存在的物质的化学式（如 H_2、C、S、O_2、O_3、Na、Fe、H_2O、H_2O_2、CO、CO_2、SO_2、SO_3、Na_2O、FeO、Fe_2O_3、Fe_3O_4、H_2S、H_2SO_4、H_2SO_3、H_2CO_3、Na_2S、Na_2SO_4、Na_2SO_3、Na_2CO_3、$NaHSO_4$、$NaHCO_3$、FeS、$FeSO_4$、$Fe_2(SO_4)_3$、NaOH、$Fe(OH)_2$、$Fe(OH)_3$ 等）。

方　式：每队集中讨论（限时5分钟），一人执笔记录，代表本队投影结果，并读出名称，其他队指出其错误时可以加分。

关键词：谁都有机会。

活动Ⅳ　幸运接龙

内容6：化学式接龙。

分别从 H_2、O_2、CO_2、Fe 起头，后一个同学说的化学式中必须含有前一个化学式中的元素。如 $H_2 \rightarrow H_2O \rightarrow CaO \rightarrow CaCl_2 \rightarrow MgCl_2 \rightarrow \cdots\cdots$

方　式：四个队抽答定题，全队全员参加，轮流作答。

关键词：为你骄傲。

活动Ⅴ　幸运搭档

内容7：猜物质。

HCl、H_2SO_4、NaOH、$Al(OH)_3$、NaCl、$CaCO_3$、Na_2CO_3、$CuSO_4$、$AgNO_3$、CH_4、CH_3COOH、C_2H_5OH

方式：一名同学说某种物质的一种或多种特点，另一名同学猜测它的名称。如：猜测 HCl 时，给出的特点是“溶在水要封口，打开瓶口就冒雾，除锈我能作先锋，多种实验我作秀”……

内容8：猜化学变化。

白磷自燃；高锰酸钾制氧气；过氧化氢制氧气；锌与稀硫酸反应；H_2 还原 CuO；铁与硫酸铜溶液反应；盐酸与氢氧化铝反应；石灰石与稀盐酸反应。

点评：在猜想中回忆与再现物质的性质是一种很好的巩固知识的训练方法。

方　式：每队选二人上场，一人依据投影上出现的物质或化学变化进行描述，一人猜。

关键词：要想学习好，首先合作好！

活动Ⅵ　智力陷阱

内容9：在1—16号元素中选择不重复元素符号填入下表中，要求横、纵、对角线上。

元素核电荷数相加都为34。

P	He	Li	Si
(O)	(F)	Mg	B
Ne	N	(C)	(Na)
H	(S)	Al	Be

方　式：抢答，比书写规范。

内容10：依据各句子表示的反应类型写出化学方程式。

①日在东，月在西，天上生成明字。

②槐树千年成木鬼。

③余行道上，不堪回首问前途。

④清秋怕艳阳，情感泊枫桥。

方　式：随机抽题，队内每个同学写一个该类型的化学方程式。

内容11：你给对方设计一个陷阱（提问）。

方　式：随机抽签，两队提问，另两队回答。（答对者记分，答错者提问队得分）

关键词：你是幸运的。

活动Ⅶ　幸运擂台

内容12：写化学方程式。

①$Cu \rightarrow CuO \rightarrow CuSO_4 \rightarrow Cu(OH)_2 \rightarrow CuSO_4 \rightarrow Cu$

②$C \rightarrow CO_2 \rightarrow CaCO_3 \rightarrow CaO \rightarrow Ca(OH)_2 \rightarrow CaCl_2$

③$NaOH$　$NaCl$　Na_2CO_3　Na_2SO_4

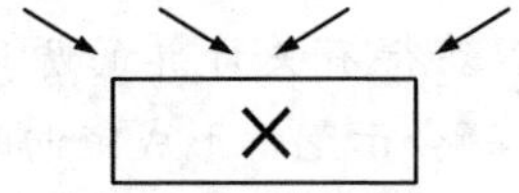

推断X是什么物质。

④有水参加的化合反应，所得物质pH>7。______

有气体生成的置换反应。______

除去$NaNO_3$中的杂质$MgSO_4$。______

鉴别假黄金的方法之一。______

方　式：分队抽签，限时5分钟完成。

关键词：你真棒！

活动Ⅷ　幸运之星

内容13：把你的学习方法、体会、感受告诉大家。如：我书写化学方程式的技巧。

方　式：每队出一名选手，自己拟题，自己讲述，教师评议。

关键词：向你学习！

【案例 5-2】化学实验迁移教学案例

化学实验的一般教学过程：

（1）实验操作的定向：了解实验的性质、任务、作用和操作要领，在头脑中形成关于操作活动的印象和初步概念。

（2）分解练习阶段：根据对实验任务、性质等的理解，依据仪器基本操作的要求，分步、分种类地练习和调节化学实验和操作活动。

（3）整体练习阶段：在这个阶段，教师引导学生把第 2 步练习的活动按照实验要求的顺序连接，形成一个完整的实验操作系统。

（4）运用熟练阶段：化学实验活动中，通过一系列操作动作的操作可以把学生形成的化学实验操作技能很好地融合到整个实验活动中去。化学实验操作技能达到熟练乃是反复地进行操作训练的结果。

（具体案例略）

【案例 5-3】化学计算迁移教学案例

化学计算的一般教学过程：

（1）定向映像阶段：通过引导学生阅读和交流，激活他们对有关元素及其化合物的知识的回忆，获得有关计算的原理、方法、规则、格式、解题方法和算法的知识，领会示范，形成定向映像。

（2）模仿练习阶段：通过模仿练习，逐步掌握不同类型化学计算题的解题模式，初步形成一定的化学计算技能。

（3）类比联系阶段：进一步明确所学习的化学技能跟其他化学技能的差别和联系，使用该技能认识、研究物质及其变化的方法时能从整体角度出发进行重新定位和类比。

（4）熟练运用阶段：在计算技能的各种类型中、在综合性逐步增强的情境中应用所习得的化学计算技能，实现技能的巩固、熟练和发展，进一步实现化学计算技能的概括化，为学生化学计算能力的形成创造条件①。

附："守恒法在化学计算中的应用"教学案例

① 吴俊明，王祖浩. 化学学习论［M］. 南宁：广西教育出版社，1996：125.

守恒法在化学计算中的应用

教学目标：

知识与技能：理解守恒思想的本质，掌握守恒法在解决化学计算题中的实际应用，拓展学生的思维。

过程与方法：通过教师的设疑与引导，让学生真正地参与探究问题的解决过程，并通过守恒法的运用，简化解题过程，提高解题效率。

情感、态度与价值观：

(1) 通过学生积极地参与、思考，培养他们自主的学习方法，并掌握解决问题的一般途径和方法，培养学生的发散思维能力。

(2) 通过守恒法在化学计算中的应用，让学生们深刻体会到守恒是物质世界和化学变化中的普遍规律，以此来领会化学变化中的量的关系。

教学重点：化学计算中的几种守恒方法及其应用。

教学难点：在化学计算中守恒思想的应用。

教学方法：问题情境设置、启发引导、讲练结合、归类总结

教学过程：

引入：

头脑风暴——将 $CaCl_2$ 和 $CaBr_2$ 的混合物 13.400 g 溶于水配成 500.00 mL 溶液，再通入过量的 Cl_2，完全反应后将溶液蒸干，得到干燥固体 11.175 g，则原溶液中 $c(Ca^{2+}):c(Cl^-):c(Br^-)$ 为（　　）。

A. 3∶2∶1　　B. 1∶2∶3

C. 1∶3∶2　　D. 2∶3∶1

【讨论】用不同的方法来分析这道题目。

今天我们就利用这节课来复习总结一下守恒法在化学计算中的应用。

守恒思想：

1. 电荷守恒
2. 原子（或原子团）守恒
3. 电子守恒
4. 质量守恒

练一练：

1. 现有铁、氧化亚铁、氧化铁的混合物粉末 3.44 g，向其中加入

100 mL 1mol·L^{-1} 的盐酸，恰好全部溶解，收集到标准状况下的气体 224 mL，向反应后的溶液中加入 KSCN 溶液不变色，则 6.88 g 该混合物在高温下用足量 CO 处理后，残留固体质量为多少克？

2. 某硫酸铝与硫酸镁的混合溶液中，$c(Mg^{2+})=2$ mol·L^{-1}，$c(SO_4^{2-})=6.5$ mol·L^{-1}，若将 200 mL 的此混合液中的 Mg^{2+} 与 Al^{3+} 分离，至少应加入 1.6 mol·L^{-1} 的 NaOH 溶液多少升？

3. 将 m mol 的 Cu_2S 跟足量稀 HNO_3 反应，生成 $Cu(NO_3)_2$、H_2SO_4、NO 和 H_2O，则参加反应的 HNO_3 中被还原的 HNO_3 的物质的量是（　　）

A. 4 m mol　　B. 10m mol

C. $\frac{10}{3}m$ mol　　D. $\frac{2}{3}m$ mol

4. 将 4.9 g 的 Mg 和 Fe 的混合物溶解在过量的稀硝酸之中，完全反应后得到标准状况下气体 2.24 L，则向反应后的溶液中加入足量的烧碱，可生成的沉淀的质量是（　　）

A. 6 g　　B. 8 g　　C. 10 g　　D. 12 g

5. 120 ℃时，0.1 mol 某烃与 1 mol 过量氧气混合充分燃烧后，通过足量的碱石灰，固体增重 31 g，逸出的气体在标准状况下为 5.6 L，求该烃的分子式。

变式：120 ℃时，0.1 mol 某烃与 1 mol 过量氧气混合充分燃烧后，通过足量的过氧化钠固体，固体增重 15 g，从过氧化钠中逸出的全部气体在标准状况下为 16.8 L，求该烃的分子式。

总结——利用几种守恒思想。

(1) 电荷守恒——在溶液中阴、阳离子所带的正、负电荷总数相等。

(2) 原子守恒——系列反应中某原子（或原子团）个数（或物质的量）保持不变，以此为基础可求出与该原子（或原子团）相关联的某些物质的相关量（如质量）。

(3) 电子守恒——反应过程中，氧化剂得到的电子总数等于还原剂失去的电子总数，得失电子守恒。

(4) 质量守恒——在化学反应中，反应前后质量不变。

(曙光中学 姚雪)

(二) 化学技能性知识学习负迁移矫正的学习策略

实证部分的调查研究表明，化学技能性知识学习负迁移产生的主要原因是学生对化学用语记忆不牢固，对化学实验操作不够熟练，形成不了稳定的计算技能。针对化学技能性知识的特点和实证研究得到的信息，笔者提出了以下的化学技能性知识学习负迁移矫正学习策略：

1. 多重联系策略

中学化学技能性知识学习的多重联系策略指的是在化学用语和化学实验技能的学习过程中，有意识地将化学符号及与它们代表的宏观物质、所反映的微观结构，与化学实验和实验原理、实验装置、实验操作等有机地联系起来进行学习的一种学习方法①。

(1) 化学用语学习的多重联系策略

通过对化学用语的内涵和特点的分析可知，化学用语不是简单的符号或者符号简单的汇集组合。化学用语背后蕴含着多重的意义，它在符号水平的层次既反映了宏观的化学现象，又反映了物质微观的构成。

相关研究证明，学生能否理解“可以明确观察到现象的宏观世界”“由分子、原子和离子构成的微观世界”与“由化学式、化学方程式和元素符号构成的符号世界”三者之间的内在联系，是影响学生技能性知识学习的重要因素②。因此，在学习化学用语时，学习者必须要有意识地把化学符号背后隐藏的含义揭示出来，将它与所代表的宏观事物和反映的具体微观结构有机联系起来，深入挖掘符号本身所承载的多重意义，使化学用语的含义明朗化、清晰化和明确化，从而做到在理解的基础上进行化学用语的多重联系学习，避免了把化学用语当作符号孤立学习所造成的化学学习困难和由此所产生的化学学习负迁移。

① 刘知新. 化学教学论 [M]. 4版. 北京：高等教育出版社，2009：259.

② 毕华林. 化学新教材开发与使用 [M]. 北京：高等教育出版社，2003：59-60.

【案例 5-4】化学方程式学习中的多重联系策略

过氧化钠（Na_2O_2）是钠的一种重要化合物，其和水反应的化学方式如下：

$$2Na_2O_2+2H_2O=4NaOH+O_2\uparrow$$

在学习该方程式时，可以采用多重联系策略把该化学方程式的记忆与理解和反应的宏观现象、微观结构紧密地联系起来。学生在教师的指导下，在脑海中把抽象的语言符号与具体的现象相结合，实现对过氧化钠与水反应的化学方程式的多重表征。

多重联系可以从以下几个方面进行考虑：

一、实验现象

通过书本设计的该反应演示实验的观察，分析反应物、产物的性质，反应发生的条件和具体的溶液变红、有气体生成的实验现象。

二、定量关系

通过实验产物，分析反应的机理，理解过氧化钠和水反应的物质的量之比为什么是1∶1，生成的氧气的物质的量为什么是过氧化钠的一半。

三、微观结构

学习过程中，学生要分析过氧化钠的微观结构，明确 O_2^{2-} 的连接方式，以及在该反应过程中的变化，分析 NaOH 中 O 的来源。

四、反应本质

Na_2O_2 中的 O_2^{2-} 自身发生氧化还原反应生成－2 价的 O 和 0 价的 O，－2 价的 O 和水中的 H^+ 结合，生成了 OH^-，0 价的 O 相互结合生成了 O_2。该过程伴随着能量的变化。

通过上述的案例分析可以看出，在学习过程中，学生只有对化学用语形成宏观、微观和符号的三种表征，才能够在具体应用过程中灵活地选取相关化学用语的知识去分析和解决现实中遇到的问题。

(2) 化学实验技能学习的多重联系策略

中学化学实验设计的内容广泛，化学实验技能的学习同样要用到多重联系策略。在实验技能的学习过程中，学生要有意识地把实验原理、实验装置和实验操作有机地结合到一起来进行学习。学生要在教师的指导下，在理解实验原理的基础上，明确实验装置的选择，在此基础上进行实验的具体操作和实施。学生在进行化学实验时，要做到头脑清醒，不仅要知道该怎么做，还要搞清楚为什么要这么做。为此，要求学生在进行实验的学习之前，必须要完成“实验预习报告”，在实验结束后要编写“实验报告”，这样才能真正保证学生在化学实验技能的学习过程中形成完整的技能构象，可以有效地杜绝操作定势等学习负迁移的发生。

【案例 5-5】乙酸乙酯制备的多重联系策略

乙酸乙酯（$CH_3COOCH_2CH_3$）的制备实验是中学化学有机化学部分的一个重要实验，在该实验的学习中，学习者可以从以下几个方面进行多重联系的表征：

一、明晰实验原理

羧酸＋醇→酯

原料选择：乙酸、乙醇、饱和碳酸钠溶液

反应条件：加热（酒精灯）

二、选择实验装置

实验装置：液＋液→液体（加热）

实验仪器：大试管、单孔橡皮塞、长玻璃导管、铁架台、酒精灯、小烧杯。

三、实验操作要求

加料后先小火加热一段时间，再大火加热。

问题 1：为什么先小火加热？

问题 2：左面长玻璃导管的作用是什么？

问题 3：右端长玻璃导管的作用是什么？

问题 4：为什么加热一段时间后，改为大火加热？

问题 5：为什么把导管插在接近饱和碳酸钠溶液的表面处？

四、实验反思

反思角度：实验原理→实验装置→实验操作。

由上面例子可以看出，在化学实验的学习过程中，通过对一系列相关问题的思考和解答，可以加深学生对实验操作原理的理解，从而提高实验技能学习的效率，有效克服化学实验技能学习过程中产生的负迁移。

2. 练习—反馈策略

中学化学技能性知识学习的练习—反馈策略指的是在充分理解化学技

能性知识的基础上，在反馈作用的参与下，反复多次地进行一种动作的重复，使其达到自动化的水平。

学生在技能性知识的学习过程中，如果只知道其表面含义，知道怎么应用还是不够的，必须要有足够的练习，才能达到熟练的程度，形成相应的技能技巧。譬如，讲授原电池电极方程式的书写时，教师在对原电池进行讲述后，学生在对概念理解的基础上，必须选择不同类型的原电池，进行电极方程式的书写练习，才能真正、熟练地掌握电化学中比较重要的技能性知识——原电池电极方程式的书写。

技能就是熟练化的、下意识的能力和技巧，因此需要大量的练习才能达成。中学化学技能性知识的深入理解和掌握需要大量的有目的性的练习，只有通过这样的训练，才能促进习得的技能的熟练化和自动化，实现使用时的迅速、正确、灵活调用，避免学习负迁移的发生。但是，学习者要注意，技能性知识的大量练习强化，不能是重复的、机械的练习。练习的重点不能放在练习次数的多少，应把重点放在练习后技能的正确性、协调性、调用速度和自动化程度。为此，在进行练习强化技能的同时，必须要加强反馈。练习＋反馈是科学学习技能性知识的学习方式。

技能性知识学习过程中的反馈主要包含两个方面的内容：一是反馈方法。在技能性知识的练习中，要始终注意对解题思路和方法的反馈总结，要不断促进学习方法的正迁移，这是化学技能性知识练习中常用的方法之一。二是反馈错误。学习者在练习中遇到最多的就是失误和错误。练习中的错误不可怕，可怕的是一错再错。为此，在技能性知识练习中要注意及时对错误进行修正，要真正明白错误的原因、类型，并在错题本上归类整理和记录。反馈过程不是简单的错误显示过程，最重要的是让学生明白错误的症结和纠错的方法。实践证明，及时、正确的反馈对化学技能性知识的学习是非常重要的，没有反馈的练习会事倍功半，效率低下①。

在复杂的实验技能性知识的学习过程中，学生可以在教师指导下，先将复杂的实验分解成几个相关的基本操作，然后，再把基本的操作细化成

① 张大均. 教与学的策略［M］. 北京：人民教育出版社，2003：178.

简单的单项操作，然后，学生按照单项操作→基本操作→复杂操作的顺序进行练习，效果就会事半功倍。

【案例 5-6】“溶液的过滤”的分解练习策略

“溶液的过滤”是中学化学实验技能性知识。在这个技能性知识的学习过程中，可以进行二级分解练习。

一级分解：

溶液的过滤	1. 过滤器的装配
	2. 过滤
	3. 沉淀的洗涤

二级分解：

过滤器的装配	1. 圆形滤纸的折叠
	2. 滤纸贴附在漏斗内壁
过滤	1. 过滤器的固定
	2. 过滤操作
	3. 重过滤

按照上述目标分解后，首先进行单项练习的具体训练，熟练后，再按照步骤进行基本操作训练，最终使“溶液的过滤”的实验操作达到准确、稳定、灵活。

（李元蓉. 学会学习：中学化学学习策略［M］. 重庆：西南师范大学出版社，2001：107）

3. 重点呈现策略

重点呈现策略主要是针对技能性知识中的计算技能而言。重点呈现策略就是指学生在解答复杂计算型题目时，在对整个题目进行整体感知的基础上，利用图示、化学符号或者是自己熟悉的标记等形式，将题干中的重点找出来，去除无关信息，使已知条件、需解决的问题明晰化、条理化，以有利于问题解决的一种解题方法。

中学化学计算题不是纯粹的数学运算，而是融化学基本理论、元素化合物知识、数学运算、解题技巧等为一体的复杂类型的考查方式，既考查学生对化学知识的掌握情况，同时又考查了学生解题的思维方法。因此，要求学生在解题时，既要分析题目中给出的信息，又要从头脑中检索出解题需要的专业学科知识和方法，不断寻找未知和已知条件之间的关联，从而制定解题的有效策略。上述的整个过程都是在学生大脑中进行知识调用的一个隐形过程，由于中学阶段学生的记忆容量的限制，单凭这种隐形的思考，往往会出现呈现不全面的情况，最终导致解题的错误，很容易受记忆定势等影响造成学习负迁移。如果学生能够合理地利用重点呈现策略，在审题的过程中，在草稿纸上把题目重点的地方点画出来，或者是做简单的标注，只要自己明白其意思，这样就会把一个表述复杂的计算题简单化，学生不会浪费很多的时间在对题干知识的回顾上，这样就能让他们全身心地专注于题目关键点的突破方面，可以有效降低学生解题时的记忆负担，最终形成正确、快捷的解题策略。

【案例 5-7】化学计算的重点呈现策略

例题：将氧化铜和铜的固体混合物粉末 11.2 g 放入烧杯中，当加入 100 g 稀硫酸时，氧化铜与稀硫酸恰好完全反应，过滤后所得溶液的质量为 108 g（不考虑过滤过程中溶液的质量损失）。

（1）混合物中铜元素的质量分数为____________（结果保留到 0.1%）。

（2）求稀硫酸中 H_2SO_4 的质量分数。

解题过程：

（1）找出已知量：铜和氧化铜的总质量是 11.2 g；稀硫酸 100 g 与氧化铜完全反应：过滤后所得溶液的质量为 108 g，已知 Cu 和稀硫酸不反应，所以过滤后的溶液是硫酸铜溶液。

具体重点知识的呈现情况见下图：

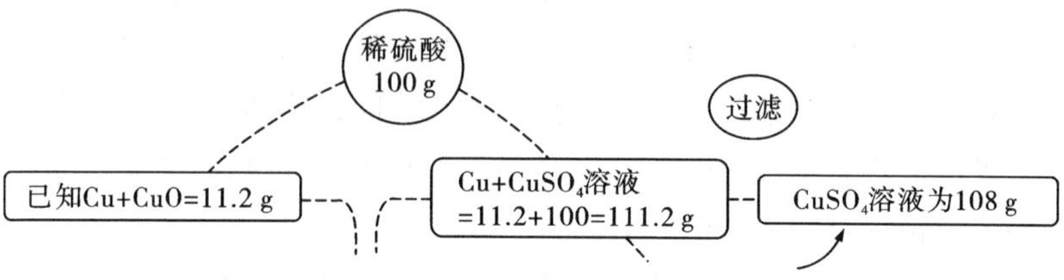

（2）写出相关反应方程式，进行量的关联和计算，具体重点呈现内容见下图：

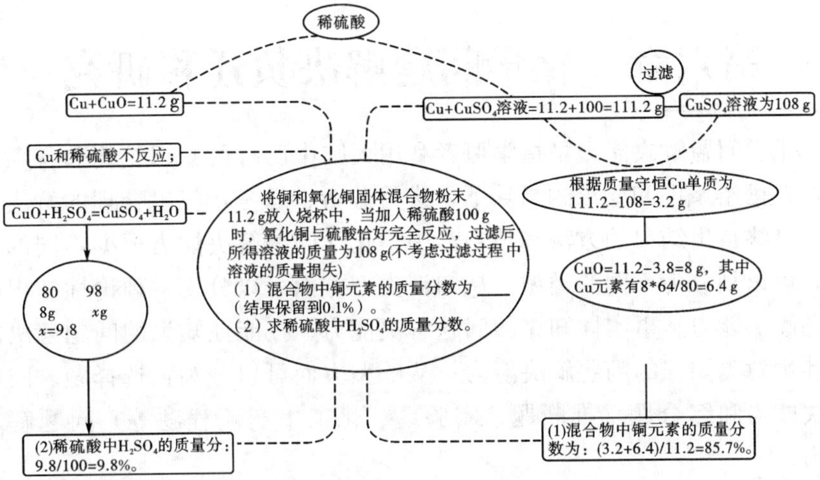

（3）最后进行整体知识关联，得出答案，形成完整的内容呈现图。

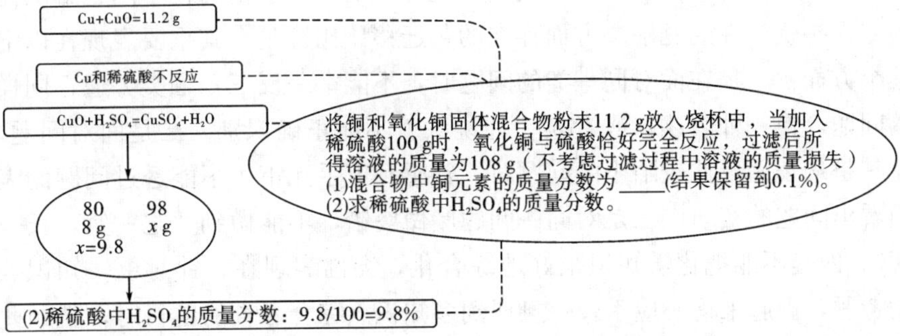

（石岩霞．基于思维导图的中学化学计算的设计［D］．天津：天津师范大学，2012：33）

第六章　化学问题解决负迁移研究

化学问题解决能力是指学习者利用大脑中已有的知识结构和各项技能，在已给条件和要求的指导下，进行分析、思考，找出合理的解决方案，最终得出结果的方法和技巧。中学化学问题解决能力根据不同的标准，可以划分为不同的类型。从知识类型方面可以分为：理论性知识的问题解决能力、事实性知识的问题解决能力、技能性知识的问题解决能力和情意类知识的问题解决能力；从题型方面可以分为：选择题、问题解决能力和综合题（推断题、实验题、化工生产流程题等）问题解决能力。

化学问题解决能力是中学化学学习的主要目标之一。然而，通过化学教学实践、问卷调查以及访谈我们发现，当前，中学生的化学问题解决能力令人担忧，在问题解决方面存在的负迁移比比皆是。其重要表现在以下几个方面：一是在面对同一类的问题时，不能举一反三，触类旁通，同样的问题，换一种表述，或者换一种说法就不能正确识别。二是面对问题，尤其是从表面看比较陌生的问题时，常感到束手无策，不能透过问题的表面看出问题的实质。三是对同一问题屡做屡错，不能做到“吃一堑，长一智”。四是不能把化学知识很好地综合化，突出表现在，针对单一知识点的考题，做起来得心应手，一旦遇到多知识点综合考查的题目时，就顾此失彼，造成解题失误。

大量的研究表明，化学问题解决方面负迁移的发生，在很大程度上并不是因为学生缺乏对化学学科知识的掌握，而是因为没有真正掌握化学问题解决的策略[①]。因此，在中学化学教学工作开展中，要重视学生化学问题解决能力的培养，教会学生灵活选择和运用化学问题解决的策略。

---

① 刘知新. 中学化学［M］. 济南：山东教育出版社，1999：132.

一、化学问题解决的特点

化学问题解决不同于化学事实性知识、理论性知识和技能性知识，它是从更高层面上对学生能力的要求，是一个知识内化到具体应用的一个复杂的过程，其具有以下几个特点：

（一）理解的多元化

问题解决是由一定情境引起的，按照既定的目标学习者调用各种认知活动、技能等，经过一系列的复杂思维操作，使既定问题得以顺利解决的过程。百度百科中是这样定义“问题解决”的：学习者在呈现的问题空间中进行检索，想方设法使问题的初始状态达到目标状态的复杂思维过程。也就是学习者对问题情境的恰当的反应过程①。国外心理学家和教育学家对“问题解决”的理解也不尽相同，具体见表 6-1②。

表 6-1　国外专家对“问题解决”含义的不同理解

学者	原文	译文
噶格纳（Gagne）	Problem solving can be viewed as a thinking process by which the learner discovers a combination of previously learned rules that he can apply to solve a novel problem; it is also a process that yields new learning.	问题解决是学习者运用先前知识思考来解决新问题的过程，同时它也是一个产生新的学习的过程。
奥苏贝尔（Ausubel）	A form of meaningful discovery learning, but not a completely autonomous discovery.	问题解决是人类一种有意义发现学习的具体形式，但不是一种完全自发的发现。
艾森莫尔（Ashmore）	Problem solving as the result of the application of knowledge and procedures to a perceived problem.	问题解决是学习者将知识结构和应用程序运用到问题中去的结果。

① 参见 http://baike.baidu.com/view/647077.htm。

② Reid N, Yang M J. The solving of problems in chemistry: the more open-ended problems [J]. Research in science and technological education. 2002, 20 (1): 83-98.

续表

学者	原文	译文
皮尔斯（Perez）和托若葛柔萨（Torregrosa）	A Scientific Investigative Task	问题解决是一种科学调查的具体任务。
马叶尔（Mayer）	Viewed problem solving as almost synonymous with thinking	问题解决几乎等同于思维过程。

由表 6-1 可以看出，国外不同专家学者对“问题解决”的理解各具特色，具有不同的含义，他们从不同角度对这个概念进行了阐释。

当前，国内不同学者对“问题解决”的理解也各有自己的说法（具体见表 6-2）①。

表 6-2　国内学者对“问题解决”含义的不同理解

主要观点	解释
问题解决是一种能力。	问题解决是能够把知识应用于各种情况的能力。
问题解决是一种创造性活动。	问题解决是一种创造性的活动，即如何综合地、创造性地应用已有的知识和技能来解决非常规的具体问题。
问题解决是一个认知过程。	问题解决是当问题解决者在面对新的问题情境而没有现成的老方法可以利用时，旨在将已有情境转化为目标情境的认知过程。
问题解决是一个教学目的。	问题解决的步骤分为：问题的提出、分析和解决。问题解决被简单地看作是最终的目的。
问题解决是一个教学过程。	问题解决是将已有知识运用于新情境的过程。
问题解决是一种教学模式。	问题的提出是建立在“问题教学法”的基础之上，问题解决则作为一种教学模式，可以引起学习者的注意与兴趣，同时，可以激发他们去思考，有利于他们思维能力的培养。

① 邓鹏. 对“问题解决”的反思［J］. 数学教育学报，2002（2）：30-32.

综上所述，国内和国外的诸多专家学者对“问题解决”的理解是从学习者和教育者两个角度提出来的，呈现出多元化的特征。

（二）类型的多样性

中学化学知识繁多，决定了问题解决的类型的多样性。在我国，大多数研究者主要从化学学科的角度对其进行分类：无机化学问题解决、有机化学问题解决；元素化合物知识问题解决、化学基本原理问题解决；理论性知识问题解决、事实性知识问题解决、技能性知识问题技能解决等①。在国外，研究者主要从认知心理学的角度对问题解决进行分类。约翰·司徒恩（John Stone）把化学问题解决分为八种类型（具体见表 6-3）②。第一类问题属于非探究性问题；第二类问题具备一定的探究性；第三类到第七类问题是典型的探究性问题；第八类问题具有一定的创新意义。

表 6-3　中学化学问题解决的类型

类型	所需资料	解决方法	目标状态	问题解决所需要的技能
1	给出	常规	给出	回忆运算法则
2	给出	非常规	给出	寻求类比规则
3	不完全	常规	给出	分析问题以借此确定所需新材料
4	不完全	非常规	给出	根据资料来选择可能的方法
5	给出	常规	开放	确定适当的目标
6	给出	非常规	开放	确定目标并选择适当的方法/查找是知识和技能网络
7	不完全	常规	开放	一旦目标确定就寻求不完全的、尚需补充的资料
8	不完全	非常规	开放	提出关于目标和方法的建议、额外的资料/以上所有的技能

西方有的学者从化学问题解决的信息来源（问题陈述、记忆、资料、专家、观察实验）和问题的答案类型（开放式、封闭式）角度给出了分类（见图 6-1）③。

① 王祖浩，等. 化学教育心理学［M］. 南宁：广西教育出版社，2007：247.

② Hollingworth R. The role of computers in teaching chemistry problem solving［J］. Chemical education journal，2001，5（2）：5-25.

③ Problem solving［J］. Journal of chemical education，1979，56（6）：377-379.

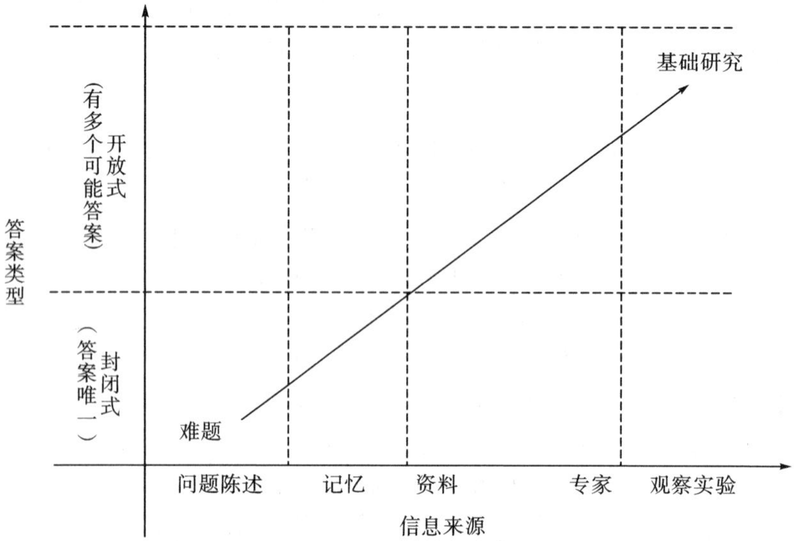

图 6-1　化学问题解决的分类

（三）机制的复杂性

要想顺利实现问题的解决，就必须要了解化学问题解决的心理机制。一个化学问题主要包含三个基本的组成部分：给定信息、目标和障碍（具体内容见表 6-4）。

表 6-4　化学问题的组成要素

组成部分	内容
给定信息	化学问题的起始状态。
目标	化学问题要求的答案或目标状态。
障碍	正确的解决方法必须间接通过一定的思维活动才能找到答案，达到目标状态。

由上表可以看出，化学问题实质上就是给定信息和目标之间的有某些障碍需要被学习者克服的刺激情境。化学问题解决就可以理解为克服问题的起始状态和目标状态之间所设置的层层障碍，不断填补其间的空隙，使化学问题状态转变为达成目标状态的复杂机制过程。

化学是一门实验学科，有别于语文、英语等学科，因此化学问题解决也有自身的特点。针对化学问题的特殊性，国外有学者在一般问题解决研究的基础上，对化学问题解决及其过程进行了研究，取得了一定的成果。德威·伍德考克（Dave Woodcock）教授认为，化学问题解决主要分为五个步骤：分析（Analyse）、头脑风暴（Brainstorm）、运算（Calculate）、思辨（Defend）和评估（Evaluate）（具体内容见表 6-5）。

表 6-5　化学问题解决的步骤

步骤	内容
分析	明确问题，正确表征问题，读取已知数据并领会未知量的性质，推测问题的答案。
头脑风暴	针对已知和未知的关系，开动脑筋，想出一系列解决问题的方法。
运算	使用头脑风暴中想出的解题路径解决问题。
思辨	通过核查、验证，确定“运算”步骤中的结论是否合理。
评估	反思在问题解决过程中自己的得失。

国内关于化学问题解决的研究起步相对较迟，北京师范大学教授王磊根据现代认知心理学的研究成果，结合自身一线化学教学的实践经验，给出了化学问题解决的心理机制模型（见图 6-2）①。

从图 6-2 化学问题解决的心理机制模型可以看出，化学问题具体解决过程分为四个步骤：问题表征、原型匹配、结果反思和元认知监控。

第一步，问题表征。化学问题解决过程中的问题表征指的是学习者识别题给条件和化学问题的目标，明白问题的类型和实质，然后按照一定的原则和方法把问题分解成具体的子任务，缩小起始状态和目标状态距离的问题求解过程。实践证明，学习者问题表征的质量好坏，直接关系问题解决的程度高低，因此，在化学问题解决过程中，学习者要根据个人知识结构和思维习惯，采用不同的方式对问题进行个性化的表征。表征质量的好坏直接影响迁移的方向和程度高低。

第二步，原型匹配。通过对学生解题的实证研究发现，学生在遇到化学问题时，有 82%的学生立即在脑海中回忆，进行头脑风暴，找寻原型进行匹配。原型检索越迅速、匹配度越高，解题的速度就越快，负迁移的发生率就越低。反之，原型匹配错误就会造成学习负迁移的发生。调查表

① 王磊，等. 科学学习与教学心理学基础［M］. 西安：陕西师范大学出版社，2002：116-118.

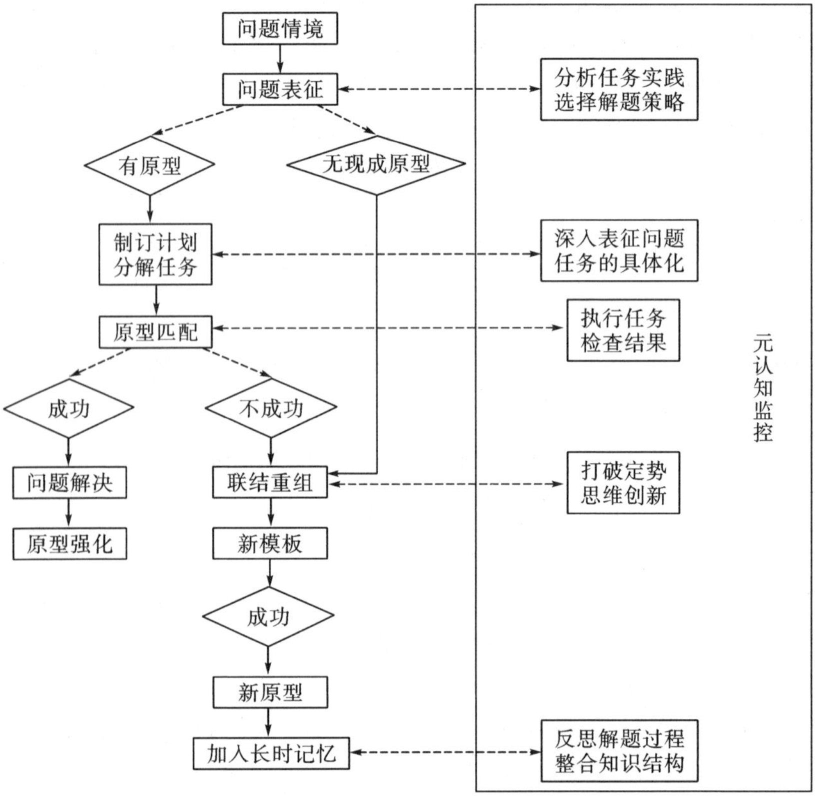

图 6-2 化学问题解决的心理机制模型

明，化学问题解决能力强的学生头脑中存储的不是具体的化学问题，而是按类别划分的、同一类别问题的共同特征。另外，他们脑海中存储的不是具体的解题方法，而是不同类别问题的解题思路。这样的原型才有意义，才能在解决化学问题时具有普适性，并且在匹配过程中能够甄别细微的差别，杜绝盲目照搬模型造成的负迁移。

第三步，结果反思。反思是化学问题解决的重要环节。调查表明，经常反思的学生，成长更快，负迁移发生的概率也更低。因此，学生在化学问题解决过程中要学会反思，反思问题表征的质量、问题拆分的合理性，反思原型匹配的适恰性。实践证明，化学问题解决能力强的人会在原型匹配的过程中，根据试题特点对原型加以改造、创新，得到新的原型。

第四步，元认知监控。良好的化学问题解决过程，是一个元认知全程监控的过程。有经验的学生会在问题解决的过程中，尤其是关键步骤中实施元认知监控，监控表征是否恰当、解题阻力来源等。实践表明，元认知监控做得好的学生其问题解决的能力更强，出现学习负迁移的概率更小。

二、化学问题解决负迁移的实证研究

化学问题解决实证研究内容主要分三大部分，第一部分是对当前化学问题解决学习负迁移情况的调查。调查主要采用问卷调查和访谈两种形式，对研究学校的学生和教师进行摸底式调查。第二部分是对调研对象的针对性、阶段性化学问题解决负迁移试题测试。第三部分是比对平行班级的试验研究，研究过程中，对选取的对比班级，我们施以不同的变量（教学方式、训练因素、学业成绩、性别因素），研究不同变量对学生化学问题解决学习负迁移的影响情况。

为了比对不同变量对化学学习负迁移的影响，本研究把学生的化学学习负迁移度 $\mathcal{L}$ 作为评价的一个重要的指标。为了确保研究的可比性，使对比试验班级的起点相同或相似，研究中，我们编制了负迁移试题对对比班级学生的整体问题解决学习负迁移度进行了测试，并对负迁移度进行了统计（具体见表 6-6、表 6-7）。

表 6-6 对比班级整体问题解决负迁移度测试平均成绩（前测）

试验分组	班级	平均成绩（百分制）	平均错误率	平均负迁移度
实验组	高一（3）班（本部）	75	0.321 4	0.435 2
	高一（5）班（本部）	74	0.334 5	0.441 2
	高一（7）班（本部）	70	0.350 2	0.456 2
	高一（8）班（本部）	71	0.340 3	0.489 2
控制组	高一（2）班（新校区）	72	0.344 5	0.403 4
	高一（4）班（新校区）	76	0.303 2	0.398 7
	高一（11）班（新校区）	74	0.320 1	0.401 2
	高一（13）班（新校区）	75	0.313 5	0.405 6

从表 6-6 可以看出，试验前，8 个平行班级的整体问题解决能力相当，平均负迁移度相近，可以进行对比试验。

表 6-7 化学问题解决测试题平均负迁移度统计

题目	平均错误率	平均负迁移度
W1	0.354 5	0.336 8
W2	0.320 6	0.304 2
W3	0.303 2	0.285 4
W4	0.344 5	0.390 7
W5	0.301 0	0.284 1
W6	0.313 2	0.305 2
W7	0.290 3	0.284 1
W8	0.304 1	0.293 8
W9	0.391 4	0.421 3
W10	0.350 3	0.380 1
W11	0.281 4	0.251 0
W12	0.290 2	0.264 3
W13	0.343 2	0.332 1
W14	0.320 1	0.320 9
W15	0.333 2	0.342 0

【样例分析】

研究过程中，我们在对化学问题解决能力进行测试、分析的基础上对学生的负迁移情况通过出声思维等方式进行了调查，下面以 W9 为例，对其分析、研究过程给予呈现。

图1

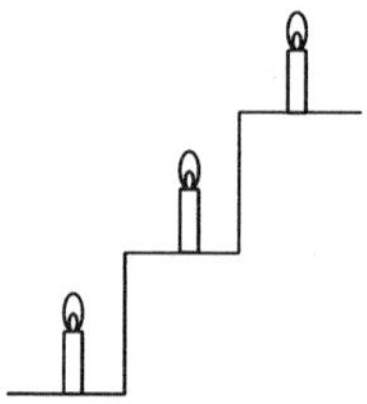

图2

W9（1）图 1 是验证二氧化碳性质的实验装置。若按图示装置进行正确的操作，则应该看到的现象是：____________。该实验结果可说明的两点是____________；____________。

（2）图 2 是三支高度不同燃着的蜡烛，当用一个透明的大玻璃筒倒扣在三支蜡烛上时，所观察到的现象是________________，原因是________________。

结果分析：本题考查的化学中蜡烛燃烧的知识。这个题目有书中的原型，题意不难理解，但是测试时本题的负迁移度达到了 0.421 3。下面通过学生的出声思维记录探究学生出错的原因。

出声思维：

学生 1：这个题目是由书上演示实验改编而成的，应该比较好做，用个盖子扣住后仍然是 CO_2 密度比空气重，所以熄灭顺序应该是和原来一样，下面的先熄灭，然后依次是中间的，最上面的最后熄灭。

学生 2：和下面的比较，多盖了个盖子，估计和原来的现象不一样，要不就是从上而下，要不就是从中间先灭，要不就是一起熄灭，猜一个吧，中间的先熄灭。

通过上面学生的思维过程可以看出，上、下两道题之间问题情景相似，所用物质一样，实验装置也非常相似，提出的问题几乎也相同，因而，在问题解决的过程中，很少有学生做深层思维：图 1 中的装置被玻璃筒罩住成为封闭的体系，而图 2 中的装置则为开放的体系，前者因热量扩散比较难，热的 CO_2 上升到密闭系统的上部，然后，从上至下逐渐充满玻璃筒，因此，实验现象为三支蜡烛从上至下依次熄灭。

（一）教学方式

研究中，我们针对化学问题解决主要从化学教材的呈现方式、化学教学策略、化学教学方法三个维度对中学化学教学活动中教师在化学问题解决教学过程中的教学方式进行了实证研究和分析。

1. 教材呈现方式

为了探明教师对教材不同的呈现方式对化学学习负迁移的影响，我们对实验组的教师安排对化学问题的讲解尽可能地使用师生互动生成教材的模式，控制组的教师不予干涉，他们根据自己的特点按照自身习惯进行上课。

2. 教学策略

为了验证不同教学策略的选取对学生化学学习负迁移的影响，在试验中，控制组按照学校常规的教学策略进行，实验组遵照化学问题解决的特点和化学学习迁移的规律进行有利于正迁移的教学策略设计，具体举例如表 6-8 所示。

表 6-8　实验组教师减少问题解决负迁移的教学策略

减少负迁移的教学策略	具体做法
迁移情景创设策略	化学是一门以实验为基础的学科，就实验本身来说，蕴涵着很多可探究的问题情境，实验组教师在上课过程中，通过做一些新奇的与学生日常生活经验和认知相矛盾的实验，能给学生带来很多惊奇和不解，能激发学生强烈的主动参与意识。譬如，在“原电池的原理”的教学中，教师可以通过指导学生进行三个有关原电池的实验后，根据实验的现象分别提出不同的问题来激发学生的化学学习兴趣。这样的情境创设可以加深学生对知识的理解，可以有效地减少学习负迁移。
培养学生问题意识策略	在化学问题解决的教学中，教师要尽可能让学生参与到提问中来，让学生养成问题意识。首先，教师在创设问题情境后应该留给学生一段时间去思考，然后提问题，要做到学生能独立思考时绝对不提示。其次，教师在化学问题解决完成后，应积极鼓励学生进行反思，反思解决过程中的成败，并引导他们尝试用其他方法对同样的问题进行解决，鼓励他们不迷信权威，多角度考虑问题。
加强解决问题思维指导策略	调查发现，很多学生在遇到新问题时会出现思维突然空白的现象，不知如何下手。大多数学生喜欢反复阅读题目，而不是去探寻已知有哪些条件，需要解决什么问题，自己已有的知识有哪些。因此，教师很有必要对学生进行问题解决思路的指导，启发学生利用已有知识和经验对新的问题进行全面分析，积极鼓励学生多角度分析问题，问题解决后，指导学生回忆与问题解决相关的知识，并且回忆已有的解决类似问题的经历，进而利用原型达到解决问题的目的，在原型的类比中，是最容易出现负迁移的，教师一定要加强指导，切实减少负迁移的发生。

3. 教学方法

为了验证不同教学方法的选取对学生化学学习负迁移的影响，在试验中，控制组教师按照学校常规的教学策略进行，实验组教师遵照问题解决的特点和化学学习迁移的规律采取了有利于减少负迁移发生的化学教学方法。具体举例第三章和第四章。

（二）训练因素

作业训练中，训练题型、训练次数和训练间隔时长直接影响学生理论性知识的学习负迁移情况。

1. 训练题型

为了进一步的验证不同训练题型对学习负迁移发生的影响，我们针对化学问题解决分别设置了不同类型的习题，隐藏在单元测试中进行了测试，得出同样概念学习负迁移度（£）值分布如图 6-3 所示。

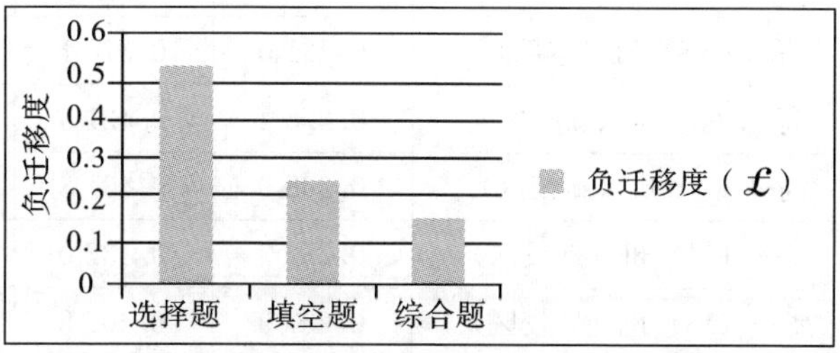

图 6-3　问题解决能力在不同题型中的负迁移度

由图 6-3 可以看出，测试的结果和访谈的结果是吻合的。这个研究给我们的启示是在中学化学问题解决的教学过程中，为了减少学习负迁移的发生，教师针对不同的知识点，在考查题型上要下功夫，这样可以起到事半功倍的成效。

2. 训练次数

为了研究其具体影响情况，我们在试验中，针对化学问题解决能力，隐含在平时的单元测试、期中、期末测试中进行，得出了训练次数和学习负迁移度（£）的函数图像（见第三章中的具体图）。

研究表明，化学问题解决能力训练过程中，针对知识点的训练次数不是越多越好，训练系数越少负迁移度就越小，但是学生掌握程度就越低。相反，训练系数越多，知识掌握越牢固，但是负迁移度越高。因此，在中学化学问题解决的教学过程中，教师要把握好习题的训练次数，一般来说，知识点的巩固训练次数以 3 到 5 次为宜。

3. 间隔时长

研究表明，训练的间隔时长直接影响问题解决能力负迁移的发生，一般来说间隔时间越长，化学学习负迁移的发生率就越高，负迁移度就越大。

（三）学业成绩

为了研究不同类别学生问题解决负迁移的情况，我们对最近两次综合性考试中不同类别学生的负迁移度的平均值进行了统计（见表 6-9）。

表 6-9　不同类别学生化学问题解决负迁移度统计表

试验分组	班级	平均负迁移度（£）		
		绩优生	绩中生	学困生
实验组	高一（3）班（本部）	0.201 4	0.368 5	0.502 3
	高一（5）班（本部）	0.236 4	0.398 6	0.543 0
	高一（7）班（本部）	0.250 9	0.334 2	0.511 8
	高一（8）班（本部）	0.221 0	0.376 1	0.530 1
控制组	高一（2）班（新校区）	0.278 4	0.421 3	0.604 3
	高一（4）班（新校区）	0.268 9	0.401 8	0.599 8
	高一（11）班（新校区）	0.250 3	0.432 0	0.600 2
	高一（13）班（新校区）	0.287 3	0.402 8	0.614 5

为了比较直观地看出不同组别、不同层次学生的化学理论性知识的学习负迁移情况，我们根据统计结果，做出了其矩形图（见图 6-4）。

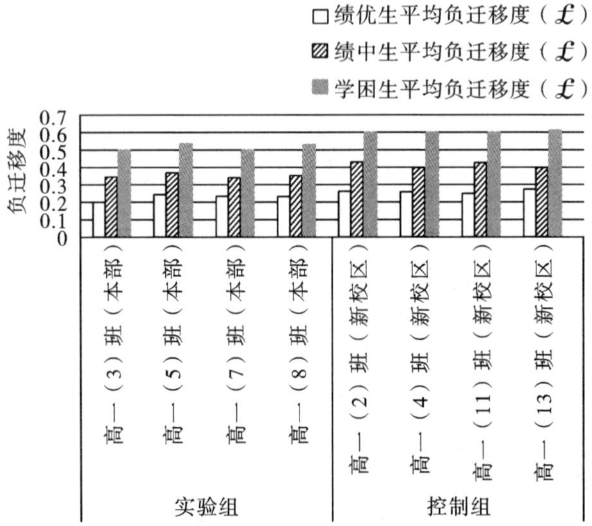

图 6-4　不同组别、不同层次学生的化学问题解决的学习负迁移度比较

由图 3-6 可以看出，不同层次学生的化学学习负迁度不一样，整体来说其趋势是：

$$\pounds_{(\text{学困生})} > \pounds_{(\text{绩中生})} > \pounds_{(\text{绩优生})}$$

究其原因，和学生的学习习惯、学习态度有关，一般来说，绩优生学习态度端正、化学学习兴趣浓厚，教师授课过程中能够比较好地听讲，课后能够及时地进行复习巩固。迁移规律运用得相对较好，所以整体负迁移度较低。绩中生、学困生的表现依次欠佳，因此，其问题解决负迁移度依次升高。

（四）性别因素

不同性别的学生在化学学习方面的差异比较明显，为了进一步研究化学学习负迁移的产生和学生性别的相关性，我们在化学问题解决的过程中，针对问题解决设计了一定的题目，对学生进行了测试（具体结果见表 6-10）。

表 6-10　不同性别学生化学问题解决负迁移度统计表

试验分组	班级	平均负迁移度（£）	
		女生	男生
实验组	高一（3）班（本部）	0.357 8	0.302 4
	高一（5）班（本部）	0.324 5	0.208 9
	高一（7）班（本部）	0.298 7	0.254 1
	高一（8）班（本部）	0.301 2	0.288 6
控制组	高一（2）班（新校区）	0.401 2	0.384 5
	高一（4）班（新校区）	0.398 4	0.365 4
	高一（11）班（新校区）	0.450 1	0.401 2
	高一（13）班（新校区）	0.440 8	0.386 5

由表 6-10 可以看出在化学问题解决过程中，存在一定的性别差异，具体见图 6-5。

由图 6-5 可以看出，在化学问题解决过程中，男生的优势明显与女生，这与男生整体逻辑思维能力较强、善于钻研等较深层次问题有关。

在化学问题解决能力培养的教学试验过程中，我们对实验组教师和学生进行了变量上的控制，为了验证各种变量产生的效果，在一个学期的教学试验结束时，利用学校组织的期末考试，我们针对这一部分设计了难度

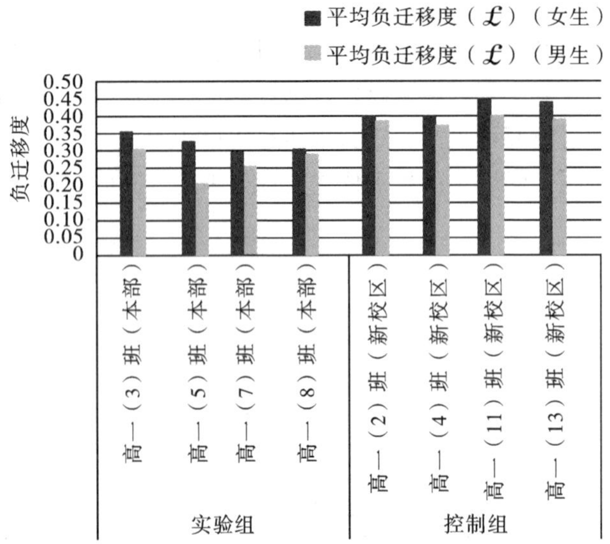

图 6-5　化学问题解决负迁移度的性别差异

相当的化学问题解决类试题对实验组和控制组学生的负迁移度进行了后测，并对负迁移度进行了统计（具体见表 6-11）。

表 6-11　对比班级整体问题解决负迁移度测试平均成绩（后测）

试验分组	班级	平均成绩（百分制）	平均错误率	平均负迁移度（£）
实验组	高一（3）班（本部）	80	0.212 3	0.384 5
	高一（5）班（本部）	79	0.221 0	0.396 2
	高一（7）班（本部）	77	0.224 7	0.398 8
	高一（8）班（本部）	76	0.233 2	0.401 3
控制组	高一（2）班（新校区）	73	0.251 2	0.423 1
	高一（4）班（新校区）	77	0.243 2	0.402 1
	高一（11）班（新校区）	76	0.256 5	0.411 2
	高一（13）班（新校区）	77	0.245 8	0.402 3

从表 6-11 可以看出，试验结束后，实验组班级的整体成绩有了明显的提高，负迁移度有了明显的降低，这充分说明，我们试验设计的变量针对学习负迁移的教学和纠正是可行并且效果比较显著的。

三、化学问题解决负迁移的因素分析

实证研究中，我们结合具体问卷和该部分测试题的分析以及对学生出声思维材料的整理，我们总结出了微观层面化学问题解决负迁移产生的10个因素。

（一）学生表征能力欠缺

化学知识表征指的是化学学科知识或相关化学教学信息，通过学生的加工，进而以一定的方式存储在头脑中的知识建构过程。调查发现，学生对同一个化学知识点的表征可以用不同的方式，即学生可以用许多不同的编码形式来表征具体的化学学科知识。

化学知识的表征形式会直接影响到学生对已学化学知识的精确检索、准确提取和灵活运用。如果学习者大脑认识结构中对化学学科知识的表征是多维而有序的，那么他们所获得的化学学科知识就可以灵活运用到不同的情境中去。相反，如果学生在化学学习过程中，对具体学科知识表征的不科学、不标准，就会使习得的知识僵化，在运用的时候，不能准确、迅速地被提取和运用，最终在问题解决的过程中会出现学习负迁移。

通过实证研究部分调查的结果显示，学生在化学问题表征能力欠缺主要表现在以下几个方面：

一是师生在表征上存在差异。在对化学学科知识进行外部表征的时候，教师一般是以原理化的或者量化的方式来解释化学图形、图表或分子模型等的意义。譬如：溶解度曲线图，分子的球棍模型、比例模型等。调查发现，学生在对这些问题进行表征时重点放在关注这些直观表征的表面特征上，而不能从化学原理或物质结构角度对其进行恰当的解释，也就是说针对同一类型的问题，学生不一定能和教师达到相同的问题表征水平，这种表征上的差异就催生了问题解决过程中的负迁移现象的发生。

二是师生的解释出现差异。调查发现，由于教师对化学有着长久的、深入的研究，对整个化学知识体系有着系统的、完整的表征。而学生是化学学习方面的新手，在遇到同样的问题时，教师和学生的解释可能会出现差异。譬如，在讲解热化学反应方程式、分子式、核外电子排布式、水解反应、氧化还原反应等知识时，教师会用自己已有的语言和符号表征水平来判断学生对某一问题的理解程度，这时会出现这种现象：教师自己感觉对相关化学知识、原理讲解得非常清楚和流畅，从表面看，学生好像也听得很好，似乎都听懂了，但是通过单元测试和跟踪调查评价发现，相当一部分学生并没真正理解教师讲解的内容，有时对问题的掌握情况与教师的课堂感觉恰好相反。这种解释上的差异同样会造成学生化学学习上的困难，形成负迁移。

三是不同层次学生表征方面的差异。通过对学生出声思维资料的整理我们发现，绩优生在解决具体化学问题的时候，大多倾向于使用化学概念或化学原理等比较深层的问题表征方式来进行，并能够在解决化学问题的过程中，根据化学相关原理提供的线索，进行一定程度上的正向推理，快速解决相关问题。然而，调查到的学困生，大多只能从问题的表象出发，凭化学问题的字面含义，进行尝试性地对结果逆推，并且遇到新问题就反复，结果还是表征错误，出现负迁移。

（二）学生思维定势趋向

化学学习过程中的思维定势指的是学生在解决具体化学问题的思维过程中所表现出来的一种思维的定向预备状态①。这种化学学习中的思维定势能够使学生以比较固定的方式进行学科认知，它直接影响着化学问题解决时的趋向性。这种化学问题解决的趋向性有两个方面的作用：一方面是正效应，有助于化学问题的顺利解决；另一方面是负效应，会妨碍问题的顺利解决，产生负迁移。本研究中重点研究其产生的负效应，根据调查显示，学生化学学习中的思维定势主要表现在以下几个方面：

一是忽略细微之处，分辨能力缺失。调查发现，学生升入高中阶段后，面临着升学压力，每天要做大量的习题，有的化学题能反复做几遍，长此以往，学生接受刺激的大脑皮层就会由兴奋状态转向抑制，疲于应付，最终形成思维定势，遇到相似问题时，不去仔细甄别细微环节，不假思索，得出答案，结果出现负迁移。譬如，学生在学习了置换反应这一概念以后，通过一系列的练习知道：H_2 还原 CuO 是置换反应，C 还原 CuO 是置换反应，当问及 CO 还原 CuO 时，立即回答也是置换反应。

二是新旧知识交叉，不能正确甄别。心理学研究表明，在学习者记忆和思维的过程中，大脑中已有的旧知识会对正在学习的新知识产生干扰。

① 周鑫荣. 化学教学中思维定势负效应的校正策略 [J]. 河北理科教学研究，2009 (2)：34-35.

同时，新习得的知识也会对头脑中存在的旧知识进行固化。调查发现，学生在化学学习过程中，很多学生习惯采用最新习得的知识去解题，在新旧知识交叉运用时，不能正确地进行甄别，生搬硬套，由思维定势产生负迁移。譬如，当老师讲到有关物质燃烧的相关知识时，学生马上在大脑中就会想到木柴的燃烧，认为燃烧必须要有空气（氧气）参与，在学习新知识“Mg 在 CO_2 中的燃烧”时，就不能正确甄别，产生负迁移。

（三）过度训练导致僵化

过度的化学练习是化学过度教学的一种表现形式，指的是在中学化学教学过程中，教师不顾学生的认知结构、身心发展特点、教学的进度、内容的难易等因素，随意拔高知识难度，为了强化对知识的掌握，对学生盲目灌输、机械反复训练的一种表现形式①。这种化学教学中的机械训练严重伤害了学生身心健康，导致学生在化学问题解决过程中思维僵化，慢慢对化学产生逆反、厌学的倾向，最终导致学习负迁移的发生。

当前，化学新课程改革的核心理念就是促进学生综合素养的提高，培养学生的创新意识和能力。然而，调查发现，有些化学教师仍然固守陈旧观念，功利心强，在学生化学练习方面搞一刀切，机械重复，想要以量取胜。“课课有练习，堂堂有作业”的现象屡见不鲜，使学生置身于题海中，搞“以练促学”。

这样的过度练习弊病很多，长此以往，会使学生的主体地位丧失，把对知识的探索变为盲目的全盘接受，学生的想象力逐步丧失，思维逐步僵化，形成定势，在具体的问题解决过程中，出现负迁移是自然而然的事情。

（四）学生分析能力欠缺

学生的分析能力是化学问题解决能力的重要组成部分，指的是学习者在问题解决过程中表现出来的一种依据提供的问题信息，凭借大脑中已有的知识结构，从已知条件中找出规律、趋势和因果联系，进而找出合适的对策以达到问题解决目的的一种智能倾向。

研究发现，学生的问题分析能力对新问题的解决、迁移的方向和程度

① 王后雄，孙建明. 中学化学过度教学：问题、成因及对策 [J]. 教育理论与实践，2013 (2)：62-64.

有很大的影响。一般来说，学生的分析能力越强，就越有利于知识的正向迁移；反之，则有利于知识的负向迁移。

在对调查学校学生化学学习负迁移状况的研究中发现，学生出现的负迁移中有将近36.2%是由于学生问题分析能力的欠缺造成的，其主要表现在以下几个方面：

一是对题设已给条件分析表面化。通过出声思维研究发现，出现负迁移的学生有个共同的特征就是阅读题干的时候基本不动脑，就是让文字简单地在大脑中过一下，不能对题干进行思考和分析，导致分析不出或者不能完全分析出题给条件，最终导致负迁移的发生。譬如，在对“在无色透明的酸性溶液中能够大量共存的离子组是”这个题干进行分析的过程中，产生负迁移的学生把阅读的重点放在了“能够大量共存”方面，没有进行深层剖析，不能从“无色”挖掘出“排除有色离子，诸如Fe^{3+}、MnO_4^-等”，不能从“透明”挖掘出“不能有沉淀生成”，不能由“酸性”挖掘出“凡是和H^+反应的离子都不能大量共存”这样的信息，最终出现负迁移，导致问题解决的失败。

二是已有认知调用机械化。在对题设条件进行分析和深层次挖掘后，下一步问题解决的关键就是调用大脑中已有认知和新问题进行匹配，找到问题解决所需要的知识点、相关原理。研究发现，出现负迁移的学生，在这一步上很多时候犯了认知机械调用的错误。譬如，提到“氧化还原反应”，思维就停留在“得氧失氧”上；提到“燃烧”，思维就停留在“可燃物和氧气发生的剧烈发热发光现象”上；提到“化合反应的热效应”，思维就停留在了“放热”上，最终出现负迁移，导致问题解决失败。

三是因果联系匹配度不高。由原因结合已有知识找出正确的结果，是问题得以顺利解决的关键环节。在对负迁移产生的原因进行统计分析时发现，有的学生虽然都把已知条件完全分析出，但是在问题解决的过程中因果关系调用混乱、匹配度不高，甚至是调用错误。譬如，针对“某单质可以和碱反应”这一结果，马上匹配出“非金属单质，诸如Cl_2、S等”，导致考虑问题不全面，从而出现负迁移。

（五）学生直觉定势困扰

学生问题解决中的直觉定势指的是学生在问题求解的过程中，在题给条件分析阶段往往凭借直觉寻找匹配原型，最终导致解题失误的一种倾向。研究发现，学生问题解决过程中直觉定势的产生主要是由学习者缺乏周密的思考和科学的判断等原因造成的①。

犯这种错误的学习者往往在面临新的化学问题情境时，凭借自己的直觉或题干的局部线索，就不假思索地迅速做出判断、给出推论，最终落入命题者挖下的陷阱之中。大量的研究案例表明，学习者问题解决过程中的直觉定势的产生大多来源于人的头脑中对某一类型问题的知识点、解题方法等自我感觉把握十足造成的。这种影响一般是短暂的，错误产生后，经过教师的点评和指导，学习者往往会立刻领悟其中有关的道理。譬如，下面一道学习者负迁移度极高的题目：

L14　最近科学家发现一种由钛原子和碳原子构成的气态团簇分子，如右图所示。顶角和面心的原子是钛原子，棱的中心和体心的原子是碳原子，则它的化学式是（　　）。

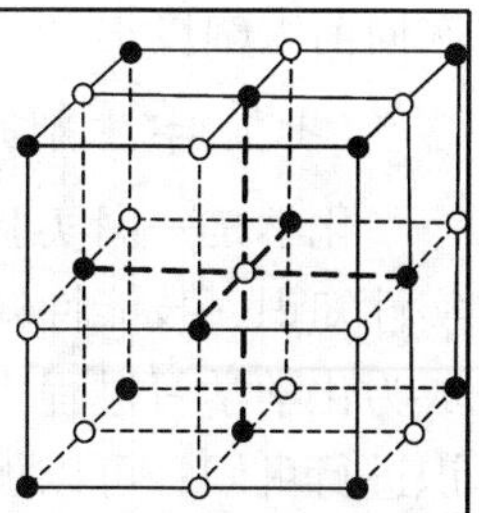

A. TiC　　B. Ti_6C_7

C. $Ti_{14}C_{13}$　　D. $Ti_{13}C_{14}$

解答这个问题时，部分学习者记忆受直觉定势的干扰，忽视了题干中“团簇分子”的暗示，直接从已有认知结构中提取出丰富的晶胞问题的原型，并与之匹配。原型就是《物质结构与性质》教科书关于晶胞的计算方法。人教版、鲁科版、苏教版都提供了晶胞切割的具体计算方法：晶胞内的点贡献是1；晶胞顶角的点贡献是1/8；晶胞棱上的点贡献是1/4。统计结果发现，本题错选A的学生约占到了67%，原因就是一看到题就感觉做得很多，蛮有把握，造成了直觉定势，按晶胞的具体贡献比例计算出二者的比例为1∶1，因此得出了错误的结果。本题正确答案应该为C，因为题目已经给出“分子”的说明，直接数数，问题就会迎刃而解。

（六）学生心理状态不佳

研究发现，学生的心理状态也是化学问题解决中造成负迁移发生的原因之一，这也是一个人们比较容易忽视的问题。这类学生在平日的学习过程中，知识表征正确，认知结构完善，处理问题方法得当。但是一旦进入考试状态，尤其是面对大型考试，这部分学生就会立马紧张起来，有的表

① 王世存，王后雄．中学化学学习中负迁移成因及教学对策［J］．课程·教材·教法，2012（1）：103.

现出大量出汗，有的表现出频频上厕所等不正常的现象。通过访谈了解到，这部分学生一进入考场，大脑的思维就凌乱，高度紧张，原本稳定的认知结构被打破，表征问题错误，原型匹配错误，进而方法选择错误，最终产生出大量的负迁移现象。相反，在调查中也发现了很多能在考场上“超常”发挥的学生，他们在考试中的成绩排序要比平时的表现好得多。可能的原因有两个：一是有部分学生心理状态不佳，考试失常发挥，相对来说提高了另一部分学生的位次。二是这部分学生心态较好，越大考，越兴奋，思维敏捷，思考、分析问题缜密，负迁移比平日大大减少，所以位次向前大幅度提升，表现出良好的应试能力和问题解决能力。

（七）学生解题方法缺失

化学是一门实验学科，同时又归属于理科，化学学科理论性知识、事实性知识、技能性知识等都需要一定量题目进行强化和训练。因此，做题成为化学学习过程中的重要环节。通过做题可以对学生所学的化学学科知识进行巩固；可以加深学生对化学基本概念和基本规律的深度理解。通过做题可以发展学生的思维能力，提高学生的学习能力，促使他们不断把习得的化学学科知识内化为自身的知识结构中的成分，进而转化为解决实际问题的能力。因此，对中学阶段的学生来说，多做题、做好题是必要的，也是有益的。然而，调查发现，在大量的做题练习中催生了诸多化学学习负迁移，主要原因就是做题方法欠缺，主要表现在以下几个方面：

一是审题失误。审题是做化学题目的第一关，也是问题解决的关键。要想做好审题工作且为后继方法的寻找提供前提和基础，就必须做到三个“弄懂”：弄懂题干的意思，弄懂题设的条件（包括隐含的条件），弄懂需要解决的关键问题。很多学生解题出错、产生负迁移的原因是题目做完了，还没弄懂题目的真正意思，甚至连需要解决的问题都没搞清楚，这种审题错误是需要引起大家的重视。

二是分析失误。在审完题目后的重要工作就是对题设条件进行分析，理清解题的具体思路。这个环节重要的是做好“三思”：思考整个题目涉及的化学学科的具体知识点和基本原理，思考题目给予的已知条件和需要解决问题之间的关系，思考解决具体问题的策略。调查发现，产生负迁移的学生当中基本上没对试题进行过系统的分析，想到哪里就写到哪里。这样分析方法上的失误不利于化学问题的解决。

三是解答失误。解答是问题解决的最后环节。调查发现，在解答环节出错的学生也大有人在，原因是对问题的认识十分模糊。譬如，在一次测试题中我们设计了试题进行考查（前面步骤省略），通过计算很多学生都计算出了溶液体积为 1 L 的试剂瓶中三种溶质的物质的量：NaOH 为 0.5 mol，KOH 为 0.3 mol，NaCl 为 0.4 mol。我们最后的问题是："溶液中溶质的物质的量浓度为多少？"此时结果表明本题的负迁移度达到了 0.324 0，这部分学生参照原来书上类似只有单一溶质习题解题的方式，产生了负迁移，给出的错误答案是 $1.2\ mol \cdot L^{-1}$。

（八）化学反应阶段隐喻的误导

化学反应是化学学科体系的载体，中学化学理论性知识、事实性知识和技能性知识等都建立在化学反应的基础上进行阐释、说明。可是化学反应的机理是微观的、肉眼可不见的，我们只能观察到表面的变化，诸如颜色的变化、刺激性气味、吸放热、发光等现象。在对化学反应的机理进行学习的时候，人们习惯于用日常生活中积累的经验去理解它。做事情的时候，人们总讲个"先来后到"，于是把这个习惯的概念也用在了化学反应上，当多种物质存在时，针对可能发生的化学反应也认为有一个先后顺序问题，重要的化学反应在先，次要的化学反应在后，依序进行。这样用宏观的方法处理微观问题就会把复杂的化学反应体系变得非常简单，有律可循，使思维更加经济。学界将上述把"反应分阶段进行"的观点形象地看作化学反应的阶段隐喻①。

这种把化学反应进行划分的做法的确简化了学生对化学反应机理的理解，结合人们日常生活中处理问题的方法，也便于学生的理解和接受。但是这种化学反应的阶段隐喻也会造成负迁移的发生。譬如，在一个氧化—还原反应体系中，如果存在多种氧化剂和一种还原剂，认为氧化性强的氧化剂先参加反应，氧化性弱的氧化剂后反应，很多试题、习题也正是如此命制的，貌似已经"约定俗成"。但是遇到一些特殊条件下的问题时，再按照这种反应隐喻就会造成错误。

譬如，以 $FeCl_3$ 溶液与活泼金属的反应为例，$FeCl_3$ 溶液中具有氧化性的微粒有 Fe^{3+} 和 H^+，Fe^{3+} 的还原产物 Fe^{2+} 也有氧化性。其氧化性顺序为 $Fe^{3+} > H^+ > Fe^{2+}$，按照反应阶段隐喻，当加入活泼金属（如 Mg、

---

① 王秀荣，范林，魏锐．化学反应的阶段隐喻及迷思概念：以金属与铁离子溶液的反应为例 [J]．化学教育，2012 (9)：69.

Al、Zn 等）时，应该先和 Fe^{3+} 反应，等待 Fe^{3+} 全部转化为 Fe^{2+} 时再和 H^+ 反应，然后再和 Fe^{2+} 反应。然而，实验证明活泼金属加入后和 Fe^{3+}、H^+ 的反应几乎同时进行，并且和 Fe^{2+} 的反应也紧跟其后。

（九）思维“相似块”膨胀

化学学习中的思维“相似块”指的是通过学习在学习者头脑中形成的对物质性质、结构、制备、用途等知识的原有看法。它反映了已有化学知识和新习得的化学信息之间的联系①。

研究发现，化学知识的获得和化学问题的解决都离不开相似原理。譬如，在问题解决的过程中，学生由题目的“题眼”、关键词等能马上联想到已经学过的知识、已经做过的题目，并以这些相似的题目为中介回忆到了该类题型的解题方法和注意事项，进而实现了问题的正确解决。再譬如，运用思维“相似块”便于学生对化学反应方程式和化学规律的类比、类推学习。由 Na_2O_2 和 CO_2 的反应可以类推 Na_2O_2 和 SO_3 的反应等。

思维“相似块”的存在对化学学科的学习带来了便利，但是，在中学化学教学过程中，滥用思维“相似块”，导致思维“相似块”膨胀，会导致学习负迁移的发生，其主要表现在以下几个方面：

一是“相似块”牵强附会。在问题解决的过程中，学生习惯于在大脑中找寻相似原型的存在，但是由于现在题目的灵活性和新颖性，有时候不一定有固定的原型可以利用，这时候，有的学生就会牵强附会，硬套“相似块”，从而导致负迁移的发生。譬如，中学阶段所学的物质结构的原理是不能概括到所有的元素和化合物的，像氧族元素中，按照元素周期律，S 的非金属性强于 Se，照理 H_2SO_4 的酸性应该强于 H_2SeO_4，但是实验证明，H_2SeO_4 的酸性却强于 H_2SO_4，因此，遇到此类的问题，再牵强附会地乱套“相似块”就会导致错误的发生，产生学习负迁移。

二是“相似块”储存过多。在化学解题的过程中，学生头脑中必须要储存一定量的思维“相似块”，但是，研究表明，学习者的头脑中只有“相似块”还不够，因为“相似块”只能理解与人脑中已有的相似知识的现象，而不能理解与之不相似的现象，即相似剩余现象。人脑中除了有“相似块”，还必须有相似剩余，以利于人类有所发现，有所发展。加入学

① 王后雄．化学教学诊断学［M］．武汉：华中师范大学出版社，2002：179-185．

习者的思维“相似块”多到一定的程度，就会使脑海中没有空间来储存剩余“相似块”，那么就会使学习者对新鲜事物失去感觉，在遇到新的问题解决的过程中，就会盲目类比大脑中的思维“相似块”而出现负迁移。譬如，从化学问题解决负迁移诊断测试题 W9 的统计结果中我们发现，在出错的学生中，有 95.5%的学生是受初中阶段思维“相似块”负迁移引起的，学生缺乏创造性。

（十）试题设置陷阱所致

教育部考试中心对高考题目编制的原则中指出：试题命制时要根据考查知识的特点合理设置干扰项，这些干扰项要能反映出考生的典型错误，并且看上去要似乎有理，迷惑性强。这种干扰项就是平时我们所说的陷阱。这些干扰项很多是利用负迁移产生的原理，一步一步诱导学生“入瓮”。譬如，前面分析中提到的把“晶体”改为“分子簇”，把学生诱导进入晶胞比例求解的陷阱中；把“原子”改为“元素”，学生只要不认真审题就会中招。为了减少负迁移，绕开陷阱，在具体的化学问题解决过程中，要注意以下几个方面的问题：

一是遇到“熟面孔”，切忌大意。经过题海战术的训练，学生尤其是高三的学生可谓是见多识广，在考试的时候很可能会遇到“熟面孔”，就是和原来做过的题目类似。这个时候，解题者一定要细心，观察细微之处，分析和原来做过的题目的相异之处，“熟面孔”的背后可能就是陷阱。譬如，HClO 对学生来说是个“熟面孔”，大家非常熟悉其性质，其中的氯元素显－1 价、氧元素显－2 价。因此，题目中出现 HOF 中化合价的判断时，其中氧元素的化合价就成了一个陷阱，测试中发现，很多学生就会不假思索地得出氧元素化合价也是－2 价，并且信心表现得非常十足。

二是面对“生面孔”，稳住阵脚。考试中不乏“生面孔”的出现，尤其是在信息题中，学生会遇到没见过的新化学反应、新的化学物质、新的反应规律、新的结构图像等。这种情况下，考生一定要稳住阵脚，沉稳答题，吸收、消化新信息。如果被“新面孔”所吓倒，就很可能掉进预设的陷阱中去。譬如，有次测试中呈现了下面题目①：

---

① 任占华. 避开化学试题陷阱：访浙江省特级教师陈进前［J］. 考试（高考理科版），2011（6）：51.

烟气脱硝有多种方法，如下是两种重要烟气脱硝方法：

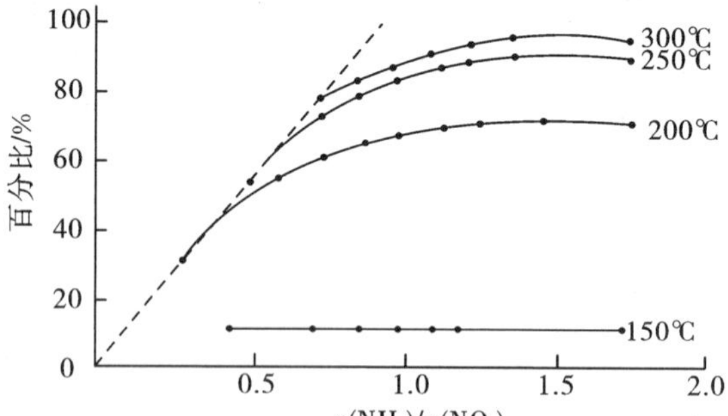

$n(NH_3)/n(NO_x)$对脱硝率的影响

图甲

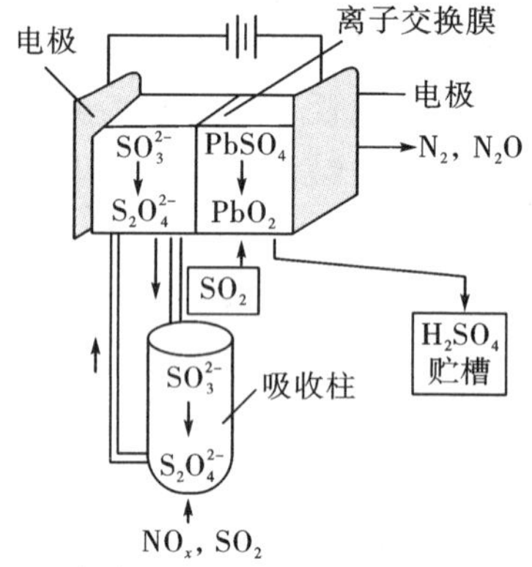

二氧化铅—连二亚硫酸钠脱硝法

图乙

（1）以 NH_3 为初始原料可除去烟气中的 NO_x 气体，请以 NO_2 气体为例写出化学方程式__________。氨气与氮的氧化物的物质的量的比值对脱硝的效率影响如甲图所示，根据图中曲线判断，反应最适宜的温度是__________，最适宜的 $n(NH_3)/n(NO_x)$ 比值为__________；如果在 NO_x 中，增大 x 的值，同时保证 $n(NH_3)/n(NO_x)$的值不发生变化，应该采取的恰当措施是__________。

（2）脱硝中，如果以连二亚硫酸盐为氧化还原反应的中介剂，将 NO_2 还原为 N_2 和 N_2O，连二亚硫酸盐在反应过程中被氧化成 SO_3^{2-} 以后经电化学还原反应而重复使用。二氧化铅—连二亚硫酸盐这种生产工艺是当前德国开发的典型电化学反应法脱硫脱硝的工艺，其工艺流程如乙图所示。

写出 NO_x（以 NO_2 为例）被吸收的化学方程式为__________，二氧化硫被吸收的化学方程式为__________。连二亚硫酸盐进行再生的电极反应式为__________，生成硫酸的电极反应式为__________。

这道题，学生猛一看是“生面孔”，尤其是两个图表，一上来就把有的学生吓蒙了，感觉特别复杂，结果导致错误的发生。实际上本道题学生如果细心读题，运用氧化还原反应的相关原理进行分析，问题就会迎刃而解。

四、化学问题解决负迁移矫正的教学策略

通过第三部分内容分析可知，化学问题解决负迁移产生的因素颇多，在化学日常教学中，我们必须结合化学问题解决的机制，有针对性地进行矫正，下面主要从教师教导和学生学习两个方面就化学问题解决负迁移的矫正策略提出相应的措施。

（一）化学问题解决负迁移矫正的教导策略

通过对化学问题解决迁移的研究表明，教师的化学教导策略也是影响化学学习负迁移的重要因素之一。教师在化学学科的教学中要有意识地运用各种教导策略，对学生进行问题解决能力的培养，具体的教导策略如下所述。

1. 样例教导策略

样例教导策略指的是在化学问题解决过程中，教师引导学生通过研究具有详细解答步骤的事例或例题，从中归纳出隐含的、内在的、抽象的化学知识，并以此来解决化学问题的一种教导策略。

样例是指有详细解答步骤和解题思路分析的特定实例或例题。在问题解决的过程中，教师样例的树立相当于给学生解题提供了参考物，使他们面对复杂化学问题时，不至于迷失方向，有目标可以参考，有方法可以比对，有策略可以实施。样例教导策略的实施有利于拓宽学生的知识面，有利于学生认知技能的获得，更有利于学生对新知识的接受和消化理解。

教师实施样例教导策略具体的实施步骤是：提出样例→归纳方法→迁移应用。教师在具体的教学过程中要适时地呈现具有典型特色的样例，然后引导学生在学习中归纳出该类问题的通用解题方法，最后在新的题目中

进行合理的迁移运用训练，使其逐步内化成学习者表征结构中的基本组成部分，以便学习者在后期遇到类似的化学问题时，可以灵活、准确地调用信息。这种有效教导策略的使用，可以有效防止该类学习负迁移的发生。

教师在使用样例教导策略教学时要注意两点：一是要注意思路的灵活化，避免思路的僵化和模式化。二是要注意样例原型的概括化程度。研究表明，样例教导中，原型的概括化程度越低，内容就越具体，其涵盖同类问题的范围就越小；样例的概括化程度越高，内容就越带有抽象性，其涵盖同类问题的范围就越大。因此教师在教学过程中要尽可能地提高样例原型的概括化程度，以避免由此产生的化学学习负迁移。

【案例 6-1】样例教导策略示例

本案例选取的是著名教育家汤普森的一次教学实践，课程的目的是指导学生解决"已知化合物中各元素的质量百分比，如何求算化合物的实验式"的问题①。

某化合物含有 72.2%的 Mg 和 27.8%的 N，求该化合物的实验式。

分析：

(1) 假设有 100 g 的该化合物，那么应该含有 72.2 g 的 Mg 和 27.8 g 的 N。(Percent to mass)

(2) 72.2 g Mg×（1 mol Mg/24.3 g Mg）=2.97 mol Mg

27.8 g N×（1 mol N/14.0 g N）=1.99 mol N　(Mass to mole)

(3) 2.97 mol/1.99 mol=1.49

1.99 mol/1.99 mol=1.00　(Divide by small)

(4) 对于 Mg：2×1.49=2.98（约等于 3）

对于 N：2×1.00=2.00　(Multiply'til whole)

可以得出该化合物的分子式是 Mg_3N_2。

样例归纳：可以把该步骤设计成押韵诗的形式：

Percent to mass/Mass to mole/Divide by small/Multiply'til whole.

大意为：将百分比转化为质量，再将质量转化为物质的量，两个数字都除以较小的数字，得到两个比值，最后把得到的比值扩大成为整数。

① Thompson J S. A simple rhyme for a simple formula [J]. Journal of chemical education, 1988, 65 (8): 704.

2．“双基”教导策略

通过前面关于问题解决负迁移的实证研究可以看出，基本知识、基本原理掌握不牢是造成问题解决负迁移出现的重要原因之一。因此，在有关问题解决的教学活动中，教师还需要加强对学生的“双基”教育。提起“双基”教育，有些人就会和应试教育挂钩，甚至是划等号，这是一种悖论，对学生进行“双基”教育，能够增强他们的学科知识素质，同样有利于他们综合素质的提升，尤其在问题解决过程中，过硬的“双基”素质显得更为重要。

教师在“双基”的教学过程中，不能进行“填鸭式”的教学，要运用灵活、生动的教学方式让学生不仅了解有关化学基本概念、基本原理的知识，同时还需要知道这些概念和原理具体该怎么去应用。培养学生的问题解决能力，重点是通过问题解决的教导过程使学生的知识结构化水平得以提高，形成更多的、范围更广的、有意义的知识“组块”和问题解决的不同图式，同时，在问题解决过程中，让学生及时了解他们在基本概念和基本原理等方面认识上存在的错误，在问题解决的过程中，不断促使学生化学学科知识表征的完善。

3．图形表征策略

教育实践表明，图像更能刺激人的思维，这与人的认知特点和规律有关①。俗语“一画抵千言”说的就是这个道理。视觉形象是人类认识世界的一种手段，它比语言符号的历史还要悠久，在远古时代，人们就可以把他们生活场景中的动物或者场景用图形的形式表述出来，这些表示以后就发展成为书写和计算。著名心理学家罗伯特·麦金（Robert Mckim）指出“视觉思维渗透在人类所有的活动中”。

研究表明，很多学生问题解决负迁移的产生原因是对问题情境的模糊认识，因此，我们可以在教学过程中，利用人们对图形表征相对于文字表征的敏锐性，加强对图像、图形的运用，让学生借助视觉的冲击来把繁杂的情境材料化难为易，加深学生对知识的理解，提高学生的问题解决能力。另外，为了加强视觉的冲击艾森莫尔（Ashmore）等人也提出了一种新的图像教学法——网状结构图。这种网状图同样可以形成图形的视觉冲击力，给学生问题情景的理解带来便利，可以有效降低问题解决负迁移的发生。

---

① 王祖浩，等．化学教育心理学［M］．南宁：广西教育出版社，2007：291．

艾森莫尔认为，化学问题解决所需要的信息主要来自两个方面：一方面来自化学问题本身，通过阅读、视图等方式明确问题，并在大脑中形成明晰的问题图景。另一方面来自学习者本身大脑中形成的认知结构。化学问题解决的过程就是将问题图景与学生的认知结构相互作用的过程。该过程中，教师的作用就是传授给学生恰当的处理信息的手段，由已知条件挖出未知条件，借助对图形的表征，深入了解问题的本质，最终找寻出问题解决的途径，解决题设的问题。

【案例 6-2】图形表征策略示例

网状结构图对信息的整合

网状结构图的基本思路是：首先将问题分解成一元的信息，然后进行重组并连接这些零碎的信息，以达到问题解决的目的。

网状结构图对于化学问题解决是很有效的，它可以向学习者清楚、直观地展示复杂的问题是怎样一步步分解为一系列小问题的。如下图所示，假如某化学问题给出 4 个已知信息，问题解决目标是 S。在该题的解决过程中，学生通过分析，想一步从已知求得未知是比较困难的。为了化难为易，教师可以引导学生思考：题给的问题的信息碎片可以直接得出什么结论？如果不能直接解决问题，是否可以设置中间问题进行过渡呢？这样引导学生在对信息进行梳理的基础上，通过设置中间问题 P_1 和 P_2，降低问题的难度，帮助学生理清思路，最终实现问题的解决。

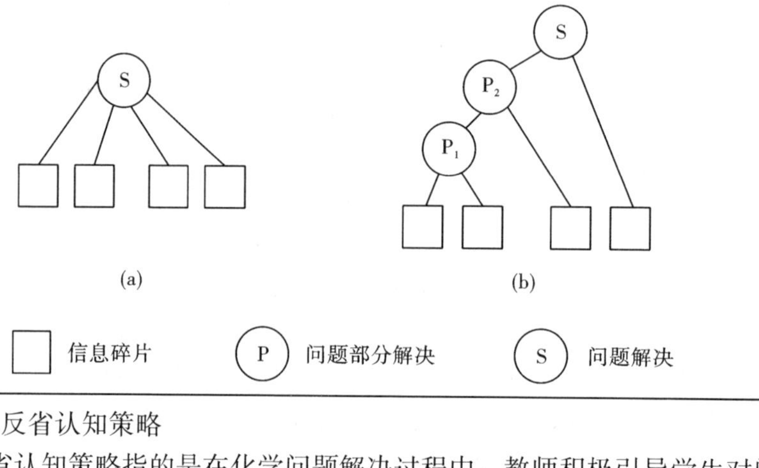

4. 反省认知策略

反省认知策略指的是在化学问题解决过程中，教师积极引导学生对问题解决的每一步策略进行反省，找出存在的问题，进一步完善、修正方案，最终实现问题解决的一种问题解决方法。学生在问题解决过程中的反省认知主要表现为自我认知的形式，其主要思路是：明确问题的意义→预期问题解决的困难→评价问题解决的策略→自己评价成果和差距。

实践表明，学生化学问题解决的过程均受到自我监控的调节（见图 6-2）。

教学实践表明，在问题解决能力的培养过程中，反省认知策略的实施对学生化学问题解决发挥着重要作用。为了测量反省认知策略的具体功效，有化学教育者进行了平行班级对比试验，该实验在自然条件下实施。对比班级的教学要求不同点在于反省认知策略的运用和不运用，其余变量基本保持一致。以学生在大考中的化学成绩作为其问题解决能力的测量值。实验结果表明，实施反省认知策略是减少学习负迁移，提高学习成绩的一种有效方法①。

对学生进行反省认知策略的培养过程中，教师要注意三个方面的问题：一是示范引导。教师首先要做好反省的示范，示范的形式可以多角度地进行，譬如，对学生回答的问题进行答后评价，分析他们问题产生的根源；解题过程中，经常带领学生回顾解题方法的选择、思路的确定等内容。二是布置任务。在问题解决过程中，教师在讲课之初就给学生布置反省任务，给他们列出反省提纲，结合不同类型的问题解决方法引导他们开展反省认知活动。三是个性化培养。问题解决能力形成的过程也是学生解题个性形成的过程。因此，教师在实施反省认知策略的过程中要注意因材施教，结合每一个学生的思维特点，引导他们积极进行反省，归纳出适合自己的问题解决方法，发展他们个性化的反省认知习惯。

【案例 6-3】反省认知策略示例

现有甲、乙两个电解池，均以铂为电极，并且互相串联，甲电解池盛有 $AgNO_3$ 溶液，乙池盛有一定量的某盐溶液。通电一段时间后，测得甲池中负极质量增加 2.16 g，乙池中电极上析出 0.24 g 金属，则乙池中溶质可能是（　　）。

A. $CuSO_4$　　B. $Mg(NO_3)_2$　　C. $Al(NO_3)_3$　　D. Na_2SO_4

① 詹晓渊. 化学总复习中应用“练后反思”提高考试成绩的准实验研究报告[J]. 化学教育，2005 (3)：38-41.

分析：测试结果表明，有62.4%的学生按下述思路解题而错选答案B。

甲池中阴极电极反应为：

$$Ag^+ + e^- = Ag, n(e^-) = n(Ag) = \frac{2.16\ g}{108\ g \cdot mol^{-1}} = 0.02\ mol$$

故乙池中电子转移的物质的量为0.02 mol。

乙池阴极电极反应式为：

$M^{n+} + ne^- = M$（设M的相对原子质量为a），

根据甲、乙两池电子转移的物质的量相等，则 $= \frac{n\ mol}{0.02\ mol} = \frac{a\ g}{0.24\ g}$，得：

$$a = 12n \begin{cases} \text{当 } n=1 \text{ 时，} a=12\text{，无此金属} \\ \text{当 } n=2 \text{ 时，} a=24\text{，Mg符合} \\ \text{当 } n=3 \text{ 时，} a=36\text{，无此金属} \end{cases}$$

选出答案为B。

题后反思：研究发现，解题过程中，很多学生由于过分自信，加之形成思路的过程中自我感觉比较顺畅，按照推理、演算，得到的答案也刚好与选项B符合，所以很少有学生对此答案产生怀疑，也就不再深入思考、分析答案的合理性和可靠性。

实际上，本题解题过程中，对问题的内隐信息进行挖掘才是解题的突破口：在给定的后三个选项中，因在溶液中得电子能力顺序为$H^+ > Al^{3+} > Mg^{2+} > Na^+$，故电解$Al^{3+}$、$Mg^{2+}$、$Na^+$的水溶液时，不可能有金属单质在阴极上析出。因此，本题无需计算，答案应为A。

5. 反例教导策略

化学是研究物质组成、结构、性质以及合成的学科。中学化学学科知识里面拥有很多前人研究出的规律，这些规律对于化学学科知识的学习和推广、应用有很强的指导和帮助作用。然而，这些规律的背后大多存在着反常的现象，我们把它们称作是“化学规律中的反例”。这种反例的存在催生了大量的化学学习负迁移，因此，教师在化学规律的教导过程中，在对规律进行详细讲授、拓展分析的时候，一定要把规律的使用条件、反常情况给予说明和强调。掌握化学规律很重要，了解并掌握其中的化学反例在化学学习中也不可忽视，因为它们是造成化学学习负迁移的主要原因之一。

【案例 6-4】反例教导策略示例

化学一般规律	反例
漂白剂能使有色试剂褪色	SO_2 不能使石蕊试液褪色
物质熔沸点：原子晶体＞离子晶体	离子晶体（Al_2O_3）＞原子晶体（SiO_2）
构成分子晶体的粒子含有共价键	稀有气体形成的晶体中无共价键
失电子难的原子，其得电子一定容易	稀有气体既难得到电子又难失去电子
强酸制备弱酸	$CuSO_4+H_2S=CuS\downarrow+H_2SO_4$

6. 变式训练策略

化学教学中的变式训练，指的是在化学教学过程中对化学基本概念、基本原理、技能性知识以及化学问题的解决从不同角度、不同层次、不同情形、不同场景做出合理、科学、有效的变化，使其条件或形式发生变化，而本质特征不发生变化的教学形式。

化学教学过程中，教师合理利用变式训练，可以把一个看似孤立的化学问题从不同的角度向外扩散，逐步形成一个有规律可循的系列问题，帮助学生在问题的解决过程中去寻找解同类问题的思路和方法，有意识地展现化学教学过程中教师与学生化学思维活动的过程，充分调动学生化学学习的积极性，使学生主动地参与化学教学的全过程，逐步培养学生独立分析和解决化学问题的能力，以及大胆创新、勇于探索的科学精神，从而能够真正把学生综合能力的培养落到实处。这种变式训练，可以做到举一反三，学生无需大量重复地、机械地训练，就能很好地掌握好化学的基本规律、基本概念、元素化合物知识等，可以有效地减少负迁移的发生。

化学教学过程中变式训练其实就是创新训练。教师实施变式训练时，要牢牢抓住化学思维训练这条主线，恰当、灵活地变更问题情境和思维角度，逐步培养学生的应变能力，引导学生从不同途径寻求化学问题解决的方法。化学教学过程中的变式训练最常用的类型有：一题多变式和一题多解式等。

【案例 6-5】变式训练策略示例

1. 碳酸钾的水溶液蒸干得到的物质是____________________，原因是____________________。

2. 硫酸铝钾溶液蒸干得到的固体物质是＿＿＿＿＿＿＿＿＿＿，原因是＿＿＿＿＿＿＿＿＿＿。

3. 碳酸氢钡溶液蒸干得到的固体物质是＿＿＿＿＿＿＿＿＿＿，原因是＿＿＿＿＿＿＿＿＿＿。

4. 亚硫酸钠溶液蒸干得到的固体物质是＿＿＿＿＿＿＿＿＿＿，原因是＿＿＿＿＿＿＿＿＿＿。

5. 氯化铝溶液蒸干得到的固体物质是＿＿＿＿＿＿＿＿＿＿，原因是＿＿＿＿＿＿＿＿＿＿。

同样属于水解的盐，在加热的过程中，由于生成物易挥发或难挥发，有的促进了水解，有的抑制了水解，还有的要考虑被氧化的问题。

7. 题型变换策略

题型变换策略指的是在对学生进行知识的考查时，同一个知识点可以变成选择题、填空题、简答题等不同题型，以避免单一题型考查带来的弊端。譬如，对一些知识点的考查如果单一选用选择题题型进行考查，就很容易造成学生只注重结果，不注重过程的弊病的出现，使学生知其然，不知其所以然，导致负迁移的发生。

【案例 6-6】题型变换策略示例

【原题型】浅绿色的硝酸亚铁溶液中存在着如下化学平衡：

$$Fe^{2+} + 2H_2O \rightleftharpoons Fe(OH)_2 + 2H^+$$

若向此溶液中滴加盐酸，则溶液颜色变化情况是（　　）。

A. 变得更浅　　B. 绿色变深

C. 不变化　　D. 变棕黄色

本题考查的知识是硝酸的强氧化性，隐含的条件是硝酸根离子在酸性条件下的强氧化性，如果作为选择题这样的题型考查看不出学生的真实水平，如果出错，也不知道其存在的真正问题，或者什么情况导致了负迁移的发生。如果将考查题型进行变换，就能真正考出学生对这一知识点的掌握情况。

【变换题型】浅绿色的硝酸亚铁溶液中存在着如下化学平衡：

$$Fe^{2+} + 2H_2O = Fe(OH)_2 + 2H^+$$

若向此溶液中滴加盐酸，则溶液颜色变化情况是＿＿＿＿＿＿＿＿＿＿，其原因是＿＿＿＿＿＿＿＿＿＿。

（二）化学问题解决负迁移矫正的学习策略

化学问题解决能力的最终形成落脚在学习者身上，因此，问题解决负迁移的发生过程中，学习者是直接的“始作俑者”，也是直接的“受害者”。化学问题解决负迁移的减少和消除，对于学习者来说是首当其冲的责任。建议学习者可使用以下学习策略来减少负迁移的发生。

1. 问题类比策略

问题类比策略是指在问题解决的过程中，学习者设法通过已有技能把面临的新问题转化为原有认知结构中相似或相近的问题（原型），通过比较，找出新旧问题间的差异，通过旧问题解决的方法，寻找出新问题解决方法的一种策略。

问题解决必须以原有知识结构为基础，离开了原有知识经验，化学问题解决就成了“无源之水”“无根之木”。实践表明，化学教学过程中遇到的所谓的“新问题”均源于原来的“旧问题”，只是材料新、面貌新、表述新、问题新而已，是同样知识用不同图式表达的结果。学习者之所以感觉到新，实际上是因为脑海中没有这类新问题的直接解题原型，所以才感觉到陌生。所以，出现此类问题时，类比策略成为首选，通过新旧知识、新旧表述的类比，借助旧问题（原型）的解题策略，来推出新问题的解题方法。类比策略在中学学习中至关重要，其关键是找到新问题和原型之间的可类比点①。

在中学化学中，新问题和旧问题（原型）之间的可类比点一般有三种情况：一是问题情境之间的相似性。二是表面关系之间的相似性。三是深层关系之间的相似性。其中后两者之间的相似性直接影响着学习者能否从知识结构中及时找到和新问题匹配的原型，是问题解决的关键。在问题解决过程中，这种类比只是问题解决的基础，只有类比是不够的。研究表明，78%的学习者在问题解决方面出现的负迁移主要原因是在匹配原型是仅靠简单的类比，没有认真比对新旧问题之间的差异，从而导致类比失败，造成错误，形成了化学学习负迁移。

在问题类比策略的运用过程中，学习者要注意的主要问题是问题的转换。在审题过程中要抓住关键语句，去粗取精，抓住问题的主要方面，透过现象看本质。研究表明，在问题解决的过程中，新手经常以新问题和原

① 刘知新. 化学教学论［M］. 4 版. 北京：高等教育出版社，2009：269.

型之间的表面特征为基础进行类比，而有经验的老手能够透过现象看出问题的本质，从隐含的深层结构上的相似性出发来考虑解决问题①。因此，在问题解决过程中，运用类比策略的关键是找到问题的深层关系的相似性。

【案例 6-7】问题解决类比策略示例

已知液态 SO_2 和纯水的导电性非常相近，实验测得二者的电导率值分别为 $8\times10^{-8}\ \Omega^{-1}\cdot cm^{-1}$ 和 $6\times10^{-8}\ \Omega^{-1}\cdot cm^{-1}$。试用简要的文字和化学方程式说明：为什么在液态 SO_2 中，可以用 Cs_2SO_3 来滴定 $SOCl_2$？

分析：液态 SO_2 的类比原型应是纯水，但是二者之间的联系若即若离。因此，解题时只能用类比推理采用逐步逼近的方法：

类比原型：（H^+）

$$H_2O+H_2O \rightleftharpoons H_3O^++OH^-$$

简单类比：$2NH_3 \rightleftharpoons NH_4^+ + NH_2^-$

$$2H_2SO_4 \rightleftharpoons H_3SO_4^+ + HSO_4^-$$

$$2C_2H_5OH \rightleftharpoons C_2H_5OH_2^+ + C_2H_5O^-$$

思维模式：（H^+）

$$AH+AH \rightleftharpoons AH_2^+ + A^-$$

创新类比：（F^-）

$$BrF_3+BrF_3 \rightleftharpoons BrF_4^- + BrF_2^+$$

（O^{2-}）

$$SO_2+SO_2 \rightleftharpoons SO_3^{2-} + SO^{2+}$$

2．问题分解策略

问题分解策略指的是在学生在化学问题解决过程中，要按照一定的原则，把化学问题分解为一系列具有一定层次结构、相互联系的具体小问题，然后，通过子目标的实现来获得问题解决的策略。

面临复杂的化学问题，学生往往难以直接找到问题解决的思路，问题

① 张庆林．当代认知心理学在教学中的应用［M］．重庆：西南师范大学出版社，1995：391-396．

分解策略的思路就是“化繁为简、化难为易”，使学生感觉“柳暗花明又一村”，找到问题解决的方法。学习者在利用问题分解策略时要注意两点：一是做到合理分解。一个复杂的化学问题是一个完整的系统，对其分解不是随便的、任意的，而是要从问题的整体结构出发，对问题进行合理的分解，从整体上把握问题的起始条件与目标状态的相互联系，首先做到对问题的整体理解，然后再有针对性地对其分解，不能将问题随便肢解成没有联系的小的片段。二是做到有效归结。学习者将分解成的子目标完成之后，需要对其进行归纳总结，使各个子目标再回归成一个整体，得出问题整体的解决方案，使复杂的化学问题得以解决。即一个完整的问题分解策略要经历综合→分解→再综合的过程。

问题分解策略在具体实施时，可以根据化学问题的复杂程度和学习者自身的知识结构，子目标可以由一人分步逐级完成，也可以由不同的学习者分工合作完成，由不同的学习者承担不同的子目标，然后在子目标完成后进行合理的汇总。在问题解决的过程中，无论采取怎么样的形式，都需要在所有子目标完成之后进行总体整合。

【案例 6-8】问题分解策略示例

问题：如何用实验室方法制取少量的氯化钾溶液？

根据学生脑海中已有的化学反应类型的概念，要解决这个问题，可以通过下列图示进行分解：

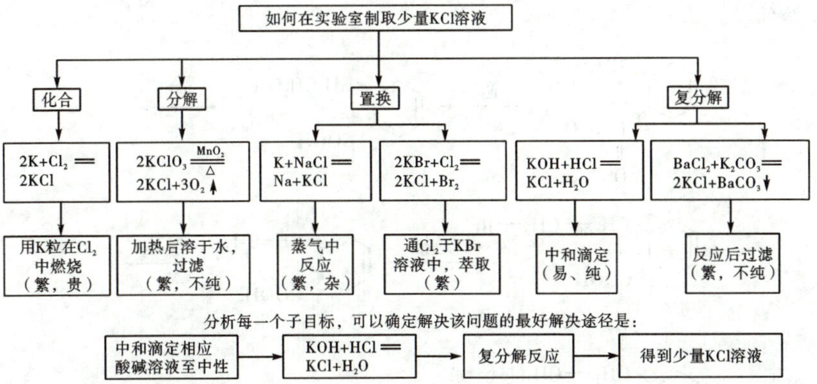

3. 问题逆推策略

问题逆推策略，又称问题逆向推理策略，指的是化学问题解决过程中，进行逆向思维、反向思考，利用自下而上的推理活动使问题得以解决的一种解题策略。

对于有些复杂的化学问题，如果从正面直接下手，会发现起始过程到目标过程很烦琐，问题很难解决。逆向推理的过程不需要对复杂的问题进行整体表征，在解题过程中，学习者从目标状态出发，逐步向前逆推，同时激活与问题解决有关的各种化学知识，逐个“去伪存真”，一步一步地缩小目标状态与起始状态之间的距离。

在使用问题逆推策略进行问题解决时需要注意两点：一是在分析问题的时候利用逆推策略进行思考、分析、理清思路，找到问题解决的方法，但是在具体解决问题时，通常需要把逆推的思路反过来，还是要从已知条件一步步地组织解题过程。二是要注意逆向推理和正向推理的有效结合。对于有些复杂的化学问题，有时候单凭逆向推理难以解决，这时就需要正向推理和逆向推理有机结合，“双面夹击”以实现问题的解决。

【案例 6-9】问题逆推策略示例①

［示例 3］（2006 年江苏高考题）……

（4）请设计合理方案从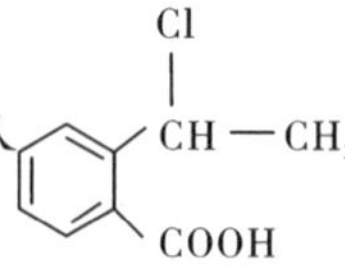合成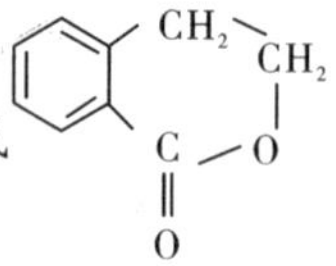（用反应流程图表示，并注明反应条件）。

［案例分析］要合成目标生成物，可由产物进行逆推，直至搜寻到起始物。

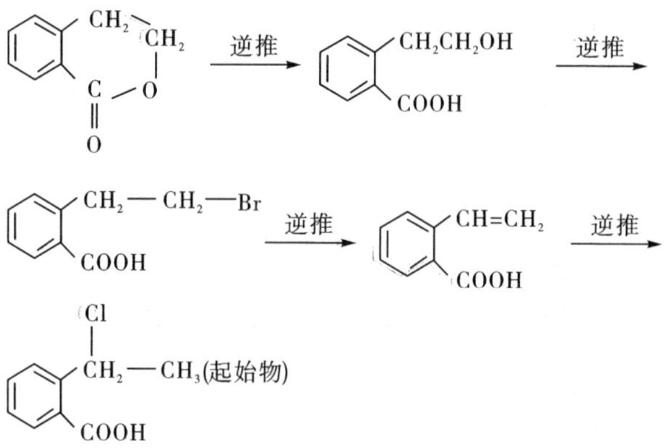

① 王后雄. 化学问题解决的策略研究［J］. 化学教学，2008（1）：6.

4. 问题探究策略

问题探究策略指的是在化学问题解决的过程中，通过对问题的合理分析，按照探究性的原则，先提出目标问题的假设（即对问题的一种推测性论断和假定性解释），然后搜集证明假设结论的证据，通过搜集到的证据进行抽象概括，进而确定问题的答案，从而达到问题目标状态的一种策略。

在化学问题探究策略的实施中，学习者可以采取实验设计、查阅资料、对象访谈、问题调查等多渠道、多角度的方法去搜集证据。在具体的实施中要注意两点：一是搜集证据的方法必须要科学。化学是一门以实验为基础的学科，化学问题的解决必须建立在足够实验结果的基础上，科学严谨的得出结论是化学问题探究必须遵循的原则，只有这样才能使得出的结果经得起推敲，经得起考验。二是要注意发挥化学实验的作用。实验是化学学科的重要特征，设计并实施实验是化学问题解决过程中最常用的获取证据的方式，因此，学习者要注意加强对实验设计方面的学习。

【案例 6-10】问题探究策略示例

在“氯气”一节课的学习中，根据舍勒发现氯气的化学史，为了让学生对氯气的存在、制备、物理性质、化学性质及其在工农业生产中的用途有一个清楚的理解和掌握，可以为学生设计如下探究实验：引导学生进入实验场景进行观察，在观察中紧扣学习目标进行体验，学生要做好每一步的观察记录（见下表）。

根据舍勒的发现设计的实验	观察到的现象
1. 二氧化锰和浓盐酸混合加热	
2. 闻气体的气味	
3. 将红色花朵放进盛有氯气的集气瓶中	
4. 点燃的木条伸入盛有氯气的集气瓶中	
5. 向盛有氯气的集气瓶中注入水，将所得水溶液滴在红纸上	
6. 钠屑撒进盛有氯气的集气瓶中	
7. 红热的铁丝插入盛有氯气的集气瓶中	
8. 红热的铜丝插入盛有氯气的集气瓶中	
9. 红磷放入盛有氯气的集气瓶中	

学生有了上面这些演示实验的具体体验，参与了氯气性质的探究过程，就会使学习由被动变为主动，加深对知识的理解和掌握，从而减少了负迁移的发生。

5. 问题反思策略

问题反思策略指的是在化学问题解决过程中，学习者适时地对化学问题解决的过程及结果进行批判性的思考和评价的一种策略。

化学问题解决是化学学习中一种较高水平的认知过程，需要元认知的统摄、调节和监控[①]。大量的事实证明，学习者在具备一定的学科知识和解题策略基础上，其自我监控水平是影响化学问题解决的关键因素，而反思是实现自我监控的最主要的形式，因此，为了在问题解决过程中减少负迁移的发生，就要有效地实施问题反思策略。

学习者在实施问题反思策略时要注意两点：一是在化学问题解决的过程中，学习者要时不时停下来对问题解决中每个步骤的方案进行反思并作出评价。然后，学习者根据反思评价的结果及时调整和完善自己化学问题解决的步骤和方案。这样在过程中的反思，可以提高问题解决的方向性、有意识性和目标的可控性，可以时时让学习者保持清醒，知道自己在做什么，做到了什么程度，效果怎么样，可以有效地提高问题解决的效率。二是在获得问题的答案后要进行反思。得出问题解决方案后，学习者要从更高的层次上反思、评价自己解决问题的整个过程，回顾解决问题的每一个细节。

学习者在利用问题反思策略解决化学问题后，要及时采用写反思日记、回忆录等形式对自己的反思经验、心得进行梳理和总结，不断使反思的结果内化到自己已有的认知结构中去，使自己的反思具体化、细微化，进一步做到可行化，以便在后期遇到类似的化学问题时能够快速、迅捷地完成问题解决方案的达成。经过一段时间的反思经验积累后，学习者可以针对自己的反思日记进行更高层次的总结梳理，按照化学学科的特点，总结提炼出解决不同类别化学问题所应遵循的规律和方法，使反思的结果转化成后来化学学习能够利用的课程资源，以便在化学问题解决过程中可以

① 方红，毕华林. 化学问题解决中元认知训练的研究 [J]. 化学教学，2002 (9)：10.

灵活、快速、高效地调用，可以有效避免由于问题考虑不周、方法调用不对等造成的学习负迁移。

【案例 6-11】问题反思策略示例

> 在化学方程式 $2Al+2NaOH+2H_2O=2NaAlO_2+3H_2\uparrow$ 中，
>
> 还原剂是________，氧化剂是________。
>
> 答案：Al；H_2O
>
> 此题中，如果单独从化学方程式来看，很多学生会按照传统化学方程式中的氧化剂和还原剂的存在形式，从表面上得到答案，认为氧化剂是 H_2O 和 NaOH。其实这个反应是分两步进行的：
>
> 第一步：$2Al+6H_2O=2Al(OH)_3\downarrow+3H_2\uparrow$；
>
> 第二步：$Al(OH)_3+NaOH=NaAlO_2+2H_2O$
>
> 将两步反应叠加才能得到题设中的总反应方程式。
>
> 所以，本题中反应的实质是 Al 被 H_2O 所氧化，NaOH 只是充当介质的作用。因此氧化剂是 H_2O，还原剂是 Al。除了这个反应以外，还有 Si 和 NaOH 溶液的反应原理也和此反应类似。学生通过此题的错误解答后，就要深刻反思，意识到单纯地死记一些概念在化学问题解决的过程中是很容易产生负迁移的，在学习过程中，必须及时对所学习过的化学知识进行反思，找出并总结其中的一般规律和特殊现象。在问题解决的过程中，能够做到特殊问题特殊对待，这样才不会掉进负迁移的陷阱。

6. 发散思维策略

化学学习中的发散思维策略指的是学习者在考虑问题时，不受固定解题程式的束缚，根据题给的条件多角度思考问题，对已有信息和大脑中记忆系统中的旧信息进行重新整合，产生新的易于问题解决的信息，从而实现问题的解决。在化学学科发展的历史上，很多伟大的成就与发散思维关系密切。譬如，凯库勒提出的苯分子结构猜想，卢瑟福通过 α 粒子散射实验提出的有核原子结构模型等，这些都是发散思维在化学科学发展中重要作用的体现。

化学问题解决过程中的发散性思维主要体现在学习者化学知识视野比较开阔，能准确、灵活调用已有的化学概念和基本原理，同时，在化学计算型题目中能够做到“一题多变、一题多问、一题多答”。化学学习中的发散思维具有广阔性、深刻性和批判性的特点。学生发散思维的培养有利于对化学学科知识的深层次把握，从而在解决化学问题时能够做到不仅知其然，还知其所以然，可以有效地减少负迁移的发生。

【案例 6-12】发散思维策略示例

试写出比较 1 mol·L^{-1} HA、HB 两种酸性强弱的方法（设计出 10 种）。

这样试题的选择和设计有助于学生对酸性比较的发散思考，首先他们要考虑两种酸的强弱，会分为几种情况：都强、一强一弱、都弱，然后针对每一种情况又要思考具体的比较方法：直接测验法、间接推测法等等。通过学生一系列的思考和问题的全面解答，有助于学生全面分析问题意识的增强，有助于学生对相关化学知识的系统掌握，更有利于学生克服相关的负迁移。

第七章　研究总结

化学是一门以实验为基础的，在原子、分子的水平上研究物质组成、结构、性质及其变化的学科，其作为自然科学的一个分支，现已经发展成为既与人类社会、国计民生有着密切联系，又与整个科学技术密切相关的一门科学①。美国化学家布里斯洛（Breslow R）认为“化学是一门中心的、实用的和创造性的科学”②。

因此，对中学生来说牢固掌握化学知识对他们综合素质的培养、对他们未来的生活以及社会的发展显得更为重要。然而，当前化学学习过程中，学习负迁移成为他们化学学习方面的困扰，直接影响了他们对化学学科知识的感知、理解和消化吸收，本书通过理论思辨和实证研究就中学化学学习负迁移状况进行了深入细致的研究，形成了一些最新的看法和初步的结论，以期化学学科教学论专家前辈审阅斧正，又奢盼能给现在的中学化学课堂教学以启迪和思考。

一、研究结论

研究过程中，在导师的指导和其他老师、同学的帮助下，本书利用文献梳理、问卷调查、班级试验、案例分析、出声思维等方法涉足了化学负迁移诊断的基本理论，并通过具体的实证研究分析了化学理论性知识、事实性知识、技能性知识和化学问题解决负迁移的成因，依照研究的结论提出了具有可行性的矫正策略。

---

① 刘知新. 化学教学论［M］. 4 版. 北京：高等教育出版社，2009：1.

② 布里斯洛 R. 化学的今天与明天：一门中心的、实用的和创造性的科学［M］. 北京：科学出版社，1998：1-4.

（一）隐蔽与顽固：化学学习负迁移普遍存在

本研究的开展中，通过对湖北省、安徽省、河南省部分中学生化学试卷错误的分析可知，由于负迁移现象造成的错误所占的比例很高，有的接近35％，充分说明在当前的中学化学学习过程中，负迁移是广泛存在的，并且还比较严重，要引起化学教育工作者和化学教师的高度重视。

通过问卷调查、试卷分析和访谈发现化学学习负迁移具有七大特征：广泛性、肤浅性、顽固性、自发性、特异性、表象性和隐蔽性。通过问卷调查的结果和对相关文献的梳理，我们对不同类型化学知识的特征进行了分析和统计，具体见表7-1。

表7-1　不同类型化学知识的特征

知识类型	特　征
一、化学理论性知识	（一）高度的概括性
	（二）有效的思维促成性
	（三）良好的科学教育性
二、化学事实性知识	（一）基础性
	（二）生活化
	（三）繁杂性
三、化学技能性知识	（一）抽象性
	（二）探究性
	（三）方法性
四、化学问题解决	（一）理解的多元化
	（二）类型的多样性
	（三）机制的复杂性

（二）试验与分析：化学学习负迁移诱因繁杂

研究过程中，我们从化学理论性知识、化学事实性知识、化学技能性知识和化学问题解决四个方面对化学学习负迁移进行了实证研究，并对结果进行了比对分析。结果发现化学学习负迁移产生的原因繁杂：教学方式、训练因素、学业成绩、性别因素等都和化学学习负迁移密切相关。其具体原因见表7-2。

表 7-2 化学学习负迁移产生的因素统计

知识类型	负迁移产生的因素
一、化学理论性知识	（一）学生元认知结构缺失
	（二）学生化学前概念的误导
	（三）学生学习需要诱因异化
	（四）学生记忆定势的干扰
	（五）学生迷思概念的影响
	（六）学习概括能力的欠缺
	（七）教学迁移知识匮乏
	（八）教学过度情境化
	（九）学科特征取向繁杂
二、化学事实性知识	（一）学生思维阶段的局限
	（二）学生学习习惯不良
	（三）学生理解定势的误导
	（四）学生简单认知的处理方式有差异
	（五）学生类比定势引起
	（六）学生近因效应影响
	（七）师生“法蒂玛法则”
	（八）教师德育教育缺失
	（九）教师对教材处理不当
	（十）教师教学方法呆板
	（十一）教材内容抽象难懂
三、化学技能性知识	（一）学生认知风格差异
	（二）学生学习方法不当
	（三）学生知识理解错误
	（四）学生操作定势固化
	（五）学生图示定势固化
	（六）教师迁移意识淡薄
	（七）教学评价方式单一
	（八）教学功利主义明显
	（九）教材呈现顺序不妥
	（十）学校实验条件简陋

续表

知识类型	负迁移产生的因素
四、化学问题解决	（一）学生表征能力欠缺
	（二）学生思维定势趋向
	（三）过度训练导致僵化
	（四）学生分析能力欠缺
	（五）学生直觉定势困扰
	（六）学生心理状态不佳
	（七）学生做题方法缺失
	（八）化学反应阶段隐喻
	（九）思维“相似块”膨胀
	（十）试题陷阱所致

（三）策略与方法：化学学习负迁移可诊可矫

研究发现，化学学习负迁移虽然隐蔽，但是只要教师对学生的错误细心分析，就可以及时发现，学生在多次受挫的基础上，在教师的指导下也是可以感知化学学习负迁移的。

同时，只要掌握了化学学习负迁移的特征，在教学过程中，有目的、有意识地去克服，化学学习负迁移是完全可以矫正的。为此，我们制定了《化学学习负迁移诊断量表（教师用）》《化学学习负迁移诊断量表（学生用）》等一系列的测试手段，我们还在认知心理学和心理测量学的基础上建立了“化学学习负迁移诊断模型”作为一项工具，辅助对学生化学学习负迁移的诊断。

本书通过对不同类型化学学习负迁移产生的因素进行分析，提出了具体的化学学习负迁移矫正的教学策略和学习策略，具体见表 7-3。

表 7-3　化学学习负迁移的矫正策略

知识类型	矫正策略		
一、化学理论性知识	（一）化学基本概念	1. 化学教导策略	（1）主体体现策略
			（2）感知引导策略
			（3）概念拓展策略
			（4）系统整合策略
			（5）复习强化策略

续表

<table>
<tr><td>知识类型</td><td colspan="3">矫正策略</td></tr>
<tr><td rowspan="11">一、化学理论性知识</td><td rowspan="3">（一）化学基本概念</td><td rowspan="3">2. 化学学习策略</td><td>（1）概念形成策略</td></tr>
<tr><td>（2）概念同化策略</td></tr>
<tr><td>（3）概念图策略</td></tr>
<tr><td rowspan="8">（二）化学基本原理</td><td rowspan="5">1. 化学教导策略</td><td>（1）概念促成策略</td></tr>
<tr><td>（2）事例呈现策略</td></tr>
<tr><td>（3）能力培养策略</td></tr>
<tr><td>（4）逐级推进策略</td></tr>
<tr><td>（5）兴趣养成策略</td></tr>
<tr><td rowspan="3">2. 化学学习策略</td><td>（1）归纳学习策略</td></tr>
<tr><td>（2）演绎学习策略</td></tr>
<tr><td>（3）高层次转化策略</td></tr>
<tr><td rowspan="10">二、化学事实性知识</td><td rowspan="7">（一）化学教导策略</td><td colspan="2">1. 直观化教学策略</td></tr>
<tr><td colspan="2">2. 理论指导策略</td></tr>
<tr><td colspan="2">3. 创新教材知识策略</td></tr>
<tr><td colspan="2">4. 构建知识网策略</td></tr>
<tr><td colspan="2">5. 情感激励策略</td></tr>
<tr><td colspan="2">6. 自主探究策略</td></tr>
<tr><td colspan="2">7. 多媒体教学策略</td></tr>
<tr><td rowspan="3">（二）化学学习策略</td><td colspan="2">1. 多感官协同记忆策略</td></tr>
<tr><td colspan="2">2. 联系-类推策略</td></tr>
<tr><td colspan="2">3. 知识结构化策略</td></tr>
<tr><td rowspan="10">三、化学技能性知识</td><td rowspan="7">（一）化学教导策略</td><td colspan="2">1. 循序渐进教学策略</td></tr>
<tr><td rowspan="6">2. 多层析方法养成策略</td><td>（1）科学记忆法</td></tr>
<tr><td>（2）接受—内省复习法</td></tr>
<tr><td>（3）探究—发现法</td></tr>
<tr><td>（4）归纳教学法</td></tr>
<tr><td>（5）演绎教学法</td></tr>
<tr><td>（6）分步教学法</td></tr>
<tr><td rowspan="3">（二）化学学习策略</td><td colspan="2">1. 多重联系策略</td></tr>
<tr><td colspan="2">2. 练习—反馈策略</td></tr>
<tr><td colspan="2">3. 重点呈现策略</td></tr>
</table>

续表

<table>
<tr><th>知识类型</th><th colspan="2">矫正策略</th></tr>
<tr><td rowspan="13">四、化学问题解决</td><td rowspan="7">（一）化学教导策略</td><td>1. 样例教导策略</td></tr>
<tr><td>2. “双基”教导策略</td></tr>
<tr><td>3. 图形表征策略</td></tr>
<tr><td>4. 反省认知策略</td></tr>
<tr><td>5. 反例教导策略</td></tr>
<tr><td>6. 变式训练策略</td></tr>
<tr><td>7. 题型变换策略</td></tr>
<tr><td rowspan="6">（二）化学学习策略</td><td>1. 问题类比策略</td></tr>
<tr><td>2. 问题分解策略</td></tr>
<tr><td>3. 问题逆推策略</td></tr>
<tr><td>4. 问题探究策略</td></tr>
<tr><td>5. 问题反思策略</td></tr>
<tr><td>6. 发散思维策略</td></tr>
</table>

（四）评价与标准：化学学习负迁移诊矫依据

基于对不同类型化学学习负迁移的实证研究，结合相关理论，本研究构建了学习负迁移程度的评价体系及标准，期盼以此来指导中学化学的教与学。

化学学习负迁移程度评价体系主要包括选定评价项目、描述项目操作行为、划分水平刻度和分配项目权重系数等四大主体内容。其构建过程主要采用了直接经验法、专家咨询法、登记排序法和环比法。

化学学习负迁移程度评价体系分为三部分：学习者、教学资料和教育者，包括 16 个一级标目、39 个二级标目、102 个三级标目。化学学习负迁移程度标准共分为四级：0 级、Ⅰ级、Ⅱ级和Ⅲ级。

1. 构建的步骤

作为科学研究过程，构建标准体系必定历经确定评价目的、草拟评价标准、进行科学论证、广泛征求意见和组织试行修改等五大工作流程。从构建标准体系的业务技术角度来看，学习负迁移程度的评价体系及标准的构建主要包括如下四个基本步骤。

（1）确定评价项目及其权重

首先，在明确学习负迁移程度的评价体系及标准目标内涵、统一认识价值的基础上，确立国家教育考试公平标准及评价体系的总标目。然后运用认知评价理论，逐级分解总标目及次级标目，直至评价所需的末级标目。最后按照级层序次和级层内容序次对各级标目进行编码，并确立各项标目的权重系数。选择分解标目时，应重点考虑不同层级标目在学习负迁移程度的评价体系及标准中的强度及频率，考虑影响标目评价质量的关键事件或关键表现，确保下级标目对上级标目具有良好的代表性和同质性。

（2）确定项目评价要求及其不同水平级别连续分布的标准刻度

项目评价要求就是用直观性语言来描述末级标目的操作行为并体现其等次差异，其他层级标目则只需用精练的概念或短语作概略性表示。这一步骤的关键是要找出能够确切体现末级标目评价要求数量水平两极端的语言变量，得到末级标目评价要求不同水平级别的连续分布体。如对“A11——不能理解概念所反映的现象及事实的本质”这一末级标目，我们选用“优”“良”“中”“差”四种等次水平的评价要求，先找出两极端值的语言变量，然后可以得到从“完全符合”“符合”“一般”乃至“不符合”的连续分布体。

（3）确定各环节标准刻度的权重

确定项目评价要求及其不同水平级别连续分布的标准刻度也只能描述末级标目操作行为的等次差异。仅仅按照上述步骤构建，还不能形成学习负迁移程度的评价体系及标准。因为作为一种标准化的量表，它还必须包含可供评价人员评定使用的评价等级分值，即确定各环节标准刻度的权重。四个等次的标准等级分值确定为10～＜9、9～＜7、7～＜0和0或者10～＜9、9～＜6、6～＜0和0。

（4）绘制评价标准体系及程度标准结构表

完成上述步骤后，可以根据实际情况进行适当修正和调整，将学习负迁移程度的评价体系及标准包含的全部标目、权重系数、评价要求、评价等级分值等要素有机组合起来，再用最恰当的形式表达出来，就构成了学习负迁移程度的评价体系及标准的结构表。

2. 构建的方法

构建学习负迁移程度的评价体系及标准的过程中，我们在方案设计、文献收集、现状调研、试验取证等研究环节，综合选用了多学科的多种方法，既有传统方法又有现代方法，既有社会科学方法也有自然科学方法，既有测量方法又有评定方法，既有精确统计分析法也有模糊标度评判法。这些方法，有些方法与研究步骤密不可分，有些则分解或与其他方法组合构成新的方法或方法群。

（1）直接经验法

直接经验法即根据工作经验和定性分析，以及对历史数据的统计判断，归纳性地直接确定标准体系的标目及标度。采用直接经验法并非完全因为这种方法简便易行，更重要的是，通常情况下依据直接经验法得出的结果，不仅与大多数人的经验相符，而且能够反映所考察事物的真实状况。因为“采用与多数人的经验更相符合的推算公式，就相当于许多专家共同参与了设计者的设计过程”①。

（2）专家咨询法

专家咨询法又称德尔菲法，即通过一定的方式征求有经验的专家的意见，并以专家关于权重取值的估计意见进行平均处理。征求专家意见，必须充分尊重和吸取专家意见中的科学合理成分，但同时必须考虑专家纯粹的个人意见甚至偏激的学术观点。因此在求取平均估计值时往往需要把个别偏离较大的估计值予以删除，得出一个平均的权重分配结果。系数通常介于0.00～0.70之间，其中绝大多数在0.30左右。排除两极端值后取平均值，并经四舍五入处理，最后得出“评价目标”权重系数的近似值为0.35。

（3）登记排序法

登记排序法又称编码法。它是根据对评价标准各项目的定性比较判断，先确定其相对重要的排序，令最不重要项目的权重为0，其他项目的权重逐步增加1，然后再将序数转换成权重进行分配。

（4）环比法

环比法又称决策方案比率评价方法。这种方法依次用前一时期的数值作为基期，即100％，用后期数值与前期数值之比作为后期环比指数，依此类推，从而确定各期的环比指数。环比法在信息分析和决策论证中经常被用到。经验证明，环比法不仅可以用于学习负迁移程度的评价体系及标准的确定，而且还可以分析、预测各种权重系数在不同时期或不同方案中

---

① 何晓淳．考试管理评价研究［M］．沈阳：辽宁人民出版社，1997：94.

的动态发展状况或优劣差异情况。

综合上述程序与方法，我们初步构建化学学习负迁移程度的评价体系及标准。为便于理解接受和操作实施，本标准体系采用了类项简明、内容简洁、结构清晰、条理清楚的量表形式予以表述。为了增强学习负迁移程度的评价体系及标准的针对性和适切性，我们把评价体系分成了三个部分：学习者（表 7-4）、学习内容（表 7-5）和教育者（表 7-6），对程度标准进行了单独的描述（表 7-7）。

表 7-4　化学学习负迁移成因诊断评价指标体系（学习者）

一级标目	二级标目	三级标目	权重系数	等级分值			
				完全符合	符合	一般	不符合
A 知识理解 0.20	A1 概念模糊 0.60	A11　不能理解概念所反映的现象及事实的本质	0.20	10～<9	9～<7	7～<0	0
		A12　概念理解片面，形成不了整体概念	0.20	10～<9	9～<6	6～<0	0
		A13　概念理解单一，不能编织概念网络	0.20	10～<9	9～<7	7～<0	0
		A14　搞不清概念的内涵和外延	0.20	10～<9	9～<6	6～<0	0
		A15　概念理解重叠、交叉	0.10	10～<9	9～<7	7～<0	0
		A16　只关注字面意思，理解不够深入	0.10	10～<9	9～<6	6～<0	0
	A2 盲目套用规律 0.40	A21　不理解规律的内涵和外延	0.50	10～<9	9～<7	7～<0	0
		A22　规律适用范围模糊	0.25	10～<9	9～<6	6～<0	0
		A23　规律理解交叉、错位	0.25	10～<9	9～<7	7～<0	0
B 技能固化 0.10	B1 表征定势 0.40	B11　认知结构中缺乏与新知识相关的旧知识	0.20	10～<9	9～<7	7～<0	0
		B12　编码形式单一，主要是表面的、言语水平的表征	0.10	10～<9	9～<6	6～<0	0
		B13　认知结构中的表征少而无序	0.20	10～<9	9～<7	7～<0	0
		B14　零散加工和表面表征难以形成实质表征和理解	0.30	10～<9	9～<6	6～<0	0
		B15　宏观表征多，微观表征少	0.20	10～<9	9～<7	7～<0	0

续表

一级标目	二级标目	三级标目	权重系数	等级分值			
				完全符合	符合	一般	不符合
B技能固化 0.10	B2 操作定势 0.30	B21 动作定向不当	0.40	10～<9	9～<7	7～<0	0
		B22 夹带习惯动作	0.30	10～<9	9～<6	6～<0	0
		B23 操作不够规范	0.30	10～<9	9～<7	7～<0	0
	B3 图示定势 0.30	B31 学科用语形成某些习惯和倾向	0.35	10～<9	9～<7	7～<0	0
		B32 习惯书本图表变量的摆放位置	0.35	10～<9	9～<6	6～<0	0
		B33 对书本实验装置不能灵活运用	0.30	10～<9	9～<7	7～<0	0
C思维定势 0.25	C1 理解定势 0.40	C11 对概念、原理等内涵理解产生偏差	0.50	10～<9	9～<6	6～<0	0
		C12 对概念、原理等适用范围混淆	0.50	10～<9	9～<7	7～<0	0
	C2 类比定势 0.30	C21 盲目模仿，不注意差异	0.60	10～<9	9～<6	6～<0	0
		C22 思路固化，忽视“或然性”	0.40	10～<9	9～<7	7～<0	0
	C3 直觉定势 0.30	C31 缺乏周密的思考，凭局部线索得出结论	0.50	10～<9	9～<7	7～<0	0
		C32 缺乏科学的判断，凭直觉思维得出结论	0.50	10～<9	9～<6	6～<0	0
D认知障碍 0.20	D1 认知基础薄弱 0.40	D11 缺乏认知基础，不能理解相关知识	0.50	10～<9	9～<7	7～<0	0
		D12 认知思路模糊，不能形成合理认知	0.50	10～<9	9～<7	7～<0	0
	D2 知识建构错误 0.30	D21 缺乏知识建构方法，思路模糊	0.60	10～<9	9～<6	6～<0	0
		D22 建构框架错误，不能真实反映实情	0.40	10～<9	9～<7	7～<0	0
	D3 认知监控缺失 0.30	D31 缺乏监控意识，不能合理利用监控	0.50	10～<9	9～<7	7～<0	0
		D32 监控方法不当，不能反馈信息	0.50	10～<9	9～<7	7～<0	0

续表

一级标目	二级标目	三级标目	权重系数	等级分值			
				完全符合	符合	一般	不符合
E 学法与习惯 0.15	E1 不良学习方法 0.50	E11　学习方法不当，掌握知识不牢固	0.60	10～<9	9～<6	6～<0	0
		E12　学习效率低下，前后知识不能形成系统	0.40	10～<9	9～<7	7～<0	0
	E2 不良学习习惯 0.50	E21　学习兴趣低下，不能进行主动学习	0.50	10～<9	9～<7	7～<0	0
		E22　学习没规律，没有形成良好的学习习惯	0.50	10～<9	9～<7	7～<0	0
F 情感态度 0.10	F1 情景设置不当 0.60	F11　缺乏情景设置意识，知识建构不牢固	0.40	10～<9	9～<6	6～<0	0
		F12　情景设置不当，不适合知识的理解和掌握	0.60	10～<9	9～<7	7～<0	0
	F2 心流体验缺失 0.40	F21　缺乏学习动机，感受不到学习的乐趣	0.50	10～<9	9～<6	6～<0	0
		F22　缺乏对学习的感知，不能全身心投入到学习中	0.50	10～<9	9～<6	6～<0	0

表 7-5　化学学习负迁移成因诊断评价指标体系（学习内容）

一级标目	二级标目	三级标目	权重系数	等级分值			
				完全符合	符合	一般	不符合
A 内容相似度 0.50	A1 语言描述相近 0.50	A11　同类知识点的分支	0.40	10～<9	9～<7	7～<0	0
		A12　同一系列概念的拓展	0.30	10～<9	9～<6	6～<0	0
		A13　语句、字词相近	0.30	10～<9	9～<7	7～<0	0
	A2 原理相似 0.50	A21　原理内容相似	0.50	10～<9	9～<7	7～<0	0
		A22　原理形式相似	0.50	10～<9	9～<6	6～<0	0

续表

一级标目	二级标目	三级标目	权重系数	等级分值			
				完全符合	符合	一般	不符合
B 训练频次 0.2	B1 讲解次数 0.40	B11　教师 1 次讲解就能讲明白	0.00	10～＜9	9～＜7	7～＜0	0
		B12　需要讲解 2～3 次学生才能搞明白	0.30	10～＜9	9～＜7	7～＜0	0
		B13　需要讲解多次学生才能搞明白	0.70	10～＜9	9～＜7	7～＜0	0
	B2 练习次数 0.30	B21　练习 1 次就能掌握	0.00	10～＜9	9～＜6	6～＜0	0
		B22　练习 2～3 次方能使学生熟练掌握	0.30	10～＜9	9～＜7	7～＜0	0
		B23　练习多次才能使学生熟练掌握	0.70	10～＜9	9～＜6	6～＜0	0
	B3 考查次数 0.30	B31　经过 1 次考查强化就能使学生牢固掌握	0.00	10～＜9	9～＜7	7～＜0	0
		B32　经过 2～3 次考查强化就能使学生牢固掌握	0.30	10～＜9	9～＜6	6～＜0	0
		B33　经过多次考查强化才能使学生牢固掌握	0.70	10～＜9	9～＜7	7～＜0	0
C 训练时长 0.2	C1 单次训练时间	C11　和正常同类题型用时一样	0.00	10～＜9	9～＜6	6～＜0	0
		C12　是正常同类题型用时 1 倍	0.30	10～＜9	9～＜7	7～＜0	0
		C13　是正常同类题型用时 2 倍以上	0.70	10～＜9	9～＜6	6～＜0	0
	C2 周次训练时间	C21　每周需要训练强化一次	0.00	10～＜9	9～＜7	7～＜0	0
		C22　间隔 2 周需要训练强化一次	0.30	10～＜9	9～＜7	7～＜0	0
		C23　间隔 2 周以上需要训练强化一次	0.70	10～＜9	9～＜7	7～＜0	0
	C3 月次训练时间	C31　每月需要训练强化一次	0.00	10～＜9	9～＜6	6～＜0	0
		C32　间隔 2 月需要训练强化一次	0.30	10～＜9	9～＜7	7～＜0	0
		C33　间隔 2 月以上需要训练强化一次	0.70	10～＜9	9～＜7	7～＜0	0

续表

一级标目	二级标目	三级标目	权重系数	等级分值			
				完全符合	符合	一般	不符合
D 性别差异 0.1	D1 女性	D11 和男生接受同步	0.00	10～<9	9～<6	6～<0	0
		D12 比男生接受的速度滞后	0.50	10～<9	9～<7	7～<0	0
		D13 比男生接受的速度快	0.50	10～<9	9～<6	6～<0	0
	D2 男性	D21 和女生接受同步	0.00	10～<9	9～<6	6～<0	0
		D22 比女生接受的速度滞后	0.50	10～<9	9～<6	6～<0	0
		D23 比女生接受的速度快	0.50	10～<9	9～<7	7～<0	0

表 7-6 化学学习负迁移成因诊断评价指标体系（教育者）

一级标目	二级标目	三级标目	权重系数	等级分值			
				完全符合	符合	一般	不符合
A 概念传授 0.20	A1 传授方法 0.50	A11 对概念教学重视不够	0.25	10～<9	9～<7	7～<0	0
		A12 传授新概念时准确性、简洁性欠缺	0.20	10～<9	9～<7	7～<0	0
		A13 不能做到生动直观、具体形象化	0.20	10～<9	9～<7	7～<0	0
		A14 不注意知识的铺垫	0.20	10～<9	9～<7	7～<0	0
		A15 不能把握概念内容中所蕴含的科学方法，不善于向学生揭示科学方法	0.15	10～<9	9～<7	7～<0	0
	A2 信息反馈 0.50	A21 不能收集学生的反馈信息	0.30	10～<9	9～<7	7～<0	0
		A22 不能与实际生活相连	0.30	10～<9	9～<7	7～<0	0
		A23 不能引发学生的认知冲突，揭示其差异	0.40	10～<9	9～<7	7～<0	0
B 知识表征教学 0.20	B1 表征内容 0.50	B11 忽视学生的前科学概念	0.60	10～<9	9～<7	7～<0	0
		B12 不注意发展学生的思维能力	0.40	10～<9	9～<7	7～<0	0
	B2 表征形式 0.50	B21 强调“宏观—微观—符号”相结合的表征方式	0.50	10～<9	9～<7	7～<0	0
		B22 外部表征和内部表征相结合	0.50	10～<9	9～<7	7～<0	0

续表

一级标目	二级标目	三级标目	权重系数	等级分值			
				完全符合	符合	一般	不符合
C 变式教学 0.15	C1 新授课的变式 0.40	C11　传授新知识时采取满堂灌的方法	0.40	10～<9	9～<7	7～<0	0
		C12　对较难的知识不能采取变通的手法	0.30	10～<9	9～<7	7～<0	0
		C13　学生接受新知识比较吃力	0.30	10～<9	9～<7	7～<0	0
	C2 实验课的变式 0.30	C21　采用书本固有的模式组织教学	0.50	10～<9	9～<7	7～<0	0
		C22　不能注意实验模型的创新化	0.50	10～<9	9～<7	7～<0	0
	C3 习题课的变式 0.30	C31　为了讲题而讲题	0.50	10～<9	9～<7	7～<0	0
		C32　不能对学生习题中的问题给予解析	0.50	10～<9	9～<7	7～<0	0
D 对比教学 0.15	D1 相似概念对比	D11　讲解概念单一	0.50	10～<9	9～<7	7～<0	0
		D12　不能进行横向梳理和比对	0.50	10～<9	9～<7	7～<0	0
	D2 相似规律对比	D21　讲解规律方法单一	0.50	10～<9	9～<7	7～<0	0
		D22　不能进行横向梳理和比对	0.50	10～<9	9～<7	7～<0	0
E 问题教学 0.15	E1 已有问题	E11　针对问题解决问题，不能触类旁通	0.50	10～<9	9～<7	7～<0	0
		E12　不能找出学生问题的症结所在	0.50	10～<9	9～<7	7～<0	0
	E2 创设问题	E21　不能自主创设问题	0.50	10～<9	9～<7	7～<0	0
		E22　创设的问题与学习情境不相符合	0.50	10～<9	9～<7	7～<0	0
F 迁移教学 0.15	F1 迁移理论阐释	F11　不给学生传授学习迁移的相关知识	0.50	10～<9	9～<7	7～<0	0
		F12　在学习迁移处未给学生提醒	0.50	10～<9	9～<7	7～<0	0
	F2 迁移规律解读	F21　对迁移现象熟视无睹	0.50	10～<9	9～<7	7～<0	0
		F22　解释不了学习迁移的规律	0.50	10～<9	9～<7	7～<0	0
	F3 迁移情境分析	F31　不重视学习情境的创设和分析	0.50	10～<9	9～<7	7～<0	0
		F32　对迁移情境分析不够准确、到位	0.50	10～<9	9～<7	7～<0	0

表 7-7　化学学习负迁移程度等级划分

级别		0级	Ⅰ级	Ⅱ级	Ⅲ级
分数		0～＜2	2～＜6	6～＜9	9～10
描述	学习者	知识理解清晰，技能掌握扎实，定势不明显，认知顺畅，有较好的学习方法和习惯，喜欢学习。	知识理解较为清晰，技能掌握较为扎实，有定势现象出现，认知较为顺畅，学习方法较为得当，比较喜欢学习。	知识理解模糊，操作技能较差，定势明显，认知受阻，学习效率较低，学习兴趣低下。	知识理解交叉错位，操作技能差，定势严重，认知困难，学习方法不当，厌学。
	学习内容	学习内容独有，前后没相似内容，经过教师的讲解、简单的练习学生都可以轻松掌握，不同性别学生学起来一样轻松。	学习内容和先前知识或后面知识有轻微的相似性，学生通过重复1～2次练习，方可以掌握，性别差异不明显。	学习内容前后相关度、相似度高，概念相近，原理相似，学生需要多次强化、纠正后方能掌握，性别差异不太明显。	学习内容和前后都有很高的相似度，学生多次重复相同的错误，多次训练、纠正后仍然出错，有些许性别差异。
	教育者	有良好的师德，爱岗敬业，精心备课，用心上课，讲求方法，关注迁移规律在学生学习中的应用。	比较喜欢教师这一职业，上课比较用心，较为注重上课方法的选择，较为关注迁移现象。	对教师这一职业没什么兴趣，备课不充分，不关注传授方式的选择，不对学生进行迁移方面知识的传授。	专业情意缺失，授课不讲究方法，讲课效果差，不关注迁移规律的应用。

化学学习负迁移程度的评价体系及标准的构建，使广大化学教育工作者对学习负迁移程度有了一个量上的把握，有利于学生对自身负迁移情况的分析，有利于对教学材料负迁移程度的理解，有利于教育者更好地掌握迁移规律的应用，有利于学生学习能力的整体提升。

二、研究反思

在研究过程中，笔者结合自己8年的重点高中一线化学教学经验，在导师的精心指导和试验学校老师和学生的配合下，对中学化学学习负迁移进行了较为系统的研究，找出了不同类型化学学习负迁移产生的原因，并有针对性地提出了具体的矫正策略。但是，化学学习负迁移的产生不能归因于教与学的任何一方，其成因具有重叠性和复杂性，同时由于受研究时间、论文篇幅、研究条件和个人视野等条件的局限，对化学学习负迁移的有些问题还需要进一步地了解和进行深层次的研究。

（一）化学学习负迁移理论尚待进一步完善

负迁移分属于迁移的一种，尽管心理学家早就注意到了学习迁移现象的存在，但真正对迁移现象进行实质性研究则是近一两百年的事情。这期间，不同的学者对迁移的本质及其基本过程都做出了不懈的探索，并形成了不同的有关学习的迁移理论，对今天的课堂教学有着一定的指导作用。当前对学习负迁移的研究还处于初级阶段，尤其对学习负迁移的系统诊断与矫正方面有所涉猎的学者还比较少。

关于化学负迁移的研究，华中师范大学王后雄教授、北京师范大学王磊教授、华东师范大学王祖浩教授等都曾进行了一定程度上的研究。本研究过程中，在化学学习负迁移理论方面借鉴了几位化学教学论专家的研究成果，并对化学学习负迁移理论尝试进行了稍微深入的探寻；在导师的指导下，提出了学习负迁移度的概念，制作了化学学习负迁移诊断模型，制定化学学习负迁移评价体系，构建了化学学习负迁移等级标准。这些理论的拓展还只是处于雏形阶段，在专家眼里也可能显得幼稚，但随着在以后教学实践中的具体应用，将会得到不断的修正和完善。

（二）化学学习负迁移心理层面的成因尚待进一步研究

化学学习负迁移具有重叠性和复杂性等特点，从心理层面来讲，其产生有其复杂的原因，学生的心理素质、心理承受力等都会对负迁移的发生产生影响。由于本研究时间和人手的限制，只对高一、高二、高三阶段学生的心理特点进行了分析。试验过程中，通过教学方式、学习方式、训练频次的实证研究，以出声思维和访谈等形式，对学习者负迁移产生的心理原因进行了初步的了解，但已构建出的负迁移诊断模型的实施需要深层的心理学方面的支持，因此研究成果十分有限，还有待于在今后的相关研究中进一步深入探讨。

（三）化学学习负迁移试验尚待进一步深入

负迁移产生于教学过程，进行学习负迁移的研究就必须深入到具体的教学过程中去。在本课题的研究中，笔者深入学生中，进行了访谈；深入教师中，进行了咨询；深入到课堂中去，进行了观摩；深入到学校中去，进行了研究试验，通过深入的了解，搜集到了有关学生化学学习负迁移的一手材料，通过出声思维等方法了解到了学生解题失误的原因，并针对中学化学学科不同类型知识的特点，提出了相应的矫正策略。

由于研究时间、本人精力等条件的局限，本研究对化学学习负迁移的对比试验只能选择在一所省级示范性高中进行。然而，不同层次学校的学生层次也会有差异，教学条件、师资队伍等也不尽相同，因此，一定也会在化学学习负迁移的发生条件等方面出现一定的差异，这就对本研究结论的普适性提出了挑战，还有待于在以后的教学实践过程中做进一步的试验研究，以期得出的论断更具代表性，给出的策略更有普适性。同时，本研究中根据试验结果和理论的创新我们构建了负迁移诊断模型、评价体系以及等级划分，这有待于在今后的研究中继续深入，在教学实践中逐步修正和完善，以期在学习负迁移的研究方面取得更大的突破。

（四）化学学习负迁移诊断尚待进一步开展

化学负迁移理论的拓展以及相关试验的测试目的就是在教学实践过程中给具体的“患者诊治病因”，并给出具体的矫正方案，以提升学生的综合素养，以《国家中长期教育改革和发展规划纲要（2010—2020 年）》提出的“提升学生的学习能力”的需求为宗旨。

本研究过程中，由于各方面条件的限制，我们只是对试验学校中的部分学生利用研发的诊断模型进行了诊断，并提出了一定的矫正方案，取得了一定的成效。但是一个模型的提出，需要大量的“临床试验”去验证，去修正和完善。对个别案例的“诊治”也许有一定的偶发性，这就有待于在今后的教学实践中，扩大样本量，对不同层级学校、不同年级学生、不同年龄段学生、不同性别学生进行大量的、反复的试验研究，以求诊断模型的丰富和完善，为基础教育发展发挥一定的积极作用。

附　　录

附录一：关于迁移规律在高中化学学习中应用情况的调查问卷

编号：________

亲爱的同学们：

衷心感谢您参与这项关于迁移规律在高中化学教学中应用情况的调查研究。本问卷旨在了解学习的迁移规律在高中化学教学中的实际应用以及负迁移产生的原因。本次调查为匿名调查，您无需在问卷上填写自己的姓名，所有资料只作科学研究，调查资料将会严格保密，研究结果只展现综合数据，不涉及任何个人信息。

本调查结果的可信赖度取决于您对问题是否认真客观回答。请您填写此问卷时，细心阅读各项问题，真实地表达您的感受。如果您有不清楚的问题，请咨询调查员。您所提供的资料对于研究会有很大的帮助。对您的参与再次表示感谢！

华中师范大学化学教育研究所

2012 年 10 月

第一部分：个人基本信息（请您在合适选项上打“√”）

1. 性　　别：□男　□女

2. 所在年级：□高一　□高二（理科）　□高二（文科）　□高三（理科）　□高三（文科）

3. 学校层次：□国家级示范性高中　□省级示范性高中　□普通高中

4. 学校位置：□县城（县级市）　□地级市　□省会城市　□直辖市

5. 家庭住址：□农村　□城市

6. 成绩在班级中的位置：□前列　□中等靠前　□中等　□中等靠后　□暂时靠后

第二部分：调查问题（请您在合适的格子中打“√”）

条　目	①很不同意	②不同意	③不确定	④同意	⑤很同意
1. 我了解迁移理论的相关规律。					
2. 我喜欢化学学科的学习。					
3. 我觉得师生关系好坏影响学习成绩。					
4. 我可以轻松面对考试。					
5. 前一试题的解答情况影响我对后面试题的解答。					
6. 对某一类题型的解答，我会局限于教师经常强调的某一种化学解题思想。					
7. 已有知识经验会导致我对新知识理解产生偏差。					
8. 我认为高中化学的学习方法和其他学科差别大。					
9. 我认为其他学科的学习方法会影响化学的学习。					
10. 做过一道化学题后，我会对该题所体现的思想方法、解题技巧进行总结。					
11. 我经常对做错的化学题目进行订正。					
12. 先前题型的解法影响我对相似问题的解法。					
13. 教师的教学方法、教学组织形式影响我对相关化学问题的处理。					

续表

条　目	①很不同意	②不同意	③不确定	④同意	⑤很同意
14. 解决一个问题后，我经常询问自己解此题的关键步骤是什么。					
15. 问题解决后，我经常询问自己用到了哪些已有的知识和经验。					
16. 问题解决后，我会反思它还有哪些解法，哪种解法最好。					
17. 我对化学概念理解清晰，能形成完整知识网络。					
18. 我有自己独特的高效化学学习方法。					
19. 我能够从化学学习中体验出快乐。					
20. 教师在新知识讲授前，会引领同学们回顾与新知识相关的、已经学过的知识。					
21. 教师在讲解化学概念时，会突出强调重点内容以引起学生的重视。					
22. 教师在讲授完某一单元或章节后，会及时小结、巩固所学内容，定期复习。					
23. 教师重视从理解到应用的过程训练。					
24. 教师在讲解例题时，注重强调刚学过的定义、公式等。					
25. 教师在讲解题目时，注重复习类似题目或类似方法来进行辨析、对比以促进学生对知识的理解。					

续表

条　目	①很不同意	②不同意	③不确定	④同意	⑤很同意
26. 教师经常强调化学规律，如量变到质变规律、电荷守恒规律等。					
27. 教师经常对学生实施一题多解、多题一解的思维训练。					
28. 教师在讲解问题时能做到生动、直观。					
29. 教师在讲课时能及时从学生身上得到反馈信息，并调整自己的教学。					
30. 教师重视迁移规律的运用，讲解不同内容时，会创设不同的情境。					
31. 化学教材的内容安排影响我对化学的学习。					
32. 教师对化学教学内容的安排与教材顺序的编排一致。					
33. 对于有些知识点，尽管教师重复多次，但我还是比较模糊。					
34. 错过的题目，下次考试出现类似的题目还会错。					
35. 化学知识点需要记忆的多，做题时需要细心，在学习方面女生更有优势。					
36. 考试中，类似情景的试题常因改变题目中某个条件（设置陷阱）而导致解题误入迷途。					

如可能，请留下您的 QQ：＿＿＿＿＿＿；您的电话：＿＿＿＿＿＿。

再次感谢您对我们工作的支持与帮助！

附录二：化学理论性知识负迁移诊断性测验

L1. 设 N_A 为阿伏伽德罗常数的值，下列叙述正确的是(　　)。

A. 1 mol 甲醇中含有 C—H 键的数目为 $4N_A$

B. 25 ℃，pH=13 的 NaOH 溶液中含有 OH^- 的数目为 $0.1N_A$

C. 标准状况下，2.24L 已烷含有分子的数目为 $0.1N_A$

D. 常温常压下，Na_2O_2 与足量 H_2O 反应，共生成 0.2 mol O_2，转移电子的数目为 $0.4N_A$

L2. 下列推论正确的是(　　)。

A. SiH_4 的沸点高于 CH_4，可推测 PH_3 的沸点高于 NH_3

B. NH_4^+ 为正四面体结构，可推测 PH_4^+ 也为正四面体结构

C. CO_2 晶体是分子晶体，可以推测 SiO_2 晶体也是分子晶体

D. C_2H_6 是碳链为直线型的非极性分子，可推测 C_3H_8 也是碳链为直线型的非极性分子

L3. 下列说法正确的是(　　)。

A. 分子晶体中一定存在分子间作用力，不一定存在共价键

B. 分子中含两个氢原子的酸一定是二元酸

C. 含有金属阳离子的晶体一定是离子晶体

D. 元素的非金属性越强，其单质的活泼性一定越强

L4. 在 $SiO_2+3C=SiC+2CO\uparrow$ 的反应中，氧化剂与还原剂的质量比是(　　)。

A. 1∶3　　B. 1∶2　　C. 60∶36　　D. 60∶12

L5. pH=3 的酸溶液稀释 10 倍后，溶液的 pH(　　)。

A. =4　　B. ≥4　　C. ≤4　　D. 无法判断

L6. 将 0.1 mol 下列物质置于 1L 水中，充分搅拌后，溶液中阴离子数最多的是(　　)。

A. KCl　　B. $Mg(OH)_2$　　C. Na_2CO_3　　D. $MgSO_4$

L7. 对于复分解反应：X+Y=Z+W，下列叙述正确的是(　　)。

A. 若 Z 是强酸，则 X 或 Y 必有一种是酸

B. 若 Y 是强碱，X 是盐，则 Z 或 W 必有一种是弱碱

C. 若 X 是强酸，Y 是盐，反应后可能有强酸或弱碱生成

D. 若 W 是弱碱，Z 是盐，则 X 或 Y 必有一种是强碱

L8. 下列图示与其对应叙述相符的是(　　)。

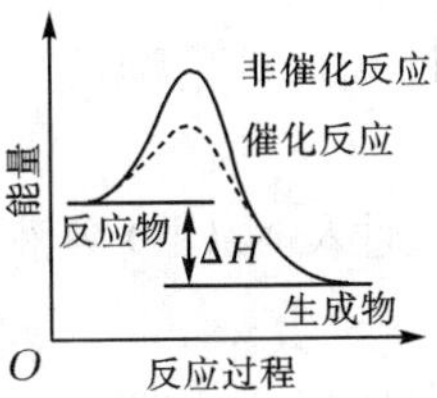

甲

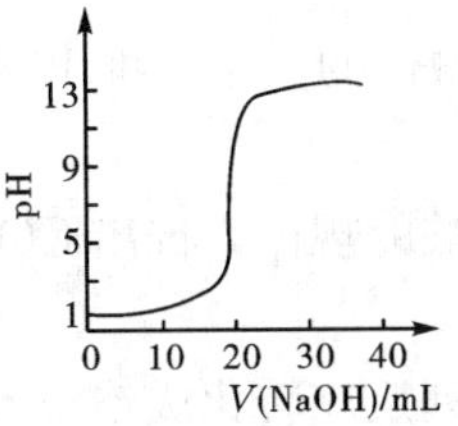

乙

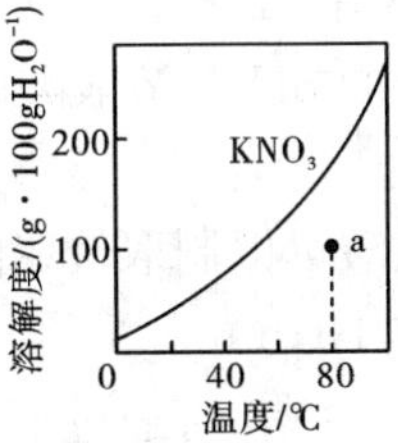

丙

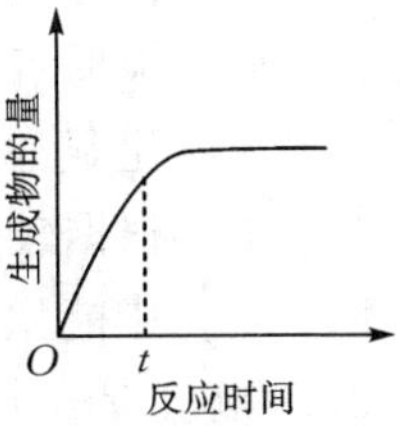

丁

A. 图甲表示某吸热反应分别在有、无催化剂的情况下反应过程中的能量变化

B. 图乙表示 0.100 0 mol·L^{-1} NaOH 溶液滴定 20.00 mL 0.100 0 mol·L^{-1} CH_3COOH 溶液所得到的滴定曲线

C. 图丙表示 KNO_3 的溶解度曲线，图中 a 点所示的溶液是 80℃ 时 KNO_3 的不饱和溶液

D. 图丁表示某可逆反应生物的量随反应时间变化的曲线，由图知 t 时反应物转化率最大

L9. 下列反应中，属于取代反应的是(　　)。

①$CH_3CH{=}CH_2+Br_2\xrightarrow{CCl_4}CH_3CHBrCH_2Br$

②$CH_3CH_2OH\xrightarrow[\Delta]{浓\ H_2SO_4}CH_2{=}CH_2+H_2O$

③$CH_3COOH+CH_3CH_2OH\xrightarrow[\Delta]{浓\ H_2SO_4}CH_3COOCH_2CH_3+H_2O$

④$C_6H_6+HNO_3\xrightarrow[\Delta]{浓\ H_2SO_4}C_6H_5NO_2+H_2O$

A. ①②　　B. ③④　　C. ①③　　D. ②④

L10. 将浓度为 0.1 mol·L^{-1} HF 溶液加水不断稀释，下列各项的值始终保持增大是(　　)。

A. $c(H^+)$　　B. $K_a(HF)$　　C. $\frac{c(F^-)}{c(H^+)}$　　C. $\frac{c(H^+)}{c(HF)}$

L11. 中学化学中很多规律都有其适用范围，下列根据有关规律推出的结论合理的是(　　)。

A. 根据同周期元素的第一电离能变化趋势，推出 Al 的第一电离能

比 Mg 大

B. 根据主族元素最高正化合价与族序数的关系，推出卤族元素最高正价都是+7

C. 根据溶液的 pH 与溶液酸碱性的关系，推出 pH=0.68 的溶液一定显酸性

D. 根据较强酸可以制取较弱酸的规律，推出 CO_2 通入 NaClO 溶液中能生成 HClO

L12. 电镀废液中 $Cr_2O_7^{2-}$ 可通过下列反应转化成铬黄($PbCrO_4$)：

$Cr_2O_7^{2-}(aq)+2Pb^{2+}(aq)+H_2O(l) \rightleftharpoons 2PbCrO_4(s)+2H^+(aq)$ $\Delta H<0$

该反应达平衡后，改变横坐标表示的反应条件，下列示意图正确的是(　　)。

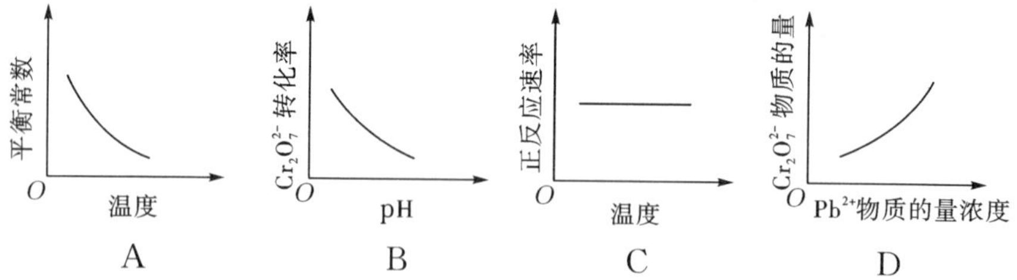

L13. 日前，科学家们发现一种由 Ti 原子和 C 原子构成的气态团簇分子，如右图所示。顶角和面心的原子是 Ti 原子，棱的中心和体心的原子是 C 原子，则它的化学式是(　　)。

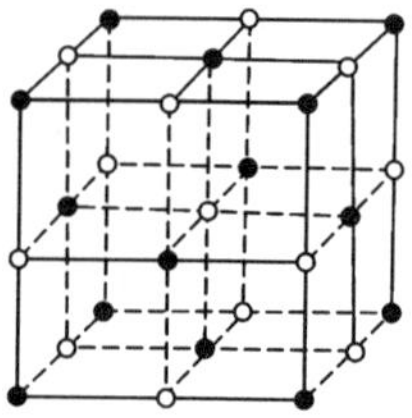

A. TiC　　B. Ti_6C_7

C. $Ti_{14}C_{13}$　　D. $Ti_{13}C_{14}$

L14. 已知 A、B 两组反应物。

A 组：0℃、1×10^5 Pa、体积比为 1∶1 的 H_2 和 F_2 混合；

B 组：30℃、2×10^5 Pa、体积比为 1∶1 的 H_2 和 Cl_2 混合反应速率较快的是________，理由是________________________。

L15. $BiCl_3$ 水解生成 BiOCl 白色沉淀。

(1)写出水解反应的化学方程式________________________；

(2)医药上把 BiOCl 叫作次氯酸铋。该名称是________(填“错误”或“正确”)，理由是________________________；

(3)配制 $BiCl_3$ 溶液的方法是________________________。

L16. 将反应 A+B=C 中生成物 C 的浓度减小一半时，反应速度如何变化________________，理由是________________________。

L17. 浅绿色的 $Fe(NO_3)_2$ 溶液中，存在如下平衡：

$$Fe^{2+} + 2H_2O \rightleftharpoons Fe(OH)_2 + 2H^+$$

若在此溶液中加入盐酸后，溶液颜色的变化及原因是______________________________。

L18. 在含有 $Mg(OH)_2$ 沉淀的饱和溶液中，加入少量 CH_3COONH_4 固体，可见 $Mg(OH)_2$ 沉淀溶解消失，试解释其理由：____。

L19. 在 10.0 ℃和 2×10^5 Pa 的条件下，反应 aA (g)$\rightleftharpoons$$d$D(g)+$e$E(g)建立平衡后，在逐步增大体系的压强(温度维持不变)。下表列出了不同压强下反应建立平衡时物质 D 的浓度。

压强/Pa	2×10^5	5×10^5	1×10^6
D 的浓度/($mol\cdot L^{-1}$)	0.085	0.20	0.44

根据表中数据，回答下列问题：

(1)压强从 2×10^5 Pa 增加到 5×10^5 Pa 时，平衡向________(填“正”或“逆”)反应方向移动，理由是____________________________________。

(2)压强从 5×10^5 Pa 增加到 1×10^6 Pa 时，平衡向________(填“正”或“逆”)反应方向移动，理由是________________________________；平衡之所以向该方向移动，是由于______________________________。

L20. 在温度 T_1 和 T_2 下，X_2(g)和 H_2 反应生成 HX 的平衡常数如下表：

化学方程式	$K(T_1)$	$K(T_2)$
$F_2 + H_2 \rightleftharpoons 2HF$	1.8×10^{36}	1.9×10^{32}
$Cl_2 + H_2 \rightleftharpoons 2HCl$	9.7×10^{12}	4.2×10^{11}
$Br_2 + H_2 \rightleftharpoons 2HBr$	5.6×10^{7}	9.3×10^{6}
$I_2 + H_2 \rightleftharpoons 2HI$	43	34

(1)已知 $T_2 < T_1$，HX 的生成反应是________(填“吸热”或“放

热”)反应。

(2)HX 的电子式是__________。

(3)共价键的极性随共用电子对偏移程度的增大而增强，HX 共价键的极性由强到弱的顺序是__________。

(4)X_2 都能与 H_2 反应生成 HX，用原子结构解释原因：__________。

(5)K 的变化体现出 X_2 化学性质的递变性，用原子结构解释原因：__________，原子半径逐渐增大，得电子能力逐渐减弱。

(6)仅依据 K 的变化，可推断出：随着卤素原子核电荷数的增加，__________(选填字母)。

a. 在相同条件下，平衡时 X_2 的转化率逐渐降低

b. X_2 与 H_2 反应的剧烈程度逐渐减弱

c. HX 的还原性逐渐减弱

d. HX 的稳定性逐渐减弱

附录三：化学事实性知识负迁移诊断性测验

S1. 下列所示变化，需要加入氧化剂才能发生的是(　　)。

A. $NaF \rightarrow F_2$　　B. $Cr_2O_7^{2-} \rightarrow CrO_4^{2-}$

C. $Cl^- \rightarrow Cl_2$　　D. $BiO_3^- \rightarrow Bi^{3+}$

S2. 室温下，下列各组离子在指定溶液中能大量共存的是(　　)。

A. 饱和氯水中：Cl^-、NO_3^-、Na^+、SO_3^{2-}

B. $c(H^+)=1.0\times10^{-13}\,mol\cdot L^{-1}$ 溶液中：C_6H_5O、K^+、SO_4^{2-}、Br^-

C. Na_2S 的溶液中：SO_4^{2-}、K^+、Cl^-、Cu^{2+}

D. pH=12 的溶液中：NO_3^-、I^-、Na^+、Al^{3+}

S3. 下列标有横线的物质可以完全溶解的是(　　)。

A. 1 mol $\underline{Zn}$ 与含 1 mol H_2SO_4 的稀 H_2SO_4 共热

B. 1 mol $\underline{Cu}$ 与含 2 mol H_2SO_4 的浓 H_2SO_4 共热

C. 1 mol $\underline{Cu}$ 与含 4 mol HNO_3 的浓 HNO_3 共热

D. 1 mol $\underline{MnO_2}$ 与含 4 mol HCl 的浓盐酸共热

S4. 科学家最近研制出可望成为高效火箭推进剂的 $N(NO_2)_3$(如下图所示)。已知该分子中 N—N—N 键角都是 108.1°，下列有关 $N(NO_2)_3$ 的说法正确的是(　　)。

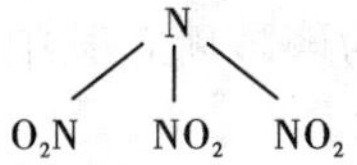

A. 分子中 N、O 间形成的共价键是非极性键

B. 分子中四个氮原子共平面

C. 该物质既有氧化性又有还原性

D. 15.2 g 该物质含有 6.02×10^{22} 个原子

S5. 硫燃烧的主要产物是 SO_2，但也有少量的 SO_3 生成。若取一定质量的硫在两个容积相同分别装有相同体积的空气和纯氧的密闭容器中完全燃烧，混合气体中 SO_3 的体积分数分别为 a 和 b，则 a 和 b 的关系正确的是(　　)。

A. a＞b　　B. a＜b　　C. a＝b　　D. 无法确定

S6. NM-3 和 D-58 是正处于临床试验阶段的小分子抗癌药物，结构如下：

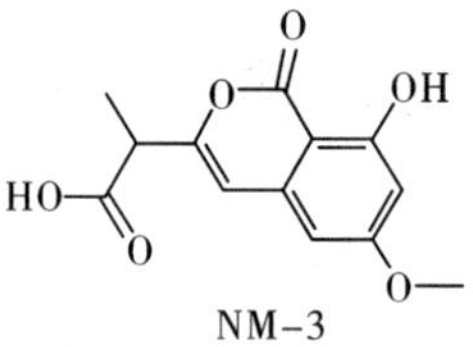

NM-3

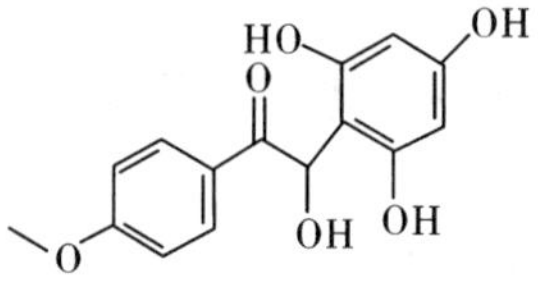

D-58

关于 NM-3 和 D-58 的叙述，错误的是(　　)。

A. 都能与 NaOH 溶液反应，原因不完全相同

B. 都能与溴水反应，原因不完全相同

C. 都不能发生消去反应，原因相同

D. 遇 $FeCl_3$ 溶液都显色，原因相同

S7. F_2 是氧化性最强的非金属单质。在加热条件下，物质的量相等的 F_2 跟烧碱完全反应，生成 NaF、H_2O 和另一种气体，该气体是下列气体中的(　　)。

A. H_2　　B. HF　　C. OF_2　　D. O_2

S8. 氯化碘(ICl)的性质和溴非常相似。下列关于氯化碘性质的描述不正确的是(　　)。

A. 氯化碘中所含的化学键为极性共价键

B. 氯化碘分子为非极性分子

C. 氯化碘在反应中通常表现氧化性

D. 氯化碘在反应 $ICl+2NaOH=NaCl+NaIO+H_2O$ 中做氧化剂

S9. 碘和氧的化合物可以成为碘酸碘，其中 I 元素呈 +3、+5 两种价态，碘酸碘的化学式为(　　)。

A. I_4O_9　　B. I_4O_7　　C. I_2O_4　　D. I_2O_5

S10. 已知迷迭香酸是从植物中提取到的一种酸性物质，其结构如下图所示。下列有关迷迭香酸的性质描述正确的是(　　)。

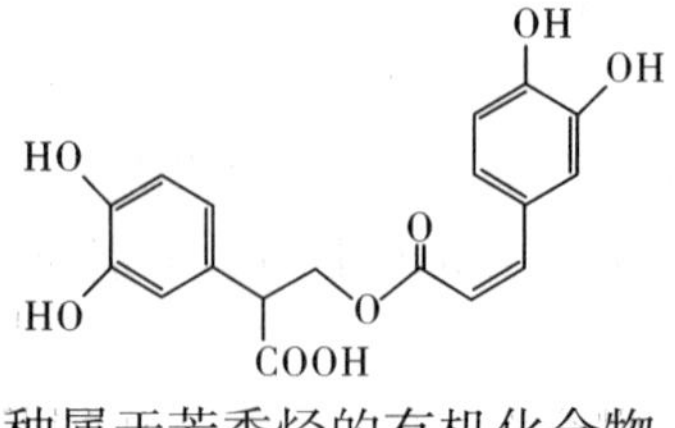

A. 迷迭香酸是一种属于芳香烃的有机化合物

B. 1 mol 该物质最多能与 9 mol H_2 发生加成反应

C. 迷迭香酸能够发生取代反应、酯化反应和水解反应

D. 1 mol 该物质最多能与 5 mol 氢氧化钠完全反应

S11. 气态烃 D(其密度在同温同压下是 N_2 密度的 13 倍)跟物质 F 反应时，可以看到产生明亮的火焰，同时有浓烈黑烟。写出下列字母所代表的物质的化学式：

A ____________________；

B ____________________；

D ____________________；

E ____________________；

H ____________________。

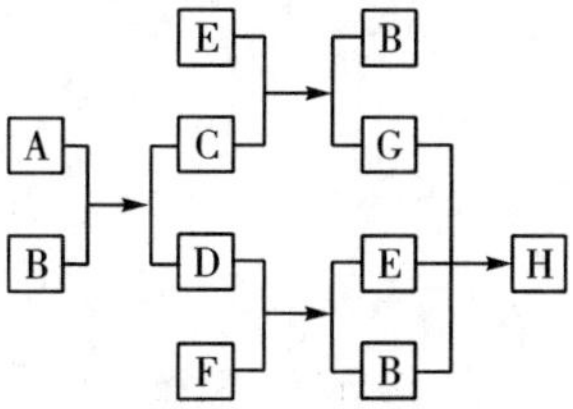

S12. 判断下列物质是否能反应，能反应的写出相应的化学反应方程式。

(1)Fe 与 $CuSO_4$ 溶液：__________(填“能”或“不能”)反应，____________________。

(2)Al 与 $Hg(NO_3)_2$ 溶液：__________(填“能”或“不能”)反应，____________________。

(3)Mg 与 $FeCl_3$ 溶液：__________(填“能”或“不能”)反应，____________________。

(4)Cu 与 $FeCl_3$ 溶液：__________(填“能”或“不能”)反应，____________________。

S13. 写出下列反应的化学方程式。

(1)SO_2 气体缓慢通入 Na_2O_2 粉末中____________________。

(2)向 $Fe(OH)_3$ 沉淀中加入氢碘酸____________________。

(3)过量 SO_2 气体通入 NaClO 溶液中____________________。

(4)FeI_2 溶液中通入等物质的量的 Cl_2____________________。

(5)向 $AlCl_3$ 溶液中加入足量氨水____________________。

(6)$FeCl_3$ 溶液与 Na_2S 溶液混合____________________。

S14. 铜矿石(主要成分是 Cu_2S)冶炼铜有多种方法，其中一种是：①先将矿石通空气焙烧，生成两种氧化物；②将焙烧过的矿石加上比它质量约少一半的未经焙烧过的矿石，混合均匀后隔绝空气在进行高温煅烧，结果得到金属铜和一种有刺激性气味的气体。写出上述反应的化学方程式：①____________________；②____________________。

S15. 在一定条件下，$RO_3^{n-}+6H^{+}+6I^{-}=R^{-}+3I_2+3H_2O$

(1)RO_3^{n-} 中 R 的化合价是________；

(2)R 元素原子的最外层的电子数是________。

附录四：化学技能性知识负迁移诊断性测验

J1. 下列有关化学用语表示正确的是(　　)。

A. N_2 的电子式：N⋮⋮N

B. S^{2-} 的结构示意图：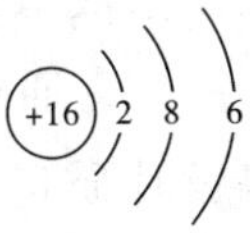

C. 质子数为 53、中子数为 78 的碘原子：$^{131}_{53}I$

D. 邻羟基苯甲酸的结构简式：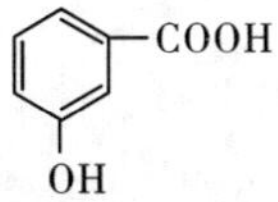

J2. 下列有关实验原理或实验操作正确的是(　　)。

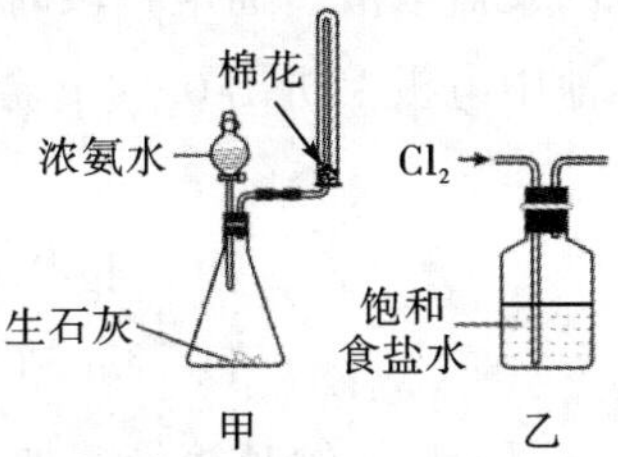

A. 用水润湿的 pH 试纸测量某溶液的 pH

B. 用量筒量取 20 mL 0.500 0 $mol \cdot L^{-1}$ H_2SO_4 溶液于烧杯中，加水 80 mL，配制成 0.100 0 $mol \cdot L^{-1}$ H_2SO_4 溶液

C. 实验室用图甲所示装置取少量氨气

D. 实验室用图乙所示装置除去 Cl_2 中的少量 HCl

J3. 能正确表示下列反应的离子方程式为(　　)。

A. 硫化亚铁溶于稀硝酸中：$FeS+2H^+ = Fe^{2+}+H_2S\uparrow$

B. 碳酸氢铵溶于过量的氢氧化钠溶液中：$HCO_3^- + OH^- = CO_3^{2-} + H_2O$

C. 少量二氧化硫通入苯酚钠溶液中：$C_6H_5O^- + SO_2 + H_2O = C_6H_5OH + HSO_3^-$

D. 大理石溶于醋酸中：$CaCO_3 + 2CH_3COOH = Ca^{2+} + 2CH_3COO^- + CO_2\uparrow + H_2O$

J4. 右图表示的是某物质的溶解度曲线，曲线上 A 点表示的意义是(　　)。

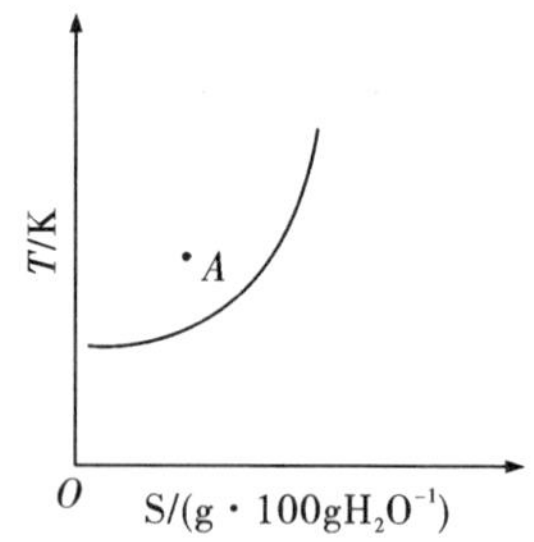

A. 过饱和溶液　B. 饱和溶液

C. 不饱和溶液　D. 无法判断

J5. 在 500 mL1.0 mol · L^{-1} 的 $CuSO_4$ 溶液中，阳极为 100 g 铜片，阴极为 100 g 锌片，通过一段时间后，立即取出电极，测得锌片质量增加到 106.4 g，此时剩余溶液中 $CuSO_4$ 的物质的量浓度为(　　)。

A. 0.25 mol · L^{-1}　　B. 0.8 mol · L^{-1}

C. 1.0 mol · L^{-1}　　D. 1.2 mol · L^{-1}

J6. 甲、乙两个电解池均以 Pt 为电极，且互相串联，甲池盛有 $AgNO_3$ 溶液，乙池盛有一定量的某盐溶液。通电一段时间后，测得甲池中电极质量增加 2.16 g，乙池中电极上析出 0.24 g 金属，则乙池中溶质可能是(　　)。

A. $CuSO_4$　　B. $Mg(NO_3)_2$

C. $Al(NO_3)_3$　　D. Na_2SO_4

J7. 5 mL $c(Ag^+)$为 0.1 mol · L^{-1} 的某溶液，加入等物质的量的某种碱金属盐，待卤化物完全沉淀后，经过滤、干燥，称得质量为 0.013 g，则此沉淀是(　　)。

A. LiF　　B. LiCl　　C. AgF　　D. AgCl

J8. 25 mLpH＝10 的氢氧化钠溶液跟 50 mLpH＝10 的氢氧化钠溶液混合，混合液的 pH 是(　　)。

A. 9.7　　B. 10　　C. 10.3　　D. 10.7

J9. 为了更好地表示溶液的酸碱性，科学家提出了酸度(AG)的概念，AG＝$\lg c(H^+)/\lg c(OH^-)$。下列叙述正确的是(　　)。

A. 中性溶液的 AG＝0

B. 酸性溶液的 AG＜0

C. 常温下 0.1 mol · L^{-1} 氢氧化钠溶液的 AG＝12

D. 常温下 0.1 mol · L^{-1} 盐酸溶液的 AG＝12

J10. 下列实验装置(固定装置略去)和操作正确的是(　　)。

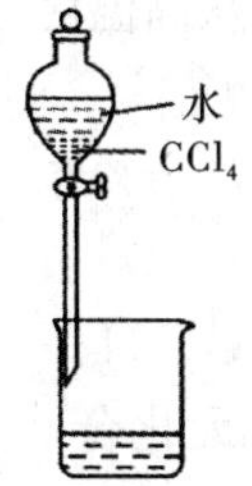

A. 分离CCl_4和水

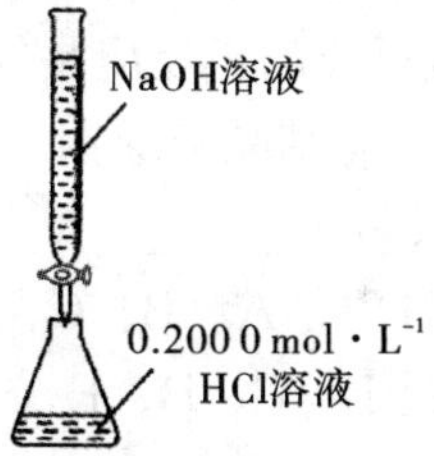

B. 酸碱中和滴定

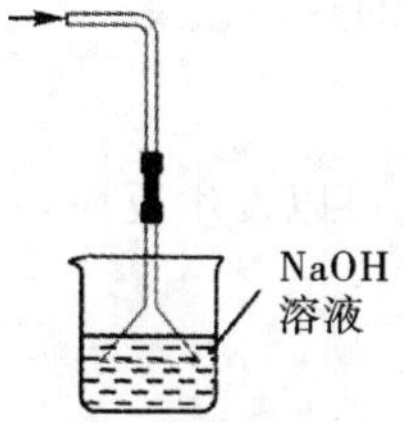

C. 吸收HCl尾气

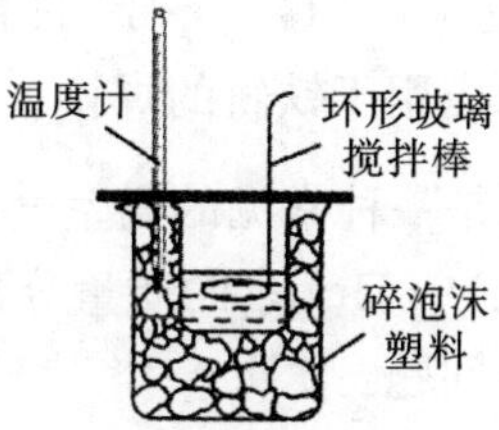

D. 中和热的测定

J11. 下列具体的实验操作中，其先后操作顺序正确的是(　　)。

A. 浓 H_2SO_4 稀释时，先在烧杯中加入一定体积的浓 H_2SO_4，然后注入 H_2O

B. 在 $CuSO_4$ 晶体中结晶水含量测定时，先称取晶体的质量，然后放入坩埚

C. 在硫离子和硫酸根离子的检验中，先加 $AgNO_3$ 溶液，然后滴加 $Ba(NO_3)_2$ 溶液

D. 为制备纯净的 Cl_2，先让 Cl_2 通过饱和 NaCl 溶液，然后通过 H_2SO_4 溶液干燥

J12. 二硫化钽(TaS_2)是一种难挥发性物质，可采用如右图装置进行提纯。将含杂质的二硫化钽粉末装进石英管的一端，把装置抽成真空后加入适量 I_2 进行密封，在加热炉中加热。发生如下反应的反应：

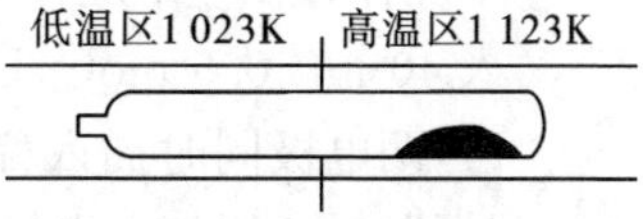

$$TaS_2(s)+2I_2(g) \rightleftharpoons TaI_4(g)+S_2(g)$$

下列表述正确的是(　　)。

A. 提纯过程中，碘的量会不断地减少

B. 低温区和高温区，四碘化钽的量保持稳定

C. 提纯过程中，碘的作用是将二硫化钽从高温区移至低温区

D. 该反应的正反应是气体体积减小的反应

J13. 把 5.00 g 结晶硫酸铜加热到一定程度，剩余粉末 3.88 g，该粉末的化学式是__________。

J14. 如右图中，A、B、C、D、E 是单质，G、H、I、F 是 B、C、D、E 分别和 A 形成的二元化合物。已知：

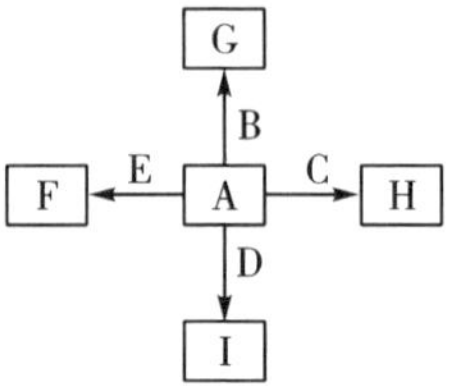

① 反应 $C+G\xrightarrow{高温}B+H$ 能放出大量的热，该反应曾应用于铁轨的焊接；

② I 是一种常见的温室气体，它和 E 可以发生反应：$2E+I\xlongequal{高温}2F+D$，F 中 E 元素的质量分数为 60%。

回答问题：

(1)①中反应的化学方程式为________；

(2)化合物 I 的电子式为________，它的空间构型是________；

(3)1.6 g G 溶于盐酸，得到的溶液与铜粉完全反应，计算至少所需铜粉的质量(写出离子方程式和计算过程)；

(4)C 与过量 NaOH 溶液反应的离子方程式为________，反应后溶液与过量化合物 I 反应的离子方程式为________；

(5)E 在 I 中燃烧观察到的现象是________。

J15. 用剪刀取约 6 cm 长、2 cm 宽的铜片和铝片各一片，分别用接线柱平行地固定在一块塑料板上(间隔 2 cm)。将铜片与铝片分别和电流表的“+”“−”端相连接，电流表指针调在中间位置。取两个 50 mL 的小烧杯，在一个烧杯中注入约 40 mL 的浓硝酸，再在另一烧杯中注入 40 mL 0.5 $mol \cdot L^{-1}$ 的硫酸溶液。试回答下列问题：

(1)两电极同时插入稀硫酸中，电流表指针偏向________(填“铝”或“铜”)极，铝片上电极反应式为__________________。

(2)两电极同时插入浓硝酸中，电流表指针偏向________(填“铝”或“铜”)极，此时铝是________(填“正”或“负”)极，铝片上的电极反应式为__________________。

附录五：化学问题解决负迁移诊断性测验

W1. 25 ℃时，pH＝7 的$(NH_4)_2SO_4$与$NH_3 \cdot H_2O$的混合溶液中，$c(NH_4^+)$与$c(SO_4^{2-})$之比（　　）。

A. 小于2∶1　　B. 等于2∶1　　C. 大于2∶1　　D. 无法判断

W2. 38.4 mg Cu 跟适量的浓HNO_3反应，铜全部作用后，共收集到 22.4 mL(标准状况)气体。反应消耗HNO_3的物质的量可能是（　　）。

A. 1.0×10^{-3} mol　　B. 1.6×10^{-3} mol

C. 2.2×10^{-3} mol　　D. 2.4×10^{-3} mol

W3. 已知 HF 的酸性比 HCN(氢氰酸)的酸性强。现有物质的量浓度和体积均相同的 NaF 和 NaCN 两种溶液，前者溶液中离子总数为n_1，后者溶液中离子总数为n_2，下列关系正确的是（　　）。

①$n_1=n_2$、②$n_1>n_2$、③$n_1<n_2$、④$c(F^-)>c(CN^-)$

A. ①④　　B. ②④　　C. ③④　　D. 只有④

W4. (1)异丙苯分子中苯环上一氯取代物的同分异构体的数目有（　　）。

A. 3种　　B. 4种　　C. 5种　　D. 6种

(2)异丙苯分子的一氯取代物的同分异构体的数目有（　　）。(隔周测试)

A. 3种　　B. 4种　　C. 5种　　D. 6种

(3)异丙基环己烷分子的一氯取代物的同分异构体的数目有（　　）。(隔月测试)

A. 3种　　B. 4种　　C. 5种　　D. 6种

W5. 若 pH＝3 的酸溶液和 pH＝11 的碱溶液等体积混合后溶液呈酸性，其原因可能是（　　）。

A. 生成一种强酸弱碱盐

B. 浓的弱酸和稀的强碱溶液

C. 等浓度的强酸与弱碱反应

D. 浓的强酸溶液与稀的强碱溶液反应

W6. 在盛有水的电解槽中加入等物质的量的Ag^+、Pb^{2+}、Na^+、SO_4^{2-}、NO_3^-、Cl^-摇匀后用

惰性电极进行电解，通电片刻后，氧化产物与还原产物的质量比为(　　)。

A. 8∶1　　B. 16∶207

C. 35.5∶108　　D. 108∶35.5

W7. 用惰性电极电解一定浓度的硫酸铜溶液，通电一段时间后，向所得溶液中加入 0.1 mol $Cu(OH)_2$ 后恰好恢复到电解前的浓度和 pH。则电解过程中转移的电子的物质的量为(　　)。

A. 0.1 mol　　B. 0.2 mol　　C. 0.3 mol　　D. 0.4 mol

W8. 在化学学习中，常常会出现"1+1≠2"的现象，但也有很多符合的。下列叙述符合"1+1=2"的是(　　)。

A. 25 ℃时，1 L H_2O 与 1 L C_2H_5OH 混合后的总体积等于 2 L

B. 25 ℃时，1 g Mg 与 1 g H_2SO_4 充分反应后所得的溶液质量为 2 g

C. 25 ℃时，1 g S 粉在 1 g O_2 中完全燃烧后生成 2 g SO_2

D. 25℃时，1 g KNO_3 饱和溶液中加入 1 g KNO_3 固体能得到 2 g KNO_3 溶液

W9. (1)图 1 是验证二氧化碳性质的实验装置。若按图示装置进行正确的操作，则应该看到的现象是：________________。该实验结果可说明的两点是______________；____________。(初中阶段)

图1

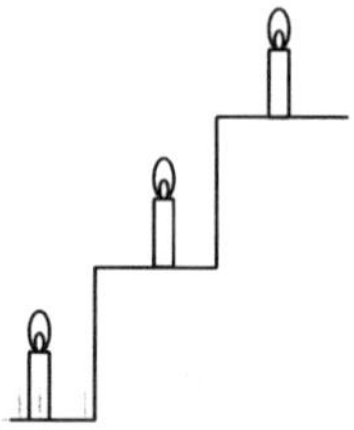
图2

(2)图 2 是三支高度不同燃着的蜡烛，当用一个透明的大玻璃筒倒扣在三支蜡烛上时，所观察到的现象是____________________，原因是____________________。(高一阶段)

W10. 将苯分子中的一个碳原子换成氮原子，得到一个稳定的有机化合物，其相对分子质量为____________________。

W11. 分子式为 H_2A 的某二元酸的溶液，其在水中的电离方程式是：

$$H_2A \rightleftharpoons H^+ + HA^- \qquad HA^- \rightleftharpoons H^+ + A^{2-}$$

试根据上面的方程式回答下列两个问题：

(1)Na_2A 溶液呈________性(填"酸性""中性"或"碱性")。理由是____________________________________。

(2)关于 0.1 mol・L^{-1}的 Na_2A 溶液中，下列微粒浓度关系式表达正确的是________。

A. $c(A^{2-})+c(HA^-)+c(H_2A)=0.1\ mol \cdot L^{-1}$

B. $c(Na^+)+c(H^+)=c(OH^-)+2c(A^{2-})+c(HA^-)$

C. $c(OH^-)=c(H^+)+c(HA^-)$

D. $c(Na^+)=2c(A^{2-})+2c(HA^-)$

(3)经测定，0.1 mol・L^{-1} 的 NaHA 溶液的 pH＝2，那么 0.1 mol・L^{-1} 的 H_2A 溶液中氢离子的物质的量浓度可能________(填“大于”“等于”或“小于”) 0.11 mol・L^{-1}，其理由是________________________。

W12. 100 ℃时，3.88 g A 气体与足量的 Na_2O_2完全反应，放出 O_2，且固体质量增加了 2.28 g。试推断 A 是什么气体并写出反应方程式。若将上述 A 气体与足量 CaO 固体完全反应，将会有什么物质生成？生成物的物质的量是多少？

W13. 已知：$NH_2COONH_4+2H_2O \rightleftharpoons NH_4HCO_3+NH_3 \cdot H_2O$。该研究小组分别用三份不同初始浓度的氨基甲酸铵溶液测定其水解反应速率，得到 $c(NH_2COO^-)$随时间的变化趋势如下图所示。

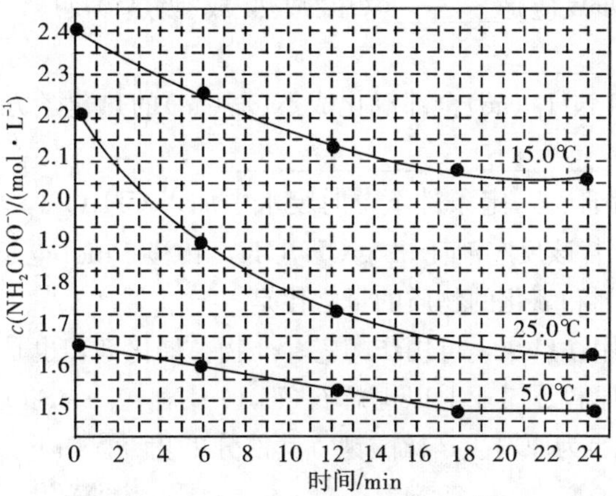

①计算 25.0℃时，0～6 min 氨基甲酸铵水解反应的平均速率：____________。

②根据上图信息，如何说明该水解反应速率随温度升高而逐渐增大：__________。

W14. 某氮肥厂氨氮废水中的氮元素多以 NH_4^+ 和 $NH_3 \cdot H_2O$ 的形式存在，该废水的处理流程如下：

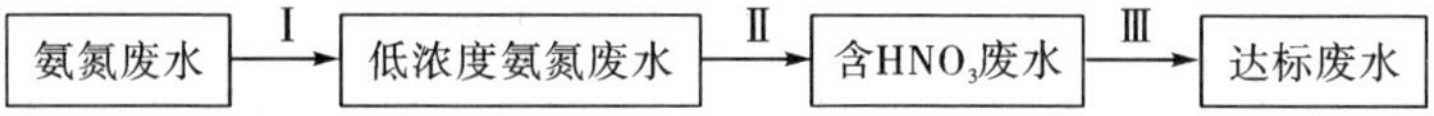

(1)过程Ⅰ：加 NaOH 溶液，调节 pH 至 9 后，升温至 30 ℃，通空气将氨赶出并回收。

①用离子方程式表示加 NaOH 溶液的作用：＿＿＿＿＿＿＿＿。

②用化学平衡原理解释通空气的目的：＿＿＿＿＿＿＿＿＿＿。

(2)过程Ⅱ：在微生物作用条件下，NH_4^+ 经过两步反应被氧化成 NO_3^-。两步反应的能量变化示意图如下：

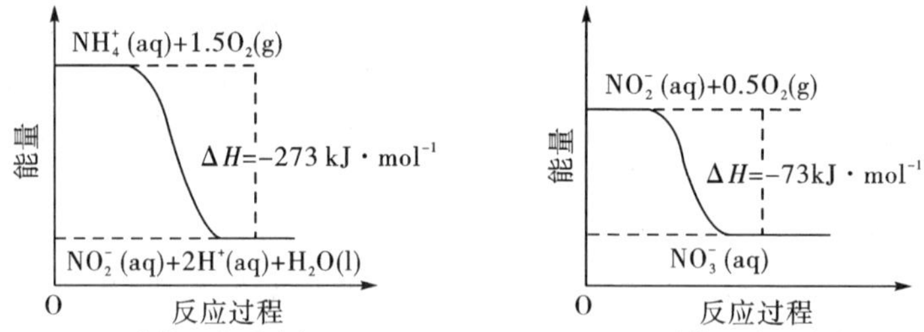

（第一步反应）　　（第二步反应）

①第一步反应是＿＿＿＿（填“放热”或“吸热”）反应，判断依据是＿＿＿＿＿＿＿＿＿＿＿＿＿＿＿＿＿＿＿＿。

②1 mol NH_4^+(aq)全部氧化成 NO_3^-(aq)的热化学方程式是＿＿＿＿＿＿＿＿＿＿＿＿＿＿＿＿。

(3)过程Ⅲ：一定条件下，向废水中加入 CH_3OH，将 HNO_3 还原成 N_2。若该反应消耗 32 g CH_3OH，转移 6 mol 电子，则参加反应的还原剂和氧化的物质的量之比是＿＿＿＿。

W15. 碳酸锂用途广泛，可用作陶瓷、药物、催化剂，也是常用的锂离子电池的原料。工业上以锂辉石（$Li_2O \cdot Al_2O_3 \cdot 4SiO_2$，含少量 Ca、Mg 元素）为原料生产碳酸锂。其部分工艺流程如下：

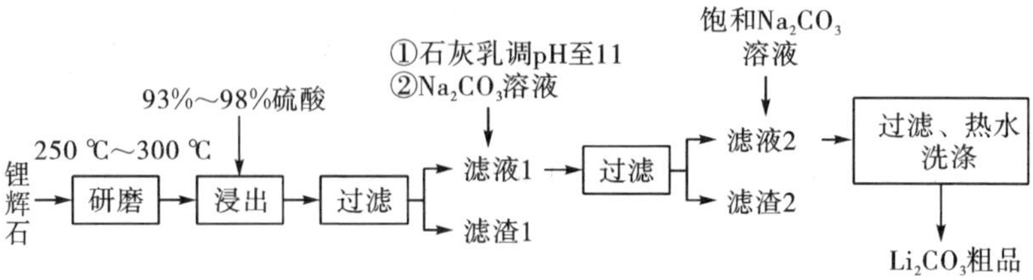

已知：

①$Li_2O \cdot Al_2O_3 \cdot 4SiO_2 + H_2SO_4$(浓)$\xlongequal{250\ ℃\sim 300\ ℃} Al_2O_3 \cdot 4SiO_2 \cdot H_2O \downarrow + Li_2SO_4$；

②某些物质的溶解度(S)如下表所示：

T/℃	20	40	60	80
$S(Li_2CO_3)/(g \cdot 100\ gH_2O^{-1})$	1.33	1.17	1.01	0.85
$S(Li_2SO_4)/(g \cdot 100\ gH_2O^{-1})$	34.2	32.8	31.9	30.7

(1)从滤渣 1 中分离出 Al_2O_3 的部分流程如下图所示，括号表示加入的试剂，方框表示所得到的物质。

$$滤渣1 \xrightarrow[\text{Ⅰ}]{(\quad)} \boxed{\quad} \xrightarrow[\text{Ⅱ}]{(\quad)} \boxed{\quad} \xrightarrow[\text{Ⅲ}]{灼烧} Al_2O_3$$

则步骤Ⅰ中发生反应的离子方程式是____________，步骤Ⅱ应通入一种气体试剂为____________，步骤Ⅱ反应完之后需要进行的操作是____________。

(2)已知滤渣 2 的主要成分有 $Mg(OH)_2$ 和 $CaCO_3$。向滤液 1 中加入石灰乳的作用是(用离子方程式表示)____________。

(3)向滤液 2 中加入饱和 Na_2CO_3 溶液，过滤后，用“热水洗涤”的原因是____________。

(4)工业上，将 Li_2CO_3 粗产品制备成高纯 Li_2CO_3 的部分工艺如下。

a. 将 Li_2CO_3 溶于盐酸作用解槽的阳极液，LiOH 溶液做阴极液，两者用离子选择透过膜隔开，用惰性电极电解。

b. 电解后向 LiOH 溶液中加入过量 NH_4HCO_3 溶解，过滤、烘干得高纯 Li_2CO_3。

①a 中，阳极的电极反应式是____________________。

②b 中，生成 Li_2CO_3 反应的化学方程式是____________________。

附录六：常见化学学习负迁移诊断案例

（一）元认知缺失诊治

病因	元认知缺失	症状	1. 认知基础薄弱；2. 知识建构错误；3. 认知监控缺失

处方：

（1）构建完善的认知结构

教育家奥苏贝尔认为，教学过程提倡的“为迁移而教”，实际上就是在教学过程中帮助学生塑造完善的认知结构。教学过程中能否顺利产生正迁移，减少负迁移的发生，主要依赖于学生在学习过程中最终能否形成完善的认知结构。日常教学中，课堂上知识的传输过程从某种意义上说就是学生认知结构不断完善的过程、不断建构的过程。教学过程中，学生自身的认知结构如果建构得越完善，那么，学习过程中发生的正迁移量就越大，就会迅速适应新的学习情境，进而解决问题的能力就会越强。

认知结构就是学习过程中学生在头脑里逐步搭建的学科知识结构。广义的认知结构是指个体学习者头脑中形成的观念的全部内容及组织系统。狭义的认知结构是指个体在某一具体学科知识领域内大脑中形成的有关这一学科的观念的全部内容及组织系统。个体认知结构完善的重要评价指标有四个方面：①个体头脑中已有的观念同化新知识、新观念时的可利用度；②个体头脑中已有的观念同化新知识、新观念时的可辨别程度；③个体头脑中已有的观念同化新知识、新观念时的稳定程度；④个体头脑中已有的观念同化新知识、新观念时的清晰程度。

知识结构就是指学科知识的诸要素之间以其内在的逻辑联系所构成的完整知识体系。由于其联系的方式和程度的不同，就形成了不同的学科知识结构。在新知识的学习过程中，学习者就会把习得的新知识自动地和自身的学科知识结构进行比对，比对结果相同就会被纳入已有的知识结构中，不同就会产生疑问。学习过程中，学习者一旦形成了知识的完善的总体架构，就会极大地增加其在学习学科知识时的条理性和系统性，从而有利于知识在头脑中的存储和快速灵活调用，同时还能拉近高级知识和学科底层基础知识之间的距离，进而可以实现快速地解决遇到的新问题，最终实现学科学习的顺利正向迁移，减少甚至是避免了负迁移的发生。

（2）创设认知冲突，杜绝负迁移

认知冲突是指学生已有的认知结构与新问题之间无法包容的矛盾问题。当学生原有的认知结构与新问题、新知识发生冲突时，才能引起学生产生生疑—析疑—释疑的思想过程，才能促使学生放弃他原有固化的、深信不疑的观念，开始接受一种全新的知识观念，从而实现由原始的认知结构向新的认知结构之间的转换。

具体知识教学过程中，激发认知冲突的关键在教师先设法引出悖论，激发学生们的认知冲突，接着再用事实和理论去否定先前的悖论，从而给学生们澄清新概念，在其心目中树立起正确的概念，最终实现避免负迁移现象发生的目标。

（3）把握化学学科认知结构的特征

化学学科认知结构是在学生头脑中形成的稳定、系统的化学学科知识结构。它是化学学科知识结构在学生头脑中内化的整体学科观念的内容与组织的综合，是具体化学学科知识内部的联系和规律。化学学科认知结构的特征主要表现在三个方面：①涵盖度。学生头脑中已有化学概念、原理、方程式对新知识学习内容的涵盖度是影响正迁移程度的重要因素。涵盖度越高，化学学习正迁移就顺利，负迁移就很少发生；否则，就很容易导致负迁移的形成。②可辨别度。新、旧知识融合后的清晰的辨别度是影响迁移的关键因素之一，可辨别度越高，越有利于知识的正向迁移，因此能克服因知识混淆而产生的负迁移。③巩固度。学生原有化学学科知识的巩固程度直接影响迁移的发生。原有化学学科知识结构巩固程度越高，就越有利于正迁移，越能减少化学学习过程中的负迁移。

案例一：学生已有知识认知结构的激活方法

在化学学习过程中，学生的认知结构中应该具备和新知识相应的已有知识，并且这些知识还要处于激活状态，这样才能实现知识的正迁移。如果学生原有的知识不能被激活，那么就会形成负迁移，直接影响化学学科的学习。在此呈现帮助学生激活已有知识的教学案例。

题目	教师活动	学生活动	目的
氯气与金属的反应（背景：讲述铜和氯气的反应，演示铜在氯气中燃烧的实验，分析得到产物 $CuCl_2$）	提问：请同学们推测铁与氯气反应的产物是什么。	回答：两者反应生成 $FeCl_2$	创设问题情境
	先不评价答案对错，安排学生做铁在氯气中燃烧的实验	学生演示实验：铁在氯气中燃烧	引起冲突
		燃烧产物加入水配成溶液，观察现象	激活已有知识
	引导学生讨论	讨论为何溶液呈黄色	
	一起得出结论：铁在氯气中燃烧生成棕黄色的烟 $FeCl_3$，二价铁与氯气反应可转化为三价铁		实现正迁移，避免了负迁移

案例二：提高认知结构可利用度、可辨别度、稳定度和清晰度

在化学学习过程中，学生大脑中已有的知识观念在学习新知识时，对新知识的同化程度、可辨别度、稳定度和呈现的清晰度是衡量认知结构是否完善的重要变量。现具体呈现提高变量程度的教学案例。

变量	提高措施	举例
可利用度	搭建原有认知结构和即将学习的新知识之间的桥梁。	在讲解原子晶体、离子晶体和分子晶体概念时，首先要复习原子、离子、分子、共价键、离子键、分子间作用力等相关概念，这样学生既回忆了已有知识，又把已有知识和即将所学习的新知识联系了起来，为顺利实现知识的正迁移打下了坚实的基础。
可辨别度	抓住所学概念的相似度，进行横向的比较，开展比较教学，从而提高其可辨别度。	在讲解“同分异构体”概念时，可以把先前学过的“同位素”“同素异形体”“同系列”等概念进行比对分析，抓住一个“同”，找出其“不同”：同位素研究对象是原子，同素异形体研究对象是单质，同分异构体研究对象是有机化合物、同系列研究对象是有机化合物，这样的比较，可以提高学生对化学概念的辨析能力，有力地克服了对相似概念的混淆，杜绝了缺乏可辨别度带来的负迁移。
稳定度	把化学知识点放在不同的环境中，多次、重复进行考查，可以有效提高对知识掌握的牢固度、稳定度。	氧化还原反应知识贯穿高中化学学习的始末，在考查元素周期律、电解池、原电池等相关知识的时候，都可以把氧化剂、还原剂、氧化反应、还原反应、氧化剂的氧化性、还原剂的还原性、得电子能力等知识反复考查，从而可以提高对氧化还原反应相关知识的巩固，提高相关知识的稳定度，从而保证学生不会在考试过程中，因条件、环境的变化而导致负迁移的发生，造成失分。
清晰度	透过表面看反应的实质，是真正掌握化学反应原理的方法，教师在讲解重要反应时，可从深层、微观角度进行剖析，从而提高学生知识掌握的清晰度。	在讲解 Na_2O_2 与 CO_2 的反应时，可以从深层分析该反应的实质：Na_2O_2 中两个－1 价的 O 原子发生自身氧化还原反应，一个生成－2 价的 O 负离子和 CO_2 结合生成 CO_3^{2-}，一个生成 0 价的氧原子，最终生成氧气。这样的分析不仅可以让学生理解生成的产物 Na_2CO_3 和 O_2，同时，可以很好地掌握反应的比例关系，提高对该反应掌握的清晰度，这样，不管在考试中如何设置陷阱进行该知识点的考查，因知识的掌握清晰牢固，都不会导致负迁移的发生。

（二）知识理解干扰

、病因	知识理解干扰	症状	1. 概念模糊不清；2. 规律盲目套用
处方： （1）加强概念教学，克服负迁移 化学概念是化学知识系统的基础，因此，在中学化学的常规教学中，必须加强对化学概念的教学。调查和实践表明，由于对概念的模糊不清而产生的负迁移现象在常规化学教学中普遍存在。概念教学是中学化学教学的一项重要工作，教学过程中，教师合理地将新、旧知识联系起来，强化已知向未知领域演化的技巧，就可以克服负迁移，促进正迁移，把负迁移转化为正迁移，化不利为有利。 （2）利用图形、图解，实现正迁移 化学很多知识比较抽象，学生难于理解和掌握，教师在讲授过程中，如果能够恰当地运用图形、图解策略，就能充分地克服由于化学知识抽象、难于理解而对学生产生的负迁移。利用该策略就要求教师在讲述新知识时，要恰当地把新知识和旧知识发生联系的相关材料以图形、图解的方式来呈现给学生。教师也可以结合自身的教学经验根据教学的实际需要设计出独特的、直观的教学图示，从而使学生大脑认知结构中的新、旧知识发生碰撞，逐步使学生大脑中原有的认知结构逐步分解、归类和条理化，使学生对化学知识的理解一目了然，真正理解所学习的化学新知识和过去知识的联系。 （3）使知识条理化、系统化和整体化，加深对知识点的理解 化学学科的知识点较多且分散，从而给学生对化学知识的理解和系统掌握带来了困难，很容易使学生产生知识理解方面的干扰，造成负迁移的发生。为此，教学过程中，教师应充分认识到引导学生强化化学学科知识之间关系的重要性，带领学生逐步实现学科知识的条理化、系统化和整体化。实践证明，只有条理化、系统化和整体化的学科知识才能在学生的大脑中形成清晰、稳固的知识网络，才能保证学生在利用所学化学学科知识解决化学问题时，做到正确调用、迅速调用和整体调用。在常规的化学教学中，教师要逐步引导学生对所学的化学知识进行概括和归纳，形成化学学科知识块，组成化学学科知识链，最终构建出化学知识网络。			

案例一：氧化还原反应概念的教学

“氧化还原反应”概念是中学化学的重要概念，贯穿于中学化学教学的始末，教师在课堂上讲解氧化还原反应的概念时，要做好初中氧化还原反应概念和高中氧化还原反应概念的相互衔接和过渡。讲解时，要从复习初中的得氧、失氧视角，逐步提高认识，慢慢引导学生过渡到高中的化合价升降的视角，最终揭示出氧化还原反应的实质为电子的转移。

对氧化还原反应概念的教学经过这样的处理，就会使学生对该概念的理解始终处于一个动态的发展和变化之中，克服了在高中学习阶段进行氧化还原反应相关知识运用时继续套用初中视角的得氧、失氧标准的负迁移问题，提高了学生对氧化还原反应概念的清晰理解。

案例二：吸热反应和放热反应的教学

“化学能与热能”是人教版普通高中课程标准实验教科书《化学 2》中第二章第一节的内容，这块知识对学生来说整体比较抽象，尤其是在放热反应和吸热反应的判断方面，如果教师不能给予学生直观的讲述，学生很容易产生概念理解上的负迁移。为了增强学生对吸热反应和放热反应的直观理解和在判断上的正确把握，化学教材中的图 2-1（如图 F-1 所示）水能、化学能变化的对比示意图实际上给教师上课提供了一个很直观的图示。

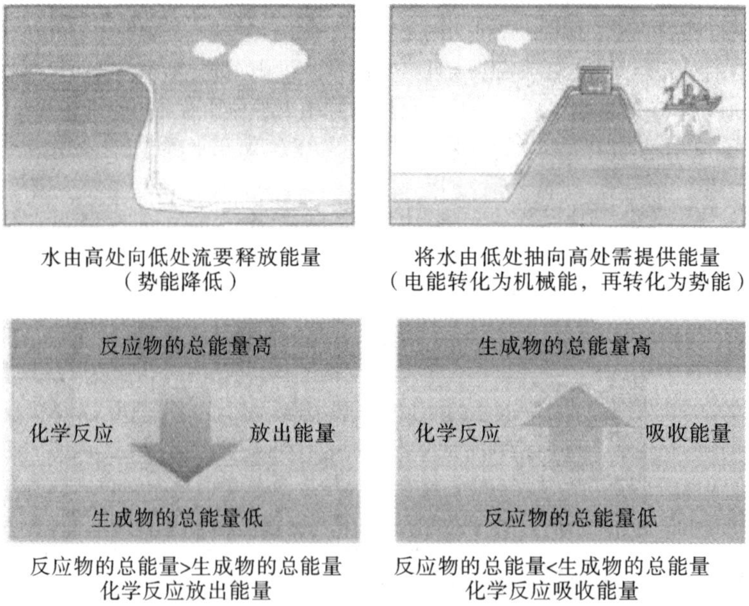

图 F-1　水能、化学能变化的对比示意图

上课过程中，教师恰当合理地利用这样一个图形、图解策略，很容易使学生充分理解体系总能量降低都要向外释放出能量；反之，反应体系总能量升高就需要外界提供能量或从外界吸收能量，这个过程在化学反应中主要以热能的形式表现，我们分别称之为放热反应和吸热反应。这样教学方法的实施，就能很好地克服学生由于受到生活中经验的定势而带来的对吸热反应和放热反应曲解而出现的负迁移。在他们的生活经验中，很多学生会认为需要加热的反应就是吸热反应，不需要加热的反应就是放热反应，把反应条件和热效应这两个概念相互关联，产生混淆，进而产生了错误认识。

案例三：形成知识块、知识链和知识网络的教学

“硫及其化合物”是高中化学教材中重要的一节，硫及其化合物的种类繁多，相关转化反应很多，学生学习掌握起来感到困难，为此，教师可以利用硫的不同价态间的相互转化关系，逐步引导学生形成硫及其化合物的知识网络（如图 F-2 所示）。

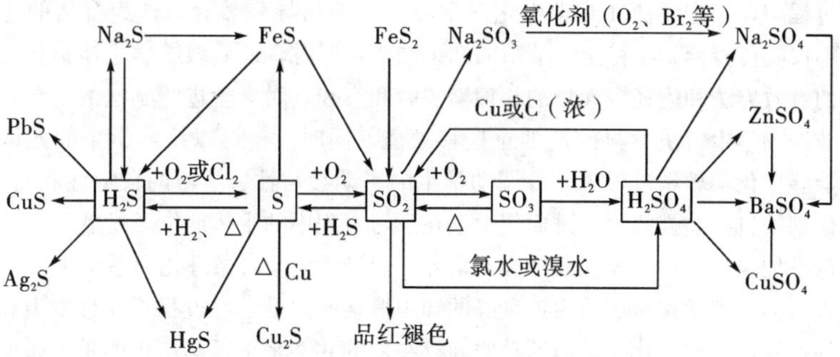

图 F-2　硫及其化合物相互转化的知识网络

（三）学习方法、学习习惯干扰

<table>
<tr><td>病因</td><td>学习方法、学习习惯干扰</td><td>症状</td><td>1. 不适应化学学科的学习；2. 化学学习效率低下；3. 搞不清化学学科特点；4. 死记硬背规律；5. 盲目套用公式；6. 不能举一反三。</td></tr>
<tr><td colspan="4">处方：
（1）加强学法指导，增强学生化学学习的主动性
大量的科学研究证明，学生的学习迁移能力与学生拥有的学习方法密切相关。在化学教学过程中，在教师的耐心教导下，学生拥有了解决化学学科问题所需的必备基础知识，如果不能拥有恰当的化学学习方法，就会导致正迁移不顺畅，不能有效地对所学化学知识进行合适的、灵活的调用，进而出现调用知识错误，不能正确解决问题，最终导致负迁移的发生。
对学生进行化学学习方法方面的指导是提高学生化学正迁移能力、使学生掌握</td></tr>
</table>

续表

有效化学学习方法的重要手段。它是促进化学学科有效学习的有效手段和措施。学习方法培养的过程实际上就是对学生进行有效学习正迁移培养的过程。这个过程将教会学生在什么条件下可以实施正迁移，怎么使所习得的化学知识有效地正迁移，怎么避免负迁移的发生。这些能力的培养，可以有效地解决学生在化学学习过程中出现的学习效率低下、搞不清化学学科特点、死记硬背规律、盲目套用公式、不能举一反三等问题。研究证明，化学学习方法的迁移属于普通迁移，具有广泛性。由此看来，掌握有效的化学学习学习方法无疑是提高化学学习正迁移能力，克服负迁移发生的有效途径。 在日常教学中，通过问卷统计的结果和访谈情况可以看出，将近有47%的学生几乎都不能主动地、自发地选择与掌握一些有效的化学学习方法。这就要求教师在教学过程中，一定要加强对学生化学学习方法的指导和教育，作为合格的化学教师，不仅要传授给学生稳定、清晰的知识结构，同时，还要教给学生涉猎化学学科知识的有效方法和途径。大量的心理学实验和实践，对学生进行学法的指导，不仅能有效增加学生解决学科问题的正迁移效能，同时，还可以培养学生的元认知能力，能够在化学教学过程中充分调动学生的主动参与性、学习的自觉性和自主性，增强他们的自我监控能力，进而使学生在学习过程中的主体地位得以呈现。 （2）加强学生化学知识概括能力培养，促进学生学习条理化和系统化 著名的心理学家贾德认为：良好的知识概括能力是学习过程正迁移发生和顺利实施的关键，不同的化学学习活动之间存在着的共性是正迁移产生的重要条件。这一过程中，能否有效实现学科学习正迁移的关键在于学习者能否有效地概括出不同学习活动之间的相同原理。苏联著名心理学家鲁宾斯坦也通过大量的实验研究证明：学习实现有效地正迁移的关键在于通过综合的分析揭示出不同学习内容之间本质上的相同或相似的条件，并产生对问题解决方法的概括。这种综合的分析方法以及所导致的高度概括才是学习过程正迁移的本质所在。 华东师范大学化学课程与教学论专业博士生导师王祖浩教授在知识概括与化学学习迁移的关系方面进行了大量的研究，它通过实验证明：多向概括有助于学生解决变式的化学问题，有助于学生在化学问题的求解中化难为易，有助于化学学习过程中正迁移的发生，有助于负迁移的有效克服。大量的实践证明：化学教学的过程中，教师积极引导学生进行化学学习方法的概括，会使学生的思维敏捷，调用知识迅速、准确，进而化学问题的解决就变得顺畅，可以有效地促进知识的正迁移，避免负迁移的发生。

案例一：烯烃化学物质性质的概括

在学习烯烃的代表物乙烯后，引导学生对乙烯的典型的化学性质进行归纳概括，由学生归纳出乙烯的化学特性：加成、聚合，再进一步引申出不饱和双键的通性，并迁移至其他烯烃，学会推断或解释有关的化学现象。如当学生遇到松节油（含双键的环烃）能否使紫红色褪去的新问题时，由于知识运用的正迁移就很容易得到解决。掌握了化学知识规律的学习，与杂乱无章的学习相比在效率与记忆的持久性上有天壤之别。

案例二：化学基本原理的概括

化学基本原理的概括是指根据化学学科的特征，从现象、事实和逻辑推理中概括出化学基本原理。例如，学习了强电解质与弱电解质电离的原理，就能较易迁移而深入理解强酸、强碱、弱酸、弱碱的电离实质。再如学习化学平衡时，通过分别讨论影响化学平衡的各种条件，揭示影响平衡的一般规律，即以概括的形式得出著名的勒沙特列原理。掌握了上述原理，既可以帮助学生回顾和解释已学的碳、氯、硫、氮、铁等元素及其化合物的某些性质，构成所谓的“逆向迁移”，又有助于理解后继学习所接触的电离平衡、水解平衡的特征及影响因素，即构成“顺向迁移”。

参考文献

一、著作类

[1] 联合国教科文组织总部中文科. 教育：财富蕴藏其中［M］. 北京：教育科学出版社，1996.

[2] 王道俊，郭文安. 教育学［M］. 北京：人民教育出版社，2009.

[3] 林崇德. 中学生心理学［M］. 北京：北京出版社，1983.

[4] 郭元祥. 教育的立场［M］. 合肥：安徽教育出版社，2009.

[5] 陈佑清. 教学论新编［M］. 北京：人民教育出版社，2009.

[6] 金洪源. 学习行为障碍的诊断与辅导［M］. 上海：上海教育出版社，2009.

[7] 谢德民. 论学习［M］. 北京：人民教育出版社，1992.

[8] 姚梅林. 学习规律［M］. 武汉：湖北教育出版社，1999.

[9] 赵中建，顾吉祥，于家太. 学校管理体系与 ISO 9000 标准：江阴高中实验学校 ISO 9000 实例［M］. 上海：华东师范大学出版社，2003.

[10] 皮连生. 智育心理学［M］. 北京：人民教育出版社，1996.

[11] 燕国材. 智力因素与学习［M］. 北京：教育科学出版社，2002.

[12] 靳玉乐. 探究学习［M］. 成都：四川教育出版社，2005.

[13] 靳玉乐. 自主学习［M］. 成都：四川教育出版社，2005.

[14] 王斌兴. 新课程学生评价［M］. 北京：开明出版社，2004.

[15] 邵瑞珍. 学与教的心理学［M］. 上海：华东师范大学出版社，1990.

[16] 彭聃龄. 普通心理学［M］. 北京：北京师范大学出版社，1988.

[17] 卢家楣. 情感教学心理学［M］. 上海：上海教育出版社，

2000.

［18］卢乃桂．课程改革、水平与教师：中国大陆及香港地区的经验［M］//丁钢．中国教育：研究与评论．北京：教育科学出版社，2003.

［19］张承芬．教育心理学［M］．济南：山东教育出版社，2000.

［20］李伯黍，燕国材．教育心理学［M］．2版．上海：华东师范大学出版社，2001.

［21］筑波大学教育学研究会．现代教育学基础［M］．钟启泉，译．上海：上海教育出版社，1986.

［22］孙小礼，李慎．方法的比较：研究自然与研究社会［M］．北京：北京大学出版社，1991.

［23］吴鑫德．化学教育心理学［M］．北京：化学工业出版社，2011.

［24］斯托曼 K T．情绪心理学［M］．张云燕，译．沈阳：辽宁人民出版社，1986.

［25］加涅 R M．学习的条件和教学论［M］．皮连生，王映学，郑葳，等译．上海：华东师范大学出版社，1999.

［26］斯腾伯格 B J．超越 IQ：人类智力的三元理论［M］．俞晓琳，吴国宏，译．上海：华东师范大学出版社，2000.

［27］沃斯 J，德莱顿 G．学习的革命：通向 21 世纪的个人护照［M］．顾瑞荣，陈标，许静，译．上海：上海三联书店，1998.

［28］王后雄．化学教学诊断学［M］．武汉：华中师范大学出版社，2002.

［29］邵瑞珍，皮连生．教育心理学［M］．上海：上海教育出版社，1988.

［30］路海东．教育心理学［M］．吉林：东北师范大学出版社，2002.

［31］俞平．数学教学心理学［M］．北京：北京师范大学出版社，2010.

［32］王丕．学校教育心理学［M］．开封：河南大学出版社，1989.

［33］曹才翰，章建跃．数学教育心理学［M］．北京：北京师范大学出版社，2006.

［34］喻平．数学教学心理学［M］．北京：北京师范大学出版社，

2010.

[35] 何晓淳. 考试管理评价研究 [M]. 沈阳：辽宁人民出版社，1997.

[36] 漆书青，戴海崎，丁树良. 现代教育与心理测量学原理 [M]. 北京：高等教育出版社，2002.

[37] 刘知新. 化学教学论 [M]. 4版. 北京：高等教育出版社，2009.

[38] 杨承印. 化学课程与教学论 [M]. 西安：陕西师范大学出版社，2010.

[39] 何少华，毕华林. 化学课程论 [M]. 南宁：广西教育出版社，1996.

[40] 周青. 化学学习论 [M]. 北京：科学出版社，2010.

[41] 王后雄. 新理念化学教学论 [M]. 北京：北京大学出版社，2011.

[42] 郑长龙. 初中化学新课程教学法 [M]. 长春：东北师范大学出版社，2004.

[43] 化学课程教材研究开发中心. 高中化学必修1 [M]. 北京：人民教育出版社，2012.

[44] 袁振国. 当代教育学 [M]. 3版. 北京：教育科学出版社，2004.

[45] 王后雄. 化学课程与教学论 [M]. 武汉：华中师范大学出版社，2012.

[46] 施良方，崔允漷. 教学理论：课堂教学的原理、策略与研究 [M]. 上海：华东师范大学出版社，1999.

[47] 王策三. 教学论稿 [M]. 北京：人民教育出版社，1985.

[48] 王祖浩，等. 化学教育心理学 [M]. 南宁：广西教育出版社，2007.

[49] 邵瑞珍. 教育心理学 [M]. 上海：上海教育出版社，1997.

[50] 布兰思福特，等. 人是如何学习的：大脑、心理、经验及学校 [M]. 程可拉，孙亚玲，王旭卿，译. 上海：华东师范大学出版社，2002.

[51] 王磊，等. 科学学习与教学心理学基础 [M]. 西安：陕西师范

大学出版社，2002.

［52］化学课程教材研究开发中心. 化学反应原理［M］. 北京：人民教育出版社，2012.

［53］中华人民共和国教育部. 普通高中化学课程标准（实验）［M］. 北京：人民教育出版社，2003.

［54］吴俊明，杨承印. 化学教学论［M］. 西安：陕西师范大学出版社，2003.

［55］张大均. 教与学的策略［M］. 北京：人民教育出版社，2003.

［56］刘知新. 中学化学［M］. 济南：山东教育出版社，1999.

［57］皮连生. 学与教的心理学［M］. 上海：华东师范大学出版社，1997.

［58］林崇德. 学习与发展：中小学生心理能力发展与培养［M］. 北京：北京师范大学出版社，1999.

［59］刘知新. 化学教学系统论［M］. 南宁：广西教育出版社，1996.

［60］吴俊明，王祖浩. 化学学习论［M］. 南宁：广西教育出版社，1996.

［61］毕华林. 化学新教材开发与使用［M］. 北京：高等教育出版社，2003.

［62］张庆林. 当代认知心理学在教学中的应用［M］. 重庆：西南师范大学出版社，1995.

［63］布里斯罗 R. 化学的今天与明天：一门中心的、实用的和创造性的科学［M］. 北京：科学出版社，1998.

［64］李蔚. 提高课堂教学质量的心理学问题［M］. 北京：教育科学出版社，1992.

［65］王后雄. 教育考试的理论与方法［M］. 北京：北京大学出版社，2011.

［66］王祖浩. 化学课堂教学行为研究及案例［M］. 南昌：江西教育出版社，2009.

［67］王后雄. 新理念化学教学技能训练［M］. 北京：北京大学出版社，2009.

［68］王磊. 化学教学研究与案例［M］. 北京：高等教育出版社，

2006.

[69] 胡久华. 化学课程与学生认识素养发展 [M]. 北京：北京师范大学出版社，2011.

[70] DANIELS H，BIZAR M. 最佳课堂教学案例：六种模式的总结与应用 [M]. 余艳，译. 北京：中国轻工业出版社，2004.

[71] COVINGTON M V，KAREN MANHEIM TEEL. 学习障碍的消除策略：促进学生成功高效地学习 [M]. 伍新春，等译. 北京：中国轻工业出版社，2002.

[72] BROOKS J G，BROOKS M G. 建构主义课堂教学案例 [M]. 范玮，译. 北京：中国轻工业出版社，2005.

[73] 苏霍姆林斯基. 和青年校长的谈话 [M]. 赵玮，等译. 上海：上海教育出版社，1983.

[74] JOYCE B，WEIL M，CALHOUN E. 教学模式 [M]. 荆建华，宋富钢，花清亮，译. 北京：中国轻工业出版社，2002.

[75] TRICE A D. A handbook of classroom assessment [M]. London：Addison Wesley Longman，2000.

[76] MERTENS D M. Creative ideas For teaching evaluation：activities，assignments and resources [M]. Boston/Dordrecht/London：Kluwer Academic Publishers，1989.

[77] HOLYOAK K J. The pragmatics of analogical transfer [M]. San Diego：Academic press，1985，19：59-87.

[78] SORRENTINO R M，HIGGINS E T. Handbook of motivation and cognition：foundations of social behavior [M]. New York：Guilford Press，1986.

二、论文类

[1] 唐伟伟. 我国中小学教师创新教学行为问卷编制研究 [D]. 上海：华东师范大学，2011.

[2] 江艳萍. 普通高中学生学业成绩的分析研究 [D]. 上海：华东师范大学，2009.

[3] 张顺清. 新课程理念下化学教学方法的现状及优化策略 [D]. 武

汉：华中师范大学，2007.

[4] 刘阳阳. 知识理解对化学实验技能学习影响的研究 [D]. 南京：南京师范大学，2008.

[5] 宋秋前. 课堂教学问题问诊与矫治 [J]. 教育研究，2001 (4)：47-51.

[6] 姚梅林. 从认知到情境：学习范式的变革 [J]. 教育研究，2003 (2)：60-64.

[7] 汪刘生. 试论教学心理诊断 [J]. 中国教育学刊，1992 (3)：7-11.

[8] 毕天璋. 论教育诊断学的研究对象和学科体系 [J]. 河南教育学院学报（哲学社会科学版），2002 (1)：5-8.

[9] 林国珍，徐旭东，金武官，等. 学习困难学生心理特征及综合干预研究 [J]. 中国医药导报，2010 (14)：13-15.

[10] 张渝成，吴正吉，黄祖春，等. 学习困难学生的心理特征及综合干预研究 [J]. 重庆医学，2010 (18)：2433-2435.

[11] 陈富，王嘉毅. 甘肃省初中理科实验教学条件调查研究 [J]. 教育测量与评价，2010 (9)：28-32.

[12] 武杰. 学习困难儿童的分布、成因与特性 [J]. 教育评论，1990 (2)：34-37.

[13] 陈霞. 在教学中运用真实性评价的理论与方法 [J]. 全球教育展望，2002 (4)：41-45.

[14] 余嘉元. 关于新课程改革中的诊断性测验研究 [J]. 教育探索，2006 (5)：24-25.

[15] 张伟民. 教师专业发展的客观要求：教学诊断能力及其提高 [J]. 教师教育研究，2006 (1)：12-15.

[16] 任平. 教师专业化的病理诊断与对策 [J]. 湖南师范大学教育科学学报，2006 (2)：38-40.

[17] 宋秋前. 教学思想问题问诊与矫治 [J]. 教育理论与实践，2003 (1)：46-50.

[18] 姚梅林. 学习迁移研究的新进展 [J]. 北京师范大学学报（社会科学版），1994 (5)：99-104.

[19] 宋秋前. 课堂管理问题问诊与矫治 [J]. 教学与管理，2002

(12): 41-43.

[20] 冉亚辉. 基础教育应试倾向的深层原因论析 [J]. 教学与管理, 2010 (10): 7-9.

[21] 王世存, 王后雄. 中学化学学习中负迁移成因及教学对策 [J]. 课程·教材·教法, 2012 (1): 101-105.

[22] 王世存, 王后雄. 国家教育考试公平标准及评价体系的构建 [J]. 教育测量与评价, 2012 (5): 44-48.

[23] 于世华. 浅析教师呈现教材的三种方式 [J]. 教学与管理, 2004 (8): 72-73.

[24] 马漪云. 不同题型对翻译测试成绩的影响 [J]. 外语测试与教学, 2012 (4): 50-55.

[25] 王后雄, 邓阳. 化学课程学习中"法蒂玛法则"的诊断及成因分析 [J]. 教育科学研究, 2012 (9): 61-67.

[26] 蒋文俊. 认知结构迁移理论与化学教学 [J]. 中学化学教学参考, 2002: 48-51.

[27] 王后雄. 高中化学新课程学习困难及其认知因素分析 [J]. 内蒙古师范大学学报(教育科学版), 2009 (6): 117-123.

[28] 孙建新. 化学"迷思概念"的研究和教学对策 [J]. 辽宁教育行政学院学报, 2006 (3): 69-70.

[29] 罗美玲. 高中生元素化合物知识学习的"简单认知"研究 [J]. 化学教学, 2013 (1): 19-21.

[30] 文庆城, 岑春月. 中学生化学学习中的近因效应及其教学策略 [J]. 教学与管理, 2010 (10): 139-140.

[31] 孟丽丽, 董美丽. 谈化学事实性知识的教学策略 [J]. 科技信息, 2007 (20): 151.

[32] 蔡金艳, 马建峰. 谈现代多媒体在中学化学事实性知识教学中的有效应用 [J]. 化学教育, 2011 (12): 67-68.

[33] 邓鹏. 对"问题解决"的反思 [J]. 数学教育学报, 2002 (2): 30-32.

[34] 周鑫荣. 化学教学中思维定势负效应的校正策略 [J]. 河北理科教学研究, 2009 (2): 34-35.

[35] 王后雄, 孙建明. 中学化学过度教学: 问题、成因及对策 [J].

教育理论与实践，2013（2）：62-64.

［36］王秀荣，范林，魏锐. 化学反应的阶段隐喻及迷思概念：以金属与铁离子溶液的反应为例［J］. 化学教育，2012（9）：69-71.

［37］任占华. 避开化学试题陷阱：访浙江省特级教师陈进前［J］. 考试（高考理科版），2011（6）：48-52.

［38］詹晓渊. 化学总复习中应用“练后反思”提高考试成绩的准实验研究报告［J］. 化学教育，2005（3）：38-41.

［39］王后雄. 化学问题解决的策略研究［J］. 化学教学，2008（1）：5-10.

［40］方红，毕华林. 化学问题解决中元认知训练的研究［J］. 化学教学，2002（9）：10-12.

［41］丁文楚. 高中生学习化学的调查［J］. 化学教育，2000（5）：20.

［42］宋万琚，范晓琼. 高中化学学习档案袋评价：来自美国教学实践的一个案例及其启示［J］. 化学教育，2006（1）：64.

［43］朱玲，王后雄. 中学生化学学习困难的元认知因素及教学策略［J］. 教育理论与实践，2011（20）：56-58.

［44］邓阳，王后雄. 利用二段式测验诊断高三化学复习中学生的迷思概念［J］. 化学教育，2010（12）：48-51.

［45］蔡红悦，王后雄. 高考化学综合性实验题失误分类诊断［J］. 高等函授学报（自然科学版），2009（2）：73-75.

［46］王后雄. 困惑之重：教育离“差生”有多远［J］. 河南教育，2006（2）：35-37.

［47］王后雄. 论化学方程式教学中高级知识的形成及教学策略［J］. 化学教育，2006（1）：12-17.

［48］王后雄. 从社会学视角看弱势群体“差生群”生成原因及对策［J］. 教育科学，2005（5）：11-15.

［49］王后雄. 化学解题失误诊断模式的研究［J］. 化学教育，2005（2）：39-40.

［50］王后雄.“差生”生成的经济及社会原因及其启示［J］. 全球教育展望，2004（4）：69-73.

［51］王后雄. 论中学生学习化学的难度及其成因［J］. 化学教育，

2003（11）：7-11.

［52］王星乔，王祖浩，管永祥，等. 高中生化学错题管理现状的调查与思考［J］. 教育理论与实践，2009（32）：42-44.

［53］张新宇，王祖浩. 专家与新手学生化学知识理解水平的比较研究［J］. 化学教学，2009（2）：17-19.

［54］丁伟，王祖浩. 化学学习的诊断［J］. 上海教育科研，2008（1）：87-89.

［55］盖立春，郑长龙. 课堂教学行为研究的三种范式及其基本问题［J］. 课程·教材·教法，2010（11）：33-38.

［56］孔育梅，郑长龙，周仕东. 从学科前沿看中学化学教师素质的调查结果［J］. 化学教育，2005（12）：45-46.

［57］娄延果，郑长龙. 新课程理念下教师化学课堂教学效果评价方案的构建［J］. 化学教育，2004（6）：27-32.

［58］王后雄，王世存. 专家型教师学科教学认知结构探析［J］. 中国教育学刊，2011（4）：56-58.

［59］王世存，王后雄. 国家教师资格考试：必要性、导向及问题思考［J］. 教师教育研究，2012（4）：32-37；18.

［60］王世存，王后雄，周竹. 学习选择能力与学习成绩相关性分析：基于对化学学科学生学习选择能力的实证研究［J］. 教育科学，2012（2）：58-63.

［61］王世存，王后雄. 国际科学教育发展：路径、问题与对策［J］. 教育科学研究，2011（10）：73-76.

［62］王世存，王后雄.《义务教育化学课程标准（2011年版）》解析［J］. 中小学管理，2012（4）：23-28.

［63］王世存，王后雄. 使用思维地图　优化化学教学［J］. 教学与管理，2012（16）：78-81.

［64］王世存. 培育合格化学教师的催化剂：《新理念化学教学论》一书评介［J］. 化学教育，2010（7）：79-80.

［65］王世存，王后雄. 精益求精　引领化学教学论改革新时代：评刘知新主编《化学教学论》（第四版）［J］. 化学教育，2011（10）：64；68；74.

［66］王世存，王后雄. 高校自主招生化学试题：特点、内容及备考

[J]. 化学教育，2012 (6)：39-41；52.

[67] EISENBERG N，GUTHRIE I K，FABES R A，et al. Prediction of elementary school children's externalizing problem behaviors from attentional and behavioral regulation and negative emotionality [J]. Child development，2000，71 (5)：1367-1382.

[68] DYSON L L. The experiences of families of children with learning disabilities：Parental stress，family functioning，and sibling self-concept [J]. Journal of learning disabilities，1996，29 (3)：280-286.

[69] CHENG Y C. Quality assurance in education：internal，interface，and future [J]. Quality assurance in education，2003，11 (4).

[70] COLLINSON V. Evaluating teaching：A guide to current thinking and best practice [J]. Journal of personnel evaluation in education，2001，15 (2)：149.

[71] COWIE B，BELL B. A model of formative assessment in science education [J]. Assessment in education：Principles，policy & practice，1999，6 (1)：101-116.

[72] DENNER P R，SALZMAN S A，BANGERT A W. Linking teacher assessment to student performance：A benchmarking，generalizability，and validity study of the use of teacher work samples [J]. Journal of personnel evaluation in education，2001，15 (4)：287-307.

[73] COUZIJN M. Learning to write by observation of writing and reading processes：Effects on learning and transfer [J]. Learning and instruction，1999，9 (2)：109-142.

[74] AKKUS H，KADAYIFCI H，ATASOY B，et al. Effectiveness of instruction based on the constructivist approach on understanding chemical equilibrium concepts [J]. Research in science and technological education，2003，21 (11)：220.

[75] OWENS L，STRATON R G. The development of a co-operative，competitive，and individualised learning preference scale for students [J]. British journal of educational psychology，1980，50 (2)：147-161.

[76] QUEK C L，WONG A F L，FRASER B J. Gender differences

in the perceptions of chemistry laboratory classroom environments [J]. Queensland journal of educational research, 2002, 18 (2): 164-182.

[77] MENIS J. Attitudes towards chemistry as compared with those towards mathematics, among tenth grade pupils (aged 15) in high level secondary schools in Israel [J]. Research in science and technological education, 1983, 1 (2): 185-191.

[78] SALTA K, TZOUGRAKI C. Attitudes toward chemistry among 11th grade students in high schools in Greece [J]. Science education, 2004, 88 (4): 535-547.

[79] FARENGA S J, JOYCE B A. Beyond the classroom: Gender differences in science experiences [J]. Education, 1997, 117 (4): 563-569.

[80] GOMEZ R L. Transfer and complexity in artificial grammar learning [J]. Cognitive psychology, 1997, 33 (2): 154-207.

[81] FARENGA S J, JOYCE B A. Intentions of young students to enroll in science courses in the future: An examination of gender differences [J]. Science education, 1999, 83 (1): 55-75.

[82] BAKER D. Gender differences in science: Where they start and where they go [C]//Paper presented at the meeting of the National Association for Research in Science Teaching, Atlanta, GA, 1990.

[83] HELLER K A, LENGFELDER A. Evaluation of the international student Olympics in mathematics [J]. Physics and chemistry instruction, 1999.

[84] GENTNER D. Structure-mapping: A theoretical framework for analogy [J]. Cognitive science, 1983, 7 (2): 155-170.

[85] ROSS B H. Distinguishing types of superficial similarities: Different effects on the access and use of earlier problems [J]. Journal of Experimental psychology: Learning, memory, and cognition, 1989, 15 (3): 456.

[86] FISCHER G H. The linear logistic test model as an instrument in educational research [J]. Acta psychologica, 1973, 37 (6): 359-374.

[87] EMBRETSON S E. Introduction to the problem of test design

[M] //Embretson S E Eds. Test design: Developments in psychology and psychometrics. Harcout Brace Jovanovich Publishers, 1985: 3-17.

[88] MISLEVY R J. Foundations of a new test theory [J]. ETS research report series, 1982 (2): 1-32.

[89] ATWATER M M. Social constructivism: Infusion into the multicultural science education research agenda [J]. Journal of research in science teaching, 1996, 33 (8): 821-837.

[90] TOBIN K, MCROBBIE C J. Beliefs about the nature of science and the enacted science curriculum [J]. Science and education, 1997, 6 (4): 355-371.

[91] REID N, YANG M J. The solving of problems in chemistry: the more open-ended problems [J]. Research in science and technological education, 2002, 20 (1): 83-98.

[92] HOLLINGWORTH R. The role of computers in teaching chemistry problem solving [J]. Chemical education journal, 2001, 5 (2): 5-25.

[93] ASHMORE A D, FRAZER M J, CASEY R J. Problem solving and problem solving networks in chemistry [J]. Journal of chemical education, 1979, 56 (6): 377.